货币论

第一卷

货币与货币循环

陆磊 刘学 ◎ 著

中国出版集团
中译出版社

图书在版编目（CIP）数据

货币论：货币与货币循环 / 陆磊，刘学著 . —— 北京：中译出版社，2021.10
ISBN 978-7-5001-6753-2

Ⅰ.①货… Ⅱ.①陆…②刘… Ⅲ.①货币论 Ⅳ.
①F820

中国版本图书馆 CIP 数据核字（2021）第 188408 号

出版发行：中译出版社
地　　址：北京市西城区车公庄大街甲 4 号物华大厦六层
电　　话：（010）68359827；68359303（发行部）；
　　　　　68005858；68002494（编辑部）
邮　　编：100044
电子邮箱：book@ctph.com.cn
网　　址：http://www.ctph.com.cn

策划编辑：于　宇　方荟文　薛　宇
责任编辑：于　宇
封面设计：仙　境
排　　版：聚贤阁

印　　刷：北京顶佳世纪印刷有限公司
经　　销：新华书店
规　　格：787mm×1092mm　1/16
印　　张：25
字　　数：306 千字
版　　次：2021 年 10 月第 1 版
印　　次：2021 年 10 月第 1 次印刷

ISBN 978-7-5001-6753-2　　　定价：98.00 元

版权所有　侵权必究
中译出版社

目　录

序　言　/001

《货币论》前言　/007

第一卷《货币与货币循环》前言　/025

第一章　货币与货币交易

一、引言　/003

二、非货币经济的 Walras-Hicks-Patinkin 范式：

　　一般均衡的叠加态　/008

三、对 Walrasian 和 Arrow-Debreu 一般均衡理论的批评：

　　关于货币与货币交易界定的逻辑缺陷　/013

四、制度安排下天然扭曲型货币经济的 Arrow-Debreu 范式：

　　当代现实货币世界的定义和公理体系　/019

五、结论性评价　/022

参考文献　/024

第二章　货币需求和货币供给

一、引言　/029

二、对货币供求理论的批判和框架性重构的基本猜想　/031

三、代理人需求：金融中介（银行）的货币需求函数　/043

四、家庭部门的货币供给函数　/045

五、一般均衡条件　/049

六、货币的转移：从流通中现金转换为具有跨期收益性质的存款货币　/050

七、结论性评价　/051

附录 A1：基于 Solow-Swan 模型对金融中介微观效率的几何表述　/055

参考文献　/060

第三章　信用中介理论与货币需求的微观基础

一、引言　/067

二、基本问题与分析视角：金融中介的吸引力　/071

三、信用与货币的基准模型　/075

四、传统金融中介理论的需求侧版本：信息优势与信用中介理论　/086

五、结论性评价　/090

参考文献　/093

目 录

第四章 货币需求导向的"叠加态"货币循环

一、引言 / 099

二、基本问题 / 104

三、基本模型：货币市场均衡的"货币主义"视角 / 107

四、一般均衡：货币市场供求均衡与多市场出清 / 114

五、"叠加态"货币循环 / 121

六、结论性评价 / 141

参考文献 / 144

第五章 中介信用理论与超额货币需求第一定理

一、引言 / 151

二、传统理论批评：从信用中介安全性引进银行资本和交叉补贴 / 157

三、中介信用假说：银行资本、交叉补贴与超额货币需求 / 160

四、亚洲金融危机的一个解释：超额货币需求、交叉补贴和高货币存量常态化 / 171

五、结论性评价 / 180

参考文献 / 183

第六章 从信用中介转向资产交易中介和超额货币需求第二定理

一、引言 / 189

二、"产出—货币循环"：信贷供给与信贷需求的均衡 / 194

三、抵质押融资的引入与"资产—货币循环"：超额货币需求
第二定理的导出 / 201

四、突破货币供给约束的超额货币需求：来自"影子银行"的
经验证据 / 206

五、结论性评价 / 214

附录 A2：命题 P6.2 的证明 / 217

附录 A3：命题 P6.3 的证明 / 219

附录 A4：命题 P6.4 的证明 / 220

附录 A5：命题 P6.6 的证明 / 222

参考文献 / 223

第七章 两种货币循环交织的一般均衡理论和"货币—资产价格"定理

一、引言 / 229

二、基本模型 / 234

三、模型均衡与基本性质 / 238

四、动态分析：抵质押率外生变化对资产价格的冲击 / 252

五、为"金融化"正名 / 256

六、结论性评价 / 260

参考文献 / 262

目 录

第八章 实体经济虚拟化和借款人脱实向虚定理

一、引言 / 267

二、实体经济虚拟化的最终表现形式：抵质押资产的泡沫化 / 271

三、问题的根源：金融中介的抵质押融资与加杠杆激励 / 280

四、从抵质押资产泡沫化到金融危机的经验证据：1987—2017 年日本和 2004—2014 年美国的教训 / 287

五、结论性评价 / 290

附录 A6：非集团公司组织形式的模型设定与均衡条件 / 293

参考文献 / 294

第九章 承前启后：从产出和资产两种货币循环定理到货币政策

一、引言 / 299

二、产出与资产两种货币循环四个定理 / 303

三、产出和资产两种货币循环在同一微观主体内部的行为变异 / 315

四、结论性评价 / 320

附录 A7：命题 P9.5 的证明 / 325

参考文献 / 326

后 记 / 327

致 谢 / 335

序　言

货币经济学的责任

货币的重要性是不言而喻的。站在理论研究的角度，如果我们沿用英国古典政治经济学家的普遍认识——"货币是一种特殊的商品"，那么，似乎没有其他任何一种商品足以如货币那样被单列为一个重要的经济学分支。站在任何一个经济参与者角度，货币存量变化和利率波动往往被认为是引致其他各个市场联动的重要条件之一。因此，关于货币的研究总是牵动经济学研究者的神经。同时我们也必须承认，自大卫·休谟（David Hume）的货币数量论、亚当·斯密（Adam Smith）的《国富论》和大卫·李嘉图（David Ricardo）的《政治经济学及赋税原理》等早期货币理论，直至约翰·梅纳德·凯恩斯（John Maynard Keynes）的《就业、利息和货币通论》和米尔顿·弗里德曼（Milton Friedman）的货币主义，延伸至最近的《现代货币理论》，货币经济学领域的研究成果丰硕，推动着货币理论和货币政策的波浪式创新。当然，所有的创新都在实际上起到了两个基本作用：第一，更好地解释货币经济世界的实际；第二，更好地运用货币工具促进实体经济健康平稳运行。我在中国人民银行、国家外汇管理局、清华大学五道口金融学院工作期间的学生和同事陆磊，以及陆磊的博士研究生刘学撰写的《货币论》第一卷《货币与货币循环》也是出于上述两个目的而作出的努力。

一

对货币的认知是持续演进的。科学解释货币经济的实际运行，就是一个十分艰巨的任务。稍有不慎,就会使货币经济学乃至整个经济学基本理论陷于难以"自洽"的逻辑陷阱。长期以来,我们相信"货币是特殊的商品"。从货币史角度看并不错,的确,一系列的考古事实证明了货币是从某些商品中演化而成的。但是,如果我们仍然把货币作为商品对待,则在认识上必然落后于近现代乃至当前发生的一系列的货币金融现象。如陆磊和刘学所论证的,商品与货币之间的交易,是为了未来再度发生的货币与商品之间的交易,因此,货币是"未来效用索取权的符号",由此可以部分解释货币从贵金属转向纸币,由纸币转向存款账户数字,再由存款货币(广义货币)向数字货币和数字资产演进。货币史的演进,在一定程度上意味着货币材质的演进,而材质变化这一表象背后,不变的是"货币持有者对该符号具有的未来索取权的信任"。这种信任关系,在生产力不发达的古代可以被公认为贵金属,在人类治理体系依赖于国家和组织的时代可以被确定为法定货币,在全球化跨国交易中可以被约定为某种支付手段(如曾经存在的欧洲货币单位,以及国家间公认的特别提款权),在未来可能是信息技术支撑下的算法货币。因此,陆磊和刘学的研究实际上使得货币理论不再拘泥于材质,同时,把货币锁定在对未来效用索取权的"共识性信任"上。他们认为,所谓货币,就是那些为大家共同接受的、作为未来效用代表的任何物品或符号。

货币理论是持续演进的。从休谟到凯恩斯和弗里德曼,货币理论发展经历了多个里程碑。古典的货币数量论适应了金属货币时代的特征,凯恩斯的货币需求理论很好地解释了大危机前后的货币运行规律,弗里德曼的货币主义在滞胀条件下应运而生,都是一个时代的思想成果,也是一个时代货币政策实践的指南。陆磊和刘学的研究重在反映当代货币运行的两个基本事实:第一,真正的货币需求来自金融中介,它们从家庭部门和中央银行手中购买货币。因此,必然存在两种超额货币需求,

序　言

其一是金融中介所动员到的货币可能超过实体经济需要，其二是金融中介还可能（几乎是一定）把货币配置于非生产性领域。这在传统货币理论中，都是被忽略的事实。尽管金融中介的重要性自19世纪以来为货币经济学家（银行学派）所重视，但是从超额货币需求提炼与总结货币存量的视角是独到的。第二，资产价格与货币的关系不容忽视。两种货币循环的现实存在性反映了一个事实，"资产价格膨胀无论何时何地都是一个货币现象"。由此，资产价格膨胀与泡沫化不能简单画等号。各国的金融危机证明，只有在货币增量与产出无关且全面进入资产价格炒作时，才能被定义为泡沫。

货币政策是持续演进的。从最初的铸币到当前的数字货币，从最初的单一规则与相机抉择的争论到宏观审慎管理被引入货币当局的目标，从稳定通货到稳定金融体系，从一些经济体实施的货币局制度到另外一些国家强调的货币政策自主权，货币政策目标和工具处于持续发展变化中，形成了精彩纷呈的理论探索。陆磊和刘学基于在高等学校教学和中央银行操作的实践经验，紧扣货币增量的"中性"与"非中性"这一基本命题，提出了叠加态货币增量认识和"货币政策超级中性"假说。依据日本和美国等经济体的教训，认为在一定条件下，中央银行的货币供给可能只造成资产价格膨胀而不带来产出增长和传统意义上的通货膨胀。究其原因，包括互联网金融等中介体系的复杂化、财政与货币的不可分性，都是决定现代货币增量同时具备实际效应、名义效应和资产价格效应的制度性原因。由此，仅仅改造中央银行体系或货币政策操作是不完备的，货币政策的优化与改进存在制度性前提——财政收支方式和金融体系游戏规则的与时俱进决定着货币政策和金融稳定政策的有效性。在此基础上，他们提出了模拟中的货币政策规则。这是与金融监管规则、财政支出规则相衔接的广义货币政策规则，目的是既不限制金融创新，又能引导金融创新起到实体经济血脉作用。

二

矛盾是推动事物发展前进的根本动力。在货币经济学领域，我们持续观察到的是货币存量持续上升并远远超过经济增长速度的现实。长期以来，各方对此并无真正有效的调控手段。从长期发展周期看：经济上行期，金融中介为满足实体经济需要而增加存款货币需求是无可厚非的，反映到广义货币增长中自然存在扩张的内生动力；经济下行期，为避免经济体系和金融体系崩溃，货币当局增加基础货币投放也是无可厚非的，反映到广义货币增长中自然出现扩张的外生动力。两者叠加，货币永远扩张。这一基本趋势，在物质不够丰裕的情形下势必体现为通货膨胀，并由此制约货币增长，弗里德曼和泰勒的规则就是当时背景下很具针对性的药方。但是21世纪以来，金融机构和金融市场的"理性"造成了不带来通胀的货币扩张，货币当局由此进入迷失时代。新的货币运行状态需要与时俱进的货币政策规则，在中央银行和外汇管理一线的实际工作者感受更加直接而深刻。陆磊和刘学的探索给出了观察主要矛盾的新视角和货币运行的另类判断。

金融创新与货币调控是一对基本矛盾。金融创新可以降低实体经济融资成本，但是在经济周期的特定阶段，也可能仅仅造成资金的体内循环。因此，货币并不进入实体供求，也不带来通货膨胀。甚至，在实体领域的货币短缺还造成了通货紧缩。这将带来中央银行误判现象和误导决策。在新货币范式下，如何疏导货币进入必要领域，或者如何控制货币总量是新阶段需要认真研究的课题。陆磊和刘学证明，以日本为例，良好的降低企业融资成本的初衷可能最终带来的是坏账；以美国为例，解决流动性风险的资产支持票据和抵质押资产证券化最终带来的是泡沫化与金融市场危机。这给我们的启发是，不能简单否定金融创新，同时需要对金融创新所带来的全部后果进行客观评判。陆磊和刘学在尊重金融中介创新的基础上，提出宏观审慎管理不能脱离货币政策、甚至仅能成为货币政策组成部分的观点，目的就是期待货币政策框架应该根据金融创新适时作出调整。

偶然的资源错配只是非系统性风险的根源，这在每时每刻都可能发生。但是，一切系统性金融风险来源于道德风险。通俗说，道德风险的本意是"言行不一"。在货币经济学领域，它可以发生在任何环节——从事实体经济的企业部门借钱从事资产炒作、金融中介鼓励借款人借新还旧、垒大户或把同业业务办成资产互持，甚至中央银行救助本应该出清的金融市场，在各个经济体都频繁上演。从凯恩斯直至斯蒂格利茨、明斯基和现代行为金融学，关于危机的性质、原因和解决方案的研究层出不穷。陆磊和刘学的研究也不例外。他们的不同在于，把金融危机和货币危机推到事前，认为危机的实质是道德风险——做的与说的不一样导致金融资源的整体性错误配置，且无法在事前纠偏。遏制"脱实向虚"的道德风险成为其政策建议的主要组成部分。

三

货币制度不断演进，生生不息。经济的数字化和全球经济交易成本的持续下降是货币制度演进面临的两大基本要求。自20世纪40年代的布雷顿森林体系到90年代的欧元实践，都体现了降低国与国之间交易成本的内在要求，其或成功或失败的经验，推动着国际货币体系的持续完善。

经济决定金融，全球贸易、投资和产业链决定货币的国际化和世界性。什么是未来的世界货币形态？从单一主权货币到超主权货币，从蒙代尔的最优货币区理论到近期引起广泛讨论的雷（Wray）的著作《现代货币理论》，都是大半个世纪以来的理论和实践探索。陆磊和刘学换了一个视角，从世界范围内的自由贸易区角度，回顾布雷顿森林体系的设立与解体的历史经验和教训，着眼"最优货币区"的理论探索和欧元实践面临的财政政策分散性与货币政策统一性的矛盾，分析特别提款权等既有超主权支付手段的局限性，结合中央银行数字货币的信息处理和Libra等创新性交易构想，提出了在双边或多边自由贸易协定基础上先行实践基于跨境贸易和投资实时交易算法的超主权数字货币设想，并就数字货币与主权货币间的汇兑价格、发行额的自动决定和交易差额的结算、清算制度给出了简单易行的设计。它的好处是，既避免了取消主权货币造成的货币政策与财政政策之间的矛盾，又确保了一个经济体货币当局实施应对本国经济波动的货币政策灵活性，还可以降低企业和居民在跨境贸易和投资行为中因汇兑避险而产生的交易成本。这种类似参考一篮子货币的"组合型"数字货币构想，不失为一种具有参考价值的政策建议和实践探究，或许顺应了数字时代全球贸易投资自由化、便利化的基本潮流。

科学研究的出发点是实事求是。科学研究的全过程是依据客观世界，探究规律。以此出发，货币经济学的责任在于解释货币金融现实，总结货币运行规律，推动货币制度完善，以利于经济社会持续进步。希望更多的学者像陆磊和刘学一样进行这方面的研究，尽一个货币经济学家的社会责任。

吴晓灵

中国人民银行前副行长

清华大学五道口金融学院理事长

二〇二一年八月

《货币论》前言

写《货币论》的动力来自一次回乡之旅。作为一个具有研究本能的经济学教师，我不愿意放过任何基于现实情况的理论思考。2020年8月下旬的一天下午，我带着妻女坐在京沪高铁"复兴号"列车上，孩子一边听着心仪的歌曲，一边做二次函数习题，我把临行前随意带在包里、一半用于重温、一半用于催眠的Friedman和Woodford（2011）主编的《货币经济学手册》（*Handbook of Monetary Economics*）3A卷打开，很快被Williamson和Wright（2011）所著的《新货币主义经济学》（*New Monetarist Economics*）一章所吸引。吸引我的原因是，两位作者均兼具中央银行工作人员和大学教员的双重身份，与我近似的履历引起了我的思想共鸣。但是，目光在书页上，我的思路却随着呼啸的列车在飞旋——美国史无前例地实施无限量化宽松货币政策已经数月，为什么股票市场在全球新冠肺炎疫情恶化期间经历了3月的数次熔断，之后又创历史新高，但是此间的实体经济尚无明显改善迹象？4月的CME原油期货价格竟然呈现负值，但黄金和数字货币价格持续攀升，那么，世界货币体系是否会发生变化？显然，这是一些貌似简单的现实问题，似乎15分钟的思考甚至嘲笑市场的非理性就足以使我转向更有价值的阅读。但是，就是这些简单问题，伴随着我走过足足5个小时的车程。这是因为，这些貌似简单的问题并不能从厚厚的手册中找到完全能说服我的答案。

夕阳中，当我们三人在江南某个小站的站台上，拖着长长的影子向出站口走去的时候，我看着身边呼啸加速驶向上海的列车，对妻子说了一句话——"可能，我教过的货币经济学存在部分基础性 bugs（瑕疵），我观察到的事实、所做的工作与所讲的课程完全是两个样子"。

一向愿意鼓励我且同样长期从事过金融学教学工作的妻子充满期待地对我说："那你就照你认为的样子重写货币经济学好了。"

"好吧，但是我的看法也不一定对。"我郑重其事地点点头。

"那也不一定错啊，试试总没错！"女儿听到我们的对话，俏皮地插话。

值得一试。但是，当时我完全没有认真考虑这件事情的可行性。系统性的工作需要系统性的时间支持，看来，我只能利用零碎的时间实现思维的拼凑。好在我可以跟我的学生——刘学博士进行碎片式的观点交流，再从彼此的砥砺中凝练不同（虽然不一定完备）的视角，提炼真正有价值（虽然不一定正确）的观点。

一

至少在经济学领域——我不知道其他学科如何——在系统训练的基础上，直觉是十分重要的东西。一部艺术性很高的电影《美丽心灵》，以 Nash 为原型，从我的非艺术性角度去理解，就是说明了直觉的重要性。在笔者 30 年的职业生涯中，15 个年头在高等学校为本科生和研究生讲授《货币金融学》（使用过黄达、周升业和曾康霖、Mishkin 以及陈学彬版本）、《微观经济学》（使用平新乔、Varian 以及面向博士生的 Mas-Colell、Whinston 和 Green 版本）、《宏观经济学》（使用 Mankiw、

Romer 以及选讲章节的 Ljungqvist 和 Sargent 版本)、《数理经济学》(使用 Takayama 版本)、《货币经济学》(使用 Walsh 版本)等理论课程和《商业银行经营管理》(使用我依据在商业银行的工作经验自编讲义,参考曾康霖版本)、《信用风险管理》(使用 Colquitt 版本)等实操性课程,另外 15 个年头在中央银行、外汇管理部门、商业银行和资本市场机构从事政策制定和管理工作。一个挥之不去的直观感受是:货币经济学教学与货币金融政策实践之间始终存在一道难以逾越的鸿沟。当然,我在教书的时候,就按教科书给学生讲;在从事货币政策和金融稳定研究和提供政策执行建议的时候,就按政策规则经验提出操作建议。但是,在 2020 年 8 月的那个傍晚,我下决心用可能需要的 10 年时间来致力于弥合理论与现实之间的鸿沟。

下这个决定需要勇气。一方面,凡涉及框架性重构的理论研究所制造的对立面不是一两个人,而是几代甚至十几代人——比如我在北京、深圳、成都、广州漂泊间几乎须臾不离的《货币经济学手册》中的所有令人尊敬的学者。这会让我怀疑自己是否真的具备寻找货币世界真理的现实条件。另一方面,科学思维中最投机取巧的做法是"举一反例"以推翻既有定理,但是创建某种新的认识框架要艰难得多。这就是我对 Wray(2012)所著的《现代货币理论》(*Modern Money Theory*,MMT)抱有高度敬意的原因。恰如 Keynes(1936)所说:"经济学家或政治哲学家的思想,无论正误,都比人们通常相信的更加有力",因此,我坚持的货币经济学批评(critique)实际上应该是一种框架的创建,而非一句话否定一个框架。

随之而来的问题是,假如理论与现实之间真的存在鸿沟,那么,是理论错了,还是我们对现实的理解有误?这就涉及认识论层次的讨论。一方面,无论对错,我一直坚信理论只能是对现实的主观理解。或者说,现实不存在对错问题,仅是客观事实。因此,理论若无法反映事实,那么有待修正的只能是理论。另一方面,无论对错,我同样一直坚信理论的解释力是具有时间和空间局限性的。比如,关于铸币税的研究仅仅是因为在金属货币时代,货币生产与其他国民经济部类的生产函数几乎完全不同,因此在产权意义上,任何货币增发都意味着政府凭空增加的购买力,也就摊薄了流通中货币的购买力,故形成事实上的"征税"。然而,在当前的"中央银行—商业银行"货币发行体系下,货币发行实际是对金融机构和借款人的补贴,只要政府不是债务人,就不会在此进程中获取任何税收。之所以用这个例子,是作为一个教员,我发现从货币、货币需求、货币供给、货币政策到世界货币,相当多的理论论断实际上还停留在我们人类曾经经历的金属货币时期——包括我们耳熟能详的"三元悖论(The Impossible Trinity 或 Mundellian Trilemma)"理论等。

我们所处的货币经济是成长中的,任何刻舟求剑式的固化思维都会在快速变化的现实面前碰壁。这就好比我的女儿,而今正当豆蔻年华的她,与10年前情绪化且言听计从的小姑娘相比,有着不可逆转的成长性、颠覆性变化——虽然依旧温婉而奔放,但自从读书以来,增加了理性而富于独立思考的特质。我的感叹是,我无法再用当年的方式来理解她并与她相处。同样地,也许我们无法再用同样的模型来完全理解并参与或影响此时的货币经济。

尽管,在名字上,她依旧还是那个她;在定义上,货币也依旧还是那个货币。

曾经的理论在曾经的历史时空中并没有错,我们需要的是理论随着时事变迁而不断迭代的思维方式。

二

一般而言,思维过程是由表及里的;思想呈现是由内而外的。

《货币论》前言

我想，这是所有理论研究的通常方法。具体讲，我们往往因一些具体事件引发研究冲动，但是在写论文时，却往往先描述一般理论，再以引发研究的具体事件作为实证依据。我与我的合作者刘学博士的研究也不例外。在多数场合，我们总是围绕有趣的事实而非枯燥的数理研究进行讨论甚至争论，当然，作为教师，我难免以高压态势结束争论。但是在《货币论》的三卷呈现中，读者们看到的却必然是模型推导和一系列定理体系。在此，我们深表歉意。数学也许不一定是表达观点的最佳形式，但至少在目前，语言文字仍然存在较大的自由解释甚至各取所需的空间，数学是避免歧义并保持逻辑上的动态一致性的最佳手段。

问题的提出都是由表及里的，比如表面现象是那个著名的苹果，而内在实质是万有引力。根据我的研究初衷，2020年8月的那个苹果给我的直觉冲击仅仅是"货币存在大量发行的空间，事实上，各国正在这么做。而且，货币放水造成牛市，各方都很开心"，这对我而言，却是一件沮丧的事情：在疫情的冲击下，贸易、投资、消费全面萎缩，全球的唯一亮点竟然是发行货币且资产价格猛涨！无论如何，上述现象级冲击都在颠覆我笃信多年的货币经济学原理。但是，通过在理性层面研究上述现象，很快我就发现存在三个极其具体的理论问题：第一，我们如果要确定货币会造成资产市场牛市，那么首先需要明确货币是如何进入资产市场的，或者说，凭什么断定货币缺乏进入实体经济的积极性。第二，如果货币增量能带动且仅能带动资产价格上涨，那么其一定与产出和通货膨胀均无关。这样的货币效应应该如何界定？现有的货币政策规则是否失灵，应该怎样校正？第三，如果中央银行可以无底线，货币发行可以无上限，那么货币很可能被其他一般等价物所取代——比如当前市值震荡上行的数字资产和稳定币。真的会这样吗？作为长期在中央银行从事研究工作的我，直觉上浮现的想法是，主要发达经济体面临的迫切问题是"从中央银行家手中挽救中央银行"。尽管这一思路绝非当前的中央银行数字货币（CBDC），因为我认为CBDC毫无改变货币增量的制度含义，但是，是否存在一种既能克服各类数字资产的冲击，又能实现稳定币效应，还能保持主权货币存在性（解决欧元的货币统一但财政分散问题）的数字货币？

所以，我们的三卷本《货币论》针对的表面现象以及由此探究的基础性现实问题实际上正是上述三个现象级冲击。这也是我们分三卷实施平行研究的原因。三卷分别解决三个基本问题——第一卷《货币与货币循环》试图解释货币如何流通；第二卷《货币政策与中央银行》试图解释货币政策如何发挥效应以及货币政策规则应该被如何修订；第三卷《数字时代的世界货币》试图为主权货币如何应对非主权数字资产和超主权货币的竞争出点主意。

三

第一个问题：货币究竟流向何方？对这个问题的解释决定了我们如何真正理解货币与货币循环。我们的讨论发现，这是货币理论与真实世界脱节最为严重的地方。

第一个表象是脱实向虚的叠加态。几乎所有的研究都过于冒失地把立足金融市场的服务性行业定义为"虚"，把第一产业、制造业和其他服务行业定义为"实"。实际上，任何一个企业或个人，都可能是虚实叠加的。比如，某企业的资产负债表和损益表很可能同时存在自有生产性资本形成和对其他非生产性相关资产的投资及其收益。比如，即使某人购置房产是自住的，但他的确因此获得了房地产市值涨跌所造成的浮盈或浮亏。比如，金融服务业的增加值可能既来自服务和资产负债撮合，也来自套利性自营。因此，问题的本质并不在于虚实二分法，而在于一个经济体的货币循环是否存在套利性激励。

第二个表象是货币增量的叠加态。关于货币增长是否仅仅造成通货膨胀，抑或在造成通胀的同时带动了经济增长，即货币增长的名义效应和实际效应究竟如何，几乎所有的研究都处于脸红脖子粗的站队式争论状态。这是古典学派和实际政策操作中持续面临的问题——尽管各方都相信货币增量不一定带来产出增长，但在真实世界里，经济下行一般伴随着外生货币扩张。因此，问题的本质并不在于货币中性与非中性二分法，而在于货币当局测量货币效应的时间长度以及把货币增量带来的影响实施贴现的时间长度——短期的非中性和长期的中性叠加。

第三个表象是金融中介在货币供求中的作为。几乎所有的宏观经济学和货币经济学教科书都仅仅把金融中介作为沟通储蓄与投资的桥梁，前沿性研究则立足于微观经济学，围绕金融中介的信息对称性、跨期定价、借款人与金融机构的博弈做极其复杂的数理研究。这些研究所隐含的假定是：金融中介在宏观上是无关紧要的——它仅仅是一个桥梁和筛选机制。由此得出的结论必然是，若数字时代的信息不对称性问题得到根本解决，则"储蓄—投资"可以被大数据（我们可以想象为一台具备超级运算能力的计算机主机）自动撮合，由此可以解释互联网金融在世界范围内的兴起。问题是，这种判断存在假设上的根本性缺陷——金融中介不仅仅背靠公众，还背靠中央银行，其具备的资产池能够轻易实现跨期和跨资产类别补贴。因此，金融中介不是社会经济主体信用的加权平均（如果是，则金融中介无关紧要，其仅仅从事撮合这样的技术活），而是具有独立的、高于社会经济主体信用水平的行业。由此得到的石破天惊的结论是：金融中介是货币需求者，而公众是常规货币供给者，中央银行是备用货币供给者。

第四个表象是货币交易。自李嘉图、马尔萨斯以降，太多的学者在货币与商品之间的交易中寻找灵感。既然货币是特殊的商品，那么它应该可以被写进效用函数，比如 Sidrauski（1967）的模型。这种混沌认知直到天才般的 Debreu 和 Arrow 发现货币在一个具备完美期货交易市场的经济中本不必存在才被打破（参见《货币经济学手册》第一卷第一章）。在我和我的博士生们（主要来自中央银行、银行监管部门和金融中介机构）讨论的过程中，我做了一个大胆推断——如果我们没必要那么复杂地思考问题，仅仅把货币作为一个制度性现实存在，那么我们是不是可以限定一下**真正有意义**的货币交易？在他们的一脸惶惑中，我说，如果我们试试把货币交易定义为货币与货币之间的交易，一切会变成什么样？聪明的他们马上理解了——货币交易是同一货币的跨期交易，也是不同货币的即期交易，一切问题迎刃而解，货币理论势必变得符合真实世界。

四

第二个问题：货币政策到底发挥了什么作用？这个问题的提出是基于我和刘学博士对 20 世纪 90 年代的日本和 2008 年后的美国及欧洲中央银行的政策检讨。所讨论的问题包括但不限于：回到 1990 年，当时号称"平成鬼才"的三重野康实施再贴现率上调的政策对不对；到 2008 年，伯南克与保尔森不救助雷曼兄弟但救助美国国际集团的决策是否最优；2020 年美联储的平均通胀目标和无限额量化宽松政策对经济的实际效果是否得以显现等。我们的讨论可以说充满了火药味——作为教师的我一度很难说服作为合作者的学生。这是因为，一旦进入具有颠覆性讨论的领域，与其说是教师与学生的争论，不如说是我们双方固有的货币经济学"常识"与一系列不符合常识的"现象"之间的冲突。很多次，我只能以教师的威严压服我的学生。令人长吁一口气的成效是，我们在诸多问题上达成了共识。

第一个共识是货币政策传导机制。我们的"常识"认为，货币政策传导机制天然地处于"自上而下"的状态。因此，当我们认为政策正确时，如果最终效果与政策初衷存在偏离，我们往往会得出货币政策传导机制不畅的结论。对此，我对学生的诘难是中央银行到底是货币经济的深度且直接的参与者，还是监督者和校正者？显然，中央银行扮演的主要角色是后者。那么，所谓货币政策传导机制一定具有"自下而上"性质，即货币交易和货币创造的主要功能依托于金融中介的信用创造，中央银行当且仅当发现货币交易存在梗阻（比如钱荒或资产荒）时才会出手。所以，货币政策传导机制是多数情况下的自下而上和少数情况下的自上而下的组合。

第二个共识是货币政策的超级中性。各国都在关注2008年全球金融危机之后的货币增长和负债率。如果货币增长的主要驱动力是中央银行的基础货币发行，那么既然中央银行的货币发行是外生决定的，是否在逻辑上可以认为中央银行是资产泡沫化的始作俑者？原本我们的争论在于货币政策的中性与非中性二分法，在我一再强调"任何模型推演必须符合真实世界的货币运行"时，我们取得的共识是：在货币中性与非中性叠加态之外，还存在另一种货币政策形态——货币增量的超级中性，即如果实体经济已经实现了货币配置最优化，那么任何货币政策所导致的货币增量变化，既不造成产出变动（即没有实际效应），也不造成物价变动（即没有名义效应），只形成资产价格变动（因为缺乏更好的定义，我们只好给出"超级中性"概念）。

第三个共识是中央银行资产负债表存在上下限。2008年金融危机后美联储和欧洲中央银行先后实施量化宽松和非常规货币政策，此后的2020年，各国中央银行再度实施扩表，我们的争论是：中央银行资产负债表是否存在永续扩张可能性？在暗中嘲笑中央银行的中本聪先生似乎正是抓住了扩表的软肋——总有一天，货币无度发行会使中央银行走向末日，不能否认的是，这是简单而符合供求规律的认知。我的担心在于，会不会出现这样一种情况，一方面，货币助推资产泡沫化，反噬货币自身的存在价值；另一方面，特定资产（比如数字资产）的日益昂贵，使得其也走向自己的反面，缺乏作为一般等价物所必须具备的流动性（即被收藏，而非流通，这是贵金属退出货币的宿命）。那么，回归到本源问题，中央银行资产负债表真的可以无限扩张吗？我们的答案是，中央银行资产负债表存在上下限。下限是潜在经济增长与实际增长的缺口所要求的资本存量变动额，即居民存款货币与资本形成所要求的信贷增量之间的差。上限是中央银行最后贷款人规则决定的额度，应该等于金融中介体系坏账与银行资本金的差。

第四个共识是宏观审慎管理无法独立于货币政策。自 Borio（2003）系统性提出宏观审慎管理的基本思路以来，在货币政策与微观审慎监管之外增加了一个金融稳定的重要支柱，其基本含义是中央银行与金融监管者应该对系统重要性金融机构和金融资源配置的顺周期行为实施特别管理。由于我在过去七八年间几乎痴迷于宏观审慎管理研究，在过去20年间因为对日本和韩国大型银行业发展及其危机的关注而特别相信"大而不能倒（too big to fail）"规制势在必行，因此，我至少有两个博士生已经或至少以此作为论文专题。但是，在与刘学博士的讨论中，针对 2008 年至 2020 年的中央银行实践，我们很快达成了共识：进入 21 世纪的货币当局面临的主要问题不再是机构的"大而不能倒（too big to fail）"，更深层次的问题是金融资产的"涨而不能跌（too high to fall）"。原来的金融稳定理念基于金融同业之间的交互资产负债连接，因此大型机构的流动性问题往往对整体金融体系的稳定性具有致命影响。但是，随着所有金融机构持有资产的"单一化"与同质化——比如债券、房地产抵质押品，资产价格波动对所有金融机构的影响是一致的。那么，利率和汇率等基础性价格——或者，最根本的是利率，如果利率在很大程度上决定了汇率的话，那么其对系统性风险具有决定性影响。因此，一切宏观审慎管理最终无法离开货币政策而独立存在。在宏观审慎管理工具上，多年来处于探索阶段的"贷款价值比（Loan to Value，LTV）"与微观审慎监管的资本充足率一样，很可能陷入软约束悖论：如果资产价格被货币不断推高，贷款当然可以更高；如果人为限定资产价格，那又将导致定价缺乏凭据的窘境。与此类似，金融机构在资产膨胀阶段，大概率会补充资本金而不会削减资产。因此，两种貌似硬的约束，实际上却可能沦为泡沫和信用风险的助推剂。事实上，各国的实践已经充分证明了上述现象并非主观臆测，而是正在发生的事实。在讨论这一问题时，我和刘学博士在面面相觑中苦笑——人类的金融稳定理论可能仍然在黑暗中摸索。那么，返璞归真的简单思考或许只能是，至少在可预见的未来，货币政策（中央银行发行或回笼货币）仍然只能是保障金融稳定的唯一现实良方。

第五个共识是财政与货币当局互为特殊目的机构（Special Purpose Vehicle，SPV）。自MMT诞生以来，财政与货币的关系这一古老命题再度成为热议焦点。在这一问题的讨论中，我和刘学博士发现：尽管抛弃头脑中的固有观念很难，但我们不得不首先做一项工作——完全的实证而非从规范出发。那么，问题就演变为——中央银行和财政当局在现实世界中的关系到底如何？我们形成的共识是，双方互为SPV。一方面，财政政策把中央银行作为SPV，尽管国债和市政债的原始购买者是金融中介，但中央银行出于流动性管理要求会通过回购吞吐作为高等级债券的政府债，因此，穿透看，财政收支的重要伙伴或SPV是中央银行。但是，在争论中，我们同样形成共识的是，在现代经济体系中，货币发行已经不再具备铸币税的内容。这是因为，货币发行的生产函数与传统金属货币时代具备的真实生产函数完全不同，传统金属货币时代的货币是资产，且一旦形成增量，即为政府所有，因而形成购买力切割的铸币税。在现代主权货币时代，货币发行很可能是对资产持有人的补贴，因而具有鲜明的转移支付效应。

第六个共识是货币政策规则。如果如我们所论证，货币增量既是中性的，也是非中性的，在一定条件下还是超级中性的，那么货币政策的最终目标、中间目标和货币供应量规则都需要修订。从最终目标看，货币政策应该盯住扣除了金融业增加值的增加值。从中间目标看，货币政策应该盯住一篮子价格稳定性，包含 PPI、CPI 和一切具有金融属性的资产价格。从货币政策规则看，我们真的需要重新检讨弗里德曼规则、泰勒规则的有效性和局限性，或许还需要设定新的简单易行的流动性管理规则——比如，广义货币增长率＝扣除金融部门的增加值增长率＋摩擦系数；基础货币增长额＝商业银行信用贷款增加额－居民储蓄存款增加额。我们将通过模型模拟以重现 1991 年、1997 年和 2008 年历次重大危机前后的货币政策选择。

五

第三个问题：随着各国或激进或渐进地走进数字经济时代，世界货币的稳定性及其演进方向如何？这一问题的处理难度远远超过前两个。这是因为，对于前两个问题，我和刘学博士的争论只基于一个共识——事实是什么以及我们的解释是否符合真实世界。但是，在这个问题上，猜测甚至"押宝"的成分陡增，因而在分析方法上需要特别小心，任何演绎推理而非事实归纳很可能因遗漏重要的自变量而变得完全不符合未来的真实世界。在货币经济学的预测与实践领域，值得高度尊敬的有两个人——刚刚去世的罗伯特·蒙代尔（Robert Mundell）和至今不知为何方神圣的中本聪。前者一生坚持汇兑是冗余的交易成本观念，经历了单一货币区理论在欧元区的实践，但没有也很难实现美元化（dollarization）的乌托邦。后者眼睁睁看着一手缔造的比特币（Bitcoin）演变为极其昂贵的数字资产，当前，全世界每年为挖掘最后200万个币所耗费的能源足够上亿人使用一年以上。按照边际成本定价法，比特币越接近资产则距离广泛流通的货币越遥远。那么，数字时代的世界货币（或世界货币体系）可能会长成什么样？我和我的学生们作了如下猜想。

在形成猜想之前，一定要强调一个基本前提——数字时代。数字化进程使得非数字时代居高不下的交易成本得以系统性降低，甚至归零。在此前提下，诸多在簿记时代、手工计算所无法实现的瞬时交易成为可能。如此，才有我们的猜想。

第一个猜想是充当世界货币的主权货币"三元悖论"的非存在性。当然，随之而来的是"外溢效应（Spillover Effect）"也将不复存在。这是因为，真实世界的世界货币肯定存在一个返程投资市场。换句话说，一切外汇储备和主权财富基金持有人所谓的外汇账面资产，或者以该种货币资产形式存在，或者以离岸市场的货币资产形式存在。无论哪种形式，在一个充分套利的市场上，都会影响该货币的供应量或利率。因此，该货币发行国的中央银行实际面临的是全球货币需求，而非本国境内的货币需求。故，所谓货币政策自主权与资本自由流动的冲突并不存在。

第二个猜想是世界货币是主权货币当局的条约，或者说是超主权货币。Libra构想的提出，核心是"稳定币"。因此，我和学生们的实验是基于自由贸易和投资协定，在缔约国间基于人工智能（AI）算法设计一种基于浮动份额与套算汇率的数字稳定币。无论在银行间市场，还是在中央银行资产负债表内，抑或家庭部门与企业部门相互间的零售交易，都可以实现主权货币与超主权稳定币的双币结算和清算。这在技术意义上并非难题。早在10年以前，我赴海外出差时，用银行卡购物就可以选择人民币、美元或欧元计价。"一篮子货币"相对于单一货币的波动幅度更小，这对于跨境投资和贸易的优势显而易见。当然，这一稳定币机制与欧元不同，其并不取消各国的主权货币，因而也不影响货币政策的自主性。不过，我们的算法将把任何一个参与国的货币发行自动折算权重（理论上可以从0—100%波动，0意味着被自动剔除；100%意味着参与国事实上实施了货币局制度），因此，货币篮子权重具有浮动性。这同时可能构成对各国货币发行的纪律性约束。从当前自由贸易协定现状看，很可能全球出现一个或多个超主权货币，在超主权货币基础上，还可以形成新的货币篮子组合。

第三个猜想是超主权货币对金融市场的改造。如果真的出现条约形式、来去自由、算法透明、汇率套算的超主权货币，那么跨时区的金融市场就可以实现对同一标的按照同一稳定币的无限连续交易。此时，一家上市公司或一个发债主体，在不同市场的融资具有完全等价性。届时，将不会存在主权货币之间的世界货币之争，也不会存在私人数字货币对主权货币地位的侵蚀。所谓外汇储备，在货币意义上就是一个浮动权重的主权货币篮子。

猜想终归是猜想。不过，人类货币史上的猜想转化为现实的实例是有迹可循的。布雷顿森林体系和国际货币基金组织的建立即源于猜想。在我们猜想时，我始终以 Keynes（1936）的名言警醒我和我的学生——"有一些狂野的猜想似乎天马行空，得自于天籁。但是，其思想内核无非是数百年前某个名不见经传的经济学家的想法而已"。当前，数字资产正在走金本位的老路，稳定币构想也无非是软版本的最优货币区理论的现实提法，我们的想法也并不见得比1945年的怀特计划更高明。仅仅因为数字时代，陈年老酒贴上了新标签而已。

六

不得不承认，很多事情做着做着就变得不再是原先设想的样子，很多工作干着干着人就变老了。写作的初衷仅仅是对某个阶段货币政策及其后续影响的讨论，结果却演变为三卷本的《货币论》。

对货币循环、货币政策和世界货币演进的理解加深了我们对真实世界货币经济的认知。货币经济从未达到过"完美"，一般均衡仅仅停留在我们的想象或期望中。每一次针对"不完美"的制度演进，通常在解决一个问题的时候会引发新的问题，无论是本意在提高金融中介安全性的抵质押安排，还是本意在遏制系统性风险的宏观审慎管理，或者本意在降低汇兑成本的世界货币制度，从时间序列的角度看，概莫能外。作为乐观主义者，我和我的学生们完全无意否定任何既有的货币演进路径，我们的努力旨在说明：任何货币理论和优化思考都存在瑕疵，我们的想法也不例外，在将来也可能会过时。

两千年前，史学家司马迁的《报任少卿书》给出了思考者的最高境界——究天人之际，通古今之变，成一家之言。我和我的学生们的努力，远无如此高远的终极理想，而仅仅期望《货币论》能够具备诠释现实货币运行的能力，同时成为大学经济学本科高年级学生和货币经济学研究生观测、理解、分析货币经济的工具书。因此，三卷通篇不是依靠某种现成理论以解释某个国家、某种货币工具所带来的特殊货币现象，而是给出一切仍然存在"货币"这一经济现象的经济体必然面临的外在表现及其内在逻辑。在这三卷中，读者看不到关于国情、间接融资或直接融资主导、发展中国家或发达经济体等特殊性，呈现的仅仅是一般理论。

显然，这一分析框架不一定符合货币演化史，不一定满足所有的逻辑条件，不一定契合未来世界的货币循环，更不可能适用于极其特殊的情形，但它应该符合我从事货币理论研究和实际工作这三十年真实世界货币运行的一般状态。

理论之不足促使人思考。借用 Kydland 和 Precott（1996：84-85）之问作为全卷写作的动因："检验理论的方法就是看看这个理论构建的模型经济是否能够模拟真实世界的某些方面。也许对于一条理论而言，最大的考验是它的预测是否能被现实所证明——也就是说，当选择了某项政策时，真实的经济是否会像模型经济当中所预测的那样？"

缺乏历史观的经济学家是不具远见的，缺乏现实解释力的理论是不具生命力的。仅此而已。

陆 磊

2021 年 5 月 11 日

参考文献

［1］ Arrow, K. J., 1964. "The Role of Securities in the Optimal Allocation of Risk-bearing", *The Review of Economic Studies*, 31: 91-6.

［2］ Bernanke, B. S., 2013. *The Federal Reserve and the Financial Crisis: Lectures by Ben S. Bernanke*, Princeton: Princeton University Press.

［3］ Borio, C., 2003. "Towards a Macroprudential Framework for Financial Supervision and Regulation", *BIS Working Papers*, 128, Bank for International Settlements.

［4］ Colquitt, J., 2007. *Credit Risk Management: How to Avoid Lending Disasters and Maximize Earnings*, 3rd ed., New York: McGraw-Hill.

［5］ Debreu, G., 1959. *Theory of Value*, New York: Wiley.

［6］ Friedman, B. M., and Hahn F. H. (eds.), 1990. *Handbook of Monetary Economics*,

Vol.I and II, Amsterdam: North-Holland.

[7] Friedman B. M., and Woodford, M. (eds.), 2011. *Handbook of Monetary Economics*, Vol.3A and B, Amsterdam: Elsevier.

[8] International Monetary Fund, 2013. "Dancing Together? Spillovers, Common Shocks, and the Role of Financial and Trade Linkages", *World Economic Outlook*, October 2013, Washington: International Monetary Fund.

[9] Keynes, J. M., 1936. *The General Theory of Employment, Interest Rate and Money*, London: Macmillan.

[10] Kydland, F. E., and Prescott, E. C., 1996. "The Computational Experiment: An Econometric Tool", *Journal of Economic Perspectives*, 10: 69–85.

[11] Ljungqvist, L., and Sargent, T. J., 2000. *Recursive Macroeconomic Theory*, Cambridge: MIT Press.

[12] Mankiw, N. G., 2003. *Macroeconomics*, New York: Worth Publishers.

[13] Mas-Colell, A., Whinston, M. D., and Green, J. R., 1995. *Microeconomic Theory*, New York: Oxford University Press.

[14] Mishkin, F. S., 2004. *The Economics of Money, Banking and Financial Markets*, 7th ed., Boston: Addison Wesley.

[15] Mundell, R. A., 1963. "Capital Mobility and Stabilization Policy under Fixed and Flexible Exchange Rates", *Canadian Journal of Economics*, 29: 475–85.

[16] Obstfeld, M., Shambaugh, J. C., and Taylor, A. M., 2004. "Monetary Sovereignty, Exchange Rates, and Capital Controls: The Trilemma in the Interwar Period", *IMF Staff Papers*, Palgrave Macmillan, 51(s1): 75–108, June.

[17] Obstfeld, M., Shambaugh, J. C., and Taylor, A. M., 2005. "The Trilemma in History: Tradeoffs Among Exchange Rates, Monetary Policies, and Capital Mobility", *The Review of Economics and Statistics*, MIT Press, 87(3): 423–38, August.

[18] Obstfeld, M., Shambaugh, J. C., and Taylor, A. M., 2010. "Financial Stability, the Trilemma, and International Reserves", *American Economic Journal: Macroeconomics*, American Economic Association, 2(2): 57–94, April.

[19] Romer, D., 1996. *Advanced Macroeconomics*, New York: McGraw-Hill.

[20] Steil, B., 2013. *The Battle of Bretton Woods: John Maynard Keynes, Harry Dexter*

White, and the Making of a New World Order, Princeton, NJ: Princeton University Press.

［21］　Sidrauski, M., 1967. "Rational Choice and Patterns of Growth in Monetary Economy", *American Economic Review*, 57: 534–44.

［22］　Takayama, A., 1985. *Mathematical Economics*, Cambridge: Cambridge University Press.

［23］　Varian, H. R., 2007. *Intermediate Microeconomics: A Modern Approach*, New York: Norton & Company.

［24］　Walsh, C. E., 2003. *Monetary Theory and Policy*, 2nd ed., Cambridge: MIT Press.

［25］　Williamson, S., and Wright, R., 2011. in Friedman B. M., and Woodford, M. (eds.), *Handbook of Monetary Economics*, Vol.3A, Amsterdam: Elsevier.

［26］　Wray, L. R., 2012. *Modern Monetary Theory: A Primer on Macroeconomics for Sovereign Monetary Systems*, London, UK: Palgrave Macmillan.

［27］　陈学彬.金融学［M］.北京：高等教育出版社，2003.

［28］　黄达.货币银行学［M］.北京：中国人民大学出版社，2000.

［29］　平新乔.微观经济学十八讲［M］.北京：北京大学出版社，2001.

［30］　吴楚材，吴调侯.古文观止［M］.北京：中华书局，1959.

［31］　曾康霖.商业银行经营管理研究［M］.成都：西南财经大学出版社，2000.

［32］　周升业，曾康霖.货币银行学［M］.成都：西南财经大学出版社，2000.

第一卷《货币与货币循环》前言

非常遗憾的是，读者将看到的是极其抽象、高度数理化的章节，这会让很多人——包括从事货币实际工作的政策制定与执行者从本能上感到厌倦甚至排斥。事实上，我自己也对已经发生的或正在发生的故事或场景更感兴趣，直观、感性永远是人类理解事物的第一步。本卷手稿写作于2020年9月至2021年3月，其中的主要观点实际上形成于若干个夜间——在白天，我和我的合作者，也是我指导的博士毕业生刘学一般处于各自的工作状态，比如监测跨境资本流动，观察每天的国内和全球金融市场波动，分析各国的货币政策动态及其实施效果，时不时还要参加一些会议并给出非常具体的政策建议。这些都是货币当局和外汇管理部门的常规工作，全世界的中央银行都大同小异。如果读者有兴趣，我倒是很乐意向大家推荐两本书——本·伯南克（Ben S. Bernanke）所著的《行动的勇气：金融危机及其余波回忆录》(*The Courage to Act: A Memoir of A Crisis and Its Aftermath*)和瑞·达利欧（R. Dalio）的《债务危机：我的应对原则》(*Principles for Navigating Big Debt Crises*)。前者把中央银行（包括外汇管理部门）的日常工作说透了，后者则基本反映了关注金融波动的研究人士对常规性指标的持续跟踪与分析。实际上，我和刘学的日常工作很接近上述两本书的内容——监测、分析、发现风险、找到原因、给出解法。剔除白天紧张的工作，我们师生之间的学术讨论一般在夜间的8点至9点半。有时，由于各自刚刚下班，我的妻子会在家附近找一个马路边的川菜或湘菜小餐馆，我和刘学边吃边谈；有时，我的妻子会找一家咖啡厅，我喝咖啡，刘学喝柠檬水——无论喝多少咖啡都不能影响我的睡眠，但刘学无法晚上喝咖啡。在彼此讨论甚至争论时，刘学总是忘记吃饭或喝水，瞪大眼睛听我的怪想奇谈。而我妻子，在我们争论甚至我因此激动时打圆场，在我们因讨论而停箸不食时总会提醒我们吃东西，在我们圆满解决一个论题并形成共识时会给我们添酒或续茶，在我们讨论超过10点时提醒我们她会安排下一次聚会。

在讨论中，我注意到两种情形：第一，我的想法对于缺乏货币理论与实践深度观察的人而言，几乎是无法理解的，因为这需要认知基础；第二，我的想法对于已经深度接受传统货币理论的人而言，几乎是无法接受的，因为这需要颠覆原来的认知基础。这是令人气沮的事实，其结果是，我的想法即使正确，也不会对现有的货币认知、政策改进形成很强的穿透力和作用力。

我发现，为避免对纯粹数学理性的厌倦与畏惧，唯一能使更为广泛的读者理解本卷想法的办法是借助柏拉图学园的师生对话场景，以《论语》记录对话的方式还原我们的研究思路与心得。因此，选择与本卷相关的师生对话，以《十夜谭》为前言。其间，由于讨论的连贯性，不少论题涉及货币政策和数字货币，我将在第二卷、第三卷前言中再度分别以《十夜谭》的形式呈现。

一

第一夜（2020年9月1日，开学之日）：关于货币增量与资产泡沫的讨论。

我：从最近的情况看，几乎可以确定——美联储的无限量宽与美国股市再创新高之间存在因果关系。不妨讨论：货币供应量增长一定会造成资产泡沫化吗?

刘（极其警惕而小心地）：可能有条件。货币数量论的动态形式告诉我们，如果货币供应量增长与商品和服务产出增长恰好匹配，则价格（应该包括资产价格）不会发生变化吧。

我：凭什么证明货币一定进入商品与服务的生产与流通环节，你如何判断脱实向虚?

刘（逐步放松警觉）：Allen 和 Gale 在 1999 年的《比较金融制度》（*Comparing Financial Systems*）中说明，以银行为主导的金融体系给企业贷款，是实的。以金融市场为主导的金融体系往往会形成股市泡沫，是虚的。脱实向虚的问题往往是信贷流入资产市场。

我：所以呢?

刘：遏制银行信贷资金流入资产市场。

我：银行信贷资金为什么会流入资产市场?

刘：呃。相比投资实体企业形成产出可以获得更多回报。

我：那么，根据你的逻辑，我们是否可以确定——根本不存在"实体部门"与"虚拟部门"的划分，实际上，在特定条件下，一切实体部门都可以被诱致从事虚拟投资；当然，反过来，一切虚拟投资也可能回归实体。

刘：应该是吧。比如，20 世纪 80 至 90 年代，日本不少企业既从事电器产品制造，也从事股票和房地产投资。逐渐地，投资板块收益甚至超过了制造业收益。1991 年泡沫破裂后，回归实体投资的情况很明显。

我：那么，你可以做一个模型，论证一家企业是如何形成集团化的，在其内部分离出实业板块和资产投资板块，其中的机理一定是你所说的回报率诱因。你要知道，我担心的是如果诱因还在，即使货币当局大力支持资金进入实体企业，但在理性驱使下，货币仍然会向虚拟领域堆积。我相信，1991 年的日本和 2001 年的美国，正在经历这一过程——货币投放，但信贷与投资"脱实向虚"，不增加要素就业的增长、泡沫化、泡沫破裂可能是我们观察到的场景。

刘：对啊！我觉得货币运行存在两种循环：一是存款货币—信贷—实体投资—产出回报—还贷—存款付息或再贷款偿还循环，可以被定义为"产出—货币循环"；二是存款货币—信贷或投资—购买资产—资产价格上涨—抛售资产—还贷—存款付息或再贷款偿还，可以被定义为"资产—货币循环"。

我：我们先从"两种货币循环"出发，论证整个经济是如何脱实向虚且泡沫化的。直觉上，如果存在两种货币循环，那么一定存在不同循环所导致的预期回报率的激励，这似乎是决定"选择"的基本动机。但是，我总觉得分析深度不够。一方面，一个公众是投资实体企业还是投资股票或房地产，在货币增量上没有影响——仅仅是社会资金存量的切割配置并由此形成自身资产组合，无可厚非。另一方面，历史上多次发生过货币总量真实地在扩张，货币增量汹涌流入资产领域，当中一定存在某种微观机理。

刘：直觉上，问题肯定出在能够动员货币的金融中介身上。

我：我也这么认为。所以，仅仅是收益激励是不够的。我们需要讨论的是，金融中介，主要是商业银行，是怎样把杠杆加上去的，且杠杆主要用在了虚拟领域。一种可能的误区是，当前对实体与虚拟界定上存在的部门论和主体论的错误，也就是说，不应该区分实体部门或虚拟部门，而应该区分实体投资行为和虚拟投资行为。我对实体和虚拟的重新定义如下：凡是以投资项目自身现金流为营业收入的属于实体交易行为；凡是以自身资产估值（无论是否变现）作为交易标的的行为属于虚拟交易行为。

刘：的确，我在过去的思考中曾经模拟过一家企业如何衍生出资产投资板块的动态模型。但是……

我（果断拉回）：分析窄了。我看，问题并不全然出在企业身上，我们还要去上游追溯原因。

刘（不得不接续问题）：您是说，企业的上游——商业银行？

我：凡是房地产泡沫，伴随着的都是居民部门加杠杆与房地产抵质押贷款；凡是资本市场泡沫，伴随着的都是居民和企业部门加杠杆与股票质押贷款。当然，在此之后不一定是因此之故。在去杠杆过程中，具有抵质押的所谓"优质资产"往往不在被去行列，相反，信用融资很可能被首当其冲去杠杆。融资难、融资贵问题往往凸显。

刘（狐疑不安地）：您是说，抵质押融资是危机的渊薮？不对啊，法国金融学牛人 Freixas 和 Laffont 在 1990 年就系统论证了抵质押对银行解决信贷中的信息不对称问题具有绝对好处。此外，还有不少经典文献都持类似观点。

我：经典当然没错，但是我们的角度与之不同。从银行资产安全性角度看，抵质押是有效保护，但是从宏观货币运行看，却未必啊。

刘：的确。在抵质押机制下，强制平仓机制和抵质押品拍卖机制最大限度保障了债权人权益。但是，抵质押品就具备了金融属性，很容易形成一个具备高度流动性的资产市场。

我：是否可以说，我们可以尝试导出一个**资产泡沫化定理**：一旦投资者发现并使用了抵质押融资，抵质押融资的金融属性将诱使企业从实体生产性投资者转向资产投资者，更多的抵质押品购买驱动资产泡沫化。因此，实体经济虚拟化的最终表现形式是：抵质押资产的泡沫化。

刘：这是我今天领到的作业。

我：你别急，我还有一个问题交给你，下次我们讨论——始终严格聚焦货币和实体经济的关系。你想想，抵质押融资是担心出现不良资产吧？那么，在抵质押过程中，货币是否超发了？

（刘急于回答，我摆手制止。）

我（自言自语）：仔细想想，去杠杆可能会误伤实体，这个问题还是留待下回分解。

二

第二夜（2020年9月10日，教师节）：关于从信用中介到中介信用的讨论。

我：我们回归传统的一般均衡理论讨论，假如一个经济体存在的全部企业都有融资需求，假设存在金融中介体系以满足其融资需求，当然，金融中介从家庭部门获得资金来源，企业的所有者也是家庭部门。那么，你认为一般均衡框架——或者说是资金环流，是个什么样子？

刘（信心满满）：这简单，我可以通过构建一个包括家庭、银行和企业家三个主体的三期理论模型，探讨银行信用的基础以及由此决定的货币资金的供需关系。我相信，肯定能得到均衡解，且符合现实世界的情况。

我：那么，融资的基础条件是什么？

刘（不假思索，旋即）：信用！

我：对啊，照你的思路，是不是可以粗略概括：信用中介是社会融资方信用的加权平均水平？如果是，我们可以总结一个信用中介的货币均衡定理：银行依据其对借款人的信息优势，实现了更高效率的社会融资配置与货币均衡。银行信用是商业信用的加总，不独立于商业信用。在银行信用下，货币市场与信贷市场都实现了均衡。

刘：对的。各国中央银行也是这样理解货币循环的——一切货币交易的本源都是满足实体经济的投融资需求。这是金融中介存在的基础，也是各国中央银行假定自己应该看到的微观交易。

我：那么，我们做个行为金融学实验。假定有一家在一个经济体中居于中等水平的银行，你可以想象成某家股份制银行，同时还存在一家在该经济体中最卓越的制造型企业。此时，上述两家机构同时向你发起债务募资——期限一样、利率一样，你给谁？

刘（挠头，支吾半天）：我给银行。如果给企业，我会要求更高的利率。

我（笑了）：你别自责，我也会采取一样的做法。你看，一定存在一些不一样的因素，导致银行比企业的信用看起来更高一些。

刘（目光陡然闪亮，可以看到他的头脑在高速运转）：可能存在以下条件——当银行中介具有自身资本金并依托资产池可以实施风险与收益交叉补贴，则银行信用不再是商业信用的加总，银行信用成为独立的中介信用，中介信用在通常情况下——刨除危机时期——高于社会信用的总和。因此，银行对家庭部门会形成超额货币需求，超额货币需求作为银行动员的广义货币量与原本实体经济循环中需要的信贷规模及与之对应的广义货币量的差值，成为衡量经济虚拟化的重要指标。

我：对了，这可以导致一个宏观结果：银行对基础货币的需求与广义货币的供给同时增加，并产生强大的社会储蓄动员能力，同时提示我们一个重要的现实结果——只要中介信用取代商业信用和传统意义上的银行信用，一定会存在超额货币需求（excessive money demand）。

刘：是不是可以这样理解——实际上，只要存在银行这样的制度安排，货币量就天然超过实体经济本应该吸纳的量？

我：这就作为我们的理论猜想吧。你可以从金融中介的行为，特别是抵质押融资机制出发，探讨资产是如何被全社会所追逐的。

三

第三夜（2020年10月6日）：关于超额货币需求第一定理。

我：你知道我上次给你布置的题目的潜在意思？

刘（狡黠一笑）：明面上，是让我做一个抵质押融资模型，实际上是想通过抵质押融资微观信贷机制，搭建起一座连通货币经济学和银行学的现实桥梁。

我：聪明！但是，我今天想跟你谈的恰恰是微观经济学问题。

刘：我做的模型就是微观资源配置。

我（笑而言他）：不光是金融中介的微观信贷资源配置，更重要的是，银行的本质是什么。

刘（迫不及待地）：银行是信用中介，具有信息优势，所以……

我（笑着打断）：那么，接续我们上次的话题，它已经有了信息优势，为什么还需要抵质押品？你不觉得，所有的微观文献——比如著名的 Stiglitz 和 Weiss，还有 Jaffe 等人在 20 世纪 60 年代末至 20 世纪 80 年代早期系列性提出的信贷配给模型本身假定了银行不那么具有信息优势？

刘：您的解释呢？

我：我们把思路拓宽一点，我问你：银行的盈利模式是什么？

刘：这很简单。大面上，存贷利差收入加中间业务收入而已。

我：对啊！那么，它的盈利动机是什么？

刘：在完全竞争市场上，存款利率和贷款利率给定，中间业务收费率也给定，简单说，银行的唯一积极性是规模。当然，规模受资本充足率限制。

我：你抓住了银行微观运行的本质。但是，资本充足率往往具有软约束可能，比如在正常时期的补充二级资本，以及危机时期我们看到的补充资本金和救助。所以，规模是第一性的。

刘：我明白了。各国金融运行中面临的实质问题可能在于，银行通过持续扩张贷款，以获得更高收益——在收益率是外生给定的前提下。

我：你再想想，这与实体经济的吸纳贷款能力是什么关系？

刘（恍然大悟）：如果实体经济并不需要那么多贷款，而银行具有持续扩张贷款的内在激励，则必然出现超额融资。

我：你接着想，那银行不就不安全了？如果实体经济并不具备贷款吸纳和偿还能力的话。

刘（兴奋地快速回答）：需求不足会导致贷款利率下降，然后，利率下降刺激资产价格上行，所有的超额融资会被无价格上限的资产市场吸收！

我：孺子可教。这还是均衡的，对不对？

刘（思考了一下）：我想我找到了**超额货币需求定理**：实体经济并不完全存在融资不能得到满足的问题。在某些情况下，反而会出现超额融资——银企居民各部门都发现了资产炒作的预期收益，当融资丰沛，则相对稀缺的资产价格当然上行。当然，银行为了自身安全性，会要求资产抵质押。那么，超额融资额等于当期抵质押贷款余额，这是资产泡沫化和金融危机的重要制度温床。由于银行是广义货币创造者，由此货币从"产出—货币循环"进入"资产—货币循环"。

四

第四夜（2020年10月28日）：关于超额货币需求第二定理。

我：我们始终需要牢记一点——所有的理论模型必须尽可能符合真实世界。每一次危机，我们都只能在事后发现曾经犯过的错误，这就需要我们给出一个基本逻辑：到底发生了什么？从我们前面的讨论看，基本上可以总结三个典型事实：第一，货币存在实与虚两种循环；第二，抵质押是导致超额融资的一个事实原因；第三，金融中介的信息优势、资本金和资产交叉补贴安排，是造成其可以获得更多融资的事实原因。那么，这些内容可以解释曾经发生过的历次危机吗？

刘：在过去的1个月里，我仔细梳理了思路，大概可以梳理出如下想法。

我：那你告诉我核心指标是什么？

刘：四个——资产价格、货币量、抵质押品和坏账。

我：你现在能不能把它们用一个定理串起来？

刘：我带来了额外完成的作业——超额货币存量定理的完整版：金融中介并不一定会恰如其分地满足实体经济融资需求，**由于其基于货币需求所形成的利润动机，总是拉动其对家庭部门形成超额货币需求**。由中介信用主导的货币均衡，是虚拟行为脱离实体行为的起点，并且由银行资本增加所驱动的银行信用扩张，叠加抵质押融资这一制度，我导出了**超额货币需求定理的完整版**：在某个时点，坏账余额是超额货币存量的下限，抵质押贷款余额是超额货币需求的上限。

我（饶有兴趣）：你把上下限定理具体解释一下。

刘（信心十足）：银行作为信用中介，本应该恰如其分地满足实体需要。但是，其资本金和交叉补贴制度安排使其具备了向公众融资的"超级能力"，但是，实体其实吸收不了这么多融资，过度融资必然导致坏账。这就是超额货币的最低水平。同时，坏账总是随时间推移而暴露，因此，实际上的超额货币存量应该超过某一时点的坏账余额。那么，我们需要追问的问题是：为什么会出现抵质押融资？作为信用中介，本应该对自身的信用融资信心十足，抵质押制度本身就意味着其对信用配置没有信心，因此，全社会抵质押融资余额是超额货币存量的上限。之所以说是"上限"，是因为在现实世界中，由于非完全竞争，或者说是银行垄断等因素，肯定存在本来可以获得信用贷款，但被迫采取抵质押的借款人。

我：完全同意。实证依据呢？

刘：我提交给您的作业在归纳银行信用定理和中介信用定理的基础

上，以日本银行危机作为实证证据，并进一步将模型扩展到一个金融开放的环境，通过韩国等东亚小型开放经济体的超额货币需求证明了当银行资本达到一定规模时，本国银行将通过增加境外存款来获得更多的融资，从而产生更大的超额货币需求。这一方面能够支持更高水平的投资，同时也使得其在遭遇较大外部冲击时表现出更大的脆弱性，这与亚洲国家由银行所主导的金融体系的一些特征事实相一致。在抵质押环节，我参考了清泷信宏和Dalio的泡沫化文献，数据支撑我的判断。

我：看来，从金融中介出发理解货币循环的目标已经达成。根据我们已有的想法，把一些特征事实作为定理提出来，下次讨论。此外，我再布置一个相关作业——金融化（金融中介和金融市场发育）是否意味着虚拟经济发展的必然性？这个题目比较大，不仅仅是货币经济学的课题，还涉及金融发展理论，我们下一次夜话安排在1个月左右以后吧。

刘：得令。

五

第五夜（2020年11月11日）：关于脱实向虚问题的讨论。

我：长期困扰我们的一个命题来自金融发展理论。我记得是20世纪60年代的Goldsmith以及Shaw先后提出的金融化或者货币化，引进包括中国在内的转型及发展中经济体后，一度很受追捧。这里的一个理论问题是：货币存量的快速上升伴随着金融市场高度活跃，货币化与金融化是否意味着虚拟经济的快速发展？这是我10月底布置给你的作业。

刘：我已经完成了比较研究的模型。结论是——

我（打断）：不论你的模型结果如何，我也想了很长时间，直觉是，金融化本身并不会带来泡沫。恰恰相反，金融化带来了金融资源的高效率配置，可能更好地推动了实体经济发展，比如纳斯达克（NASDAQ）

市场，毫无疑问推动了科技和实体投融资。

刘（频频点头）：我的证明结果也是如此。我始终记得教师节晚上您的判断——抵质押融资机制才是"脱实向虚"的基本驱动因素。我还证明，经风险调整的实体投资与金融资产投资的相对收益与金融化无关，因而，金融化与"脱实向虚"无关。

我：所以，问题的本质还是抵质押融资。

刘：围绕您上次所提及的特征事实，我还总结了两种货币循环的四个定理。

我：你说说看。

刘：第一，抵质押率与抵质押品投资的正相关定理。即更高的抵质押率会推动社会资金更多流向具备合格抵质押品性质的资产，更少流向生产性投资。第二，信贷供给与抵质押品投资的正相关定理。若信贷供给受到约束（不受约束），抵质押品购买的吸引力下降（上升）。第三，抵质押率和低利率推动道德风险。即当抵质押率较高时，宽松货币政策将助推信贷资金脱实向虚永续存在。第四，补充资本金政策对抵质押品投资的正向激励定理。即补充银行资本金的流动性支持政策并不能扭转信贷资金脱实向虚。

我（欣然）：甚合吾意，但更重要的是：合乎事实。到此，我们对货币循环的理解已经全部完成。

刘：那么，我们可以收工了？

我（默然良久）：非也。我们的思考还不够深入。经过六个晚上的讨论，我一直在想：为什么金融中介能有这么大的能量，但是，在几乎所有货币经济学教科书中，金融中介仅仅处于不起眼的位置？我教了15年书，每一次都觉得遗憾——很难把金融体系与货币做完美衔接。

刘：您的看法是——

我：把颠倒的认识颠倒过来。我需要一点时间，或短或长，待我思考清楚，我们再谈。

六

第六夜（2020年11月22日）：关于叠加态货币增量的讨论。

刘：我一直没有想明白一个问题——在脱实向虚和周期性爆发金融危机等重要问题面前，中央银行到底发挥了什么作用？

我：这个问题非常关键。一直以来，我并不认为中央银行是一个事后的问题解决者，或许在事前它就已经发挥了相关作用。这里的理论问题是：货币增量到底是中性的还是非中性的。如果是中性的，那么货币增量不会对实际产出构成任何实质性影响，而仅仅影响名义量；如果是非中性的，那么其会真实影响产出，因而其作为空间会大很多。

刘：货币增量本身由两种力量构成，一方面，是金融部门和家庭部门之间的交易，以及金融部门对企业的融资，这在统计意义上会形成货币创造。另一方面，中央银行向整个金融体系注入或回收流动性，这是基础货币层面上的影响。

我：的确如此，也符合事实。直至今天，关于货币性质的讨论仍然存在巨大争议——中性与非中性看法各执一端。我认为，货币增量既是中性的，也是非中性的，恰如"薛定谔的猫"，我们姑且称为叠加态货币循环理论。

刘：我猜，您的意思是不同的货币供给方式导致了不同的货币增量性质？

我：对！现实中起码存在三种货币扩张（或减少）渠道。第一，货币增量如果是因为家庭、企业和信用中介部门最优决策所导致的，那么这种内生货币增量只能是中性的（此时，货币会按照乘数增长，但中央银行并未介入）。第二，货币增量如果是由中央银行提供的，但在"生产还没有发生的情况下"出现，则其必然只造成名义量变化，不会对家庭部门的最优决策构成任何影响，因而不会影响消费和产出。我们可以想象，在金属货币时代，如果一支由冒险家所构成的队伍从新大陆突然带回100吨金币，但没有带回任何其他物质产品，通货膨胀是必然的。第三，如果中央银行的外生货币增量面对的是信用中介，前者期望后者以此增加信贷供给并由此形成新增要素就业，则这一行为将改变以提供信贷为己任的银行行为，产出将发生改变，进而影响家庭部门的两期消费决策，那么，货币增量显然是非中性的。无论哪种情形，其前提是中央银行的观察与决策——它可以选择作为或不作为（相机决策或单一规则），也可以选择向谁作为（购买国债实现向家庭转移支付或向银行体系提供流动性），不同的自下而上的传导机制决定了不同的中央银行决策，并进而决定了货币循环的"叠加态"。一言以蔽之，当学术界仍然在争论货币传导机制是新古典还是非新古典的时候，"叠加态"货币循环正在不远处等着学者们。

刘： 我在工作中也观察到了这一点。在一些情况下，如果中央银行不干预商业银行对企业的信贷，也不在乎企业融资成本，则货币增量是由一系列微观交易所形成的会计意义上的"资金环流"，它由商业银行信贷扩张和偿还存款决定，货币增量的起因是再生产，而不是再生产的动力来自货币增量，货币需求内生增长，因此货币增量是中性的。但是，在另外一种情况下，如果中央银行急企业所急，想企业所想，通过向银行提供再融资以解决融资贵问题，货币供给形成了外生推动的产出增长，则货币增量是非中性的。

我： 这就像物理学上著名的"延迟选择实验"一样，我们不妨称之为叠加态货币循环——物理学上的叠加态是说在于监测者实际构成了被监测系统的组成部分,货币经济学意义上的叠加态是指观测者本身就是游戏参与者。我们是不是可以说:相信货币中性,得到的均衡结果就是货币中性;相信货币无所不能,得到的结果就是无所不能?对于在实体经济运行时怀有悲悯之心的中央银行,由于其担心实体经济融资难、融资贵,试图通过对金融机构再融资以满足企业融资需求,其实际相信货币非中性,即货币投放能够产生实际效果,得到的均衡结果就是货币非中性。这就是所谓"求仁得仁"。

刘(茫然):这也太"诡异"了!

我:你应该选择相信什么?中性还是非中性?

刘(纠结):如果真的有非中性这种好事,我当然相信非中性!

我:我也会相信货币非中性。可是……

刘:似乎哪里不对。

我(笑了):天下哪里有免费的午餐?

刘(一拍大腿,顿悟):如果货币增量同时呈现非中性特征,其本质特征并非一定属于二元对立,还存在对立统一的可能。如果我们考虑未来,把成本贴现进去,结果就统一了。从货币的"跨期交易"本质看,只要中央银行向金融中介体系外生注入基础货币,可贷资金的增加会同时带来资本形成与金融业会计利润,因此在当期,实体部门和金融中介的增加值同步增长就是货币非中性的基本表现形式。但是,货币非中性的代价或许存在时间上的动态递延性——坏账和货币危机总是在一定期限后发生。

我:凭什么一定会发生危机?

刘(信心十足):因为之前的银行、企业、家庭都已经做了最优决策。这意味着所有的需求和供给都实现了均衡,任何额外增加的货币供给和货币需求都是超额的,坏账和危机必然产生!

我：对了。"跨期贴现"将真正使我们看清货币非中性的本质特征——无非是没有考虑滞后期 GDP 扣减时的当期 GDP 虚增而已。这就使我们可以认识脱实向虚和资产价格攀升以及危机发生的货币原因。永远要记住——出来混，总是要还的。

七

第七夜（2020 年 12 月 25 日）：关于货币需求和货币供给的思辨。

我：整整隔了一个多月，才再次讨论。我来问你，经典理论中的货币需求和货币供给是怎么说的？

刘（胸有成竹）：根据 Hicks 爵士的总结，货币需求来自公众，包括交易性货币需求、投机性货币需求和谨慎性货币需求，它是收入的增函数，是利率的减函数。货币供给是外生决定的，中央银行决定了货币供给，两者共同构成了 LM 模型。

我（笑了）：背书不错，我也一直这样教学生，但不符合当今事实。

刘（踌躇，瞪大眼睛直视我）：那您的观点是？

我：该根据真实世界改写啦。你说的没错，但那是铸币时代的残余——恰如人的盲肠，曾经有用，当下却没用。你想想，在金属铸币时代，货币存量是由金属采掘决定的，比如我们中国古代，户部分管钱法的侍郎负责江西司、云南司，那都是铜和银的产区。所以，你稍微动脑就可以知道：货币的生产函数是存在的，但与社会总产出的生产函数不一定一致，严格说，根本不可能一致。这就导致两个问题——第一，货币铸造等于铸造者凭空形成的新购买力；第二，货币铸造与国民经济不同步。因此，一切投放就意味着征税，即铸币税。

刘（急于插话）：那在世界货币领域，经常被提及的铸币税似乎不是这个含义啊。

我（微笑）：别急，这恰恰是误区所在，但不是我们今晚所讨论的内容。我的意思是，在没有金融中介的时代，货币需求的确是老百姓的上述三种需求，他只有获得铸币现金才能满足上述需求；当然，货币供给的确是政府，即使那时还不存在中央银行。但是，货币供给可不是也从来不是政府把钱分给老百姓，而是以政府获得购买力的方式摊薄、稀释该时点固有的货币购买力。

刘：这就是古典货币数量论的内容嘛。

我：对啊！所以你看，在大卫·休谟、凯恩斯和希克斯那里，金融中介的重要性没有被提出来，因为那时，政府与百姓的货币关系是最重要的一对关系。

刘：那么，该理论对当前世界的解释力如何？新古典主义和货币主义似乎仅仅是用现代数学模型重写古典货币数量论。

我：你说的对。经过人类经济社会的金融化，我们必须与时俱进地看问题。我大胆作一个猜想：**纯粹货币交易的需求方是金融中介**。其需求与利率无关，与利差有关。但是，由于利差是风险的函数，因此金融中介的确在乎风险管理。但是，这种风险管理有可能演变为做大规模以实施垄断定价，或者寻求其他保障手段，如抵质押、保证。**纯粹货币交易的供给方有两个：家庭部门和中央银行**。其中，家庭部门是常规性货币供给者，他们把现金交给银行作为居民储蓄存款。而中央银行是备用货币供给者。记住，此时已经不再是金属货币时代，纸币发行几乎不存在生产函数。所以，只有中央银行认为家庭部门和金融中介的交易存在问题——简单说，它根据某些信号，比如利率或通货膨胀率，判定钱多了或少了，才会实施货币供给的增或减。

刘：这是一个颠覆性猜想。但是，它好像更加符合我们看到的真实社会。

我：在这样一个猜想中，最为关键的是货币增量。货币并不存在随消费（使用）而灭失、磨损的特征，货币增长或减少完全取决于公众是否愿意继续接受金融中介的存单或中央银行是否向金融体系提供或回笼货币。那么，对经济真正有作用的是货币增量，而非货币存量。这也就是为什么，从中央银行到金融体系，从企业部门到家庭部门，永远关注某一个时间区间内货币量的变动。由于货币统计是包含关系（即广义货币包含了狭义货币，狭义货币包含了流通中现金），因此，真正有价值的研究对象是广义货币增量。要完成这项任务，就必须把居民、企业、金融中介、中央银行紧密地联系在一起，真正进入符合现实的动态一般均衡框架。另外，你不觉得，我们总是把商业银行作为货币创造者是存在问题的吗？它不仅仅从居民手中收购货币，且必要时也能向中央银行收购货币。

刘：对啊。更神奇的是，世界各国中央银行从未统计过居民部门的交易性货币需求、投机性货币需求和谨慎性货币需求，它们真正关注的是金融体系流动性状况和所谓的系统性风险，并通过再融资增减向金融体系注入或回收货币。

我：这就是我们的货币供求理论。你记住，它只要符合事实就好，事实胜于雄辩。

八

第八夜（2021年1月2日）：关于纯粹货币交易的讨论。

我：上次的讨论涉及纯理论层面，因其颠覆性而很难被接受或理解。你有没有新的问题？

刘：您提到了纯粹货币交易，虽然我很快做出了供求模型，但还是想问问您所提出的纯粹货币交易的确切定义是什么？

我：你发现了我当时在思考，却没有完全想好的问题。现在，我给你一个定义。首先，我们确定它不是什么。然后，我们再定义它是什么。我可以确定地告诉你，纯粹货币交易的想法来自 Walras 在 1900 年的著作《纯粹经济学要义》，他以当时同代人无法理解的天才想象和数学能力完成了一般均衡构想。120 年以降，在认识论和方法论意义上，我以为无人与之比肩。后来如 Clower 和 Hahn 等人，在 20 世纪 60 年代陷入争论，货币在一般均衡中怎样表述？这真的有点像同样在 1900 年前后物理学天空的两朵乌云——1899 年最后一天，英国皇家学会会长开尔文男爵做新年贺词，大意是物理学臻于完美，但在即将到来的 20 世纪，还存在"万里晴空中的两朵乌云"，一是光的波动理论，二是热的能量均分定则。谁也没想到，这两朵乌云形成了 20 世纪物理学的颠覆性创新——相对论和量子力学的哥本哈根学派。回到一般均衡理论中的货币这朵乌云。最后，Clower 一咬牙一跺脚，干脆说"现金先行"吧！这就是说，规定只有现金才能交易。Hahn 看着 Clower 被逼急了的样子，叹息道："你这不是不讲理嘛？为了引进货币，把至今仍在的物物交易都排除了。"

刘：对啊。我刚看了一部电视剧《隐秘的角落》，里面的一个小孩子为了给他的学霸朋友送一支钢笔作为礼物，因为没钱，愿意给小卖店搬运饮料而换取，这是标准的物物交易。

我：对啊。你不觉得，我们在货币经济学领域讨论货币与商品（服务）之间的交易实际上是没有意义的吗？这条道路牵扯了太多的经济学家，如果注定是条死路，那么他们也就注定在半路"挂掉"。

刘：看来您已经有了另外的思路。那么，为什么说讨论货币与商品的交易没有实际意义？

我：很简单，重复计算。一帮经济学家，从 Sidrauski 到 Benassy，前赴后继、乐此不疲，把货币引入效用函数。理由是：它是商品啊，它是特殊的商品而已，所以，凡是商品，必有效用，对吧？

刘（懵懂中）：我也觉得——对啊。

我（气乐了，忍不住高声）：那么，作为买家，当你以货币交换商品，是不是得到了商品？显然，消费商品得到了效用。作为卖家，你销售得到了货币，请注意，在未来，你以货币交换商品时，你才能得到效用，对吧？如果你现在就计算效用，那么，未来怎么办？

刘：也对啊。的确重复计算了。

我：更致命的是，一代代经济学家痴迷于把商品与货币的交易作为货币交易，恰恰忽视了当代经济中交易规模最为可观的一幕——货币与货币之间的交易，这就是我们所定义的纯粹货币交易。你知道，这一交易日均规模多大吗？经济学家却视而不见，可惜啊可惜！我们不妨确定一个**货币交易公理**：货币交易是公众和中央银行作为货币供给方、金融中介机构作为货币需求方的"纯粹"货币交易。纯粹的含义是，货币交易不涉及任何非货币商品、服务，仅是货币之间的交易。在这一公理下，我们就限定了明确的讨论范围。

刘（飞速反应）：我明白了——同一币种之间的跨期回购交易，比如存贷款和再贷款，还有不同币种之间的买断式交易，比如外汇交易。

我：最为重要的是，当我们如此定义，实际上就是换一个视角看世界。我们只有且撇开外汇交易，只看单一币种，才能真正导出金融机构是纯粹货币交易的需求者，公众和中央银行是纯粹货币交易的供给者的精准界定。

九

第九夜（2021年1月20日）：关于货币的性质界定。

我：两周以前，我们讨论了货币的供给与需求双方。今晚，我们要进入最后一个"烧脑"环节——供给和需求双方交易的到底是什么？你认为货币的性质是什么?

刘:从李嘉图、马尔萨斯、马克思到希克斯,再到中本聪,货币是一般等价物、特殊商品、基础性资产。或者按照列举性定义,货币是具有价值尺度、交易媒介、流通手段和价值储藏功能的东西。

我(摇头):我的认识是,人类在定义货币时的最大迷思在于无法把它的原始状态和它作为货币时的性质区分开来。简单说,我们习惯于认为金银可以作为货币,故容易误把金银作为器物时的价值当作货币的价值。因此,自 Hicks 以降至 Debreu,价值论一遍遍重复这一问题。我的判断是,任何东西,无论是金银、纸张还是数据,只要其被权威指定或一定范围内被约定为"货币",则该种东西就变成了一个"符号",与其原来的价值无关。

刘:纸币和数据可以理解,但在金本位时代的贵金属货币与其价值有关啊。

我:问题在于我刚才说的"权威指定"或"一定范围约定"。货币需要被信任,在古代,贵金属容易被哪怕是敌对的双方所同时信任。或者说,其信任成本最低。

刘:在过去十多天,我一直对一个问题感到困惑。当我理解 Walrasian 均衡和 Arrow-Debreu 均衡时,总觉得与将货币引入效用函数的 Solow 增长模型以及 Ramsey 模型对不上。受您上次讲的"重复计算"的启发,我认为,在 Solow 等增长模型中,一旦最优确定了储蓄率,则产品自动分割为当期消费和未来消费。如果,在现实经济中,我们把产出以货币"符号"对应,那么所有的争论将烟消云散。实际上,货币作为货币,自动退出其使用价值,而是当期消费和未来消费的符号。当它用于购买商品时,对应的是当期消费;剩余的货币,自然对应的是经过最优决策的未来消费。所以,**货币的性质是一种具备"未来效用索取权"的符号**。

我：非常切合实际的定义。只有这样，才能解释为什么在 Arrow-Debreu 空间，如果存在完美的期货市场，货币没有必要存在。因为，每个个体都以实物形式安排了未来效用。

刘：更进一步看，Walrasian 一般均衡是否引入货币意义不大。因为，如果理性的经济主体已经最优安排了当期消费和储蓄（未来消费），那么"用于消费"的货币当然出清。至于剩余在手的货币，是已经被跨期最优决策所决定的，就是储蓄，也就是为了购买未来的商品和服务，应该在下一期出清。可叹的是，经济学家们一直在为货币是否具有效用争论不已。

我：很好。此外，你有没有发现，货币与其他商品甚至资产的根本区别在于它从不会灭失。一个面包，吃了就没有了；一场音乐会，曲终人散。但货币，始终在流转。由此，我们可以给谈了这么久的标的下一个定义了——在现代社会，货币作为一种制度安排，既不具备生产函数，即需要投入而实现产出的供给端产品特征，也不存在一般商品、服务和物质资产随消费而"灭失"、因磨损而折旧的特点，即货币在数据上不灭。只有符号符合这一特征。但是，这个符号具有基础性，它的量一变，瞬时决定了其他所有收益的相对变化，当然，前提是存在一个信息反应极其灵敏的金融市场。

十

第十夜（2021年2月5日，庆祝农历小年）：关于逆向思维挖掘和正向观点呈现的讨论。

我：关于货币和货币循环，我们已经拥有了基本自洽的说法，到了形成逻辑闭环的时候了。

刘：您的意思是我们需要从头开始梳理一遍？

我：不是，是从尾部开始向前推。

刘（侃侃而谈）：我试试看。是不是这样——

第一，货币是一种在理性选择下具有未来效用索取权的符号，它由制度决定，不会灭失。

第二，将货币交易界定为商品与货币的交易没有意义，所谓纯粹货币交易是货币的跨期回购交易和不同币种的买断式交易，在一个经济体范围内，我们只考虑跨期交易。

第三，由于我们重新定义了货币公理，则货币供求理论发生了根本性逆转。货币供给者从中央银行转而为家庭部门和中央银行，前者是常态式供给者，后者是备用型供给者。货币需求者则从家庭部门转而成为金融中介。这使我们得以理解真实世界的货币供求，且真正凸显了金融中介的特殊重要性。

第四，家庭部门和中央银行构成两个货币供给者，金融中介是货币需求者，这就导致了货币增量的"叠加态"——既是中性的，也是非中性的。其关键取决于货币增量的来源，如果仅仅是家庭向金融部门提供存款货币并以此满足企业融资需求，或者中央银行以无差异形式向家庭部门投放间接补贴，那么货币是中性的；如果中央银行试图向金融中介提供流动性，满足企业融资，则一定会形成新增产出，也就是GDP增量。当然，非中性以超额产出所导致的坏账和危机就会结束。

第四，我们可以想象一个完美的货币循环，这恰恰是中央银行期待中的状态：由于信息优势，金融中介实质是信用中介，它是实体经济信用的筛选者，当然其信用是实体经济信用的加权平均。那么，应该获得融资的借款人都得到了满足，且金融中介必然能极其顺利地满足家庭部门的货币需求（广义货币）。

第五，实际情况是，由于存在资本金和资产池交叉补贴，金融中介具有独立的更高水平的中介信用，叠加存贷款利差相对稳定的经济环境，规模扩张成为金融中介的内在激励,这就导致金融中介形成超过实体经济需要的超额货币需求。

第六,金融中介为了自身安全性,发展出了抵质押融资工具,这进一步激发了金融中介的超额货币需求。结合第五点,我们可以发现全社会货币需求总是处于非均衡状态,即存在超额货币需求。下限是坏账,上限是抵质押融资余额。

第七,由于抵质押融资工具的引进,在实体经济层面上形成了两种资金流向激励,由于资产具备无限吸纳货币的能力——所谓估值或市值,无非就是一种符号标定,这种吸纳力实际是货币经济自发实现二次均衡的内在调整。因此,我们发现存在两种货币循环:第一种是传统的"产出—货币"循环,第二种是"资产—货币"循环,其中,资产是具有抵质押性质因而具备流动性的资产。在存在超额货币需求的情况下,实体经济必然存在资产投资激励,也就是所谓脱实向虚。

第八,金融化与资产泡沫化无关,抵质押融资才是泡沫化的根本动因。

第九,当一个经济体存在两种货币循环,抵质押率是是否泡沫化的重要原因,越补充资本金,金融中介动员社会资金脱实向虚的激励越高。

我(赞许):由表及里想问题,由内而外写出来,这样是不是顺多了?这一闭环说明我们的第一阶段任务达成。

刘(略显期待):下一步的作业肯定涉及在事实基础上的优化吧?

我:不急。的确,一旦把事实阐释清楚,那么货币政策在此间的作用、货币政策规则的检讨、厘清与设定是当然的工作。

刘:我感觉仿佛经历了一次大扫除。

我:我也是。

刘:那么,在春节期间我可以继续开工?

我：大可不必。除夕之前、小年之际，我们还是先干一杯吧。

以上《十夜谭》，还原了本卷讨论全貌、逻辑线索和几乎全部观点。省略了其间大量的争论和思维弯路，同时把关于货币中性、非中性和超级中性的夜间讨论留于第二卷《货币政策与中央银行》。与刘学博士的互动，正如1941年梅贻琦先生在《大学一解》中所表述的，师生从游，思维"自不求而至，不为而成"。其间，刘学博士喜得龙凤双胞胎，他夜半报喜："老师，您有徒孙了，而且是俩。"

因后继有人，有感于吾道不孤，故不禁莞尔。

陆磊　日志摘录

2021年5月11日

参考文献

[1]　Allen, F., and Gale, D., 1999. *Comparing Financial Systems*, Cambridge: MIT Press.

[2]　Arrow, K. J., 1964. "The Role of Securities in the Optimal Allocation of Risk-bearing", *The Review of Economic Studies*, 31: 91–6.

[3]　Bernanke, B. S., 2015. *The Courage to Act: A Memoir of a Crisis and Its Aftermath*, New York: W.W. Norton & Company.

[4]　Benassy, J. P., 1990. "Non-Walrasian Equilibrium, Money and Macroeconomics", in Friedman, B. M., and Hahn F. H. (eds.), *Handbook of Monetary Economics*, Vol. I, Amsterdam: North-Holland.

[5]　Clower, R. W., 1967. "A Reconsideration of the Microfoundations of Monetary Theory", *Western Economic Journal*, 6: 1–8.

[6]　Dalio, R., 2018. *Principles for Navigating Big Debt Crises*, Westport, CT: Bridgewater.

[7]　Debreu, G., 1959. *Theory of Value*, New York: Wiley.

[8]　Freixas, X., and Laffont, J.J., 1990. "Optimal Banking Contracts", in Champsaur

P., et al. (ed.), *Essays in Honor of Edmond Malinvaud*, Vol. 2: Macroeconomics, Cambridge: MIT Press.

[9] Freixas, X., and Rochet, J. C., 2008. *Microeconomics of Banking*, 2nd ed., Cambridge: MIT Press.

[10] Goldsmith, R. W., 1969. *Financial Structure and Development*, New Haven, CT: Yale University Press.

[11] Hahn, F. H., 1990. "Liquidity", in Friedman, B. M., and Hahn F. H. (eds.), *Handbook of Monetary Economics*, Vol.I, Amsterdam: North-Holland.

[12] Hicks, J. R., 1935. "A Suggestion for Simplifying the Theory of Money", *Econometrica*, II, 5: 1–19.

[13] Jaffe, D., 1971. *Credit Ration and Commercial Loan Market*, New York: Wiley.

[14] Jaffe, D., and Modigliani, F., 1969. "A Theory and Test of Credit Rationing", *American Economic Review*, 59: 850–72.

[15] Ramsey, F. P., 1928. "A Mathematical Theory of Saving", *The Economic Journal*, 38: 543–59.

[16] Shaw, E. S., 1973. *Financial Deepening in Economics Development*, New York: Oxford University Press.

[17] Solow, R. M., 1956. "A Contribution to the Theory of Economic Growth", *The Quarterly Journal of Economics*, 70: 65–74.

[18] Stiglitz, J., and Weiss, A., 1981. "Credit Rationing in Markets with Imperfect Information", *American Economic Review*, 71 (3): 393–410.

[19] Sidrauski, M., 1967. "Rational Choice and Patterns of Growth in Monetary Economy", *American Economic Review*, 57: 534–44.

[20] Walras, L., 1900. *Elements of Pure Economics*, translated and edited by Jaffe, W., Homewood, Illinois: Irwin.

[21] 清泷信宏. 日本近期的坏账问题 [J]. 比较, 2003, 7.

第一章
货币与货币交易

人们之所以以货币的形式持有其一部分资产,乃是因为他们相信货币可以比其他的储蓄形式更容易、更自由地和他们将选择的任何一种价值实体相交换。[①]

——John M. Keynes, *A Tract on Monetary Reform*, 1923

货币存在性给理论家们提出的最大挑战是:最成熟的经济理论失去了生存空间。当然,最成熟的经济理论是 Walrasian 一般均衡理论中的 Arrow-Debreu 理论。

——Frank H. Hahn, *Money and Inflation*, 1983

---

① 在现代金融体系下,银行持有更多的货币,是因为货币可以比其他形式的金融资产(如债券、股票等)更容易、更自由地完成与其他银行、金融机构之间的交易。

一、引言

从实物货币到数字货币，货币伴随人类文明数千年之久。从第一家中央银行诞生至今，货币理论与政策伴随经济社会发展也有数百年之久。尽管关于货币的职能及其对生产、流通、交换、消费的研究已经非常成熟，然而，自天才经济学家 Walras（1900）创立一般均衡理论至今，货币在微观经济学、宏观经济理论与政策两大领域均面临困境。其核心问题在于，货币是否能够独立于商品与服务，货币是否能够独立于资产。看起来，这似乎是一个陈腐无趣的理论问题，但实际上这导致了一个每天都在演绎的政策困境——如果货币具有商品或者财富属性，那么在主权信用货币时代，这种商品或财富是可以通过零成本形式复制的。由于这一似是而非的判断，货币政策总是处于众说纷纭的争议中。

在微观经济学层面，由于货币所具有的计价单位、价值储藏和交易媒介三大职能完全区别于一般商品，则货币是否能如其他商品那样，在需求端具有可靠的效用函数，在供给端具有可信的生产函数，是悬而未决的问题。一些学者（如 Sidrauski 1967）强行把货币塞进效用函数尚属有争议但勉强可接受的范畴,但是在供给侧的讨论几乎乏善可陈。究其原因,如果货币按照利润最大化的一般商品方式进行生产,那么,由于它是货币(比如黄金的生产),是什么决定了黄金的价格?显然,我们面临循环论证的尴尬境地。特别是,当全球进入脱离了金属本位之后的(法定)信用货币时代,货币因其无成本印制特征,其生产函数已经失去了讨论价值。于是,在微观经济学中,缺乏对货币供给和需求的局部均衡讨论,硬性地把货币作为第 0 种商品直接推入一般均衡模型(Ostroy 和 Starr 1990),这显然缺乏货币作为商品的基础性分析——缺乏消费者理论、厂商理论和局部均衡理论的过滤。尽管这经得起数学检验,但我们很难说这是一种令人信服的分析。

在宏观经济学层面,尽管货币理论与政策研究汗牛充栋,但恰如 Hahn(1990)在讨论"流动性"时的叹息:"直至今日,宏观经济理论还没有能够在最广义的层次上对流动性偏好命题实现充分的研究。特别是,没能考虑资产的交易成本和不确定性问题。这可能是由于(宏观)经济学研究通常热衷于'代表性'经济主体概念。这一思想方法抽象了经济主体的异质性,而交易成本正源于此。由于这一疏忽,宏观经济学的很多命题可能都存在问题。但是,我既没有能力也没有时间去尝试弥补。"通常,货币经济学被纳入宏观经济学范畴,或许是因为自 Hicks(1935)以来,LM 模型成为宏观经济总需求理论的两大基石之一,货币政策成为宏观调控两大工具之一。但显然,LM 模型中的货币与现实经济运行中的货币已经相去甚远——出于交易、谨慎和投机需要的非生息性"理论货币",与现实中包括了具备生息能力的居民储蓄存款的广义货币之间存在显著差异,遑论随着金融创新显然具备货币三大职能且不断孳息的货币市场基金(如余额宝)。

与 Hahn 的叹息一样,本章并无重塑货币经济学的雄心;同样与

Hahn 的叹息一样，本章仅仅致力于对货币的描述与现实更加接近。据此，我们以尽可能简单的模型表述，聚焦于以下四个基本问题的讨论。

第一，货币的本质是一种权利。持有货币意味着持有"未来效用索取权"。货币作为计价单位（Spence 1974），已经被赋予了特定的权利，无论这种权利是约定俗成，还是法律保证。从作为计价单位的基本权利出发，货币具有两个衍生权利。一是随时置换其他商品和资产的权利——交易媒介。尽管从货币史看，几乎所有的研究都会从简单的物物交易出发，得出货币作为"一般等价物"的"特殊商品"结论。但是，这在经济学意义上或许具有理论价值，却不具备现实性。这是因为在任何商品交易中，货币都是作为存量而存在的，即在交易瞬间，无论货币是买方的禀赋，还是上期作为卖方的所得或者借入，都并非现实生产出来的。因此，它不具备生产函数，而仅仅是一种获得其他商品的权利，恰如 Walras（1900）所定义的，货币是"随时置换成其他商品的能力"。二是复制自身并获得时间价值的权利——价值储藏。在现实中，由于货币具有计价单位和交易媒介的权利，因而无论在消费者理论还是在厂商理论中，都以预算约束的形式存在（而非一定进入效用函数）。所谓价值储藏，在金本位制度下，意味着货币总量几乎是固定的，而新增产出或要素投入都需要更多的货币，因而意味着货币在未来可以兑换更多的商品、服务和要素。在信用货币时代，货币具有兑换其他货币、各类金融资产的权利。简单说，存钱可以获得更多的钱，存商品却无法得到更多的商品[①]。

第二，货币交易的定义是货币与货币的交易，可以是即期的，也可

[①] 存古董、囤积土地房产无法获得更多的古董或土地房产，但可以得到更多的钱。实际上，这一行为本身可以分为两个交易阶段——第一阶段是以钱交易古董或房地产，第二阶段是以此类资产换取钱。因此，本质上仍然是货币具有时间价值。

以是跨期的。这一点与 Walras-Hicks-Patinkin 传统很不同，所谓货币交易不是货币与商品的交易。我们的立论同样基于现实：在偶然的物物交易中，根本不可能存在一般均衡。这是因为，每个局部均衡都存在"价格"，而价格单位——无论用什么形式记账，都意味着货币已经存在[①]。因此，我们将证明，货币与商品的交易作为货币交易在经济现实中基本没有意义。真正有意义的是，当我们把货币交易定义为当前的货币与未来货币之间的交易（即跨期货币投资），以及不同货币之间的现货交易（即外汇买卖），货币交易才具有使货币存量发生变化的现实性。而恰恰真正能够在宏观经济学意义上引致一系列变量发生变化的原因，不是货币存量，而是货币增量。这就是为什么在金属本位货币时代，货币政策几乎无足轻重的原因——货币增量为零或完全可预期，货币存量稳定，则通货膨胀与货币的关系十分稳定，服从古典货币数量论（$MV \equiv PY$）。在信用货币时代，货币与货币之间的交易总额和频率甚至高于货币与商品的交易，货币增量的稳定性消失，由此引起通货膨胀、就业、名义增长和国际收支变化[②]。因此，真正有价值的研究标的是货币增量，以及引起货币增量变化的因素。

第三，如果货币交易被明确为货币与货币之间的交易，如果货币增量是重要的，那么，货币的供给者是公众和中央银行，货币的需求者是具有存贷款职能的金融中介——商业银行。这一论断显然颠覆了传统宏观经济学认识。需要说明的是，我们无意挑战自 Keynes（1936）、Hicks（1937）

---

① 比如部分经济体实行的"石油换食品"，貌似易货贸易，实际上仍然存在货币计价。
② 关于货币增量带来的名义量或实际量变化，一定会引发一个古老的理论争议——货币政策的中性与非中性，即货币是否具有带动就业或增长的实际效应。我们将在第四章中做专题深入研究。此外，在第二卷《货币政策与中央银行》中，我们仍然沿用货币政策作为宏观调控所需要实现的四大目标作为共识性讨论。不妨预先透露我们的研究成果：货币增量供给在某种情形下甚至会导致通货紧缩、要素就业下降和经济增速下行。

以来的一般认识，即货币需求的主体是公众，从流通中现金（M0）的角度看，具有历史价值，符合历史事实。但是，从现代信用货币时代考察，由于金融中介的存在，公众基于对金融机构的信任而持有储蓄存款（计入M2）。恰恰由于这一伟大的革命性变化，金融中介成为货币的需求者，公众成为货币的供给者。那么问题来了，金融中介的贷款行为是否意味着其是借款人（仍然可以通过"穿透"抽象为公众，这是因为家庭是企业的终极所有者）、是否是货币的终极需求者？在我们的研究中，答案显而易见——不是。借入货币与货币禀赋在本质上并无区别，其行为是为了购买要素、商品和其他资产，因而实质仍然符合 Arrow-Debreu 框架下货币外生的基本范式。于是，我们对货币交易及其供求的定义是：**货币交易仅仅在货币市场上进行**。无论是 Walras 框架还是 Arrow-Debreu 框架，因为不存在货币市场，所以仅仅存在商品和要素供求关系。即使这种供求关系以货币计价，但并不存在货币供给者和需求者。**货币供给者是为了获得更多的货币而提供原始存款者。货币需求者是通过得到货币，搜寻并满足经济中需要以货币实现生产、消费和价值储藏者的非货币性需求**。由此，在一个经济体的货币市场上，符合货币供给定义的只有两类主体——公众和中央银行；符合货币需求的只有一类主体——商业银行。

第四，重塑现实货币市场上的货币均衡。由于货币交易被定义为货币与货币的跨期交易，则我们不再陷入商品交易的卖方到底是商品供给者还是货币需求者的无谓争议。同时，我们认为，在宏观经济学意义上真正有价值的讨论是货币增量。这是因为在货币存量既定且在时间序列保持恒定的前提下，货币政策、货币供求、通货膨胀和资产价格都将失去讨论的价值。于是，真正有价值的问题在于：什么因素引发了货币呈现跨时增量变化，是否存在货币市场均衡。在宏观经济学研究领域，流通中现金与广义货币一直是两个纠缠不清的概念：关于货币市场的均衡，几乎都把货币定义为流通中现金，但关于货币政策的讨论，又往往聚焦于广义货币。我们认为，一方面，随着金融技术发展，企业活期账户和居民储蓄账户完全具备了现金的全部功能；另一方面，对现金作为货币的狭义思考，将忽略一个重要的货币需求主体——金融中介，同时忽略了一个更加重要的概念——存款货币创造。几乎可以肯定的是，无论中央银行还是企业部门，社会融资（包括了信贷）是与增长、就业和通货膨胀高度相关的因素。因此，基于研究和政策价值考量，我们讨论的仅仅是广义货币市场均衡（如果这种均衡存在的话）。

二、非货币经济的 Walras-Hicks-Patinkin 范式：一般均衡的叠加态

相当一部分关于货币的经典研究都致力于在一个 n 维商品、服务向量中给货币确定一个位置——不妨称之为"Walrasian 猜想"。直到今天，这一努力并未完成。

（一）货币的价值尺度和流通手段职能

在 Walras（1900）的分析系统中，货币作为"随时可置换为其他商品的能力"已经进入一般均衡分析。只是后来者（Hicks 1935；Patinkin 1965）在延续 Walras 边际分析传统的同时，在一定程度上"误入歧途"：提出既然货币是一个可选择变量，显然应该完成两个基础性工作——一是货币的可置换性决定了它同样具有效用，可以进入居民的效用函数和厂商的生产函数；二是货币必须导入价值理论框架，才能使货币理论具备坚实的基础。说是"误入歧途"，是因为后来者几乎都偏离了 Walras 的本意——他只是想证明所有的商品市场都能同时出清，货币只是一个

符号。反过来,如果我们把交易中的供给与需求换位,势必得到如下基本定义和基本定理。

基本定义(D1.1):在任何一个商品与服务交易中,只要存在定价,实际上商品的需求者等于货币供给者,商品的供给者等于货币需求者。

基本定理(T1.1):如经济存在 Walrasian 一般均衡,则各个市场同时出清。如果存在货币,则所有商品市场的一般均衡意味着在商品换手的同时,所有货币换手完成,所有预算约束取等号,在给定货币存量的条件下,货币市场同时出清。

(二)横断面货币均衡

上述基本定理基本还原了存在货币条件下任何一单商品交易的本质——恰如简单的物物交换双方互为供求一样,用货币购买商品的硬币另一面就是用商品购买货币。因此,货币进入效用函数的努力可以说是一种误入歧途:既无现实依据,也无理论必要。由于 Walrasian 一般均衡表述的是时间横断面上的瞬时均衡,我们结合一般均衡已经成立的定理表述,对基本定理(T1.1)的简单证明如下:

设定(A1.1 Walrasian 均衡):在任意一个时点,经济中的商品市场(包括消费品、投资品和服务)实现 Walras 均衡:即存在 n 个市场,同时决定了均衡交易量和均衡价格,因此存在均衡向量:$x^* = \left(x_1^*, x_2^*, x_3^*, \ldots, x_n^*\right)$ 和 $p^* = \left(p_1^*, p_2^*, p_3^*, \ldots, p_n^*\right)$。

设定(A1.2 古典货币数量论):在该时点,经济中的名义货币存量为 $\bar{M}$;若所有货币都进入兑换商品的交易,则 $\bar{M}V = PY$。

根据以上假定,我们很容易推导出以下两个结论。

第一,价值尺度与流通手段合一。在每个市场上,换手的货币额为 $m_i^* = p_i^* x_i^*$,那么我们很容易将商品市场均衡向量转换为均衡货币换手向量：$m^* = \left(m_1^*, m_2^*, m_3^*, \ldots, m_n^*\right)$。

第二，货币均衡依从于商品均衡。根据（A1.2）$PY = \sum_{i=1}^{n} p_i^* x_i^* = \sum_{i=1}^{n} m_i^*$。

由于是在瞬时，货币流通速度不存在（或可以考虑为常数1），则有：$\sum_{i=1}^{n} m_i^* = \bar{M}$。这意味着所有的货币换手等于名义货币存量。

上述两个简单结论的直观意义在于，货币是否进入效用函数并不存在显著的讨论价值——只要商品市场存在一般均衡，给定瞬时货币存量，货币交易必然同时实现均衡。当然，这一讨论的微妙之处是：我们不妨把所有的商品市场均衡切割为 n 个货币需求子市场，均衡商品价格实际上等于货币购买力体现的货币价格，当均衡价格一旦决定，货币市场必然出清。因此，当且仅当在 Walras 框架下，如果我们强行设定货币的效用函数，很可能存在的逻辑悖论是同义反复。由此，我们把货币作为一种给定的权利——货币既非商品，也非资产，是约定俗成或法律设定的可以交易一切商品（消费品、投资品和服务）的价值符号、流通载体。

（三）广义货币和货币增量

显然，从上述简单的一般均衡与古典货币数量论的组合讨论所得到的货币经济学基本定理在宏观经济学意义上面临两个必要的讨论：第一，谁是模型中的"货币"？流通中现金还是广义货币，是我们必须加以辨析的内容。否则，我们势必再度陷入货币经济学迷局——理论基础与大量的政策讨论往往存在关于基本定义的脱节。第二，货币存量还是货币增量对均衡具有意义？从 Hicks（1935）至 Sidrauski（1967）的几乎所有经济学模型都注重讨论货币存量和均衡的存在性，但现实中的经济主体更加关注增量，如企业和居民关注信贷可得性、银行关注流动性、金融市场关注公开市场操作等。

实际上，微观经济学的基本假设已经关注到一个问题——预算约束（当期商品购买小于等于当期收入）。因此，我们从现实出发的解释是：**在一般均衡理论中，所有市场同时出清并不意味着所有商品、服务、货币都进入交易**。这是因为，如果经济主体是真正理性的，那么其不仅应该关注当期，也应该关注未来各期，即理论上应该实现动态最优，即存在"储蓄"。从这一视角出发，我们可以得到一个崭新结论：市场出清的叠加态——一切商品、服务和货币，既可以是出清的，也可以是非出清的，但一定是一般均衡的。

综上，立足于基本定理，我们显然可以推出以下四个基本结论。

结论（R1.1）：广义货币才是 Walras 一般均衡中的货币概念。

在模型中，我们只关注某个瞬间的货币存量和各个市场的同时出清。因此，买者拥有的是流通中现金还是从金融中介得到的贷款无实质区别。由此可以得到，该时点所有的货币存量是广义货币。

结论（R1.2）：消费、储蓄以及由储蓄转化的投资都对应着相应的货币量。

由于我们设定了一个 n 维商品向量，其中包含了消费品、投资品和服务。因此，该模型已经包含了 Solow-Swan（Solow 1956；Swan 1956）关于最优消费、储蓄和投资的全部横截面信息——如果居民、企业、政府已经做了最优决策，那么必然在微观层面体现为对消费品、投资品和服务的购买。可以断言：第一，假如某个居民 i 恰好在此刻不存在任何消费品购买需求，而愿意持有企业的投资品，该需求体现包含于投资品市场均衡中。第二，假如某个居民 j 既无消费品需求，也无投资品需求，则其持有的现金同样可以为价格向量所标识，即其影子价格。假如该居民持有银行存款，则相当于购买了银行服务，同样可以被包含在 n 维商品和价格向量中。若银行支付利息，则该服务价格小于 1。

结论（R1.3）：货币增量只能以外生形式存在，其他变量变化由此只能以比较静态分析进行测定。

因为是横断面分析，即使所有市场主体进行了最优（含跨时最优）决策，我们也只能得到均衡点，但得不到均衡路径。在此基础上，所有货币量变化体现为外生变量。当然，若给定货币外生变化，唯一变动的是价格变量——符合古典货币中性判断。因此，简单化的一般均衡模型仅仅给货币一个位置，其价值尺度和流通手段得到了描述，但遗漏了一个重要的经济事实——货币与货币之间的交易及其供求主体的现实分析。毕竟，所有的经济模型首先必须符合现实世界。

结论（R1.4）：基于理性跨期决策，在任何一个横断面，一切消费品、投资品和货币可以既是出清的，也是非出清的，但一定是跨期一般均衡的。

如果考虑理性经济主体的跨期消费与储蓄最优决策，那么对于任何消费品、投资品和货币而言，都存在以下两种情况：要么生产者不舍得卖（即愿意多生产），因而囤积商品，这意味着生产者认为未来储蓄以实物形式存在是最优的决策；要么消费者和生产者不愿意买（即愿意持有货币以实现跨期经贴现的效用最大化），因而存储货币（可以以现金或存款形式存在），这意味着储蓄以货币形式存在。无论哪种形式，市场都是非出清的，如果我们看到存在没有交易的货币或商品的话；当然市场也是出清的，这是因为这些货币和商品在其所有者手中根本就没有打算在该期进入交易。但是，只要经济主体是经过理性决策的，那么就有理由认为，上述任何一种情形都是帕累托最优——没有人会积极改变这一状态。因此，我们可以得出一般均衡的结论，无论从表面看，市场是否"出清"。

三、对 Walrasian 和 Arrow-Debreu 一般均衡理论的批评：关于货币与货币交易界定的逻辑缺陷

关于货币与货币交易的一部研究史，也许从一开始就"错"了。之所以说其错，是因为从货币史角度看，的确可能存在某些特殊商品承担一般等价物职能的史实，但是一旦商品演化为货币，则其不再是商品。这在数学上称为"过度识别"——货币的交易职能在货币交换商品的时候已经被定价了：一定的商品等于一定的货币。因此，任何额外定价都是多余的。同样，货币的价值储藏职能在消费和储蓄（延期消费）中已经被确定了：货币等于未来消费的预期效用的贴现值。那么，给货币设定效用函数显然是多余的。

（一）早期的货币观：一种制度安排

随着数字时代的来临，货币的材质（是贝壳、黄金、白银、铜、纸还是数据）并不重要，重要的是，货币是承担跨期交易的制度性载体。真正应该设想的是——如果没有跨期交易，则货币会退化为一般商品。只有时间上的不匹配、生产和消费的不匹配才需要货币。问题是任何跨期交易都有风险，因此需要规制。比较著名的早期规制是古代两河流域的《汉谟拉比法典》。该《法典》规定了商业规范、产权保护，尤其确定了法定货币、抵质押、贷款、信用证、本票和合伙，如白银的利率被规定为20%。"利率"的引进，说明跨期交易业已存在，货币是一种制度约定。

Schaps（2004）的著作《铸币时代的发明和古希腊货币化》描述了1904年大英博物馆在希腊以弗所（Ephesus）的阿尔忒弥斯神庙地基发掘中发现的一批用银金矿铸造的硬币，说明造币时代起源于公元前6世纪开端。亚里士多德的解释是，"由于进口和出口的需要，货币的使用

被发明。出于交换的需要，人们之间需要达成某种约定，他们约定了一类东西：它自身有用"（Schaps 2004: 5）。Seaford（2004）在其著作《货币和早期的希腊思想》中提出：货币对古雅典社会的思想体系形成至关重要，货币需要计算，塑造了抽象思维。他引述公元前4世纪的毕达哥拉斯学派哲学家Archytas的观点"计算的发现结束了民事纠纷，增进了和谐。哪里有计算，哪里就有公平，也就不会出现不当得利"（Seaford 2004: 204）。当然，Seaford同样认为，货币可以与无穷多的事物进行交换，但其本身不能满足人类任何基本的需要。

学者们是否过高估计货币的功能并不重要。真正重要的是，早期学者的观点更加符合事实——货币这一制度安排起码解决了跨期交易的不确定性。无论通过法律强制确定还是通过契约商定，货币不再是一般商品，无须再与其效用挂钩。

（二）效用理论中的货币界定缺陷：货币无效用

在纯理论的一般均衡分析中，货币很早就被引入框架内了（Walras 1900）。这使人们相信，既然在商品交易中存在货币，那么货币能够进入家庭的效用函数，货币供给和需求函数也可以像商品效用那样被推导出。Patinkin（1965）的价值理论似乎为货币找到了一个很好的解释基础，但Clower（1967）批评道：这种解释反而取消了古老但一直存在的物物交易。不过离奇的是，他反而引进了"现金先行模型"，也就是说，任何交易首先必须存在现金。这一想法遭到了来自Ostroy和Starr（1900）的系统性批评——增加的现金约束条件使原本标准交易下的交易机会减少了，尽管Clower的建议提出了无可争议的货币的交易职能。

为什么自古典经济学以来，经济学家们都前赴后继地想为货币在一般均衡中找个位置？这是因为，既然货币是商品——虽然是特殊的商品，那么它应该符合商品的微观经济学特征，即它应该给消费者带来效用。因此，直到近期的一般均衡研究，货币仍然赫然在效用函数中存在，比如 Benassy（1990）在《货币经济学手册》中的《非瓦尔拉斯均衡、货币与宏观经济学》一章中，依然沿用包含货币的效用函数假定（效用函数包括其他所有商品与货币两个成分）。

批评（C1.1 第一种重复计算）：对"货币进入效用函数"的第一点批评。当商品被赋予了货币的交易职能，则该承担货币职能的商品已经被约定取消了效用。传统经济学家们的分析误区在于忽视了"重复计算"（double counting）。

我们设想：在公元前 17 世纪的苏美尔某个城邦，政府突然宣布或者全体民众瞬时约定——所有的大麦将承担货币的交易职能。那将发生怎样的情形？在 T0 期全部商品分为两部分：其他所有商品和作为货币存量的大麦。在 T1 期，所有人都用大麦交换其他商品来获得效用，同时也消费部分大麦来获得效用。总效用＝其他所有被消费的商品效用＋作为消费品的大麦效用。值得注意的是，此时作为货币的大麦并没有带来效用。以此类推，在此后 T2 期、T3 期……作为商品的大麦都可以带来效用，但作为货币的大麦默默执行交易职能，并不带来任何效用。直至地老天荒，**所有作为货币存量的大麦都没有发挥商品效用职能**！因此，何必计算货币的效用？一旦计算，则事实上多计算了商品效用。我们的结论是，一旦某种特殊商品被指定为货币，它就退出商品消费，因而不具备作为商品的效用。当然，如果货币退出流通，比如有人把金币熔化为金饰品，则重新具备了商品效用。

（三）一般均衡理论中的货币性质缺陷：货币不灭

在包括货币与商品交易的一般均衡中，因为货币与商品进行交换，一切持有价值论思想的经济学家们通常会受困于物物交换和货币与物交换的思维困境。前者可以认为是包含了同等效用或等量的"人类劳动",于是,后者也应该一样(Patinkin 1965;Ricardo 1817)①。问题恰恰在于此——等量效用交换不等于等量的商品消费,这是因为——货币不灭。

批评(C1.2 第二种重复计算):对"货币进入效用函数"的第二点批评。物物交易是两种商品交换且在当期消费。而货币作为交易媒介的出现,是当期消费和未来消费的交换。传统经济学家们的分析误区在于忽视了在此过程中的"重复计算"。

我们设想:某人 A 与 B 以牛交换羊,各自回家"烹牛宰羊且为乐",那么,我们可以认为其各自的"乐"代表了相等的效用。但是 A 用一盎司黄金向 B 买羊。一年后,B 用一盎司黄金向 A 买牛,各自先后"烹牛宰羊且为乐"。货币——一盎司黄金,无论在一年前还是一年后,都没有被灭失,谈何消费与效用?真正发生的事实是:A 消费羊,B 消费牛。总效用仍然是牛羊消费带来的"乐"。货币在此期间并不磨损、折旧,无灭失。由此,推及时间上的正无穷,货币仍然没有带来任何效用。因为,它不是那种被消费掉的商品。

那么,货币是什么?执迷于货币存在效用的所有学者,忽视了这样一个基本经济事实——货币充当了从 0 时刻到正无穷的时间轴上的**"未来索取权"的符号**。符号不灭。当人们需要某种符号时,发现那种不容易灭失、磨损、被盗用的东西最适合充当符号。也许,从黄金到比特币,几千年的追求没有根本变化。当符号确定后,我们可以理解,货币在与商品的交易中同时充当了价值尺度和价值储藏职能。对于商品卖方,货

---

① Ricardo(1817)在《政治经济学及赋税原理》(*On the Principles of Political Economy and Taxation*)中开宗明义地指出:"一件商品的价值,或曰用以与之交换的任何其他商品的数量,取决于生产此件商品所必需的相对劳动量。"

币是价值储藏，其效用只能用未来的消费衡量。对于商品的买方，货币是价值尺度，其效用只能用当期的消费衡量。因此，所谓第二种重复计算，指的是跨时总效用 = 当期消费效用 + 未来消费效用，其中不能包含任何货币效用。

（四）在动态最优分析框架内的货币：均衡货币交易量和持有量的事前（ex-ante）决定

我们的批评（C1.1 和 C1.2）实际说明了这样一个事实——效用来自真实的商品与服务消费。如果一定要给货币一个效用值，那么该效用只能按未来的商品与服务消费来赋值。那么，由于在未来，商品和服务消费又再度被计算，则任何计算这一价值储藏的行为都是重复。我们不太清楚最接近 Walras 天才水准的经济学家 Arrow（1964）和 Debreu（1959）是否有意识地理解了这一点，至少在事实上，我们有理由认为他们发现了笼罩在一般均衡理论上的货币这"一朵乌云"。他们没有莽撞地强行设定货币的功能，而是设想了一个无摩擦非货币经济。在此种经济中，只要每个经济个体都进行了跨期最优规划，且如果存在现货市场、期货市场和证券市场，要素和产品配置的帕累托效率得以实现，那么货币本身并无存在的余地和必要。就此，Ostry 和 Starr（1990）作了系统性弱修订，把货币作为第 0 种商品引入市场均衡。这一修订的本质，之所以被我们称为"弱"，是因为其既不能有力推翻 Arrow-Debreu 经济，又不能使模型和论断更加符合现实。原因在于，该修订仍然沿用了 Clower（1967）的定义——所谓"货币经济"，是"货币去买商品，商品去买货币，但商品并不去买商品"。

批评（C1.3 跨期交易的风险管理中货币的优越性）：对货币无存在必要的批评。如果我们还记得 Walras 一般均衡理论的基本内核，那么一切商品和服务都会通过即期交易实现市场出清。如果考虑跨期，最简单的风险管理方式是利率，即货币的跨期价格。

我们完全不否认 Arrow-Debreu 框架。这是因为，在一个"无摩擦经济"中，他们的论断完全正确。但是，这需要全社会具有无与伦比的计算能力。我们的推想是，在人类社会暂时（也可能永远）无法具备这样的计算能力的约束下，聪明如人类早就找到了替代手段——关于对未来风险的管理工具：利率。这要比测算任意两种商品的预期产出和预期需求要简单靠谱得多。利率来自跨期交易。如果人们最优地决定了当期消费和储蓄，以支付的货币对应当期消费，以留存的货币（储蓄）对应未来消费，以利率（或者反向说是贴现率，可正可负）应对可能出现的不确定性。那么，一个单一的货币的远期价格可以取代 n 种商品间的期货定价，即只需要一个价格，可以取代 $\frac{n(n-1)}{2}$ 个期货价格。什么是货币的远期价格，对家庭而言是存款利率，对企业而言是贷款利率。

由此，我们的讨论实际演变为一种猜想，货币自身之间的跨期回购式交易才是真正的货币经济。也许，Ramsey（1928）模型与 Walras（1900）模型组合——在 m 期存在 n 种商品（每一期由一个 Walras 模型表出），同时存在一个沟通各期限的存贷款市场（由 Ramsey 模型给出），可以跨期确定最优消费、储蓄，决定了跨期货币配置，也就决定了各期市场出清①。这才是我们真正应该看到的存在于货币交易的一般均衡。

---

① Ramsey（1928）模型作为跨期最优决策的简单、直观、经典模型和 Walras（1900）模型作为横截面经典而传统的模型，专业读者耳熟能详。由于我们无意再度抄搬，也无意在我们所感兴趣的"纯粹货币交易"之外花费时间，在此仅做结合性的精炼表述，两者的结合是实现跨期一般均衡、比 Arrow-Debreu 框架简单，且包含货币跨期交易的较好框架。

四、制度安排下天然扭曲型货币经济的 Arrow-Debreu 范式：当代现实货币世界的定义和公理体系

（一）对货币经济的现实性定义

现实世界远非经济学抽象所能穷尽，那么，现实是什么？现实是一个存在扭曲（即存在外生货币供给冲击）的货币市场。在此需要说明的是，基本定理（T1.1）的导出，显然属于微观经济学范畴，体现了微观经济学家对均衡的渴望，也体现了宏观经济学家对一切宏观理论所应该具备的微观基础的近乎狂热的探寻。这种扭曲体现为以下依据现实所作的定义。

定义（D1.2）：货币制度（现金制度、账户制度、支付体系）现实存在。货币制度由一系列法律、规则和监管保证的强制性或诱致性制度。因此，回归微观经济学关于"交易"的本源，一切以购买消费品、投资品和服务为目标的交易，都不是货币交易。货币仅仅是完成交易必需的依据、约束或证明[①]。

定义（D1.3）：金融中介体系现实存在。金融中介体系是由营利性机构组成，目标是在考虑风险中的利润最大化。因此，为了区分实体交易和货币交易，只有以货币和货币之间的换手为标的的即时或跨期交易

[①] 强制性制度安排较为直观：公元前 221 年，秦始皇嬴政统一六国，统一了文字、度量衡和货币，以秦半两钱作为标准流通货币，实现了货币生产的国家化和制度化（戈兹曼 2017）。诱致性制度安排可以追溯到更早，戈兹曼（2017：17-21）记载的"复利的出现"是一个证据：古巴比伦恩美铁那"铭文锥体"记载的公元前 2400 年的大麦借贷、德莱海姆泥板以苏美尔文记载的牛群指数级增长且以白银计价的复利模型、公元前 24 世纪苏美尔人的借贷合约，都是诱致性货币制度——只要是跨期交易，无论以大麦、白银还是奶牛，约定了复利，就是货币交易。中国的情况是单利计算，根据王颖和曾康霖（2016）引述钱穆（2014）对西周时期井田制的分析，以井田出借，以产出偿还，实际上具有随产出而浮动的利率性质，利率为产出的 11.1%。

才是货币交易。

定义（D1.4）：中央银行的法定无限货币发行权现实存在。当然，发行的目标是锁定通货膨胀（支持经济增长、实现充分就业、确保国际收支平衡等宏观经济目标）和保障金融体系流动性（相机抉择救助金融机构、承托债券市场等金融稳定目标）。

定义（D1.5）：金融中介（商业银行）的资本充足率要求和存款准备金现实存在。资本充足率决定了金融中介货币需求（吸收存款）上限，这一点对于我们理解"中央银行并不是通过商业银行以调节货币供给，而是通过观测并调节商业银行对公众的货币需求"至关重要，当然对于在后续理解"中介信用"理论时也同样至关重要[①]。

（二）货币交易的界定：现实世界的货币公理体系

由于我们立足于现实中存在扭曲的货币经济——无论这种扭曲是外生货币供给制度、微观交易成本还是摩擦，下列公理体系是基于定义D1.2至D1.4且讨论我们之后提出的一切货币理论与政策的基本前提。

现实货币弱公理（A1.1，货币符号公理）：根据定义D1.2、D1.3和D1.4，货币作为一种制度安排，既不具备生产函数，即需要投入而实现产出的供给端产品特征；也不具备效用函数，即货币只是交易媒介，从

[①] Minsky（2008）在《稳定不稳定的经济》（*Stabilizing an Unstable Economy*）中已经意识到这一点。他写道："在新古典综合理论中，银行业的作用主要体现在货币供给、货币供给的变化以及利率的短期波动。中央银行能够通过调控银行准备金和利率来指导或控制货币供给。事实上，中央银行并不能完全控制银行。"（明斯基 2015:197）但是，明斯基并没有明确提出商业银行是货币需求者、中央银行是货币供给者的二元对手交易性质。因此，我们的观点走得更远——中央银行和监管者并非控制商业银行，而是确定了准备金和资本充足率等交易规则，中央银行的公开市场操作不是强制性行政规定，而是市场交易。由此可以理解：中央银行与商业银行的货币操作是买卖关系，中央银行供给货币，商业银行需求货币。

未被真正消费掉；还不存在一般商品、服务和物质资产随消费而"灭失"、因磨损而折旧的特点，即货币在数据上不灭①。如果认同上述三点，那么货币是一种"未来效用索取权"符号。

现实货币强公理（A1.2，货币交易公理）：根据定义 D1.2、D1.3 和 D1.4，货币交易是公众和中央银行作为货币供给方、金融中介机构作为货币需求方的"纯粹"货币交易。纯粹的含义是，货币交易不涉及任何非货币商品、服务，仅是货币之间的交易。

从公理 A1.1 和 A1.2，我们做了一个现实区分：商品经济和货币经济。所谓商品经济并不是商品交换商品，而是商品交换货币——即使在这种交换中，货币仅仅以计价单位的形式存在。例如，即便是易货贸易，也仍然存在货币计价，否则商品交易无法完成②。而货币经济，不是货币与商品之间的交换，而是货币与未来或其他货币之间的交换。这才能够现实解释货币需求和货币供给。在我们的定义下，货币需求仅仅是为了得到货币以获利，当然根据国民收入循环，这种利润同样最终归属于居民；但是恰恰由此才能解释，为什么金融中介具有企业（firm）的性质。同样，在我们的定义下，货币供给的原始动机是为了"确保自身流动性稳定"。这包括两层含义——一是居民部门存在稳定的流动性以满足消费所必须依据的商品交易，即流通中现金（M0）的存在性；中央银行为保持流动性的值（币值——包括通货膨胀率和汇率）的稳定所必须进行的货币供给调整，即基础货币的存在性。二是居民部门为应对币值波动风险而采取的存款或汇兑行为，无论哪种行为，都意味着对一定额度或某

---

① 货币不灭的概念是，比如以大麦作为货币会腐烂，但只要债权债务关系存在，货币额却被永远记载在案。
② 如当前在特定范围存在的"易货贸易"，依然以货币计价，只是没有发生货币与商品间的直接交换。

一种货币的供给。

以上结论是基于对现实的描述，但几乎肯定会引起巨大争议。这是因为，我们通过重新定义货币交易，颠覆了传统的货币供求理论。在此，货币需求不再是 Keynes（1936）以来的居民部门因为交易、投机和谨慎动机而存在的流动性偏好，而是金融中介部门作为独立部门（相对于传统宏观经济学所区分的居民、政府、企业三部门经济）的需求，这样才能解释存款行为，是居民向金融中介实现货币供给。在此，货币供给不再仅仅是中央银行的货币发行以及通过商业银行实现的广义货币创造（Philip 1931；Brunner 1961；Burger 1971），而是居民的趋利性操作和中央银行的避险性操作，即无论是存款、外汇买卖还是中央银行货币管理，都是为了规避币值波动、货币供给波动的风险管理[①]。

五、结论性评价

货币在经济系统中的角色是一个恒久的研究课题。本章从 Walras 和 Arrow-Debreu 的一般均衡框架中货币的地位出发，提出了以下一系列不同于以往认知的观点。

第一，在我们的框架内，货币是一种"未来效用索取权"符号。只有这样，我们才能理解消费和储蓄的跨期配置在货币支付或留存中的地位，也才能破除经济学家多年来持续做的货币进入效用函数的无用功。总结我们的理解，经济主体愿意接受并持有货币是为了未来的购买以获得未来的效用，那么货币存量的决定一定具有最优性，即是经过经

---

① 居民以存款替代现金，就是向商业银行提供货币，目的是获得利息，因此是趋利性操作。如果中央银行观察到居民正在大量赎回存款（比如挤兑），则倾向于替代居民向商业银行提供存款，即所谓"再融资"，这是避险性操作。

济主体基于对当前效用和未来效用衡量做出的决策。我们赞同 Arrow 和 Debreu 的思想，只要跨期，一定涉及定价。但是同时，我们并不认为一个极其复杂的期货交易市场定价系统符合现实，这是因为，人类可以用更简单的跨期货币交易加以替代——利率是简单、直观、有效的工具，何乐而不为？实际上，在所有的动态优化模型中，都外生给出了一个"贴现率"，这是利率的逆向表达。这说明，经济学家们在有意无意中，已然认识到货币跨期交易价格的决定性。

第二，纯粹货币交易是货币与货币之间的跨期交易。由于最优消费等同于交易中的货币，这是不再具备研究价值的内容。因此，我们界定的货币交易不是货币与非货币（实物或服务）之间的交易，而仅仅是当前的货币与未来的货币之间的承诺交易。那么，我们势必提出一个问题——谁在专业从事货币交易？显然，金融中介被提到考虑范畴中。

第三，一旦货币作为"未来"效用索取权的符号被引入，其非折旧、不磨损性质导致了一般均衡的叠加态。这就是说，只要经济主体是理性的，那么其跨期决策决定了其不一定把所有的收入全部用于消费，也不一定把所有的产出全部出售，还不一定把所有的货币收入全部用于购买。这种非出清性质实际上意味着跨期的出清。所以，货币作为符号的出现，使得储蓄变得更加便利①。

第四，由于跨期交易是承诺市场，货币交易是以回购形式存在的。回购的特点是存在期限和利率。在我们对 Arrow-Debreu 框架的批评中，一个沟通各期的货币回购市场是对极其复杂的期货市场的简单化替代。通过货币的时间价值和风险管理能力，可以同样实现多市场跨期均衡。

---

① 这里有两个例外。一是囤积名酒、名画、古代家具等日益稀缺且不折旧的商品，可能其作为储蓄的优越性超越货币。二是恶性通胀预期会严重削弱货币的跨期符号功能。上述两种情形在各国、各个历史阶段都曾反复重现，在此我们不加赘述。

简单而有效的就是美的。

为论证上述四个基本观点，本章作了部分基础性努力，把分析范畴界定为广义货币，把货币交易界定为货币之间的交易，把货币制度、金融中介制度、中央银行制度界定为现实存在。这样，本章的分析为后续关于货币循环、中介信用独立于早期的商业信用和银行信用、实体与虚拟两种货币循环、货币超级中性、货币危机和货币政策规则的一系列理论研究奠定了新的货币经济学框架。

参考文献

[1] Arrow, K. J., 1964. "The Role of Securities in the Optimal Allocation of Risk-bearing", *The Review of Economic Studies*, 31: 91–6.

[2] Benassy, J. P., 1990. "Non-Walrasian Equilibrium, Money and Macroeconomics", in Friedman, B. M., and Hahn F. H. (eds.), *Handbook of Monetary Economics*, Vol. I, Amsterdam: North-Holland.

[3] Brunner, K., 1961. "A Scheme for a Supply Theory of Money", *International Economic Review*, II: 79–109.

[4] Burger, A. E., 1971. *The Money Supply Process*, Belmont, California: Wadsunta Publishing Company.

[5] Clower, R. W., 1967. "A Reconsideration of the Microfoundations of Monetary Theory", *Western Economic Journal*, 6: 1–8.

[6] Clower, R. W., and Howitt, P., 1978. "The Transactions Theory of the Demand for Money: A Reconsideration", *Journal of Political Economy*, 86: 449–66.

[7] Debreu, G., 1959. *Theory of Value*, New York: Wiley.

[8] Friedman, M., 1957. *A Theory of Consumption Function*, Princeton: Princeton University Press.

[9] Hahn, F. H., 1971. "Equilibrium with Transaction Costs", *Econometrica*, 39: 417–39.

[10] Hahn, F. H., 1983. *Money and Inflation*, Cambridge: MIT Press.

[11] Hahn, F. H., 1990. "Liquidity", in Friedman, B. M., and Hahn F. H. (eds.), *Handbook of Monetary Economics*, Vol.I, Amsterdam: North-Holland.

[12] Hicks, J. R., 1935. "A Suggestion for Simplifying the Theory of Money", *Econometrica*, II, 5: 1–19.

[13] Hicks, J. R., 1937. "Mr. Keynes and the 'Classics'; A Suggested Interpretation", *Econometrica*: 147–59.

[14] Hicks, J. R., 1939. *Value and Capital*, Oxford: Oxford University Press.

[15] Keynes, J. M., 1923. *A Tract on Monetary Reform*, London: Macmillan.

[16] Keynes, J. M., 1936. *The General Theory of Employment, Interest Rate and Money*, London: MacMillan.

[17] Minsky, H. P., 2008. *Stabilizing an Unstable Economy*, New York: McGraw-Hill Education.

[18] Ostroy, J. M., and Starr, R. M., 1990. "The Transactions Role of Money", in Friedman, B. M., and Hahn F. H. (eds.), *Handbook of Monetary Economics*, Vol.I, Amsterdam: North-Holland.

[19] Patinkin, D., 1965. *Money, Interest and Prices*, New York: Harper & Row.

[20] Philip, C. A., 1931. *Bank Credit*, New York: Macmillan.

[21] Ramsey, F. P., 1928. "A Mathematical Theory of Saving", *The Economic Journal*, 38: 543–59.

[22] Ricardo, D., 1817. *On the Principles of Political Economy and Taxation*, Dover: J. M. Dent & Sons.

[23] Schaps, D. M., 2004. *The Invention of Coinage and the Monetization of Ancient Greece*, Ann Arbor: University of Michigan Press.

[24] Seaford, R., 2004. *Money and Early Greek Mind: Homer, Philosophy, Tragedy*, Cambridge: Cambridge University Press.

[25] Sidrauski, M., 1967. "Rational Choice and Patterns of Growth in Monetary Economy", *American Economic Review*, 57: 534–44.

[26] Solow, R. M., 1956. "A Contribution to the Theory of Economic Growth", *The Quarterly Journal of Economics*, 70: 65–74.

[27] Spence, M., 1974. *Market Signaling: Information Transfer in Hiring and Related*

［28］ Thucydides, 1910. *The Peloponnesian War*, London and New York: J. M. Dent & E. P. Dutton.

［29］ Swan, T. W., 1956. "Economic Growth and Capital Accumulation", *Economic Record*, 32: 334-61.

［30］ Walras, L., 1900. *Elements of Pure Economics*, translated and edited by Jaffe, W., Homewood, Illinois: Irwin.

［31］ 威廉·戈兹曼. 千年金融史［M］. 北京：中信出版社，2017.

［32］ 海曼·明斯基. 稳定不稳定的经济［M］. 北京：清华大学出版社，2015.

［33］ 钱穆. 中国经济史［M］. 北京：北京联合出版公司，2014.

［34］ 王颖，曾康霖. 论普惠：普惠金融的经济伦理本质与史学简析［J］. 金融研究，2016，2.

第二章
货币需求和货币供给

我认为，传统经济学的捍卫者们大大低估了货币经济状态下的结论和简单得多的实物交换经济状态下的结论之间存在的差异，这些差异影响深远，在某些方面，已经成为本质的不同。

——John M. Keynes, *A Treatise on Money*, 1930

一、引言

货币在宏观经济学中居于极其尴尬的枢纽地位。说其为枢纽,几乎没有人反对,这是因为从 GDP 到工资决定,从国际收支到货币政策,几乎都离不开货币分析;说其尴尬,则是因为与 Arrow-Debreu 世界相匹配的消费和储蓄本不需要货币。在 Modigliani 的生命周期理论(Modigliani 和 Brumberg 1954;Ando 和 Modigliani 1963)以及 Friedman(1957)的持久收入假说中,我们找不到货币存在的必然性。为了证明货币存在的理由,且为了证明货币与现代经济体系"自洽",清泷信宏(2003)尝试从信用角度论证货币存在性的一般框架,但是很遗憾,虽然具有理论上的新颖性和说服力,但是这并不是一般均衡意义上的货币。在货币交易中,付出货币并在未来得到更多的货币,是货币供给的基本出发点,也是金融中介存在的理由。遗憾的是,这样一个基本动机既在 Walras 框架中缺失,也在 Arrow-Debreu 世界中没有得到承认。在前者中,货币仅仅具有交易媒介职能;在后者中,公众被定义为理性地认识到生产函数斜率(要素产出水平)的经济人。显然,这不一定符合事实。

当我们在第一章给出了货币的实质是"未来效用索取权"符号、货币交易是货币与未来货币之间的回购式交易等基本设想的界定,那么,这一符号交易的原因是什么?谁在交易这一符号?回答这一问题的难度并不高,但首先需要界定的一个问题——两个经济主体之间的民事借贷行为是否应该纳入货币交易框架?我们的答案是否定的,因为其缺乏在宏观经济学意义上讨论的必要性[1]。真正有意义的是金融中介随经济的近代化而崛起所导致的微观资源配置效率改进和宏观货币经济学的诞生。

第一,金融中介具有极端重要性。事实上,金融中介的重要性从来没有被经济理论界所忽视。根据 Brunner 和 Meltzer(1990)的总结,在 19 世纪,信用与货币的区别是银行学派和通货学派争论的焦点(Viner 1965;Thornton 1965;Shaw 1950;Tobin 1963;Pesek 和 Saving 1967)。20 世纪中期的经典讨论都给予了金融中介在货币经济学中的高度重视。我们同样强调金融中介的重要性,但与以往几乎所有理论对金融中介的定性差异在于:在货币经济学层面,我们不认同 200 多年来主流经济学认为的中央银行与金融中介构成了货币供给的观点。从真实货币交易世界的基本事实出发,我们认为金融中介是货币需求者,而公众、企业和中央银行是货币供给者。这是因为,从最传统的存款交易看,后三者都直接向金融中介(特指银行)提供货币资金。金融中介虽然也向公众、企业提供信贷,但是原始资金来源是清晰的——金融中介在负债

---

[1] 自《汉谟拉比法典》诞生时,我们知道民事借贷就已经存在。这种借贷仅仅是经济主体两两之间的实物与货币配置,虽然涉及跨期交易,但是只要这两个经济主体所处的经济体没有外生发行货币,则他们的跨期交易行为并不增加货币总量。换言之,此时经济中流通的现金(注意,这里是现金,此时并无广义货币概念)是恒定的,因而从宏观经济学角度看,货币的恒定性导致上述交易具有零和博弈特征——还款人货币的获得一定以其他人持有货币减少为条件。所以,这种行为具有微观讨论价值,但不具备现代宏观经济学意义。

经营。因此,"穿透"在认识货币现象时是极其重要的方法论。当我们把颠倒的认识颠倒回来,换一种视角,我们将看到一个崭新的货币经济学世界。

第二,金融中介具有两种代表性。我们赞同 Allen 和 Gale(1999)对银行主导型和市场主导型金融体系的划分并给出的制度性结论。由此,我们提出更进一步的界定——现实世界不仅仅存在两种金融中介,商业银行和投资银行,更重要的是,两种金融中介具有两种截然不同的代表性。商业银行是借款人(资金运用方或融资方)的代表,社会公众愿意向商业银行供给货币,是因为其相信商业银行在借款人搜寻上的信息优势和专业能力。商业银行收入来源是利差,在本质上代表了借款人向公众筹集资金,因而我们不妨把商业银行作为借款人的集合(set)。相反,投资银行(以及广义的风险投资机构和私募股权投资机构)是投资人(资金来源方)的代表,其收入来源是管理费和投资人的利润分成。这说明投资银行代表了投资者权益,因而我们不妨把投资银行作为投资者的代表。现实世界证明了我们这种区分:在法理上,"公众—商业银行"交易是货币的买断与回购;而"公众—投资银行"交易是货币的委托或信托。由于前一种交易真正涉及货币增量、稳定性、原始存款与货币扩张、支付体系,而后者更多涉及货币存量之间的配置,因此,遵从第一章的纯粹货币交易定义,我们聚焦于前一种金融中介的研究。

二、对货币供求理论的批判和框架性重构的基本猜想

(一)对货币供求理论的简要批判

一言蔽之,主流货币供求理论也许是正确的,但不符合现实世界的真实情形。

第一，关于货币需求理论的系统性归纳来自 Goldfeld 和 Sichel（1990）。他们提出，"货币需求是货币政策制定中的一个重要内容，而且，稳定的货币需求函数长期以来就被看作政策实施中运用货币总量目标的先决条件"。这一分析绝对正确，如果存在中央银行作为最终货币供给者，其货币政策的首要条件是准确界定货币需求并发现货币需求的动态变化，否则，一切政策设计与执行将无从谈起。他们发现，自 20 世纪 70 年代以来，"在新出现的数据面前，现有实证模型一再失败"，传统的货币需求表达式在过去 15 年间显露出很多缺陷。但是，理论上的探索仍然沿着 Keynes（1936）的公众持有货币的三大动机——交易动机、投机动机和谨慎动机出发，进行货币需求函数的深度挖掘。第一种努力是进一步发展 Keynes 的交易性和谨慎性货币需求理论，Baumol（1952）和 Tobin（1956）分别以存货理论对货币交易需求给出了分析，核心思想是个人在每一期以债券形式取得收入，此后在期内以均匀形式花费出去，得到了"平均货币持有额的平方根法则"。Miller 和 Orr（1966）把这一思想拓展到谨慎性货币需求。上述拓展的核心思想仍然把现金作为指标，把货币交易确定为货币与商品（服务）的交换范畴。实际上，随着信用卡（消费信贷）的普及，货币政策很少关注社会消费品零售总额这一数据，通货膨胀作为货币政策最终目标之一，恰如 Friedman（1963：17）所述的"通货膨胀无论何时何地都是一个货币现象"，更多地引发货币增量、实体经济面临的需求或供给冲击的讨论，而不是交易性货币需求变动的讨论。第二种努力来自对投机性货币需求的拓展。Tobin（1958）以资产组合理论进行了无风险资产（货币）和有风险资产（其他金融资产）的区分，从期望效用角度给出了最优资产组合。这是一种进步，但是我们更加认同 Friedman（1956）对凯恩斯货币需求理论的更加彻底的扬弃——"货币是一种能给持有者提供服务的资产"，人力与非人力财富是货币需求的决定因素。我们真正需要问的问题是：谁持有了货币？根据 Goldfeld 和 Sichel（1990）各层次货币存量列表，我们并不惊讶地发现，除了现金，各层次货币实际持有人（不是名义所有者）无一例外地是金融中介，从活期存款、储蓄存款、货币市场基金、定期存款、隔夜回购和定期回购到同业存款都是金融中介资金池中的组成部分。那么，真正影响通货膨胀、利率和货币存量的内驱因素应该是——为什么金融中介存在吸收资金的动力？从这一角度出发，我们不得不认为，金融中介是货币的需求者。

第二，关于货币供给的执念与效果的怀疑在理论界持续存在。Brunner 和 Meltzer（1990）在讨论货币供给开篇就感叹道："对金融中介、债务、金融监管和放松管制的宏观经济影响存在各种臆测，这是经济学家经常讨论的问题。但是，标准的宏观经济理论模型没能给这些讨论提供任何理论基础，没能区分中央银行和政府创造的货币与金融中介机构创造的货币，没能认识到信用的作用，以及与中介过程有着密切联系的信用市场和货币市场的交互影响。"显然，货币经济学的有识之士已经发现金融中介和金融市场的重要性，如 Friedman（1977）和 Fischer（1983）分别脱离 IS-LM 框架研究资产管理在金融中介中的核心地位。我们赞同这种努力方向，但是并不认同金融中介向公众提供货币。相反，我们认为中央银行和公众向金融中介提供货币。真实世界的情况是，如果公众向金融中介提供货币，金融中介代表了一众借款人，吸收了货币并形成产出，一切都处于"合意状态"，则中央银行根本没有必要吞吐基础货币。更为现实的情况是，中央银行向金融中介提供的再融资与公众向金融中介提供的常规融资，本质上没有任何区别，都体现为金融中介资产负债表上"具有一定期限、附带一定利息、需要偿还的债务"。那么，有什么理由认为公众与中央银行存在货币供给上的差别呢？

（二）对货币需求的猜想：从个体借款人到金融中介的革命性演变

当我们在第一章重新定义了货币和纯粹货币交易，并试图在本章重新界定货币供给与货币需求双方时，理论框架要尽可能贴合实际且能深入实际现象所掩盖的本质，这始终是框架重构的基本价值观。

第一，原始借贷与货币存量的恒定性。一旦我们把货币交易收窄为"纯粹货币交易"，则在历史上可以追溯到苏美尔人的货币的时间价值、复利和欧洲中世纪斐波那契的《珠算原理》。在技术上纯粹货币交易剔除了货币的产生、从偶然的物物交易到一般等价物的形成等复杂历史现象，也剔除了货币与实物的庞杂交易。那么，问题变得非常简明——自古以来，谁在进行纯粹货币交易？当然是借贷双方，而借款人显然是货币的需求方。

猜想（S2.1）：借款人是原始的货币需求者，他们愿意按照一定的利率在一定的时间内使用货币并根据契约实施偿还。

我们知道，在迄今为止人类社会的任何阶段，无论作为生产者还是消费者，在任何时点都会存在货币供求的不匹配性。也就是说，总是有资金丰裕与资金短缺并存的现象。

想象如下情形：我们把一个需要资金的人定义为代表性借款人。不妨假设该借款人是理性的，那么其在第1期的最优决策遵从 Ramsey（1928）模型的基本情形，其已经决定了最优消费和储蓄，当他决定拓展另外一种生产方式或面临突如其来的支付要求时，他将不得不向其他社会成员借入禀赋。此后，无非是两种情形：一是借款人到期偿还利息和本金，则皆大欢喜；二是借款人到期无力或无意履行合约，则诉诸法律。这就是原始的、偶然的民间借贷。此种古老的货币交易行为直至今天仍然存在。这一讨论本身并无货币层面的价值,但是却使我们明确货币需求的本源——资金的吸纳者。

猜想(S2.2):一旦引进货币的时间价值,借贷货币需求将导致宏观意义上的通货紧缩。

不妨继续我们的猜想,如果上述偶然的借贷行为在一定区域内普遍流行,如公元前2000年左右的乌尔古城和后续的雅典、凯撒时期的罗马所发生的故事,则根据货币数量论,通货紧缩是必然结果。

假设该封闭经济中的(金属)货币数量总量固定为 m,借款人每期的借款数量都固定为 χm,其中 $0<\chi<1$。在第 0 期,一个资金充裕的商人的货币数量恰好为 χm,将其借给借款人,毛利率为 R 且 $R>1$。由于该商人是用自有货币从事借贷业务,而不是通过吸纳社会流通中的货币存款,我们将该商人称为资金商。假设借款人从事的商业或生产活动在下一期获得的货币数量恰好为 $R\chi m$,那么借款人不持有货币余额。于是,在第 1 期期初,该资金商的货币数量增加到 $R\chi m$,在第 1 期期中该资金商与借款人再次完成借贷交易之后,资金商手中持有的货币数量为 $(R-1)\chi m$。假设资金商可以自给自足,即持有的货币不进入货币流通和商品交易,那么流通在第 1 期的货币数量为 $\bar{M}_1=(1-R\chi+\chi)m$,进而在第 t 期流通中的货币数量为 $\bar{M}_t=(1-R^t\chi+\chi)m$。为简化分析,我们进一步假设:每期只发生一次商品交易,那么货币流通速度固定为 1;在商品交易市场上的商品数量每期都固定为 T。因此,根据货币数量论 $\bar{M}_t V=P_t T$ 可以得到 $P_t=\dfrac{m}{T}(1-R^t\chi+\chi)$。那么价格变动率为 $\dfrac{P_t}{P_{t-1}}=\dfrac{1-R^t\chi+\chi}{1-R^{t-1}\chi+\chi}<1$。因此,**通缩是必然现象**。同时,还将伴随着一个结果,在未来的某一期,资金商手中持有的货币数量将达到 m,此时金属货币的借贷活动停止,因为资金商意识到借款人将无法偿还利息,除非经济中将有新增的货币

进入流通。于是人类社会面临两种选择：要么如雅典、罗马那样通过采掘银矿或发动战争获得货币存量，要么如古苏美尔人或中世纪意大利人那样发展金融中介（此时的资金商可以凭借对全社会金属货币的获得来发行可流通的信用票据）。

第二，金融中介的功能与代表性信用的出现。货币恒定性假说始终制约着借贷的发展。我们可以考虑一个极端情况：存在一个除了具备生产要素组织能力和技术之外别无所长的借款人——不妨称之为企业家。他的特点是，他可以在第 1 期将 1 单位家庭的禀赋转化为物质资本（即投入品），将上述资本投入生产之中并生产出第 2 期的消费品，他仅在第 2 期消费，由于在第 1 期没有物质禀赋和货币，他无法发行作为信用凭证的企业票据向家庭购买禀赋。此时，企业家向金融中介寻求信用支持。银行以企业家第 2 期的可保证收入作为向其提供信用支持的基础，即银行向企业家发行贷款（即银行向企业家发行的银行票据），该行为在会计意义上产生了银行的资产方的贷款和负债方的存款①。企业家获得的银行票据数量为 b，全部用其购买禀赋并形成资本 k，第 1 期禀赋的价格为 p_1，那么有：

$$p_1 k = b .$$

第 2 期的产出为：

$$y = Af(k) . \tag{2-1}$$

---

① 经过对所有现存货币金融理论的抽象，金融中介基于企业部门的商业信用同时创造了存款和贷款。因此，将银行信用理解为存款创造贷款或者是贷款创造存款都是片面的。实际上，在传统理论和我们对现实的理解中，由于企业存在融资需求，所以信贷行为得以存在。由于家庭部门信任银行，所以存款得以存在。至于融资关系和信任关系如何演变，是我们在"信用中介是如何演变为中介信用的"和"产出—货币循环和资产—货币循环"等后续研究中持续讨论的问题。这样的演变决定了货币是否中性、货币市场均衡的存在性、货币政策有效性和泡沫周期等一系列重大货币经济问题。

其中，A 为技术水平，函数 $f(k)$ 满足 $f'(k)>0$ 且 $f''(k)\leqslant 0$ 的性质。

企业家面临的信贷约束为：

$$Rb \leqslant p_2\theta A f(k) \ . \tag{2-2}$$

其中，R 为贷款的名义毛利率（gross interest rate），p_2 为第 2 期的价格水平，θ 为企业家用以偿还银行信贷的可保证收入的比例。

企业家的目标函数为：

$$U^e = c_2^e + v\left(\frac{m^e}{p_2}\right) \ .$$

其中，c_2^e 为企业家在第 2 期的消费，m^e 为企业家在第 2 期获得的现金，$\dfrac{m^e}{p_2}$ 为企业家的实际货币余额，函数 $v(\cdot)$ 满足 $v'(\cdot)>0$ 且 $v''(\cdot)<0$ 的性质。另外，函数 $v(\cdot)$ 还满足函数 $v(0)=0$ 的性质，表示当企业家实际货币余额为零时不影响企业家的状态。

企业家第 2 期的消费为：

$$c_2^e = y - s_2^h \ . \tag{2-3}$$

其中，为 s_2^h 为企业家卖给家庭的消费品。

企业家的货币余额为产品卖出获得的广义货币减去偿还银行贷款的剩余，即：

$$m^e = p_2 s_2^h - Rb \ . \tag{2-4}$$

我们在第一章提出了货币进入个体效用函数的"重复计算"谬误，这是在商品—货币世界中的论断。值得说明的是，在此我们把货币加入企业家的目标函数，基于对资本公积和盈余公积等现实存在现象的考察——企业家第 2 期在市场上向家庭出售商品获得货币后，将其偿还银行贷款后存在正的余额的情况，实际构成了企业家的禀赋。在存在摩擦的现实世界中，自有资金是获得融资支持的必要保障，也是在信息不对称世界中的安全性信号。因此，几乎所有的企业家都对"账上的现金"高度关注。正因如此，我们才将函数 $v(\cdot)$ 赋予 $v(0)=0$ 的性质，而在传统的货币效用模型（Money in Utility，MIU）则基本不存在货币余额为零的均衡，因为MIU框架里总是有 $v'(0)=\infty$，这也是企业家目标函数尽管引入了货币，但这一设定与MIU有根本的区别[①]。

结合以上方程可以将企业家的优化问题写成如下紧凑的形式：

$$\max_{\{k, s_2^h\}} U^e = Af(k) - s_2^h + v\left(s_2^h - \frac{R}{1+\pi}k\right).$$

约束于：

$$Rk \leq (1+\pi)\theta Af(k). \tag{2-5}$$

其中，$\pi = \frac{p_2}{p_1} - 1$ 为第2期的通货膨胀率。该优化问题的一阶条件如下：

$$Af'(k) = R^* + \frac{\mu}{1+\pi}\left[R^* - \theta Af'(k)\right]. \tag{2-6}$$

$$m^e = p_2 \bar{v}. \tag{2-7}$$

其中，μ 为信贷约束的拉格朗日乘子，$R^* = \frac{R}{1+\pi}$ 为实际贷款利率，$\bar{v} = v'^{-1}(1)$ 且 $v'^{-1}(\cdot)$ 为函数 $v'(\cdot)$ 的逆函数。

假设 $\theta f(k) < f'(k)k < f(k)$，那么信贷约束为紧约束。将紧约束的信贷约束方程代入关于决策 k 的一阶条件可得：

$$\mu = \frac{1}{1+\pi}\frac{Af'(k) - R^*}{R^* - \theta Af'(k)} = \frac{1}{(1+\pi)\theta}\frac{f'(k)k - \theta f(k)}{f(k) - f'(k)k}.$$

因此，在该假设的约束下总是有 $\mu > 0$，即信贷约束总是紧约束，那

[①] 可以将 $v\left(\frac{m^e}{p_2}\right)$ 理解为第2期持有的货币可以在未来替代一部分信贷来购买生产投入的商品带来的价值，也可以作为获得更多信贷的信息信号。这种设定的思路与Bolton（2016）以及Bolton和Huang（2018）的研究相似。

么（2-2）式的等号总是成立。

猜想（S2.3）：金融中介的存在构建了缺乏物质资本或货币、但具备隐性禀赋的借款人得以融资并生存的条件。同时，金融中介解决了通货紧缩问题。

金融中介的绝妙之处在于实现了"期限错配"，这就使"十个缸只需要六个盖"成为可能。更进一步的解释是，金融中介使得第2期必须偿还给公众的货币现金量下降，它得以通过记账、计息的方式让公众安心，同时突破了货币量不足的刚性制约。或者说，金融中介并不增加流通中货币，但使得需要支付并事实上被储存起来的货币量下降了。因此，**金融中介的极端重要性在于：它使人类开始思考一种全新要素的组织形式抉择——通过战争攫取货币和禀赋，还是通过信用向未来透支货币**[①]。历史反复证明，前者以西班牙、葡萄牙掠夺美洲金银为典型，充满了血与火的纷争；后者则以希腊城邦、意大利城邦和荷兰的商业文明为代表，形成了另外一种要素组织模式。

需要说明的是：由于我们关注货币存量的变化而非某个时点的存量，借贷这一货币债权债务的流转形式就成为必须考虑的原始资金需求动机。在此，我们使用"资金"这一概念是因为在货币仅仅发生信贷让渡时，货币存量仍然守恒。当且仅当以银行转账形式实施信贷，且没有形成提现等"现金漏损"行为时，货币量才会扩张。金融中介并非没有缺陷，这种要素组织模式的最大问题恰恰在于"现金漏损"所导致的脆弱性。我们的论断是，当这种模式崛起并取代政府铸造金属货币或殖民掠夺后，人类社会面临的另一个问题是周期性爆发的债务危机和货币危机。我们将在本卷的"两种货币循环理论"和第二卷的"宏观审慎管理"中反复研究。

[①] 关于本章所涉及的全部金融史问题，有兴趣的读者可以参考戈兹曼，《千年金融史》，2017年。

猜想（S2.4）：货币需求从借款人转移到代理人——金融中介。此时，货币经济的核心问题不再是借款人能否以合意价格融资和是否可能违约，尽管这些问题仍然吸引了大量研究，但真正值得注意的问题是，金融中介能否得到公众的认同，代替一个又一个特定企业家来获得规模性资金来源。因此，**我们把金融中介作为货币需求者鲜明地提到一个全新的分析框架内。**

从猜想（S2.1）到（S2.4）的几何表述参见附录 A1。

（三）对货币供给的猜想：从家庭部门的盈利动机到中央银行的稳定性决策

我们高度认同 Friedman（1956）"货币是一种能给持有者提供服务的资产"这一突破凯恩斯投机性货币需求的判断。从家庭部门出发，无论其在原始状态下直接向借款人提供民间借贷，还是系统性地向金融中介提供存款货币，其货币供给仅仅是为了获利。这是货币供给的原始特征。在这个意义上，家庭部门更像一个企业，跨期营利性成为其基本行为特征。

猜想（S2.5）：家庭部门的货币决策不受持有货币的三大动机所决定。根据当代货币定义，从广义货币角度看，家庭部门的货币决策实际上是在持有非生息现金货币与生息的存款货币之间的权衡。前者的风险是通货膨胀，后者的风险是金融中介违约。在无通胀或无银行违约的条件下，若银行提供的存款服务具有高支付能力，则家庭部门将成为稳定的货币供给者。

猜想（S2.6）：货币市场均衡的确在微观意义上与货币供求相关，均衡解为存款利率，但与实际产出增量并不完全相关。这是因为，当货币具有价值尺度职能时，即使不存在中央银行过多地印制货币，存款供给增长推高广义货币创造，进而推高资产或项目估值。在 Walras 世界中，外生的货币输入会导致通货膨胀，但这实际上并无意义。在存在金融中介的 Arrow-Debreu 世界中，若纳入金融中介对公众的货币吸纳，货币供给内生并形成与产出无关的资产膨胀效应。由于价值尺度可能发生变动，来自公众的货币供给是存款利率的反应函数——当然，他们不在乎贷款利率。

从中央银行基础货币供给角度猜想货币增量调整是一种平准工具。

同样地，我们无意讨论中央银行为什么存在——它可以是经特殊授权的商业银行衍生而来，如瑞典中央银行和英格兰银行；也可以是从财政部门的出纳独立出来，如脱胎于户部钱法部门的大清户部银行（中国中央银行前身）和至今仍然与财政部门具有一定从属关系的日本中央银行。我们感兴趣的是中央银行如何履行货币供给者职能。

猜想（S2.7）：中央银行的确关注经济体系的重要指标——如以就业水平和通货膨胀率构成的菲利普斯曲线，但是，现实中的中央银行以利率为观测目标。其前提假定是，在一定的经济运行状态下，利率应该处于某个合理区间（我们可以说是自然利率）。那么，如果利率高于该水平，则说明货币短缺，中央银行应该加大基础货币供给；反之则实施货币回笼。但是，这种供给或回笼行为一般是以金融中介与中央银行之间的"有期限借贷"关系（即回购）来实现的。因此，中央银行的货币供给也是利率的增函数。当然，中央银行参考的利率水平不仅仅是存款利率，而是一个利率体系。但是，由于各种利率具有同向、同时变动关系，我们基本可以把公众、中央银行的货币供给行为当作同向的货币供给。

（四）从家庭对利率的关心和中央银行对利率波动的关注猜想货币供给主体

综合猜想（S2.5）、（S2.6）和（S2.7），我们得到：

猜想（S2.8）：利率决定了居民和中央银行的货币供给，两者的供给对象都是商业银行，两者的货币供给都是利率的增函数。前者的目的是获取更高回报，后者的目的是保持市场利率在目标区间。

由于"货币不灭"，公众对持有金融中介体系之外的流通中现金（M0）并无兴趣，但是，的确存在存款流失，即来自公众的货币供给增量为负值的情况。于是，我们进一步得到：

猜想（S2.9）：只要实际利率大于零，一个具有支付能力且正常经营的金融中介必然面临全部公众的零售型货币供给。因此，当例外——不能正常经营的情况发生时，该体系面临流动性紧张和报价利率飙涨，中央银行作为货币批发商提供保障型货币供给。从这个意义讲，一切出自中央银行的金融稳定政策依然依托于基础货币工具（再融资）。

关于利率问题，我们还可以做如下延伸性讨论。在宏观经济学意义上，利率往往被认为是特定资本存量所对应的生产函数的一阶导数。这隐含的意思是这样的经济中并不存在（或并不需要）金融中介。毫无疑问，这是经济理想中的乌托邦，所有产出被最优地分为即期消费和未来消费（储蓄）两大部分，而储蓄构成了新的资本形成，并以产出回报的方式形成利率。这也就是宏观经济理论与现实脱节所在。

一是在现实中，利率与产出的关联几乎被货币交易各方所忽视。居民关注利率仅仅在于货币的时间价值；中央银行关注利率更多地在于金融体系流动性是否丰裕的重要指针；商业银行实际并不关注利率，而关注存贷利差。实际上，更具说服力的看法也许是：某一时点的基础货币存量决定了该时点的利率水平，但这种利率影响了货币增量——即居民在现金和存款之间的选择，并由此决定了货币乘数。

二是同样在现实中，利率是货币供求的关键环节，但是在货币经济学讨论中，"利率"的选取和区分是一个持续被忽视的问题；人们往往把无风险债券利率、中央银行再融资利率、存款利率、贷款利率混为一谈。的确，各种利率存在稳定且明确的定量关系，但它们在货币需求和供给决定中的作用却不尽相同，决定了我们对货币的认识——货币存在有息和无息两种形态，持有现金（无息货币）是对存款（有息货币）的替代。因此，只要存款具有无风险支付功能，流通中现金就会归零。当然，挤兑行为仅仅证明了存款具有风险。

综合以上九大基于现实世界的猜想，我们可以简要归纳金融中介的货币需求和家庭部门的货币供给函数。中央银行的"备用型"货币供给更为复杂，需要我们在《货币论》第二卷中以独立而完整的篇幅加以描述。

三、代理人需求：金融中介（银行）的货币需求函数

货币交易仅仅指家庭与银行之间的日常性货币供给和需求，中央银行与银行之间的补充性货币供给和需求。银行与企业之间的信贷交易，由于涉及企业借贷、生产、销售产品与服务并偿还信贷，期间涉及实物与服务，因而并不属于本章所定义的纯粹货币交易。简单地说，家庭向银行供给货币，并不关心银行如何使用货币，仅仅关心本息支付；相反，银行向企业提供信贷时需要认真审核资金的使用——设备购置、销售收入和市场风险，因此，我们并不认为这是纯粹货币交易。如果我们仅仅把银行作为信用中介，那么在公众看来，银行无非是企业的代理人——银行信用是企业信用的加权平均。因此，向银行提供资金，与向全部企业按份额提供资金并无不同。从这一理解出发，**金融中介的货币需求实际上是代理人需求——代表借款人向公众借入货币**。在这个过程中，货币进入扩张进程。

银行的资产负债表为：

$$b + X = d.$$

其中，b 为向企业家提供的贷款，X 为持有的存款准备金，d 为家庭的存款，即银行发行的票据（存款凭证）。初始期的货币存量 m 在所有权意义上完全属于家庭，但最终不完全由家庭持有。经过货币交易，家庭向银行提供由银行支配的存款货币 m^b，家庭最终持有的货币在统计意义上称为流通中现金。由于企业家将由贷款获得的银行票据用于购买家庭的禀赋，该笔贷款就转入家庭在银行的账户，加上家庭开始向银行提供的货币 m^b，因此家庭总的存款数量满足如下方程：

$$d = b + m^b.$$

银行最低的存款准备金率要求为 ρ，那么由此产生的约束条件为：

$$\rho d \leq X \leq m^b.$$

其中，$\rho d \leq X$ 表示银行在中央银行的存款准备金账户中的资金必须满足最低的存款准备金率的要求，$X \leq m^b$ 表示银行必须持有足够的货币来缴纳准备金①。

银行的利润为：

$$\Pi^b = Rb - rd + X - 0.5\Gamma^b b^2$$

其中，R 和 r 分别为贷款和存款的毛利率（gross interest rate），Γ^b 用以刻画银行经营的成本，并设 $\Gamma^b = \dfrac{\Gamma}{m}$，即银行经营边际成本为 $\Gamma\dfrac{b}{m}$。将存款准备金的利率设定为零，银行不会持有超额货币，即均衡时有 $\rho d = X = m^b$，结合资产负债表得到：

$$m^b = \frac{\rho}{1-\rho} b. \tag{2-8}$$

---

① 事实上，银行对货币的需求并不必然唯一来自存款准备金的要求，流动性冲击导致的银行之间的资金清算，也产生银行对货币的需求。

银行的利润函数进一步可以写成关于 m^b 的函数如下：

$$\Pi^b = \left(\frac{1-\rho}{\rho}R - \frac{1}{\rho}r + 1\right)m^b - 0.5\Gamma^b\left(\frac{1-\rho}{\rho}m^b\right)^2. \quad (2\text{-}9)$$

银行通过选择 m^b 最大化利润，从而得到银行的**货币需求函数**：

$$m^b = \frac{1}{\Gamma}\frac{\rho}{1-\rho}\left[(R-r) - \frac{\rho}{1-\rho}(r-1)\right]m. \quad (2\text{-}10)$$

联立（2-10）和（2-8），当货币需求量给定时，信贷量因之而决定。由货币需求函数（2-10）可得，$\frac{\partial m^b}{\partial R} > 0$。因此，银行对**货币需求的函数是关于贷款利率或存贷利差的增函数**，贷款利率（或存贷利差）越高，银行愿意发行更多的银行票据（存单）向家庭购买货币，则可以满足更多的商业信用，由此可以获得更多的金融中介利润，即更多的货币。

四、家庭部门的货币供给函数

经济中由不同类型的家庭 $j \in [0,1]$ 构成，假设家庭是风险中性的，则家庭 j 的效用函数为：

$$U_j^h = c_{j,1}^h + \omega_j \beta c_{j,2}^h.$$

其中，$c_{j,1}^h$ 和 $c_{j,2}^h$ 分别对应第 1 期和第 2 期的消费，β 为时间偏好，$\omega_j \geq 0$ 为异质性的需求冲击[①]，其累积分布函数为 $\Phi(\cdot)$，并且满足 $\mathbb{E}(\omega_j) = 1$。可以记 $\beta_j = \omega_j \beta$，那么异质性需求冲击通过改变家庭的时间偏好来影响其跨期决策。由 $\mathbb{E}(\beta_j) = \beta$ 可知，尽管需求冲击将导致不同家

---

① 这种设定沿用了 Bewley（1983）的思想，解决了即使不将货币塞进效用函数，但仍然可以使家庭拥有持有货币动机的问题。

庭之间的时间偏好不同，但整个家庭部门平均时间偏好仍然为 β。

家庭的初始禀赋和货币分别为 W^h 和 m。由于家庭不具备将禀赋转化为投资品的技术，那么家庭的禀赋对家庭而言仅仅是一种消费品，可以选择在第 1 期或者第 2 期消费。需求冲击 ω_j 使得家庭在两期消费有不同的偏好，当 ω_j 较小时，这类家庭更偏向于第 1 期的消费，因此在商品市场上将用持有的货币来购买其他家庭的禀赋；当 ω_j 较大时，这类家庭更偏向于第 2 期的消费，因此在商品市场上将卖出禀赋，并假设名义利率 $r>1$，那么这类家庭将不会持有初始的货币，而是将初始持有的货币全部向银行供给。

假设金融市场与商品市场同时关闭，至于是否同时开放并不重要，因此本章对两个市场开放时间的先后并不施加约束。并假设在第 1 期的期初，需求冲击 ω_j 已经实现并被家庭观测到，每个家庭将由此决定是否进入金融市场向银行提供货币，同时也将决定在进入产品市场后是成为产品交易的卖方还是买方。由于商品市场上的买方由企业家和一部分家庭构成，企业家和这类家庭分别用银行票据和现金货币来购买，因此作为卖方的家庭将获得银行票据和现金。由于商品交易完成后，金融市场也已经关闭，作为卖方的家庭将获得的货币持有到下一期，获得的银行票据则在下一期能获得银行的利息。

值得说明的是，尽管一部分家庭会因为卖出产品而获得货币并将其持有到下一期，但与企业家不同的是，家庭持有的货币并不带来效用满足。正如凯恩斯所述，"货币的用处就在于它可以购买商品，是那些有价值的商品而不是货币，才给我们带来了效用"（Keynes 1923）。

家庭 j 的预算约束为：

$$p_1 c_{j,1}^h = p_1\left(W^h - s_j + x_j\right). \tag{2-11}$$

$$p_2 c_{j,2}^h = r\left[(1-\Theta)p_1 s_j + m_j^b\right] + \Theta p_1 s_j . \quad (2\text{-}12)$$

其中，s_j 为家庭向企业家和其他家庭卖出的禀赋，x_j 为从其他家庭买入的禀赋，p_1 和 p_2 为对应时期的商品价格。另外，$(1-\Theta)p_1 s_j + m_j^b$ 为家庭持有的银行票据的数量，Θ 是由内生决定的产品市场上买入家庭购买的产品在总卖出产品中所占的比例，其决定方程为：

$$\Theta = \frac{x}{s} . \quad (2\text{-}13)$$

其中，$x = \int x_j \mathrm{d}\Phi(\omega_j)$，$s = \int s_j \mathrm{d}\Phi(\omega_j)$。家庭买入 x_j 面临着现金交易约束：

$$p_1 x_j \leq m - m_j^b .$$

家庭之间的禀赋交易虽然影响不同家庭之间的货币配置，但不影响货币余额。对于任一代表性家庭而言，其在处理自身持有的货币时，面临的选择仅仅是用其购买商品或者向银行提供存款货币。因此，上述现金交易约束总是紧约束，代入到家庭的预算约束可以得到：

$$p_1 c_{j,1}^h + \underbrace{m_j^b + (1-\Theta)p_1 s_j}_{d_j} + \Theta p_1 s_j = p_1 W^h + m .$$

$$p_2 c_{j,2}^h = r\left[(1-\Theta)p_1 s_j + m_j^b\right] + \Theta p_1 s_j .$$

因此，家庭 j 持有的银行票据的数量（即存款）d_j 为：

$$d_j = (1-\Theta)p_1 s_j + m_j^b .$$

将预算约束代入效用函数并展开可得：

$$U_j^h = W^h - s_j + \frac{m}{p_1} - \frac{m_j^b}{p_1} + \omega_j \beta \left[\frac{r(1-\Theta)+\Theta}{1+\pi} s_j + \frac{r}{1+\pi}\frac{m_j^b}{p_1}\right]$$

$$= W^h + \frac{m}{p_1} + \left[\omega_j \beta \frac{r(1-\Theta)+\Theta}{1+\pi} - 1\right] s_j + \left(\omega_j \beta \frac{r}{1+\pi} - 1\right)\frac{m_j^b}{p_1}$$

$$= W^h + \frac{m}{p_1} + (\omega_j - \omega^{**})\beta \frac{r(1-\Theta)+\Theta}{1+\pi} s_j + (\omega_j - \omega^*)\beta \frac{r}{1+\pi}\frac{m_j^b}{p_1} .$$

其中，$\omega^* = \dfrac{1+\pi}{\beta r}$ 且 $\omega^{**} = \dfrac{1}{\beta}\dfrac{1+\pi}{r(1-\Theta)+\Theta}$。由于名义利率满足 $r>1$、$0<\Theta<1$，那么 $\omega^* < \omega^{**}$ 总是成立。

展开后的效用函数性质显示：$\dfrac{\partial U_j^h}{\partial s_j} = (\omega_j - \omega^{**})\beta\dfrac{r(1-\Theta)+\Theta}{1+\pi}$，且 $\dfrac{\partial U_j^h}{\partial m_j^b} = (\omega_j - \omega^*)\beta\dfrac{r}{1+\pi}\dfrac{1}{p_1}$。那么家庭 j 关于 $\{s_j, x_j, m_j^b\}$ 的决策规则如下：

- 当 $\omega_j \leq \omega^*$ 时，由 $\dfrac{\partial U_j^h}{\partial s_j} < 0$ 且 $\dfrac{\partial U_j^h}{\partial m_j^b} \leq 0$ 可知家庭 j 的决策为 $s_j = 0$ 且 $m_j^b = 0$，进一步可得关于 x_j 的决策为 $x_j = \dfrac{m}{p_1}$；

- 当 $\omega^* < \omega_j < \omega^{**}$ 时，由 $\dfrac{\partial U_j^h}{\partial s_j} < 0$ 且 $\dfrac{\partial U_j^h}{\partial m_j^b} > 0$ 可知家庭 j 的决策为 $s_j = 0$ 且 $m_j^b = m$，进一步可得关于 x_j 的决策为 $x_j = 0$；

- 当 $\omega_j \geq \omega^{**}$ 时，由 $\dfrac{\partial U_j^h}{\partial s_j} \geq 0$ 且 $\dfrac{\partial U_j^h}{\partial m_j^b} > 0$ 可知家庭 j 的决策为 $s_j = W^h$ 且 $m_j^b = m$，进一步可得关于 x_j 的决策为 $x_j = 0$。

由此可以将家庭的决策规则写成如下紧凑的形式：

$$s_j = \begin{cases} 0, & \omega_j < \omega^{**} \\ W^h, & \omega_j \geq \omega^{**} \end{cases},\quad x_j = \begin{cases} m/p_1, & \omega_j \leq \omega^* \\ 0, & \omega_j > \omega^* \end{cases},\quad m_j^b = \begin{cases} 0, & \omega_j \leq \omega^* \\ m, & \omega_j > \omega^* \end{cases}.$$

第 1 期产品市场的总供给和家庭部门的总需求分别为：

$$s = \int s_j \mathrm{d}\Phi(\omega_j) = [1-\Phi(\omega^{**})]W^h. \qquad (2\text{-}14)$$

$$x = \int x_j \mathrm{d}\Phi(\omega_j) = \Phi(\omega^*)\dfrac{m}{p_1}. \qquad (2\text{-}15)$$

第 1 期家庭部门的总消费为：

$$c_1^h = W^h - s + x = \Phi(\omega^{**})W^h + \Phi(\omega^*)\dfrac{m}{p_1}. \qquad (2\text{-}16)$$

第 2 期产品市场上家庭部门的总需求为：

$$c_2^h = \int \left[r\frac{(1-\Theta)p_1 s_j + m_j^b}{p_2} + \Theta \frac{p_1}{p_2} s_j \right] d\Phi(\omega_j)$$

$$= \int \left(\frac{r}{1+\pi} \frac{m_j^b}{p_1} \right) d\Phi(\omega_j) + \int \left[\frac{r(1-\Theta)+\Theta}{1+\pi} s_j \right] d\Phi(\omega_j)$$

$$= \int_{\omega_j > \omega^*} \left(\frac{r}{1+\pi} \frac{m^b}{p_1} \right) d\Phi(\omega_j) + \int_{\omega_j > \omega^{**}} \left[\frac{r(1-\Theta)+\Theta}{1+\pi} W^h \right] d\Phi(\omega_j) .$$

即:

$$c_2^h = \left[1 - \Phi(\omega^*)\right] \frac{r}{1+\pi} \frac{m^b}{p_1} + \left[1 - \Phi(\omega^{**})\right] \frac{r(1-\Theta)+\Theta}{1+\pi} W^h . \quad (2\text{-}17)$$

由家庭的决策规则可知,家庭的**货币供给函数**为:

$$m^b = \int_{\omega_j > \omega^*} m_j^b d\Phi(\omega_j) = \left[1 - \Phi(\omega^*)\right] m . \quad (2\text{-}18)$$

从家庭部门的货币供给函数可知,在为正的利率水平下,若不存在异质性需求冲击,全部现金将转化为存款货币。

五、一般均衡条件

本章模型涉及两个时期的商品市场和一个时期的信贷市场和货币(现金)市场的交易,那么第1期和第2期商品市场出清的条件分别为:

$$s = x + k . \quad (2\text{-}19)$$

$$s_2^h = c_2^h . \quad (2\text{-}20)$$

货币市场出清条件为由(2-18)式决定的家庭的货币供给与由(2-10)式决定的银行对货币的需求相等[1];信贷市场出清条件为由(2-8)式决

---

[1] 当考虑到中央银行的货币政策时,货币均衡将受到中央银行的货币供给所影响,由此产生的货币政策中性还是非中性将在以后的研究中详细展开。

定的银行对信贷的供给与由（2-2）式决定的企业家对信贷的需求相等。

在此，我们将第 2 期的实际 GDP 定义为实体经济产出与金融业增加值，并将其记为 Y，即：

$$Y = y + y^b. \tag{2-21}$$

其中，$y^b = \dfrac{\Pi^b}{p_2}$ 为金融业的实际增加值。该定义是我们在后续研究中将持续涉及的问题。

六、货币的转移：从流通中现金转换为具有跨期收益性质的存款货币

回到关于纯粹货币交易的公理 A1.2，如果任何商品、资产和服务交易都是货币与其他物品之间的交易，仅有货币与货币之间的跨期交易才是纯粹货币交易[①]，那么有且仅有金融中介是货币的需求方。这是因为，其他任何即期交易的真正标的是商品和服务，货币仅仅是流通手段，这也就是 Walras 世界中货币的特征。同样，如果在任何跨期交易中的借方仅仅是为了流通（比如支付货款、支付工资、购买资产、消费融资）而获得信贷，那么远期合约就可以取代货币，这也就是 Arrow-Debreu 世界中货币本无存在必要性的"迷思"。那么，金融中介为何能够且愿意充当货币需求者？这个问题是关乎金融中介存在性的核心问题。Jaffe（1971）、Jaffe 和 Modigliani（1969）、Stiglitz 和 Weiss（1981，1983，1987）在关于信贷市场的研究承认，标准的供求模型完全不适用于分析货币交易这

---

① 在此，货币与其他货币，即本外币之间、货币与黄金之间、货币与各类"数字货币"之间的交易由于仅仅存在即期交割，不存在跨期合约，均不属于纯粹货币交易范畴。相反，无论其标的是货币或其他任何物品，所有双方约定的跨期交易形式——借贷、回购，都具有货币交易属性。

样的"承诺市场"。实际上,关于金融中介的存在性研究已经非常成熟,恰如我们所熟知的,金融中介是融资合约的期限转换(Gurley 和 Shaw 1960;Benston 和 Smith 1976;Fama 1980)。从货币供求角度的理解是,凡是能吸收存款并提供贷款或投资的金融中介,就是货币需求者。也正因为这一类机构存在,现代货币经济才脱离了 Arrow-Debreu 的理想世界,在资源配置及其风险管理更为专业化的同时,货币增量呈现出更明显的周期性,通胀与通缩、资产价格泡沫化和泡沫破裂才成为值得研究的普遍现象。金融中介作为商业形态,其盈利来源是存贷利差。理论上,给定任意一个为正数的利差和一个小于 1 的存款准备金率,金融中介有无限动力获得存款并发放贷款。这是因为,规模决定了总收益及净收益水平。同时,这一行为导致了广义货币增量成为真正决定一系列货币经济和宏观经济的唯一关键性变量。在实际运行中,贷款利率是风险的增函数,存款利率与风险无关,因此我们得到以下结论。

结论(R2.1):金融中介(商业银行)的货币需求与贷款利率或与经风险加权后的存贷款利差有关。在市场经济条件下,存贷款利差由风险决定;在存在垄断或利率非市场化条件下,存贷款利差由风险和制度性因素(如利率管制)共同决定。

结论(R2.2):金融中介的需求存在可持续保障。由于存在中央银行出于金融稳定需要而保留的最后贷款人职能,金融中介通过提高货币需求并不存在对自身安全性的负面冲击。同时,规模越大,在贷款利率层面实施垄断定价的能力越强,反过来进一步刺激了金融中介的货币需求。

七、结论性评价

货币在经济系统中的角色是一个恒久的研究课题。作为原本缺乏雄心的研究，本章的原意在于研究货币存量的决定机制和货币增量的实际效果。然而，关于针对货币增量波动的内在原因的研究和货币当局决定货币发行的牵引力研究，一步步推动着本章成为研究货币循环、货币增量、货币政策规则的一个起点。当然，这只是一个起点，第一、第二章目的是使我们对当代货币运行的认识摆脱两个理论羁绊——一是把货币分析等同于一般商品或服务分析，如果是，为什么会存在货币经济学和货币政策而不存在桌子或椅子经济学和桌椅政策？二是把当代货币等同于缺乏"中央银行—金融中介体系"的传统货币分析，如果是，为什么只有在当代，虚拟经济与实体经济才得以全面且真实地成为二元对立的概念？我们发现，只有明确了什么是货币交易，谁是货币供求双方，我们才能把理论建立在现实的货币运行基础上，并真正理解货币政策的本质。

第一，纯粹货币交易的需求方是金融中介。其需求与利率无关，与利差有关。但是，由于利差是风险的函数，因此金融中介的确在乎风险管理。这种风险管理有可能演变为大规模实施垄断定价，或者寻求其他保障手段——如抵质押、保证。

第二，纯粹货币交易的供给方是公众和中央银行，前者处于零售端，后者处于批发端。两者的供给函数都是利率的增函数。与传统理论截然相反的是，中央银行并非面向公众的货币供给者，而是面向金融机构的货币供给者。作为一种制度安排，中央银行制度的原始目的是保证金融体系货币存量的合意性。由此，在银行存款制度和支付体系顺畅运行的前提下，中央银行的现金发行是为了满足银行在公众实施存款向现金转换时货币存量的稳定性要求（即从 M2 转向 M0 时避免现金不足，可以想象"挤兑"时中央银行发行库的操作）。中央银行的再融资是为了满足银行吸收存款与发放贷款之间的差额（当然也可以理解为银行流动性不足部分的补充，不改变中央银行向银行提供货币的实质）。因此，中央银行并不是公众的货币供给者，而是作为公众的"替代者"向银行供应货币的角色。只有扭转这一传统认知，我们才能真正理解现实货币交易中的一系列现象。

第三，最为关键的是货币增量，这是我们将不断延伸讨论的问题。在第一章我们强调货币并不存在随消费（使用）而灭失、磨损的特征的基础上，我们可以理解货币增长或减少完全取决于公众是否愿意继续接受金融中介的存单或中央银行是否向金融体系提供或回笼货币。那么，对经济真正有作用的是货币增量，而非货币存量。这也就是为什么，从中央银行到金融体系，从企业部门到家庭部门，永远关注某一个时间区间内货币量的变动。由于货币统计是包含关系（即广义货币包含了狭义货币，狭义货币包含了流通中现金），因此，真正有价值的研究对象是广义货币增量。要完成这项任务，就必须把居民、企业、金融中介、中央银行紧密地联系在一起，真正进入符合现实的动态一般均衡框架。

最后值得强调的是货币的非商品、非资产属性，它只是且永远只是在流通中对商品、服务和资产给出标价，这是真正的"货币面纱"，也是货币与其他一切商品和服务会因为消费而灭失的本质区别，这也是一切试图把货币作为"特殊商品"加以研究所误入的歧途。只是因为所有的商品、服务和资产需要一个法定计价基准，作为一种社会秩序和共识，货币才具有存在的基础。当货币种类（无论是贵金属还是法定货币，甚至有可能是未来的数字货币）和金融制度给定时，公众、金融体系和中央银行只是制度的接受者。因此，根据货币交易公理，在真正的货币交易中，我们的选择可行集（feasible set）不是在货币与非货币之间，而是在当前的货币量与未来的货币量之间。与凯恩斯不同，我们只有明晰了上述结论，才能理解——为什么中央银行的货币政策从来没有参照《通论》(Keynes 1936)所指出的公众的交易性、投机性和谨慎性货币需求以投放货币,而侧重于考虑整个金融中介体系的流动性,换言之,就是"满足金融中介的货币需求"。无论是公众还是中央银行,都按照"跨期回购"方式向金融中介实施货币供给——约定时间、约定额度、约定价格(利率)。这才是货币交易与其他所有交易的根本不同。同样,金融体系的货币需求反馈于经济体系,我们就能够刻画出现实经济中的金融回报与产出之间是否存在关联。但是,与凯恩斯相同,我们的研究从来都是立足于对现实问题的观察和认知。因此,只有简略地揭开货币研究体系和认识逻辑的第一环节,才能更加科学理性地判断货币经济所面临的共同问题。

本章的努力不在于创新,而在于厘清定义,并更换一个观察货币供求的视角。因为只有在界定货币交易、货币需求和货币供给的定义基础上,我们才可能深刻认识货币现象,也方能理解此后各卷关于货币政策和世界货币演进的内容。

附录 A1：基于 Solow-Swan 模型对金融中介微观效率的几何表述

根据 Solow（1956）和 Swan（1956）的外生经济增长理论（exogenous growth model），我们通过构建一个简单的金融中介模型以描述微观资源配置效率，并由此给予猜想（S2.1）至（S2.4）以几何说明。

一、模型的基本表述

Solow-Swan 模型是宏观经济学经典理论，其生产函数表达式为：

$$Y(t) = f[K(t), A(t)L(t)] \qquad (A1-1)$$

为避免重复教科书的章节，我们直接过渡至 Solow 模型的人均资本存量的非线性微分方程，表达式如下：

$$\dot{k}(t) = sf[k(t)] - (n+g+\delta)k(t) \qquad (A1-2)$$

其中，生产函数 $f(k)$ 是严格凹函数，满足 $f'(k)>0$、$f''(k)<0$，同时满足 Inada 条件：$f'(0)=\infty$、$f'(\infty)=0$。$\dot{k}(t)=\dfrac{dk(t)}{dt}$。$s$、$n$、$g$ 和 δ 分别为储蓄率、人口增长率、技术进步率和资本折旧率。在设定生产函数为 Cobb-Douglas 形态时，我们很容易找到人均资本存量稳态解：k^*。

以下，我们基于 Python 对无限期界下的均衡状态做描述。

二、基于传统模型的无限期界（infinite horizon）解

不妨假定自给自足的经济增长模式，经济个体是消费者和生产者的统一体，储蓄率、人口增长率、技术进步率、在 Cobb-Douglas 生产函数下资本的产出弹性和弹性替代率等参数均外生给定，我们很容易求解模型的稳态资本存量 k^* 及其对应的稳态产出水平 y^*。

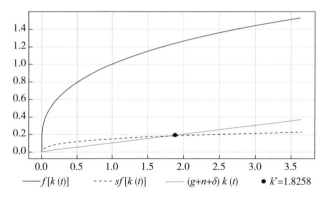

图2-1 宏观条件下的稳态增长

三、民间借贷（分工）导致的产出效率上升

（一）微观条件下的鲁滨逊自给自足模型

假设在荒岛上只存在鲁滨逊·克鲁索（Robinson Crusoe）一个人，他开垦土地，找到水源并以漂流到岛上的100个生玉米作为粮食和种子。经过连续测试，他发现在现有的100个玉米中，播种20个可以每年收获100个，这是他最经济的产出方式，因此，他的最优资本存量$k^* = 20$。当然，他每年收获100个玉米，但他的个人消费仅仅需要30个玉米，剩余的玉米挂在草棚上晾晒——这很符合中国北方农民的家庭产出和消费

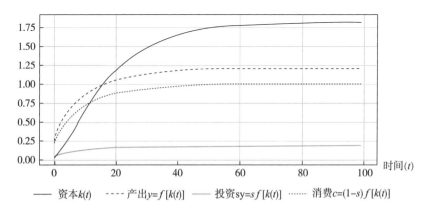

图2-2 鲁滨逊·克鲁索自给自足的稳态增长

形式，晾晒一切，从玉米、辣椒到腊肉、熏鱼。我们得到以下自给自足的经济状态：依然收敛于稳态水平。很快，鲁滨逊的屋檐下晾满了玉米棒子，这些消费不了的玉米变成了资本存量。

（二）民间借贷与岛屿贸易效应

一个面黄肌瘦但更有效率的生产者星期五（Friday）漂流来到鲁滨逊身边，他一无所有，但种植玉米的效率显然高于鲁滨逊——他的最优生产水平是：只要30个玉米就可以年产150个，更重要的是，星期五还具备用鲁滨逊的独木舟去周边岛屿销售玉米的能力。鲁滨逊大喜过望，他一算，两人每年共消费60个玉米，剩下来的玉米与其挂在屋檐下，不如由星期五去卖更好。于是，他与星期五签订实物信贷合同，由星期五种玉米、卖玉米，鲁滨逊提供30个玉米作为种子，每年的产出刨除两人消费、作为种子的共计90个玉米外，其余的拿出去销售，累积下来的"钱"作为鲁滨逊的财富，他对星期五则包吃包住。此时，销售价格（通货膨胀）因素就纳入了两个人的考量。在正的通货膨胀率下，资本、产出、投资和消费都呈现递增的凸函数性质。两个人过得心满意足。

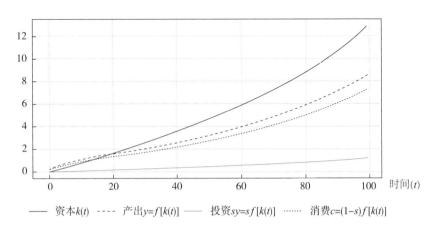

图2-3 鲁滨逊·克鲁索和星期五的民间借贷下的非稳态增长

四、金融中介导致的金融资产快速上升

但是很快,星期五在农闲销售玉米时发现了农民持续面临的问题——通货膨胀还好,但通货紧缩就麻烦了,自身的生产效率没的说,但是随着产出增长,谷贱伤农的老问题出现了。他向鲁滨逊吐苦水,鲁滨逊说:"关键是用于交换的银子就只有这么多啊!"鲁滨逊原是富家子弟,不在乎什么通货紧缩,只要每年轻轻松松有30个玉米消费足矣。星期五则在贸易中开了眼界,说他研发出了抗风、抗盐碱、更高产的生产方式,只要再增加10个玉米的投入,生产效率可以再高1倍,可是鲁滨逊认为,现在的玉米都积压,时机不成熟。

但是,很快传来一个好消息——一家遍布各岛的农村信用社听说存在两个规模化农业示范带头人,在一个偏远小岛上埋头苦干。信用社主任说:"我们应该送金融服务下乡啊!"于是,信用社主任亲自来到小岛,了解了情况后,分别向鲁滨逊营销存款,向星期五营销贷款。存款条件是:鲁滨逊每年150个玉米减掉2个人的消费和种子,还剩60个,按照1根玉米棒子售价1元,他每年可以存款60元,何必以现金形式放在草棚里呢?年利率3%。贷款条件是:星期五可以向信用社贷款,经收入评估,可以贷款50元,按照20%的准备金(农信社主任解释说:这是大洋中央银行的监管要求,都得执行),可以得到40元贷款。此外,信用社负责用贷款购置更好的种子、肥料、农具。星期五可以做自己想要的研发(星期五根本没见到钱),生产效率提升1倍,这意味着40元贷款可以生产300个以上玉米。信用社负责解决农产品销售难问题,合同价为1元一个玉米棒子。

鲁滨逊和星期五有点懵,用了一个晚上计算:鲁滨逊存60元,一年后连本带息得到61.8元。星期五用40元贷款一年可以生产300个玉米,刨除两人吃的60个玉米,还可以变现240元,向信用社还本付息53元,

还剩 197 元。两边一合计，星期五仗义，认为 197 元应该全部给鲁滨逊。鲁滨逊一想，钱是小事，亏待了星期五，他要是给别的岛打工，我还得接着种玉米。

于是，鲁滨逊向星期五约定以后永远这么办："我取 3/4，你拿 1/4。"

一年后，果然达到预期产出，鲁滨逊从银行拿到 1.8 元利息，从星期五那里拿到 150 元，远远高于每年剩余的 60 个玉米棒子的价格，况且他感觉自己什么都没干。星期五则人生第一次获得 47 元现金，激动得一夜无眠。但是，星期五是有理想、有抱负的青年，他以 47 元为本金，继续向信用社贷款，立志把高产玉米种植推向全部岛屿。并且，所有剩余依然按照 3/4 分给鲁滨逊。

信用社则建议两人继续保留存款账户。因为是信用社改变了他们的人生，两人欣然应允，且各自发现存款余额持续增长——纸上富贵也是现实的富贵。

100 年过去了，大洋各岛流传着投资家鲁滨逊的潇洒往事和农业企业家星期五的励志传说。

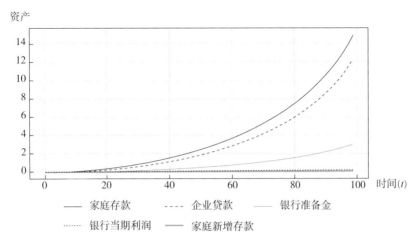

图2-4　金融中介条件下金融资产的级数增长

五、总结：金融中介的两大效率

第一，信用社满足了星期五的创业需要，动员了来自鲁滨逊的社会金融资源。

第二，在整个交易过程中，信用社根本无须使用现金，原始存款来自鲁滨逊，贷款和后续存款也全部来自鲁滨逊和星期五两人，且一切交易以记账转账方式完成。除了鲁滨逊最初的60元存款外，没有现金注入。这就突破了岛屿之间流通中货币不足问题，避免了通货紧缩对生产者的影响。它面临的唯一风险是，有一天鲁滨逊突然期望在家里数现钞，因而提取现金。如果这一非理性的情况不发生，那么信用社的负债（从鲁滨逊那里获得的存款货币）和资产（向星期五提供的贷款）将持续扩张——直到星期五的玉米种遍整个大洋各岛屿。

参考文献

[1] Allen, F., and Gale, D., 1999. *Comparing Financial Systems*, Cambridge: MIT Press.

[2] Ando, A., and Modigliani, F., 1963. "The 'Life-Cycle' Hypothesis of Saving: Aggregate Implications and Tests", *American Economic Review*, 53: 55–84.

[3] Arrow, K. J., 1964. "The Role of Securities in the Optimal Allocation of Risk-bearing", *The Review of Economic Studies*, 31: 91–6.

[4] Baumol, W. J., 1952. "The Transactions Demand for Cash: An Inventory Theoretic Approach", *The Quarterly Journal of Economics*, 66: 545–56.

[5] Benston, G., and Smith, C. W., 1976. "A Transaction Cost Approach to the Theory of Financial Intermediation", *The Journal of Finance*, 31: 215–31.

[6] Bewley, T., 1983. "A Difficulty with the Optimum Quantity of Money", *Econometrica*: 1485–504.

[7] Bolton, P., 2016. "Presidential Address: Debt and Money: Financial Constraints

and Sovereign Finance", *The Journal of Finance*, 71(4): 1483−510.

[8] Bolton, P., and Huang, H., 2018. "The Capital Structure of Nations", *Review of Finance*, 22(1): 45−82.

[9] Brunner, K., and Meltzer, A. H., 1990. "Money Supply", in Friedman, B. M., and Hahn F. H. (eds.), *Handbook of Monetary Economics*, Vol.1, Amsterdam: North-Holland.

[10] Clower, R. W., 1967. "A Reconsideration of the Microfoundations of Monetary Theory", *Western Economic Journal*, 6: 1−8.

[11] Debreu, G., 1959. *Theory of Value*, New York: Wiley.

[12] Fama, E., 1980. "Banking in the Theory of Finance", *Journal of Monetary Economics*, 6 (1): 39−57.

[13] Fischer, S., 1983. "A Framework for Monetary and Banking Analysis", *The Economic Journal*, 93 (Supplement): 1−16.

[14] Friedman, B. M., 1977. "The Inefficiency of Short-run Monetary Aggregates for Monetary Policy", *Brookings Papers on Economic Activity*, 2: 293−335.

[15] Friedman, M., 1956. "The Quantity Theory of Money: A Restatement", in Friedman, M., (ed.), *Studies in the Quantity Theory of Money*, Chicago: University of Chicago Press.

[16] Friedman, M., 1957. *A Theory of Consumption Function*, Princeton: Princeton University Press.

[17] Friedman, M., 1963. *Inflation: Causes and Consequences*, New York: Asian Publishing House.

[18] Gurley, J., and Shaw, E., 1960. *Money in the Theory of Finance*, Washington: Brookings Institution.

[19] Goldfeld, S., and Sichel, D. E., 1990. "The Demand for Money", in Friedman, B. M., and Hahn F. H. (eds.), *Handbook of Monetary Economics*, Vol. I, Amsterdam: North-Holland.

[20] Jaffe, D., 1971. *Credit Ration and Commercial Loan Market*, New York: Wiley.

[21] Jaffe, D., and Modigliani, F., 1969. "A Theory and Test of Credit Rationing", *American Economic Review*, 59: 850−72.

[22] Keynes, J. M., 1923. *A Tract on Monetary Reform*. London: Macmillan.

[23] Keynes, J. M., 1930. *A Treatise on Money*, New York: Harcourt, Brace and Company.

[24] Keynes, J. M., 1936. *The General Theory of Employment, Interest Rate and Money*, London: MacMillan.

[25] Miller, M. H., and Orr, D., 1966. "A Model of the Demand for Money by Firms", *The Quarterly Journal of Economics*, LXXX: 413–35.

[26] Modigliani, F., and Brumberg, R., 1954. "Utility Analysis and the Consumption Function: An Interpretation of Cross-section Data", in Kurihara, K. (ed.), *Post-Keynesian Economics*, Rutgers University Press.

[27] Pesek, B., and Saving, T., 1967. *Money, Wealth and Economic Theory*, New York: Macmillan.

[28] Philip, C. A., 1931. *Bank Credit*, New York: Macmillan.

[29] Shaw, E. S., 1950. *Money, Income and Monetary Policy*, Chicago: R. D. Irwin.

[30] Sidrauski, M., 1967. "Rational Choice and Patterns of Growth in Monetary Economy", *American Economic Review*, 57: 534–44.

[31] Solow, R. M., 1956. "A Contribution to the Theory of Economic Growth", *The Quarterly Journal of Economics*, 70: 65–74.

[32] Stiglitz, J., and Weiss, A., 1981. "Credit Rationing in Markets with Imperfect Information", *American Economic Review*, 71: 393–410.

[33] Stiglitz, J., and Weiss, A., 1983. "Incentive Effects of Termination: Application to the Credit and Labor Markets", *American Economic Review*, 73: 912–27.

[34] Stiglitz, J., and Weiss, A., 1987. "Credit Rationing with Many Borrowers", *American Economic Review*, 77: 228–31.

[35] Swan, T. W., 1956. "Economic Growth and Capital Accumulation", *Economic Record*, 32: 334–61.

[36] Thornton, H., 1965. *An Enquiry into the Nature and Effects of the Paper Credit of Great Britain (1802)*, New York: Kelley.

[37] Tobin, J., 1956. "The Interest Elasticity of Transactions Demand for Cash", *The Review of Economics and Statistics*, 38: 241–47.

[38] Tobin, J., 1958. "Liquidity Preference as a Behavior towards Risk", *The Review of Economics and Statistics*, 25: 65–86.

[39] Tobin, J., 1963. "Commercial Banks as a Creditors of Money", in Horwich, G. (ed.), *Banking and Monetary Studies*, Homewood: Irwin.

[40] Viner, J., 1965. *Studies in the Theory of International Trade (1937)*, New York: Kelley.

[41] Walras, L., 1900. *Elements of Pure Economics*, translated and edited by Jaffe, W., Homewood, Illinois: Irwin.

[42] 威廉·戈兹曼. 千年金融史［M］. 北京：中信出版社，2017.

[43] 明斯基. 稳定不稳定的经济［M］. 北京：清华大学出版社，2015.

[44] 清泷信宏. 货币的本质是罪恶［J］. 比较，2003，6.

第三章
信用中介理论与货币需求的微观基础

> 随着银行体系的发展,所有的闲置货币都流入了银行,银行信用便代替了商业信用。
>
> ——R. Hiferding, *Finance Capital*, 1910

一、引言

　　本章的讨论实际是对货币循环需求侧的分析。第二章与第三章的思想衔接是一个非常"烧脑"的过程。这是因为几乎所有的货币经济理论研究者（当然也包括我们），总是在 Arrow-Debreu 世界与现实世界之间徘徊。第二章（包括附录 A1 所做的虚拟故事性描述）给出的金融中介货币需求函数和家庭部门货币供给函数，基于这样一个现实进行分析——如果家庭部门作出了消费和储蓄最优决策，那么所有的储蓄（在特定制度假定下体现为"现金"）都将追逐一个正的利率，这是因为现金是零回报。于是，我们的货币供给函数在利率—货币存量空间，将呈现为一条完全弹性的直线，或者说，只要利率大于零，则存款货币供给（原始存款）与利率无关。但是，现实世界远比我们想象的更加复杂。作为货币供给者，家庭部门实际上总是在权衡：的确以保留现金（包括 Arrow-Debreu 世界中的实物商品）作为储蓄是愚蠢的，但是，**我为什么不能直接找到合适的投资增值机会，把货币作最优配置？** 在第二章中，我们的假说是：存在两种金融中介，一种是投资中介——投资者的代表，以投资银行（Broker-Dealer）为典型，它代替家庭部门不断搜寻社会的投资机会；另一种是信用中介——融资者的代表，以商业银行（Commercial Banks）为典型，它代替企业家不断搜寻储蓄资金。

由于敏锐地意识到上述差别，Adrian 和 Shin（2011）做了关于美国金融中介相对规模变化的实证研究。为论证金融中介的演变本质，他们发现，自 1985 年至 2010 年，美国的"影子银行"[包括资产支持证券（ABS）的发行者、非银行金融机构和各类融资公司]的总资产增长速度远远高于商业银行（参见图 3-1）。更有意思的是，他们发现，自 1954 年第一季度至 2009 年第三季度，美国的商业银行总资产、居民部门资产和非金融企业部门资产大致都增长了 80 倍，然而在同期，美国的投资银行资产规模扩张了 800 倍（参见图 3-2）。Adrian、Moench 和 Shin（2009）把上述变化定义为金融中介的"风险胃口"（risk appetite of financial intermediaries），从宏观风险溢价（macro risk premium）以及金融危机的角度加以分析判断。

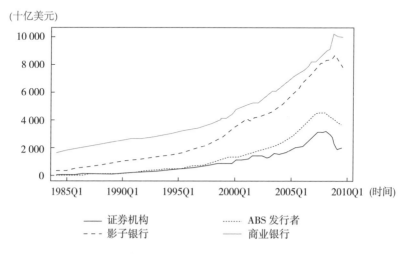

图3-1　美国的证券机构、ABS发行者、影子银行和商业银行总资产

资料来源：Adrian 和 Shin "Financial Intermediaries and Monetary Economics"，2011。

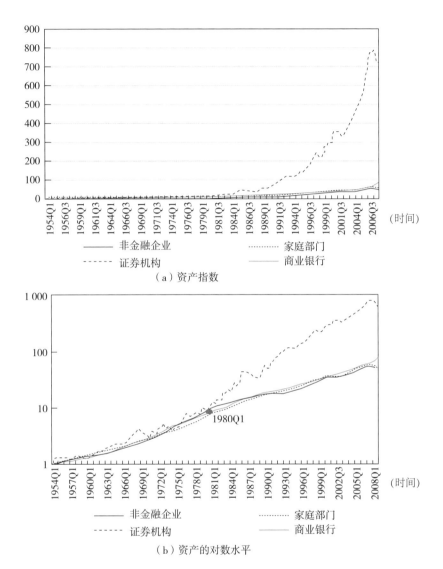

图3-2 美国的证券机构、家庭部门、非金融企业和商业银行总资产增长（1954年第一季度=1）①

资料来源：Adrian 和 Shin，"Financial Intermediaries and Monetary Economics"，2011。

他们的分析代表了近10年来金融中介理论重要的实证性进展。在本

---

① 两图数据来源与表述的本质一致。a图说明了金融市场与实体的"脱离"；b图旨在更清晰展示商业银行总资产与家庭部门、非金融企业部门总资产的高度拟合性。

章，我们的启发和限定性研究聚焦于以下方面。

第一，关于金融中介的限定性研究。我们把金融中介限定在"信用中介"这一狭义范畴，原因在于，恰如 Freixas 和 Rochet（2008）所明确指出的："银行在经济的资本配置中始终扮演着关键性角色"。同时，恰如 Adrian 和 Shin（2011）的实证研究所表明：尽管影子银行在过去 30 年间飞速发展，但恰恰家庭部门、非金融企业部门与银行部门的资产增长几乎保持同步。因此，从真实经济的角度出发，我们仍然需要首先研究银行这一信用中介的功能。

第二，关于货币供求的限定性研究。同样在 Adrian 和 Shin（2011）的研究中，美国以及其他经济体的广义货币 M2 与信用中介总资产保持同步增长，虽然在过去很长时间，"脱媒"（disintermediation）一直吸引着经济学家的目光，但是从货币经济学入手，绕过信用中介而率先研究影子银行显然是本末倒置。恰如 BGG（Bernanke et al., 1999）框架所反映的——信贷约束对非金融部门借款人仍然是绝对重要的，这也就是货币的"面纱"（veil）。毕竟从根本上看，如 Merton（1993: 20）所表述的："一个发展良好且功能运行顺畅的金融体系高效率地动员了家庭部门在整个生命周期中的消费配置，同时也实现了产业部门大部分生产性物质资本的高效率配置。"因此，无论从货币经济学出发，还是从实体经济运行角度看，对信用中介（即商业银行）的研究是首要的任务。在本章中，我们的分析虽然不采用 Curdia 和 Woodford（2009）、Gertler 和 Karadi（2009）等人的新凯恩斯主义 DSGE 模型，但是内在的哲学基础与他们一致，即信用中介作为一个在经济近代化进程中不断演进且始终没有被历史淘汰的制度安排，其内在合理性是需要被揭示的内容。然而，与 Gertler 和 Kiyotaki（2011）立足信用中介对"繁荣—萧条"周期的研究不同，我们试图从更加基础性的视角思考为什么信用中介足以在各个历史阶段始终担纲存款货币需求者的职能。

第三，关于影子银行研究。对影子银行的研究十分重要，由于其往往与金融产品和服务创新相关联，甚至比信用中介更加复杂，但因其涉及金融稳定和宏观审慎管理，我们将在第二卷《货币政策与中央银行》给予系统性研究。直觉上，影子银行与商业银行这样的信用中介存在很大不同——它并不能全部提供 Freixas 和 Rochet（2008：2）所总结的信用中介四大基本职能：提供流动性和支付服务（offering liquidity and payment service）、资产转换（transforming assets）、管理风险（managing risks）和处理信息并监控借款人（processing information and monitoring borrowers）。影子银行一般不具备资产转换和监控功能，在数字金融时代来临前，甚至不具备支付服务功能①。影子银行，特别是ABS+CDO实际上是"逆银行"——原本银行实施了短期存款的长期贷款转换，但ABS做的是把不流动的长期贷款转换为具备高度流动性的资产。因此，影子银行与传统信用中介在本质上的不一致性，增加了整体金融系统的复杂性，我们必须且只能在中央银行政策研究环节中加以考量。

二、基本问题与分析视角：金融中介的吸引力

本章所提出的基本问题是：为什么金融中介能够使家庭放弃现金货币而转化为银行存款货币？或者说，金融中介为什么能够成为合格的货币需求者（而一般企业不行）？这实际上已经为大量的传统理论所证明（见 Freixas 和 Rochet 2008）。显然，从货币经济学角度看，信用是跨期交易的基础。我们试图在本章对这一信任关系给出解构式研究。需要说

---

① 在数字金融时代，PayPal 等第三方支付机构如果不提供贸易融资或小额信贷，不能成为影子银行。Landing Club 等 Pear to Pear 机构属于影子银行，但显然不提供资产的期限转换。

明的是，信用决定了跨期交易，因而信用也是货币交易存在的基础，这是历来的共同认识。因此，本章的观点并不存在典型意义上的理论创新，但我们的目的是使已有的理论认识宏观化，使我们能够更加清晰准确地理解——一切货币交易的本源都是满足实体经济的投融资需求。据此，我们通过构建一个包括家庭、银行和企业家三个主体的三期理论模型，探讨银行信用的基础以及由此决定的货币资金的供需关系。

第一，本章的侧重点在分析底层信用与宏观货币存量的连接点。恰如我们在第一章已经做的定义——货币制度是现实存在的制度约定，因而讨论流通中现金的存在性并不能提起我们的研究兴趣。真正有价值的问题在于，在给定这一制度的前提下，货币为什么能够扩张？我们认为是信用。信用决定了跨期交易的可能性，也决定了产出与货币增量之间的现实关联。那么，为什么家庭和企业都乐意使金融中介成为两者的桥梁？在 Arrow-Debreu 的范式中，基于完备经济或完全市场的假设，货币因而没有存在的基础，经济中也不需要银行。现实世界中总是存在各种各样的摩擦，人们具有持有货币的需求，或完全持有货币，或将其存入银行与银行的存款货币进行交换以获得无风险的存款利率，或将其借给需要资金的借款人以获得更高的预期利率并承担可能发生的违约风险。当货币持有人将其直接借给需要资金的借款人时，经济中货币的供需关系本质上是由商业信用所主导；当货币持有人将资金存入银行，并由银行将其提供给需要资金的借款人时，经济中货币的供需关系则是由银行信用所主导。随着经济金融的发展，特别是银行体系的发展，更多的货币流入银行，即银行信用对商业信用的代替。换言之，当银行信用取代商业信用，我们几乎可以肯定，一个似乎更有效率的代表性货币需求主体形成了——银行信用可以看作商业信用的加总，实际上，我们在讨论货币存量、银行信贷乃至货币政策目标等关键性变量时，在认识上也往往"先验"地认同这一假定。

尽管银行是货币的需求者,银行能获得社会中的货币的量则是由银行信用及其发展程度所决定的。在银行发展程度较低的历史时期,以及当前金融发展水平较低的发展中国家,家庭(或不同类型的货币持有者)并不是将资金完全提供给银行。在银行无法获得外部资金的金融发展的早期,银行与家庭分别单独向企业家提供资金,这即是由商业信用模式主导的货币均衡[见图3-3(a)],此时的银行还不能称为银行,银行和家庭本质上都是资金充裕的商人(Marshall 1923)。随着银行体系的发展,银行可以向社会获得货币资金,但银行体系的发展程度使得银行体系本身不足以完全吸收整个社会的资金,即银行信用无法完全主导商业信用,此时即商业信用与银行信用共存的时代[见图3-3(b)]。随着银行体系的完善,金融发展进入到更高水平,银行配置资金的效率足够高且银行资本足够充足,这就使得银行可以完全吸收整个经济体系中的货币,资金配置就进入了完全由银行信用主导的时代。

(a)商业信用模式　　(b)商业信用与银行信用共存模式　　(c)银行信用模式
图3-3　信用模式与货币资金流向

鉴于该问题的基础性,本章构建一个包括家庭、银行和企业家三个主体的三期理论模型,探讨中介信用的现实基础以及由此决定的货币资金的供需关系。基于本章的模型和分析,我们提出银行信用的基础是信息优势,当借款人违约时具有隐藏真实收入的道德风险,可以比其他类型的贷款人以更低的成本审查借款人的资金流。宏观经济理论中的银行模型主要通过引入市场分割的假设，比如根据 Gertler 和 Kiyotaki（2011，2015）等的研究，银行获得货币资金的基础并非源自银行信用，而是家庭没有投资机会而只有将货币资金借给银行，银行信用与货币供给之间的内在联系则被弱化。如果放弃市场分割假设，如 Gertler 和 Kiyotaki（2011，2015）等宏观模型，那么银行本质上是一个借款人，其获得资金的信用基础仍然是商业信用而非银行信用。

第二，本章首次将信息摩擦与银行资本放在一个统一的框架中来探讨银行信用对于银行获得存款货币的基础作用。已有的银行（金融中介）理论模型主要侧重在信息摩擦或银行资本单方面的作用，比如 Williamson（1986，1987）、Bernanke 和 Gertler（1989）、Bernanke、Gertler 和 Gilchrist（BGG 1999）等研究主要强调信息摩擦的影响，Gertler 和 Kiyotaki（2011）、Adrian 和 Shin（2011）以及 He 和 Krishnamurthy（2012，2013）主要强调银行（金融中介）资本的作用。并且这些理论模型假设金融市场存在分割，持有货币的家庭与需要信贷的企业家之间不能直接交易，这就必然产生了对金融中介的需求，银行存在的基础是市场分割而不是经济发展本身。本章放宽市场分割这一假设，在更一般的条件下探讨了银行作为资金的中介是市场自发选择与经济发展的结果这一问题。

第三，本章归纳了信用中介的基本支柱：信息优势决定了金融中介具备加总商业信用的能力。Farhi 和 Tirole（2017）提出了传统银行业的四个支柱：中小企业贷款发放（SME lending）、被保险的存款吸收（insured deposit taking）、获得最后贷款人的机会（access to lender of last resort）和审慎监管（prudential supervision）。Farhi 和 Tirole（2017）主要侧重在整个银行体系，本章侧重在单个银行的信用基础。本章强调了交叉补贴对银行的作用。区别于非银行金融机构，银行可以通过交叉补贴来分散风险。与 Koeppl 和 MacGee（2009）不同的是，我们并没有考虑存款人面临的流动性风险,这就有效避免了公众以持有现金形式对银行存款的替代。

第四,本章提出了风险贷款的夏普比(Sharpe Ratio)并探讨其对风险贷款定价的影响[①]。夏普比主要出现在资产定价的文献里,在理论和实证研究中成为股票这类风险资产的定价因子(Pricing Factor),几乎没有文献讨论基于夏普比的风险贷款定价问题。然而,已有的宏观文献忽略了风险贷款的夏普比这一定价因子。比如,在 BGG(Bernanke、Gertler 和 Gilchrist,1999)的金融加速器模型中,由于银行贷款是企业家唯一的外部融资来源,银行风险中性的偏好设定使得贷款的夏普比值的大小不影响贷款的定价。

三、信用与货币的基准模型

我们构建一个小型开放经济体下包括企业家、银行和家庭的三期模型,时间 $t = 0,1,2$。在第 0 期时,家庭获得商品禀赋 y,企业家获得自有资金 N,银行获得自有资金 N^b。在第 1 期,世界商品市场开放,家庭可以消费余下部分的商品 $y-c$ 在世界市场卖出;企业家拥有将 1 单位可消费品转化为 1 单位投资品的生产技术,可以通过自有资金和外部融资在市场上买入商品,在第 2 期将生产的产品卖出获得货币收入,并以此偿付外部融资产生的债务。商品的价格由整个世界市场的均衡所决定,可以将第 1 期的价格标准化为 1,那么家庭卖出商品得到货币收入 $m = y - c$。为了平滑消费,家庭要在第 1 期的消费和储蓄之间进行分配,储蓄有两种工具:一是与直接债务融资相关:家庭作为贷款人直接将货

[①] 尽管这不是本章分析的重点,但未来考虑信贷风险的宏观金融模型不能忽略这一重要变量。

币收入借给企业家，家庭与企业家之间的借贷关系本质上是一种商业信用；二是与间接债务融资相关：家庭作为存款人将货币借给银行，即家庭向银行提供货币。因此，家庭可以将货币提供给银行或企业家，同时分别获得银行发行的存款凭证和企业家发行的债务凭证。银行在第 2 期偿付家庭存款的本息，家庭用两种类型的储蓄收入来支持第 2 期的消费。

银行将自有资金与家庭的存款全部贷给企业家，即银行作为金融中介通过资金杠杆同时构成与家庭之间的借贷关系与企业家之间的借贷关系，这种借贷关系的本质即为银行信用。在第一种储蓄工具下，如果没有中央银行注入货币，则货币存量将保持恒定——货币仅仅在家庭和企业家之间流转。在第二种储蓄工具下，即使不存在中央银行，基于"存款—贷款—转账支付—新增存款货币"机制，货币存量处于持续增长状态。在本章，我们进入以下根本问题的研究——商业银行作为信用中介的基本功能如何得以有效实施。

（一）企业家、信贷需求与状态审查

企业家的资产负债表为：

$$K = N + B^h + B^b. \tag{3-1}$$

其中，N 为企业的自有资金，K 为企业的投资，B^h 和 B^b 分别为向家庭和金融中介获得的融资。家庭和金融中介事前（ex-ante）向企业家提供的贷款的毛利率（gross interest rate）分别为 Z^h 和 Z^b，由于企业家分别与家庭和金融中介签订贷款合约，那么贷款利率并不必然相等。均衡时即使有 $Z^h \neq Z^b$，即贷款利率的一价定律不成立，原因并不在于市场分割，而是信贷供给存在约束，即家庭和金融中介无法单独满足企业家的融资需求。如果不存在信贷的供给约束，那么企业家总是会选择向资金更便宜的贷款人获得资金，那么均衡时将只存在一类贷款人向企业家

提供资金。

企业家投资的实际收益为 ωR^k，R^k 为确定的收益水平[①]，$\omega \in [\omega_{\min}, \omega_{\max}]$ 为随机变量即影响投资收益的风险因子，且累积分布函数为 $F(\omega)$，并且满足 $\mathbb{E}(\omega) = 1$。因此，企业家投资获得的预期（Expected）收入为 $R^k K$，但实现的（Realized）收入则为 $\omega R^k K$。企业家需要向贷款人支付的资金成本为 $Z^h B^h + Z^b B^b$，由于有限责任（limited liability）的约束，企业家只承担有限责任，那么在实现的收入 $\omega R^k K < Z^h B^h + Z^b B^b$ 时，其收入不足以偿付贷款人并将发生违约，贷款人由此承担信贷风险。因此，存在 ω^* 使 $\omega^* R^k K = Z^h B^h + Z^b B^b$ 成立，企业家将来是否违约则取决于变量 ω 的状态：当 $\omega < \omega^*$ 时，企业家违约；当 $\omega^* \leq \omega \leq \omega_{\max}$ 时，企业家完全偿付贷款。

当企业家违约时，贷款人按照出资比例对企业家的资产收入进行清偿。当不存在信息摩擦时，单位贷款获得的收入为 $\omega R^k K / B$，其中，$B = B^h + B^b$。那么家庭获得的收入为 $B^h (\omega R^k K / B)$，金融中介获得的收入为 $B^b (\omega R^k K / B)$。事实上，由于存在信息不对称，企业家在违约时有隐瞒真实状态的动机，比如企业家投资收入的状态为 ω' 且 $\omega' < \omega^*$ 时，企业家通过将其真实状态谎报为一个更差的状态 ω''，即 $\omega'' < \omega'$，如果贷款人相信，那么企业家即使在违约时仍然可以获得的收入为 $(\omega' - \omega'') R^k K$。正是由于存在企业家说谎的道德风险，贷款人在企业家违约时不会相信其报告的收入状态，而要对其真实状态进行有成本的状态审查（Costly State Verification，CSV），由此产生信息成本（BGG 1999），该成本也称为代理成本（agency cost）。参照 Carlstrom 和 Fuerst

---

[①] 由于第 2 期的产品价格由世界市场所决定，因此本章的模型不需要讨论通胀水平的决定，并为了节省变量，所有收益和利率变量均是实际值而非名义值。

（1997）和 BGG 的研究，假设单位贷款产生的状态审查成本与贷款收入呈线性比例，即为 $(1-\mu^j)(\omega R^k K / B)$，$j=h,b$。金融中介与家庭的信息成本是有差异的，由于金融中介具有更专业的能力，那么有 $\mu^b < \mu^h$，且 μ^b 相对于 μ^h 越小代表银行的信息优势越大。金融中介并不会免费将信息分享给家庭，家庭不能搭便车。家庭可以选择将状态审查工作委托给更专业的金融中介来处理，由于金融中介也存在隐瞒信息的道德风险，由此产生更昂贵的代理成本，那么家庭不会将状态审查工作委托给金融中介。因此，尽管金融中介有信息处理方面的优势，家庭和金融中介都会对违约的企业家独立开展状态审查工作。

家庭和金融中介每单位贷款要求的无风险收益分别为 R^h 和 R^b，那么两类贷款人的参与约束分别为：

$$\left[1-F(\omega^*)\right]Z^b B^b + (1-\mu^b)G(\omega^*)R^k K \frac{B^b}{B^h+B^b} = R^b B^b . \quad (3-2)$$

$$\left[1-F(\omega^*)\right]Z^h B^h + (1-\mu^h)G(\omega^*)R^k K \frac{B^h}{B^h+B^b} = R^h B^h . \quad (3-3)$$

其中，$G(\omega^*) = \int_{\omega_{\min}}^{\omega^*} \omega \, dF(\omega)$。将 $\omega^* R^k K = Z^h B^h + Z^b B^b$ 代入参与约束并将 Z^h 和 Z^b 消去后可以得到企业家的融资约束条件如下：

$$\left[\Psi(\omega^*) - \mu^b G(\omega^*)\right]R^k K - (\mu^h - \mu^b)G(\omega^*)R^k K \frac{B^h}{B^h+B^b} = R^b B^b + R^h B^h . \quad (3-4)$$

其中，$\Psi(\omega^*) = \left[1-F(\omega^*)\right]\omega^* + G(\omega^*)$。

企业家的预期利润为：

$$\Pi^e = \int_{\omega^*}^{\omega_{\max}} (\omega R^k K - Z^h B^h - Z^b B^b) \, dF(\omega) = \left[1-\Psi(\omega^*)\right]R^k (N + B^h + B^b). \quad (3-5)$$

因此，企业家的优化问题为：选择 $\{\omega^*, B^h, B^b\}$ 最大化 Π^e，并约束于融资约束条件。通过构建拉格朗日函数分别对 $\{\omega^*, B^h, B^b\}$ 求导并消去拉格朗日乘子得到紧凑的一阶条件如下：

$$R^b - R^h = (\mu^h - \mu^b) G(\omega^*) \frac{N + B^h + B^b}{B^h + B^b} R^k . \quad (3-6)$$

$$\frac{\Psi'(\omega^*)}{1-\Psi(\omega^*)} = \frac{\Psi'(\omega^*) - \mu^b G'(\omega^*) - (\mu^h - \mu^b) G'(\omega^*) \frac{B^h}{B^h + B^b}}{\frac{R^b}{R^k} - \left[\Psi(\omega^*) - \mu^b G(\omega^*) + (\mu^h - \mu^b) G(\omega^*) \frac{B^h}{B^h + B^b} \right] \frac{N}{B^h + B^b}} .$$

$$(3-7)$$

由于 $\mu^h > \mu^b$，银行向企业家提供贷款的预期收益总是要高于家庭获得的预期收益。企业家的一阶条件显示，影响企业家决策的是 $\mu^h - \mu^b$ 而不是 μ^h 的绝对水平。因此，我们直接假设 $\mu^h = 1$，那么仅通过分析 μ^b 的变化就可以得到模型的主要性质，这也意味着如果家庭向企业家提供了贷款，那么家庭在企业家违约时的贷款收入为零。

（二）银行与存款货币需求

银行的资产负债表为：

$$B^b = N^b + d . \quad (3-8)$$

其中，B^b 为银行向企业家提供的贷款，B^b 为银行的自有资金即银行资本，d 为银行获得的家庭存款。银行在第2期实现的利润为：

$$\tilde{\Pi}^b = \tilde{R}^b B^b - Rd . \quad (3-9)$$

其中，R 为存款的毛利率，$\tilde{R}^b$ 是贷款的风险利率，即 $\tilde{R}^b$ 是一个随机变量且取决于借款人的状态，由前面的分析可知：

$$\tilde{R}^b = \begin{cases} Z^b, & \omega \geq \omega^* \\ (1-\mu^b) \omega R^k K / B, & \omega < \omega^* \end{cases} . \quad (3-10)$$

与受到有限责任约束的企业家不同，银行面临着流动性约束（或者称偿付约束），即在银行资产流动性最差或信用风险最高的时候仍然能够保证偿付存款人的本息——这保证或基本保证了家庭部门的流动性。家庭部门很容易感受到，向银行提供存款货币与持有现金在流动性上不存在根本区别（当然持有存款还能获得利息收入）。流动性约束条件下的支付是一项关键性中介技术——存款准备金和超额准备金（备付金）在宏观意义上当然限制了货币无限扩张，在微观意义上确保了流动性提供和支付服务。在现代货币经济领域，除了在资产选择意义上的产品设计，相当一部分金融创新实际上是流动性管理，如储蓄账户与银行卡支付的关联、存在付款人与交货人信息不对称或风险状态下的信用证、保证金账户等。参照 Adrian 和 Shin（2011）等研究的设定，银行的流动性约束等价于约束条件 $\tilde{\Pi}^b \geq 0$。由于银行利润是关于企业投资收益状态 ω 的函数，那么流动性约束条件进一步等价于以下约束条件：

$$(1-\mu^b)\omega_{\min} R^k K \geq Rd . \tag{3-11}$$

将 $K = N + B^h + B^b$ 代入后，可以将流动性约束写为等价的融资约束如下：

$$d \leq f(d) . \tag{3-12}$$

其中，$f(d) = \mu^\omega \dfrac{R^k}{R}(N + B^h + N^b + d)\left(\dfrac{N^b + d}{B^h + N^b + d}\right)$，$\mu^\omega = (1-\mu^b)\omega_{\min}$。

函数 $f(d)$ 对 d 的一阶和二阶导数分别为：

$$f'(d) = \mu^\omega \dfrac{R^k}{R}\left[1 + \dfrac{NB^h}{(B^h + N^b + d)^2}\right] > 0 ,$$

$$f''(d) = -\dfrac{2\mu^\omega R^k NB^h}{R(B^h + N^b + d)^3} < 0 .$$

因此，银行的融资约束进一步的等价形式为：

$$d \leq \bar{d} . \tag{3-13}$$

其中，$\bar{d}$ 由方程 $\bar{d} = f(\bar{d})$ 所决定（见图 3-4）。

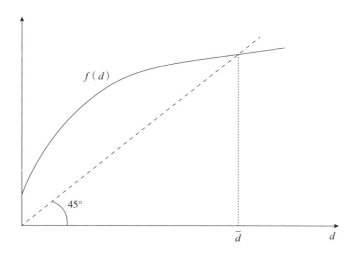

图3-4 银行的融资约束

当 $N^b = 0$ 时，由（3-12）式解得 $\bar{d} = \max\left\{0, \dfrac{\mu^\omega R^k(N+B^h) - RB^h}{R - \mu^\omega R^k}\right\}$；当 $N^b > 0$ 时，有 $f(0) > 0$，那么此时必然有 $\bar{d} > 0$，并且由 $\bar{d} = f(\bar{d})$ 可得关于 $\bar{d}$ 的二次函数如下：

$$\bar{d}^2 + \frac{R(B^h + N^b) - \mu^\omega R^k(N + B^h + 2N^b)}{R - \mu^\omega R^k}\bar{d} - \frac{\mu^\omega R^k}{R - \mu^\omega R^k}(N + B^h + N^b)N^b = 0.$$

最终得到：

$$\bar{d} = \begin{cases} \max\left\{0, \dfrac{\mu^\omega R^k(N+B^h) - RB^h}{R - \mu^\omega R^k}\right\}, & N^b = 0 \\ \dfrac{-\Theta + \sqrt{\Theta^2 + 4(R - \mu^\omega R^k)\mu^\omega R^k(N + B^h + N^b)N^b}}{2(R - \mu^\omega R^k)}, & N^b > 0 \end{cases} \quad (3-14)$$

其中，$\Theta = R(B^h + N^b) - \mu^\omega R^k(N + B^h + 2N^b)$。由（3-14）式可知，$\bar{d}$ 是关于 N^b 的增函数，即更多的银行资本可以使银行获得更多的存款。

银行的预期利润为 $\Pi^b = \mathbb{E}(\tilde{\Pi}^b) = R^b B^b - Rd = (R^b - R)d + R^b N^b$。假设银行是风险中性的，这与大多数的文献假设一样，那么银行的优化问

题则为选择存款 d 最大预期利润 Π^b，并约束于融资约束条件，可以得到一阶条件如下：

$$R^b = R + \lambda . \quad (3-15)$$

互补松弛条件为：

$$\lambda(\bar{d} - d) = 0 . \quad (3-16)$$

其中，λ 为融资约束的乘子。可以将银行决策的一阶条件写成更为紧凑的形式如下：

$$(R^b - R)(\bar{d} - d) = 0 . \quad (3-17)$$

当 $\lambda > 0$ 时，银行的融资约束为紧约束，此时有 $R^b - R > 0$ 且 $d = \bar{d}$，这表明商业信用存在的基础正是由于银行信用的不足。当 $\lambda = 0$ 时，银行的融资约束为松约束，此时有 $R^b = R$ 且 $d < \bar{d}$。

（三）家庭与货币资金配置

家庭的效用函数为：

$$U = \ln c + \beta \mathbb{E}(\ln C) . \quad (3-18)$$

其中，c 和 C 分别代表第 1 期和第 2 期的消费。

家庭的预算约束为：

$$c = y - d - B^h . \quad (3-19)$$

$$C = Rd + \tilde{R}^h B^h + W . \quad (3-20)$$

其中，y 为第 1 期获得的商品禀赋，$d + B^h = m$ 为家庭卖出消费后的商品禀赋获得的货币收入，d 和 R 分别表示存款和利率，W 为第 2 期可用于消费的商品禀赋。另外，$\tilde{R}^h$ 为家庭向企业家提供的贷款的风险利率，由前面的分析可知：

$$\tilde{R}^h = \begin{cases} Z^h, & \omega \geq \omega^* \\ (1 - \mu^h) \omega R^k K / B, & \omega < \omega^* \end{cases} . \quad (3-21)$$

结合本章的假设条件 $\mu^h = 1$，可以得到家庭的单位贷款的预期收益和风险分别为：

$$R^h = \mathbb{E}(\tilde{R}^h) = \left[1 - F(\omega^*)\right] Z^h . \tag{3-22}$$

$$\mathrm{var}(\tilde{R}^h) = \mathbb{E}\left[(\tilde{R}^h)^2\right] - \mathbb{E}^2(\tilde{R}^h) = F(\omega^*)\left[1 - F(\omega^*)\right](Z^h)^2 = \frac{F(\omega^*)}{1-F(\omega^*)}(R^h)^2 . \tag{3-23}$$

家庭消费—储蓄决策和货币资金组合决策的欧拉方程为：

$$c^{-1} = \beta R \mathbb{E}(C^{-1}) . \tag{3-24}$$

$$c^{-1} = \beta \mathbb{E}(\tilde{R}^h C^{-1}) . \tag{3-25}$$

结合预算约束可得：

$$\mathbb{E}\left(\frac{R}{Rd + \tilde{R}^h B^h + W}\right) = \frac{1}{\beta(y - d - B^h)} . \tag{3-26}$$

$$\mathbb{E}\left(\frac{\tilde{R}^h}{Rd + \tilde{R}^h B^h + W}\right) = \frac{1}{\beta(y - d - B^h)} . \tag{3-27}$$

分别将 d 和 W 乘以式（3-26）可得：$\mathbb{E}\left(\dfrac{Rd}{Rd + \tilde{R}^h B^h + W}\right) = \dfrac{d}{\beta(y - d - B^h)}$ 和 $\mathbb{E}\left(\dfrac{W}{Rd + \tilde{R}^h B^h + W}\right) = \dfrac{1}{R}\dfrac{W}{\beta(y - d - B^h)}$；将 B^h 乘以式（3-27）可得：

$\mathbb{E}\left(\dfrac{\tilde{R}^h B^h}{Rd + \tilde{R}^h B^h + W}\right) = \dfrac{B^h}{\beta(y - d - B^h)}$。将以上三个等式两边相加可得：

$$\frac{d}{\beta(y - d - B^h)} + \frac{1}{R}\frac{W}{\beta(y - d - B^h)} + \frac{B^h}{\beta(y - d - B^h)} = 1 . \tag{3-28}$$

由此解得家庭的储蓄函数为：

$$d + B^h = \frac{\beta y - W/R}{1 + \beta} . \tag{3-29}$$

由此可见，存款利率 R 越高，家庭的总储蓄水平越高；家庭未来的

收入 W 越高，家庭的总储蓄水平越低。将其代入欧拉方程可得关于信贷供给 B^h 的政策函数（Policy Function）为：

$$\mathbb{E}\left[\frac{\beta(Ry+W)}{\beta(Ry+W)+(1+\beta)(\tilde{R}^h-R)B^h}\right]=1 \ . \quad (3-30)$$

由于 $\tilde{R}^h$ 是随机变量，通过二阶泰勒公式展开可得：

$$\frac{\beta(Ry+W)}{\beta(Ry+W)+(1+\beta)(R^h-R)B^h}+\frac{\beta(Ry+W)\left[(1+\beta)B^h\right]^2}{\left[\beta(Ry+W)+(1+\beta)(R^h-R)B^h\right]^3}\mathrm{var}(\tilde{R}^h)=1 \ .$$

$$(3-31)$$

从而得到家庭关于 B^h 的政策函数如下：

$$\beta(1+\beta)(Ry+W)\mathrm{var}(\tilde{R}^h)B^h=(R^h-R)\left[\beta(Ry+W)+(1+\beta)(R^h-R)B^h\right]^2 \ .$$

$$(3-32)$$

由于存在约束 $B^h \geq 0$，即不可能存在 $B^h < 0$，那么也不可能有 $R^h < R$，即风险贷款的无风险利率（即预期收益）不能低于无风险的存款利率。因此，只存在 $R^h = R$ 和 $R^h > R$ 这两种结果。由于家庭向企业家提供的贷款需要承担信用风险，那么只有在 $R^h > R$ 时，家庭才能获得补偿其风险承担的超额收益，否则家庭没有激励向企业家提供贷款。因此，家庭关于 B^h 的政策函数正好也显示，当 $R^h = R$ 时，此时有 $B^h = 0$。当 $R^h > R$ 时，此时有 $B^h > 0$，可以将 B^h 的政策函数写为二次函数的形式如下：

$$\left(B^h\right)^2-\frac{\beta(Ry+W)}{(1+\beta)(R^h-R)}\left(\frac{1}{SR^2}-2\right)B^h+\left[\frac{\beta(Ry+W)}{(1+\beta)(R^h-R)}\right]^2=0 \ . \quad (3-33)$$

其中，$SR=\dfrac{R^h-R}{\sqrt{\mathrm{var}(\tilde{R}^h)}}=\sqrt{\dfrac{1-F(\omega^*)}{F(\omega^*)}}\dfrac{R^h-R}{R^h}>0$ 为家庭贷款的夏普比

（Sharpe Ratio）。由于企业家获得贷款后存在违约的风险，因此家庭向企业家提供的贷款是一种风险资产。同时，由于银行资本承担了银行贷款收益的风险，银行存款对家庭而言是一种无风险资产。因此，家庭在银行存款和企业家贷款之间的投资组合决策就是一个资产定价文献里的资产组合决策的标准问题。当贷款的违约率 $F(\omega^*)$ 和预期收益 R^h 给定时，银行存款利率 R 越低，那么家庭贷款的风险溢价 $R^h - R$ 越大，夏普比值越高，由此家庭向企业家提供贷款较之银行存款对家庭而言更具有吸引力。

当 $SR > \sqrt{1/2}$ 时，由 B^h 的二次函数的性质可知，B^h 的两个解均为负值，并不在有效范围内。当 $SR < \sqrt{1/2}$ 时，解得：

$$B^h = \frac{\beta(Ry+W)}{2(1+\beta)(R^h-R)}\left[\frac{1}{SR^2} - 2 \pm \sqrt{\left(\frac{1}{SR^2}-2\right)^2 - 4}\right].$$

此时 B^h 存在多重均衡。我们需要检验两个均衡是否都是有效的。一个最简单有效的检验标准是由 $\frac{\partial B^h}{\partial \text{var}(\tilde{R}^h)}$ 的符号来判定。当存款利率 R 给定时，贷款收益的风险越大，那么银行存款对家庭更有吸引力，家庭将增加银行存款并同时减少向企业家提供的贷款，那么必然有 $\frac{\partial B^h}{\partial \text{var}(\tilde{R}^h)} < 0$，由此可以排除 $\frac{\partial B^h}{\partial \text{var}(\tilde{R}^h)} > 0$ 所对应的 B^h 的均衡。当 $B^h = \frac{\beta(Ry+W)}{2(1+\beta)(R^h-R)}\left[\frac{1}{SR^2} - 2 + \sqrt{\left(\frac{1}{SR^2}-2\right)^2 - 4}\right]$ 时，此时有 $\frac{\partial B^h}{\partial \text{var}(\tilde{R}^h)} > 0$，该均衡无效。当 $B^h = \frac{\beta(Ry+W)}{2(1+\beta)(R^h-R)}\left[\frac{1}{SR^2} - 2 - \sqrt{\left(\frac{1}{SR^2}-2\right)^2 - 4}\right]$ 时，此时有 $\frac{\partial B^h}{\partial \text{var}(\tilde{R}^h)} < 0$，该均衡有效。

综合以上分析，可以得到家庭直接向企业家提供融资的政策函数为：

$$B^h = \begin{cases} 0, & R^h = R \\ \dfrac{\beta(Ry+W)}{2(1+\beta)(R^h-R)}\left[\dfrac{1}{SR^2}-2-\sqrt{\left(\dfrac{1}{SR^2}-2\right)^2-4}\right], & R^h > R \end{cases} \quad (3-34)$$

（四）均衡

通过前面部分的分析，可以得知关于内生变量 $\{K, B^h, B^b, R, R^b, R^h, d, \omega^*\}$ 的均衡由（3-1）、（3-4）、（3-6）、（3-7）、（3-8）、（3-17）、（3-29）和（3-34）这8个方程所构成的非线性方程组共同决定。另外，由（3-29）式可得家庭的储蓄率为 $\dfrac{d+B^h}{y} = \dfrac{\beta y - W/R}{(1+\beta)y}$，即储蓄率是关于存款利率 R 的增函数。

四、传统金融中介理论的需求侧版本：信息优势与信用中介理论

（一）信息优势没有改变借款人信用，是商业信用的延伸

银行信用在数量上表现为融资约束条件 $\bar{d}$ 的大小，即银行能够获得多少家庭的存款货币。或者说，银行信用决定了银行与家庭之间货币供需的均衡。由银行的融资约束条件可知，代表银行信用的 $\bar{d}$ 是关于银行信息优势 μ^b 和银行资本 N^b 的函数。当 $\mu^b = 1$ 或 $N^b = 0$ 时，均有 $\bar{d} = 0$，这两种情景下银行都无法获得家庭的货币资金。具体而言，可以进一步细分为以下几种情景：第一，当 $\mu^b = 1$ 且 $N^b = 0$ 时，由于银行没有自有资金，此时家庭是向企业家提供资金的唯一的贷款人；第二，当 $\mu^b = 1$ 且 $N^b > 0$ 时，尽管银行有自有资金，由于银行无

法获得家庭的存款资金,此时的银行本质上是向企业家提供资金的商人,本质上与家庭没有根本的差异;第三,当 $\mu^b < 1$ 且 $N^b = 0$ 时,此时有 $\bar{d} = \max\left\{0, \dfrac{\mu^\omega R^k(N+B^h)-RB^h}{R-\mu^\omega R^k}\right\}$,这意味着当 $\mu^b < \bar{\mu}^b$ 时,其中 $\bar{\mu}^b = 1 - \dfrac{RB^h}{\omega_{\min}R^k(N+B^h)}$,那么有 $\bar{d} > 0$,也就是说银行的信息优势足够大时,即使银行没有自有资金,仍然可以获得家庭的货币资金。

因此,当一个具有信息优势且没有自有资金的中介成立时,即 $\mu^b < \bar{\mu}^b$ 且 $N^b = 0$ 时,该中介尽管能够将一部分家庭货币转借给企业,但所借凭的依然是商业信用。直到该中介拥有自有资金并将其形成银行的资本时,这时银行资本就能够凭借撬动更多的家庭资金,形成更大的储蓄动员能力。

(二)信用中介定理的导出:银行信息优势的作用在于有效配置社会融资

为了更好地理解银行信息优势的作用,有必要分析和讨论当 $N^b = 0$ 且 $\mu^b < \bar{\mu}^b$ 时的货币均衡,此时的银行只是纯信息中介,可以凭借其信息优势为家庭提供无风险利率。由于无法直接得到模型的解析解,本章通过借助数量方法进行数值模拟来更好地理解模型的性质。为了便于计算,将 ω 的分布形式设为均匀分布,分布区间为 $[1-\sigma_\omega, 1+\sigma_\omega]$,其中 $0 < \sigma_\omega < 1$,即 $\omega_{\min} = 1-\sigma_\omega$ 且 $\omega_{\max} = 1+\sigma_\omega$,累积分布函数为 $F(\omega) = \dfrac{\omega + \sigma_\omega - 1}{2\sigma_\omega}$。那么企业家的违约率 $F(\omega^*) = \dfrac{\omega^* + \sigma_\omega - 1}{2\sigma_\omega}$ 随着 ω^* 的增加而上升。同时可以得到计算时需要用到的如下函数:

$$G(\omega^*) = \dfrac{1}{4\sigma_\omega}\left[(\omega^*)^2 - (1-\sigma_\omega)^2\right], \quad G'(\omega^*) = \dfrac{\omega^*}{2\sigma_\omega}. \quad (3-35)$$

$$\Psi\left(\omega^{*}\right)=\frac{1}{4\sigma_{\omega}}\left[2\left(1+\sigma_{\omega}\right)\omega^{*}-\left(\omega^{*}\right)^{2}-\left(1-\sigma_{\omega}\right)^{2}\right],\ \Psi'\left(\omega^{*}\right)=\frac{1+\sigma_{\omega}-\omega^{*}}{2\sigma_{\omega}}.$$

(3-36)

另外，相关的参数值由表 3-1 给出。需要说明的是，模型中用于计算的参数取值是为了更好地理解模型的性质，而并非与特定经济体的数据完全相匹配。由于银行资本 $N^b=0$，银行的融资约束总是紧约束，均衡时总是有 $d=\bar{d}$ 且 $R^b>R$。

表3-1 参数的基准值

参数	β	y	W	σ_{ω}	R^k	N
取值	0.95	3	0.1	0.5	1.2	1

银行信息优势直接由参数 μ^b 所刻画，μ^b 越小代表银行的信息优势越大。我们模拟 μ^b 的取值在 0—0.05 之间对经济均衡的影响，模拟结果由图 3-5 给出。

结果显示，银行获得的家庭货币资金 d 随着 μ^b 增加而减小，银行向企业家提供的资金 B^b 也随之收缩，这对商业信用的均衡带来了两方面的影响：资金需求侧，企业家由于银行信用的收缩而需要增加向家庭的借款，这主导了均衡时 B^h 的增加；资金供给侧，家庭的储蓄更多需要向企业家提供借款才能够得到实现，这主导了均衡时 R^h 的下降。同时，由于企业家对家庭的资金 B^h 需求增加，需要提供相对更高的利率才能吸引到家庭资金的增加，这使得利差 R^h-R 扩大。因此，均衡时的夏普比值最终由于利差 R^h-R 扩大而相应增加。另外，由于家庭的储蓄率是关于存款利率的增函数，存款利率的下降也导致家庭储蓄率的降低。反之，随着 μ^b 的减小，由信息优势所主导的银行信用水平提升，银行获得家庭的货币资金也随之增加，企业家也随之获得更多的银行贷款。

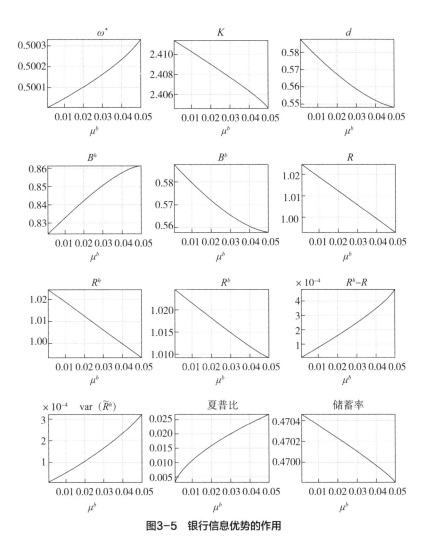

图3-5 银行信息优势的作用

通过模拟结果我们可以发现：当企业家的信贷更多来自家庭即更依赖于商业信用时，企业家的投资水平相对更低；当企业家的信贷更多来自银行即更依赖于银行信用时，企业家的投资水平相对更高。值得说明的是，银行信用的出现使社会融资效率提升，其与商业信用的差别仅仅在于银行中介更好地沟通了家庭金融资源和企业家融资需求。我们的这一观点并不具备创新意义——所有关于金融中介作用的研究都承认这一点，我们也不例外。

定理（T3.1 信用中介的货币均衡定理）：信用中介依据其对借款人的信息优势，实现了更高效率的社会融资配置与货币均衡。银行信用是商业信用的加总，不独立于商业信用。在银行信用下，货币市场与信贷市场都实现了均衡。

这一定理是 Freixas 和 Rochet（2008）在其金融中介理论中所印证的 Diamond（1984）、Hellwig（1991）、Allen 和 Gale（1997）以及 Holmström 和 Tirole（1997）开创性论断——银行是存款人的联盟，当然也是监督借款人的存款人代理者（delegated monitor）——的需求侧版本。换句话说，Freixas 和 Rochet（2008）的金融中介理论站在供给侧，强调银行在资金供给上的信息集约作用，我们的定理站在需求侧，强调"银行具有存款货币需求能力，是因为其具有代理借款人的功能"，即银行是全社会全部商业信用的代理人。当然，无论是传统的金融中介理论还是我们的信用中介定理，都在货币与信贷均衡上实现了结论的殊途同归。

五、结论性评价

笼统讲货币来自信用是不能令人满意的。基础货币来自国家主权信用，在我们的研究中已经作为给定的制度安排，本无须讨论[①]。广义货币的第一推动力来自商业信用向银行信用的转化，而银行信用并不独立，从其初心使命看，是且应该是商业信用的总和。经过本章的讨论，基本结论和相关延伸性讨论如下：

[①] 根据我们的研究计划，作为《货币论》第一卷的后续，在第二卷和第三卷中，我们将致力于研究主权货币与数字资产的竞争关系，如 Bitcoin 和 Libra 在货币替代、货币政策和国际结算中的作用。

第三章　信用中介理论与货币需求的微观基础

第一，我们遵从汗牛充栋般的存贷款市场微观研究结论，同样认为信用中介最终独立于实体经济部门是其专业化信息优势的结果，但银行信用并不独立于商业信用。金融中介通过自身信息优势对商业信用进行甄别，去芜取菁，以发现"有效融资需求"。

第二，由于金融中介的信息优势，我们才能与第二章的家庭部门货币供给函数、金融中介货币需求函数逻辑"自洽"。家庭部门并不仅仅因为谁对其现金出价更高而选择放款，而在于跨期交易的安全性——信用。因此，本章与第二章结合在一起，我们才能真正得到货币市场均衡：家庭部门基于对金融中介信用的认可与后者进行跨期货币交易，由此，广义货币增量得以实现。因此，本章在思想逻辑上并无实质性创新，仅仅完成了一项必要工作，把微观信用交易与货币交易连接起来。

第三，中介的位置。一般，我们很容易把中介想象为"不偏不倚"立足于买卖双方的中间人。从本章的信息优势得到的信用中介货币均衡定理告诉我们——银行信用是商业信用的加总，且虽然家庭部门与企业部门的直接信用交易是古老的，但始终存在于任何一个现代经济体之中，那么信用中介可以理解为一个经济体所有借款人的代表，或者是所有企业外源债务融资部门的总和。由此，我们可以理解，任何一家银行的网点主要面向家庭部门，其信贷人员则往往蹲点在企业财务部门。对于信用中介而言，能不能从家庭部门买入货币是生命线，至于能不能发放贷款，则完全取决于存款货币来源多寡。因此，贷款在几千年的演进中几乎没有本质创新，但是在资金来源端的创新层出不穷，从支票、NOW、银行卡到各种期限的理财产品。这就是我们从现实出发，把信用中介作为货币的需求方、家庭部门作为货币供给方的现实依据。

第四，本章再度证明了"货币不是特殊的商品，仅仅是未来效用索取权的符号"这一论点。一方面，信用中介与家庭部门之间的货币买卖并没有消费掉任何货币，相反，家庭部门因生息需要而提供存款货币的行为与因流动性需要而提取存款的行为，与中央银行投放或回笼流动性在实质上并无区别。因此，存款货币在信用中介的资产负债表上会发生增减，但这种增减与"商品消费"无关。

第五，本章给出了"理想"中的信用中介模型，这一点与我们从第一章开始强调的"事实是什么"存在理念上的偏差。但是，唯有讨论理想状态，才能发现现实与理想的差距。在现实中，人们习惯于把信用中介作为"虚拟部门"，把借款人（包括家庭和企业）作为"实体部门"。基于本章的分析，我们必须指出，在理想中的信用中介操作中，本不应该存在实体与虚拟的部门区分与行为区分。这是因为，在理想状态下（恰如本章模型所表述的），信用中介仅仅是实体经济跨期偿还能力的甄别与优化，因此，信用中介的一切行为，在理想状态下从来是服务于实体经济的。一方面，似乎是由于货币交易与商品交易和投资的区别，人们习惯于把金融中介当作虚拟部门，以此与实体部门（从事物质产品和其他服务生产）对立起来。另一方面，当我们在第二章的分析中，把信用中介（商业银行）作为货币的需求者时，从理论上需要回答的问题是银行获得货币的基础是什么，即从货币到银行需要一个桥梁。上述两个看似并无关联的问题，实质上具有一致性——如果，信用中介存在的意义在于且仅仅在于通过向家庭部门提出货币需求，并进而向企业部门提供投资来源，那么其实质是商业信用的总和，甚至可以说是实体企业的融资部门。仅仅由于专业化分工，信用中介从企业部门独立出来。所以，从本源上看，作为实体经济的组成部分，把信用中介主观界定为"虚拟经济"是存在一定的臆断倾向的。因此，在第二章我们作了伏笔——金融业增加值。在本章的"理想状态"分析框架内，金融业增加值部分可以理解为家庭部门因获得信息搜寻服务而提供的对价。这一点，与房屋买卖中介、咨询公司所提供的服务无本质区别。

那么，问题随之产生——明明在现实经济运行中存在"虚""实"矛盾和"脱实向虚"问题，我们从第五章起将会对这一问题做深入讨论。

参考文献

[1] Adrian, T., and Shin, H. S., 2011. "Financial Intermediaries and Monetary Economics", in Friedman B. M., and Woodford, M. (eds.), *Handbook of Monetary Economics*, Vol. 3A: 601-50, Amsterdam: Elsevier.

[2] Adrian, T., Moench, E., and Shin, H.S., 2009. "Macro Risk Premium and Intermediary Balance Sheet Quantities", *Federal Reserve Bank of New York Staff Report*, 428.

[3] Allen, F., and Gale, D., 1997. "Financial Markets, Intermediaries, and Intertemporal Smoothing", *Journal of Political Economy*, 105 (3): 523–46.

[4] Aoki, M., and Patrick, H., 1994. *The Japanese Main Bank System: Its Relevance for Developing and Transforming Economy*, London: Oxford University Press.

[5] Bernanke, B., 2009. *The Crisis and the Policy Response*, Jan. 13 Speech.

[6] Bernanke, B. S., and Gertler, M., 1989. "Agency Costs, Net Worth, and Business Fluctuations", *American Economic Review*, 79: 14–31.

[7] Bernanke, B. S., Gertler, M., and Gilchrist, S., 1999. "The Financial Accelerator in a Quantitative Business Cycle Framework", in Taylor, J. B., and Woodford, M. (eds.), *Handbook of Macroeconomics*, Vol.1: 1341-93, Amsterdam: Elsevier.

[8] Brunnermeier, M., 2009. "Deciphering the Liquidity and Credit Crunch 2007–2008", *Journal of Economic Literature*, 23: 77–100.

[9] Curdia, V., and Woodford, M., 2009. "Credit Spreads and Monetary Policy", Federal Reserve Bank of New York and Columbia University, Mimeo.

[10] Diamond, D. W., 1984. "Financial Intermediation and Delegated Monitoring", *The Review of Economic Studies*, 51(3): 393–414.

[11] Diamond, D. W., and Dybvig, P. H., 1983. "Bank Runs, Deposit Insurance, and

Liquidity", *Journal of Political Economy*, 91(3): 401-19.

[12] Diamond, D. W., and Rajan, R. G., 2000. "A Theory of Bank Capital", *The Journal of Finance*, 55(6): 2431-65.

[13] Diamond, D. W., and Rajan, R. G., 2001. "Liquidity Risk, Liquidity Creation, and Financial Fragility: A Theory of Banking", *Journal of Political Economy*: 287-327.

[14] Farhi, E., and Tirole, J., 2017. *Shadow Banking and the Four Pillars of Traditional Financial Intermediation* (No. w23930). National Bureau of Economic Research.

[15] Freixas, X., and Rochet, J. C., 2008. *Microeconomics of Banking*, 2nd ed., Cambridge: MIT Press.

[16] Gertler, M., and Karadi, P., 2009. "A Model of Unconventional Monetary Policy", New York University, Mimeo.

[17] Gertler, M., and Kiyotaki, N., 2011. "Financial Intermediation and Credit Policy in Business Cycle Analysis", in Friedman B. M., and Woodford, M. (eds.), *Handbook of Monetary Economics*, Vol.3A: 547-99, Amsterdam: Elsevier.

[18] Gertler, M., and Kiyotaki, N., 2015. "Banking, Liquidity, and Bank Runs in an Infinite Horizon Economy", *American Economic Review*, 105(7): 2011-43.

[19] Gorton, G., 2010. *Slapped in the Face by the Invisible Hand: The Panic of 2007*, Oxford: Oxford University Press.

[20] He, Z., and Krishnamurthy, A., 2012. "A Model of Capital and Crises", *The Review of Economic Studies*, 79(2):735-77.

[21] He, Z., and Krishnamurthy, A., 2013. "Intermediary Asset Pricing", *American Economic Review*, 103(2): 732-70.

[22] Hellwig, M., 1991. "Banking, Financial Intermediation and Corporate Finance", in Giovannini, A., and Mayer, C. (eds.), *European Financial Integration*, Cambridge: Cambridge University Press.

[23] Hiferding, R., 1910. *Finance Capital: A Study of the Latest Phase of Capitalist Development*, in Bottomore, T. (ed.) Watnick, M., and Gordon, S. (trans.), London: Routledge and Kegan Paul [1981], http://www.marxists.org/archive/hilferding/1910/finkap/index.htm.

[24] Holmström, B., and Tirole, J., 1997. "Financial Intermediation, Loanable Funds,

and the Real Sector", *The Quarterly Journal of Economics*, 112 (3): 663–91.

[25] Koeppl, T. V., and MacGee, J. C., 2009. "What Broad Banks Do, and Markets Don't: Cross-subsidization", *European Economic Review*, 53(2): 222–36.

[26] Marshall, A., 1923. *Money, Credit and Commerce*. London: Macmillan.

[27] Merton, R. C., 1993. "Operation and Regulation in Financial Intermediation: A Functional Perspective", in Englund, P. (ed.), *Operation and Regulation of Financial Markets*, Stockholm: Economic Council.

[28] Reinhart, C. M., and Rogoff, K., 2009. *This Time is Different: Eight Centuries of Financial Folly*, Princeton: Princeton University Press.

[29] Williamson, S. D., 1986. "Costly Monitoring, Financial Intermediation, and Equilibrium Credit Rationing", *Journal of Monetary Economics*, 18(2): 159–79.

[30] Williamson, S. D., 1987. "Costly Monitoring, Loan Contracts, and Equilibrium Credit Rationing", *The Quarterly Journal of Economics*, 102(1): 135–45.

第四章
货币需求导向的"叠加态"货币循环

尽管企业与货币在我们的真实经济中很重要,尽管它们产生了大量而复杂的问题,但是在一个没有企业与货币的简单交换经济中,显而易见的是——市场可以通过自身力量使经济实现协调均衡。当然,货币工具的引入,促进了交易并促使买卖行为可以被分为两个部分。

——Milton Friedman, *Capitalism and Freedom*, 1962

一、引言

从第三章的分析,我们得到的一个重要结论是:信用中介作为货币需求者在货币供求中发挥着重要作用。但是,我们并不是说,纯粹货币交易——以货币的跨时交易为特征的交易模型只能以信用中介为唯一形式。在第三章,我们并不排除家庭部门与借款人之间的直接交易。事实上,民间借贷在任何经济体都持续存在,且都面临着规范的法律约束。实际上,直至第三章,我们的讨论仍然集中在微观经济领域。问题是,为什么信用中介值得在宏观经济学中高度关注?我们的直觉是,答案在于信用中介的功能绝非仅仅在于把流通中现金(M0)转化为广义货币(M2),更加重要的是通过资产负债表,实现了货币扩张。这一点并非什么新鲜观点,我们在这里重申,是因为货币经济学对这一事实的关注度远远低于其对经济的真实贡献。

第一,关于"货币传导机制"的误读。长期以来,人们习惯于把某个时点统计的各层次货币存量笼统称为"货币供应量",把货币增量对经济的影响定义为"货币传导机制",并自觉不自觉地把"货币传导机制"

等于或约等于"货币政策传导机制"(Papademos 和 Modigliani 1990)。这一习惯的误导性在于,抽象掉了金融中介的货币需求对货币存量的决定性影响。在现实中,中央银行无论对于金融体系流动性的日常关注还是对银行危机的救助,其根本逻辑都是根据其所观测的金融体系流动性丰歉实施自动或被动调整。因此,我们首先应该观察的不是中央银行货币政策带来的货币增量及其对经济中的名义量或实际量的影响,而应该观测信用中介与居民部门的货币交易行为——在这个过程中,货币已经实现了扩张,并由此可能带来名义或实际变化。实际上,为多数经济学家所忽略的问题在于,多年来不断研究中央银行货币政策所带来的影响,但其中掺杂的是信用中介自发的货币需求所带来的结果。换言之,如果我们抽掉货币政策,货币一样会扩张,并构成对实体经济的影响。因此,真正意义上的"货币传导机制"应该是自下而上或"混合型"的。一方面,信用中介的行为导致"自下而上"的货币增减并形成增量效应;另一方面,中央银行的矫正型货币操作则形成"自上而下"的货币增减同样形成增量效应。多年来的研究偏废很可能形成理论与政策上的误导。参照 Boivin、Kiley 和 Mishkin(2011:374)的总结,"货币传导机制可以分为两大基本类型:以金融市场完美性为前提的新古典渠道和以金融市场不完美(特指信贷渠道)为前提的非新古典渠道"。

表4-1 货币传导渠道

渠道	描述
新古典渠道	
利率/资本成本/Tobin's q	短期政策利率变动对消费者和企业所使用的资本成本影响
财富效应	短期利率影响不同资产的贴现值和 Tobin's q、资产市值和消费
跨时替代	短期利率影响消费曲线的斜率
汇率效应	短期政策利率按照利率平价影响汇率和跨境资产组合

续表

渠道	描述
非新古典渠道	
引入监管的信贷渠道	对金融机构的管制（如存款利率上限、贷款限制）影响支出
银行渠道	基于银行在处理信息不对称问题上的特殊地位，银行信贷能力影响支出
资产负债表渠道	货币操作对资产价格的影响导致家庭和企业外源融资变化

资料来源：Boivin、Kiley 和 Mishkin，2011。

关于货币传导渠道，自 20 世纪 60 年代至 21 世纪前 10 年，大量先驱性研究已经臻于完备。比如，在新古典渠道研究中，Jorgenson（1963）和 Tobin（1969）对投资渠道的研究，Brumberg 和 Modigliani（1954）、Ando 和 Modigliani（1963）以及 Friedman（1957）对生命周期和持久收入的研究，Mundell（1963）和 Fleming（1962）对国际 IS-LM 模型的研究，都对货币政策的影响作了不同角度的阐释。在非新古典渠道研究中，Angeloni 和 Faia（2009），Gerali、Neri、Sessa 和 Signoretti（2009），Gertler 和 Kiyotaki（2011）以及 Meh 和 Moran（2008）分别从信贷市场及其扭曲的角度研究货币传导机制，Bernanke 和 Gertler（1989）以及 Bernanke、Gertler 和 Gilchrist（1999）则从资产负债表角度把货币与资产价格变化联系起来。在充分理解并尊重上述里程碑式的研究的同时，我们也存在以下质疑：一方面，在现实中的货币增量并非全部由中央银行货币政策而导致，短期利率波动更为基础性或更加原始的动因是家庭部门与信用中介的交易，因此，所谓"货币传导"，应该是中央银行观测到的瞬时市场交易，因而具备"自下而上"的特征。另一方面，上述所有模型高估了中央银行的作用，忽视了现实世界里的中央银行仅仅作为备用流动性提供者而存在的事实。而各种不同的传导渠道虽然的确存在，但是，我们更倾向于相信渠道是给定的制度安排。比如，资本市场或银行信贷都是给定的制度，它们会对流动性丰歉作出反应，但是无论流动性丰歉或反应效果都与经济中的微观决策有关：家庭部门的货币有效供给和金融部门的货币有效需求的匹配。因此，我们要做的工作是，首先从微观角度研究缺乏中央银行货币政策的前提下货币是如何影响实体经济的。

第二，对"货币供给"的误读。我们虽然可以认为中央银行的基础货币供给具有基础性作用，但毫无疑问的是，全部金融体系的流动性需求更具决定性。换句话说，如果信用中介（银行）不是货币的需求者，那么作为货币供给的中央银行无论向其提供多少基础货币，都不会影响货币的均衡，那么基于银行体系流动性调节的中央银行政策操作的理论基础将不复存在。现实中，中央银行的政策操作在事实上承认了一个被理论研究一直所忽略的前提，那就是银行是货币的需求者。因此，本章需要研究和回答的问题是：基于银行货币需求的货币理论，能否回答传统货币理论的基本问题（如中央银行如何监测货币运行），以及能否保证货币市场均衡。

第三，对"广义货币"的关注。脱胎于凯恩斯流动性偏好的货币需求理论，一直主导着当代宏观经济学和货币经济理论。事实上，流动性偏好并不能完全解释现代金融体系下的货币现象——各类金融中介几乎在任何实体部门都不存在，但它们却是跨时货币交易的主要平台或载体，并由此推动着货币存量不断扩张。如果货币存在某种生产函数，则其与金本位时代的采矿与铸币存在本质区别。在我们于第二章提出货币需求者是商业银行、货币供给者是家庭和中央银行的论断基础上，现实货币运行告诉我们：跨期交易并不创造货币，只有金融中介介入的"存款加信贷机制"才真实创造货币，而其中的核心驱动力是银行信用而非商业信用。这是因为，单纯的投资、信贷和商品交易只造成货币所有权在家

第四章 货币需求导向的"叠加态"货币循环

庭部门、企业部门和金融机构之间的转移,并没有形成货币增量[①]。可惜的是,迄今的分析往往误导性地以为:货币转移(比如投资)内生地形成货币增量。尽管在统计意义上,我们的确能够观察到投资旺盛往往带来货币扩张,但是此类判断忽略了一个基本事实:假如没有银行和中央银行,货币存量不变,在仅存在商业信用的经济中,所有的投资、交易行为只能造成价格波动。因此,货币的"生产函数"——如果存在的话——具有其特殊性。我们认为,这一特殊性在于且仅仅在于家庭部门对银行信用的信任程度。然而,货币需求的经济运行基础和相关主体随着金融的发展而发生着深刻的变化,尽管银行仍然是信用创造的主体。随着存款保险制度的推行和完善、电子支付的发展和非银行金融机构的扩张,由交易动机、预防动机和投机动机所产生的货币需求不断缩减。具体而言,存款保险制度在很大程度上稳定了存款人的预期,银行货币(存款)成为一种安全资产,这削弱了预防动机;同时,电子支付的发展使得活期存款在支付上的功能几乎可以与现金完全替代,这同时削弱了预防动机和交易动机;另外,市场上投机交易主要由非银行金融机构所主导,用于交易的货币主要是银行货币(或广义货币),而不是在柜台上用现金交易和结算,这削弱了对货币需求的投机动机,同时放大了非银行金融机构对广义货币的投机需求动机。尽管现实中这三类货币需求在经济中仍然存在,但其数量对均衡利率水平几乎不构成影响,或者说其边际影响几乎为零。因此,基于流动性偏好的货币需求对利率不构成影

[①] 贷款只是把银行的货币存量转移给厂商或家庭;商品和服务购买只是把家庭或厂商的货币转移给其他作为供应商的家庭或厂商;最难理解的是,作为跨时交易,投资只是把家庭或厂商的货币转移给原始投资标的持有人(其他家庭或厂商)。上述所有行为,仅仅实现了"货币所有权转移",并未增加货币存量。但是,现有微观层次上的研究往往容易混淆货币转移与货币创造。

响时，这就表现为一条水平的修正的 LM 曲线（横轴为货币，纵轴为利率）。倒过来看，一条水平的 LM 曲线从货币供给的角度来理解，就是无论增加多少货币供给都不会影响到利率，这正是理论上所讨论的"流动性陷阱"。事实上，正如第二章所论证的，真实的货币需求是由银行所主导的。忽略银行的货币需求，就无法识别真正的流动性陷阱，也难以真正理解银行的信用创造等问题①。

二、基本问题

在第三章，我们导出了定理 T3.1——信用中介的货币均衡定理，即信用中介依据其对借款人的信息优势，实现了更高效率的社会融资配置与货币均衡；银行信用是商业信用的加总，不独立于商业信用。本章沿着第二、第三章的基本思路，构建一个基于信用中介货币需求的货币传导渠道模型。本研究并非致力于对已有货币理论进行系统性梳理②，正如 Keynes（1923）所述，"我们所缺乏的是对真实的情况做出一番清晰的分析，而不是理解既有理论分析的能力"。当前我们真正所缺乏的，也正是对真实的货币经济运行提出一个基础性的简单理论框架，并对相关的货币经济问题进行分析。

第一，关于中央银行。银行信用创造的基础在于储备银行制度，即银行需要向中央银行按存款的一定比例缴纳储备（准备金），银行信用

---

① 比如，在究竟是存款创造贷款还是贷款创造存款的问题上，由于不理解银行对货币的需求以及基于货币需求的信用创造，就会得出似是而非、模棱两可的答案。
② 传统货币需求的理论综述可参见 Goldfeld 和 Sichel（1990），传统货币供给的文献综述可参见 Brunner 和 Meltzer（1990）以及 Papademos 和 Modigliani（1990）。

第四章　货币需求导向的"叠加态"货币循环

的扩张即信用货币的创造决定了对储备的需求①。关于银行信用货币的创造，Keynes（1923）很早就理解了银行"以纸币和现钞形式所持有的现金，再加上它们在英格兰银行的存款，这一数额的大小基本上就决定了它们所创造出来的信贷规模"。具体而言，一家银行通过贷款活动扩张信用，即通常的信贷活动，带来了两个重要的结果：一是金融资产交易的实现，借款人用信贷资产与银行发行的银行货币之间进行交易，借款人获得了银行货币，银行获得了信贷资产；二是银行在资产端和负债端同时产生了贷款和存款的记账，即贷款对应银行持有的信贷资产、存款对应借款人持有的银行货币。因此，银行信用创造带来新增的存款就产生了对应比例的储备金的需求，即银行对货币的需求。如果银行在中央银行账户上持有超额准备金，那么可以直接用其完成准备金的缴纳。如果银行未持有超额准备金，通常有三种方式满足其货币需求：一是同业拆借，即向其他持有超额准备金的银行借入；二是向社会公众购买，即发行银行货币来购买社会公众持有的现金，此时社会公众将现金存入银行进一步增加了银行的存款，那么银行需要的现金不但要覆盖贷款活动这一信用创造产生的货币需求，还要覆盖由公众将现金存入产生的存款增加对货币的需求；三是向中央银行借入，此时中央银行发挥银行体系流动性管理和最后贷款人职能。

第二，关于货币创造。我们持续强调"银行是货币的需求者"，同时也是基于"存款货币创造"这一古老概念的厘清。我们在讨论中央银行时，很容易在内心倾向于中央银行是货币的创造者。事实上，在金属货币时代的确如此，但在信用货币时代，货币创造"从来甚至永远不是存

---

① 即使法定存款准备金为零，这并不意味着银行对货币的需求可以为零，因为银行之间的资金清算需求也决定了银行需要持有货币资产。

货币论：货币与货币循环

款人创造的"，而是银行以货币需求的形式把"一切现金转化为存款"所致，因此，银行才是存款货币创造者。在任何一个横截面，银行向社会公众购买货币（即存款）只是减少了流通中的现金，而并不增加经济中的广义货币的数量。但是，在任何一个时间序列上，贷款活动中的借款人在获得该银行发放的贷款后，只要存款人更加偏好有息存款而非无息现金，那么该银行就将吸纳更多的货币。更加重要且符合事实的情况是，我们习惯于把银行称为信用中介（intermediaries），似乎银行在公众和借款人之间处于中间位置，而公众似乎更习惯于把银行当作企业的融资代表，企业倾向于把银行当作自己的钱袋子。如果我们把银行信用等同于商业信用的总和，把公众存款人与银行部分地等同于凯恩斯所界定的"食利者阶层"（Keynes 1936），那么实际上中央银行在观测货币运行时作了一个基本假定——所有的货币交易的最终目的仍然是为了实体经济融资。在本章中，我们剥离了银行信用的独立性和货币交易的投机性[①]，我们将看到一个"货币主义者"（Friedman 1962）眼中的货币世界——在一个无摩擦世界中，从任意一个横截面出发，追溯两期，如果家庭部门和企业家都实施了最优化配置，则信用中介没有存在的必然性。这与 Arrow-Debreu 的结论并无二致。我们的追问并不在于现实世界是否存在摩擦，而在于即使不存在摩擦，由于经济与人口的持续增长，则信用中介持续发挥作用，存款货币需求因而持续存在，统计意义上的"广义货

[①] 事实上，公众存款人未必在意银行信贷的最终去向，而仅仅在意银行自身的安全性，这就是银行信用独立于商业信用的现象，我们将在第五章中加以研究。同时，货币交易未必仅仅满足实体经济资本形成需要，购买资产是不可忽视的交易形式，我们将在第七章中加以论证。值得在此预先说明的是，信用中介的独立性、虚拟领域的货币交易都会形成超额货币需求，并将导致一个特殊货币现象——货币超级中性（hyper-neutrality），这是我们对当代货币状态的现实定义。我们本无意生造新的学术名词，但如果没有任何现存名词以准确涵盖我们的发现，则给出新的定义实属无奈。

币"也因而不断扩张。

第三，关于信用。只要存在跨期合约，则合约履行的现实性称为信用。货币经济模型与基于实物经济的银行模型（将银行引入RBC的模型）的区别在于对信用的表述——借款人的信贷需要用（广义）货币来偿还银行贷款，而不是产品实物。比如，与实物经济所不同的是，当经济中企业家下一期到期的贷款规模接近当期的货币存量时，如果贷款利率足够大且下一期的货币增量为零，那么下一期整个经济中的货币都不足以偿付银行的贷款，尽管企业家所生产产品的市场价值高于债务成本。因此，如果此时企业家因流动性不足产生的偿付危机会带来较大的社会成本，使得中央银行不得不扩大货币供给，那么在货币经济中，银行存在事前（ex-ante）通过提高贷款利率倒逼中央银行未来扩大货币供给的激励。在此情形下，货币增量对整个经济的运行发挥着决定性作用。最终，银行在信用创造完成之后对货币需求的实现是事前实施信用创造的条件，那么从根本上说来，银行对信用扩张以实现利润的需求产生了对公众和中央银行的货币需求，即银行是货币的需求者并同时是广义货币的创造者[①]。

三、基本模型：货币市场均衡的"货币主义"视角

根据第二章和第三章的货币供求关系，全球各国中央银行——无论按照单一规则还是相机抉择实施操作——都无一例外地履行着货币市场均衡和金融系统性稳定监控者的职能。其监控的行为逻辑保持着以下的

---

① "金融化"使非银行金融机构对广义货币的投机需求增加，由企业信贷需求主导的广义货币需求则逐渐由非银行金融机构的需求所主导。

一致性：第一，都假定金融体系是存款人和借款人的桥梁，因此，从流通中现金转向存款货币，再转向贷款并形成反向还款环流时，货币供求都应该处于均衡状态，当且仅当这一桥梁通道不畅时，发挥疏通或补充作用；第二，都假定实体经济部门存在合理融资需求，金融部门是这一需求的代理人；第三，都假定金融中介应该保障存款人权益的安全性。据此，我们设计的基本模型是中央银行认为自己应该看到的均衡状态。

在第二章讨论货币供给和货币需求主体的基础上，我们试着切换到中央银行视角，考虑一个由家庭、企业家和银行构成的简单的三期经济，时间为第 0、1 和 2 期。

设定（A4.1）：第 0 期，整个经济的货币存量为 m，全部为家庭持有，且全部保留在金融中介体系之外，即以中央银行货币统计的"流通中现金（M0）"形式存在，在中央银行资产负债表中体现为负债项下的货币发行。为了引入企业家的信贷需求且简化分析，不妨假设企业家在第 0 期并没有获得货币（或者，具有融资需求的企业家在第 0 期并未出现）。因此，主要的经济活动和交易都发生在第 1 期和第 2 期。

设定（A4.2）：企业家和银行出现。银行向家庭购买货币，向企业家发放信贷。家庭对所持有的禀赋进行消费或卖出（可以在第 1 期消费，也可以卖出并在第 2 期消费）决策，并对持有的货币 m 进行商品购买和存款决策。为简化分析，存在代表性企业家没有货币，但企业家具有将家庭的禀赋转化为资本品的技术（生产函数），将其投入生产并在第 2 期形成产出，然后可将产品和服务卖给家庭；银行由一个代表性的银行家经营，银行家可以发行银行票据（存款凭证）以归集家庭部门资金，并向企业家提供贷款（见图 4-1）。企业家以未来产品可保证的货币收入作为获得信贷的支持（back），并将其用于购买家庭的商品禀赋①，该信贷具有即时进入流通（即以现金或等同现金形式购买禀赋）的货币性质，此时我们可以将信贷所形成的支付能力称为狭义货币（M1）。银行通过吸收存款来购买家庭持有的现金。因此，家庭持有的银行存款作为储蓄工具（广义货币 M2）。此时，记家庭持有保留在金融中介体系之外的货币为 m^h，即流通中现金。银行向家庭购买的存款货币为 m^b，当家庭持有的货币存入银行时，这部分现金就转化为广义货币（M2），此时只是发生了货币在家庭和银行之间的分配和家庭持有的货币形式的变化（一部分 M0 转化为 M2），并没有发生货币创造。显然，此时 $m^h + m^b = m$。我们将二者的比例记为 ξ，即 $\xi = \dfrac{m^b}{m^h}$，可以证明，初始的货币存量 m 的改变并不影响 ξ 的均衡。同时，银行向中央银行缴纳存款准备金，准备金率为 ρ，并向企业发放贷款，贷款数量为 b。

图4-1　商品交易与货币循环：第1期

在银行发行的纸质票据凭证可以流通且用于支付的经济中，企业家获得的贷款即为银行货币，在与家庭之间完成交易后银行货币便由家庭持有。在银行发行电子票据凭证的经济中，企业家获得的银行票据即转化为企业存款，当其被用于购买家庭的商品禀赋时，该笔存款就转移到

---

① 由于有一部分家庭选择在第 2 期消费，并且家庭不具有生产技术，因此需要在第 1 期将商品卖给企业家进行生产，然后在第 2 期用持有的广义货币来购买企业家生产的产品以实现消费。

家庭的存款账户，此时 M1 与 M0 的差额归零[①]，M2 增加到 $m+b$。因此，银行票据的媒介形式并不是决定性的，最根本的是储备银行制度，只要银行发行银行票据进行信用创造，就产生缴纳准备金的货币需求。

简而言之，在第 0 期，由于没有经济活动，经济中的 M0、M1 和 M2 相等，均为家庭初始持有的现金 m；在第 1 期的期中，由于企业家获得了银行贷款，即银行信用创造了 M1，M1 的增量即为企业存款，该数量正好与企业家获得的贷款数量 b 相等；在第 1 期期末，M0 为家庭持有的现金 m^h，M1 与 M0 相等是由于企业存款账户清零，M2 与 M1 之间的差额为家庭存款 d 并满足 $d=b+m^b$（见表 4-2）。

表4-2 货币循环与货币创造

	第0期	第1期期中	第1期期末
M0	m	m^h	m^h
M1	m	m^h+b	m^h
M2	m	m^h+b+m^b	m^h+d

设定（A4.3）：在第 2 期，企业家将生产的商品卖给家庭，家庭以持有的现金和付有利息的银行票据（存款）转账作为支付工具，企业家将卖出商品获得的银行票据和现金来偿还银行的信贷。家庭在第 2 期不需要将持有的银行票据兑换成现金，但由于持有的银行票据有利息收入，该利息收入可以由银行用现金支付，也可以由银行发行更多的银行票据来支付，这二者没有根本的区别（见图 4-2）。

[①] 由于所有企业家都要将获得的贷款购买商品进行生产，所以第 1 期结束后所有企业账户的资金都将清零。当然，可以引入企业部门的异质性使一部分企业家存在流动性需求，这可以使得 M1 与 M0 的差额不再归零，使模型与现实进一步匹配，但这并不是本章分析的重点，故而不再对其进行扩展。

第四章 货币需求导向的"叠加态"货币循环

图4-2 商品交易与货币循环：第2期

在图 4-2 所示环流中，中央银行并非具有确定性存在的理由，而神奇的是，只要存在信用中介，则基于跨期交易的货币环流必然于第 2 期完成。于是，根据上文推导和表 4-2，我们得到定理（T4.1）。

定理（T4.1 信用中介的"货币主义"）：在家庭部门决定了两期最优消费和储蓄、企业部门决定了利润最大化的前提下，基于信息优势的信用中介的基本作用是动员储蓄成为投资，投资形成产出并满足家庭部门消费。在这个过程中，广义货币会发生膨胀，但完成第 2 期消费后，居民的存款货币归零。

证明：根据设定 A4.1、A4.2 和 A4.3，可以归纳出表 4-2 的结论。在该经济中，家庭开始持有货币和商品，向企业家供给商品、向银行供给货币，并需要企业家未来生产的商品；企业家需要信用（广义货币）来购买家庭的禀赋，同时需要货币和商品，并在未来向家庭供给商品；银行需要扩张信用，通过发行银行票据向企业家提供贷款的同时，由于准备金的约束，还需要家庭的货币。银行票据能够流通，并不完全是因为银行的信用，也是由于企业家未来需要用其偿还银行的信贷。因此，家庭第 1 期用商品与企业家获得的银行票据进行交易，是因为整个社会隐含了第 2 期的一个回购协议，即企业家第 2 期将用生产的商品来交换家庭持有的银行票据。由于此时企业家向居民部门销售产品和服务获得货币收入 $p_2 s_2^h$（p_2 为价格，s_2^h 为销售量），居民以保留的 m^h（非生息货币，用于支付）以及存款的本息支付售价，那么第 2 期期初居民持有的（广义）货币数量为 $M^h = m^h + rd$，企业家以收入 $p_2 s_2^h$ 偿还银行本期利息货币，居民的存款账户归零。于是，当第 2 期中央银行没有进行货币政策操作时，该期的基础货币并没有发生变化，同时由于第 2 期并没有发生银行信用创造，那么第 2 期的货币存量并没有发生变化。

这一广义货币在中途（第 1 期）扩张但最终归零的结论来源与新古典主义假定——一切经济活动以家庭部门的跨期消费为中心，只要其实施了两期最优决策，货币作为未来效用索取权的符号已经实现了第 2 期商品购买并实现了效用的职能，那么显然，家庭部门没有任何理由继续持有存款。从信用中介角度看，存款的非必要性存在导致其货币需求也就不复存在。这就是货币主义对货币与金融存在性的判断根源（Friedman 1962）。

命题（P4.1 存款货币存在的持续性与货币乘数）：无论何种原因，经济持续停留于（或表现为）第 1 期的现实可能性，导致存款货币持续扩张，货币乘数为存款准备金率的倒数。

证明：图 4-1 给出了货币循环证明。在第 1 期，企业在获得贷款的同时，在银行存款账户上相应增加了相同数量的企业存款 b，b 与流通中现金 m^h 共同构成狭义货币（M1）。因此，银行总的存款数量为 $m^b + b$，需要缴纳的存款准备金数量为 $X = \rho(m^b + b)$，当中央银行对银行不提供流动性支持时[①]，银行只能用向家庭购买的货币来缴纳准备金，均衡

[①] 现实中，中央银行盯住市场利率并以此作为向银行提供流动性支持的关键考量。模型中，市场利率对应银行的资金成本，即存款利率。当存款利率高于一定水平时，中央银行选择向银行提供流动性支持即是银行的负债端产生了一笔中央银行贷款，同时在资产端增加了相同数量的中央银行存款，银行可以将其替代现金来缴纳存款准备金，从而减少了对家庭持有的现金的需求，这就降低了存款利率，同时经济中的基础货币的增量即为中央银行贷款的数量。

第四章 货币需求导向的"叠加态"货币循环

时满足 $m^b = X$,即有 $m^b = \frac{\rho}{1-\rho}b$。这表明银行由贷款供给产生的信用创造决定了对基础货币的需求,并通过基础货币完成了广义货币的创造①。从会计意义上,此时银行资产负债表的资产端由在中央银行的准备金 X 和向企业家提供的贷款 b 构成,负债端由家庭存款 m^b 和企业存款(企业存款数量为 b)所构成。此时,经济中的广义货币为流通中的现金和银行存款构成,即货币总量为 $m^h + m^b + b$。由于第 0 期的货币存量为 $m = m^h + m^b$,那么第 1 期的新增货币量为 b,这正是银行信用所创造的。正是由于新增货币的数量正好等于贷款数量,这就会被误认为是贷款创造了信用货币。此时,货币乘数为 $\frac{m+b}{m}$。同时,结合 $\xi = \frac{m^b}{m^h}$ 和 $m^b = \frac{\rho}{1-\rho}b$ 可进一步得货币乘数为 $\frac{\rho+\xi}{\rho(1+\xi)}$。很明显,货币乘数是关于 ρ 的减函数以及关于 ξ 的增函数。如果说存在一个广义货币的生产函数,那么该生产的投入要素为基础货币,即银行向家庭部门买入的现金 m^b,产出为银行存款凭证数量即 $m^b + b$,货币的生产率为 $\frac{m^b+b}{m^b} = \frac{1}{\rho}$,正好是存款准备金率的倒数。现实中,由于家庭部门持续存在消费与储蓄的两期决策,这意味着不断存在企业处于第 1 期,因此货币将持续保持扩

---

① 当银行货币(存款凭证)不能充当交易媒介时,银行在购买家庭货币 m^b 并向中央银行缴纳存款准备金后,可贷出的货币资金为 $(1-\rho)m^b$,企业家获得该笔贷款后向家庭购买产品禀赋后,家庭又将该笔现金存银行,银行的存款增加 $(1-\rho)m^b$ 后需要向中央银行缴纳的准备金为 $\rho(1-\rho)m^b$,然后又将可贷资金 $(1-\rho)^2 m^b$ 贷给企业家。当第 1 期拆分为无限个子期,那么经过无限个子期的货币循环之后,企业家获得的贷款总额与企业初始向家庭购买的货币之间仍然满足 $m^b = \frac{\rho}{1-\rho}b$。正是由于银行的存款凭证在现实中可以充当交易媒介,因此在理论上便可以不用将第 1 期拆分为无限个子期和无限个子期内的货币循环,即一旦企业家的信贷需求 b 给定后,银行的货币需求也随之由 $m^b = \frac{\rho}{1-\rho}b$ 所决定。

张,若不存在中央银行外生货币注入,则扩张上限为存款准备金率的倒数与家庭部门供给的原始存款货币的乘积。

我们不难理解"经济持续停留于(或表现为)第1期",这与大多数理论模型追求的终极性相关。我们不妨这样想,所谓2期模型的实质,是为了把一个代表性经济主体在整个生命周期中的理性决策以模型的方式表述。那么,由于人类社会至少在可预期的未来能保持欣欣向荣,则第2期可以无限趋近于$+\infty$,于是经济持续停留于(或表现为)第1期。同时,微观意义上的单个个体的确如模型那样规划人生,如果考虑代际人口增长与迭代,则宏观意义上,整体货币增量将持续保持在模型所表述的第1期水平。我们可以理解为——有限多但趋向于无限次的存款与借款行为,是我们在真实世界中看到的货币循环。

四、一般均衡:货币市场供求均衡与多市场出清

(一)一般均衡

中央银行从来是同时关注多市场均衡,但特别注重货币均衡的——经济增长、物价稳定、充分就业(在此,我们暂不考虑国际收支平衡)是其监测经济运行的重要参考指标,同时,其坚信:上述指标会通过货币市场均衡加以反映。换言之,中央银行假定了**货币交易从来是实体经济的镜像反映**。因此,其关注的是多市场出清问题。基于以上常识,我们回顾在第二章给出的一般均衡模型,以此作为现实运行的中央银行监测宏观经济运行的一般均衡模型。由于在第二章已经作了推导,这里我们仅给出简洁的模型框架性表述。

1. 企业部门

$$y = Af(k). \tag{4-1}$$

$$p_1 k = b. \tag{4-2}$$

$$Rb \leq \theta p_2 y. \tag{4-3}$$

$$c_2^e = y - s_2^h. \tag{4-4}$$

$$m^e = p_2 s_2^h - Rb. \tag{4-5}$$

$$Af'(k) = R^* + \frac{\mu}{1+\pi}\left[R^* - \theta Af'(k)\right]. \tag{4-6}$$

$$m^e = p_2 \overline{v}. \tag{4-7}$$

其中，（4-1）式为生产函数，y 代表企业家在第 2 期生产的产出，A 为技术水平，k 为向家庭部门买入的产品，函数 $f(k)$ 满足 $f'(k) > 0$ 且 $f''(k) \leq 0$ 的性质。（4-2）式为企业家第 1 期的支付条件，即企业家将向家庭购买的产品转换为生产的资本品，其融资完全来源于获得的银行信贷 b，产品的价格为 p_1。（4-3）式为企业家的信贷约束，即第 2 期 θ 比例的产品价值才能成为可保证收入以支持第 1 期的信贷获得，R 为贷款名义的毛利率（gross interest rate），p_2 为第 2 期的价格水平。另外，企业家的目标函数为 $U^e = c_2^e + v\left(\dfrac{m^e}{p_2}\right)$，$c_2^e$ 为企业家在第 2 期的消费，m^e 为企业家在第 2 期获得的货币，$\dfrac{m^e}{p_2}$ 即为企业家的实际货币余额，函数 $v(\cdot)$ 满足 $v'(\cdot) > 0$ 且 $v''(\cdot) < 0$ 的性质。另外，函数 $v(\cdot)$ 还满足 $v(0) = 0$ 的性质，这保证了均衡时可以允许企业家持有的实际货币余额为零。因此，（4-4）式表示企业家的消费等于生产的产品卖给家庭 s_2^h 之后的余额；（4-5）式中，$p_2 s_2^h$ 为产品销售的货币收入，偿还银行贷款后余下的货币即为企业家持有的货币 m^e；（4-6）式和（4-7）式为企业家决策的一阶条件，其中，$\pi = \dfrac{p_2}{p_1} - 1$ 为第 2 期的通货膨胀率，μ 为信贷约束的拉格朗日

乘子，$R^* = \dfrac{R}{1+\pi}$ 为实际贷款利率，$\bar{v} = v'^{-1}(1)$ 且 $v'^{-1}(\cdot)$ 为函数 $v'(\cdot)$ 的逆函数。假设 $\theta f(k) < f'(k)k < f(k)$，那么信贷约束为紧约束。由（4-6）可得 $R^k = \dfrac{1+\pi+\mu}{1+\pi+\theta\mu} R^*$，其中 $R^k = Af'(k)$。

2. 信用中介部门

$$m^b = \dfrac{\rho}{1-\rho} b. \tag{4-8}$$

$$\Pi^b = \left(\dfrac{1-\rho}{\rho} R - \dfrac{1}{\rho} r + 1 \right) m^b - 0.5 \Gamma^b \left(\dfrac{1-\rho}{\rho} m^b \right)^2. \tag{4-9}$$

$$\dfrac{m^b}{m} = \dfrac{1}{\Gamma} \dfrac{\rho}{1-\rho} \left[(R-r) - \dfrac{\rho}{1-\rho}(r-1) \right]. \tag{4-10}$$

银行部门的资产负债表为 $b + X = d$，其中，b 为向企业家提供的贷款，X 为存入中央银行的存款准备金，d 为银行总的存款。存款准备金的约束条件为，$\rho d \leqslant X \leqslant m^b$，$m^b$ 为向家庭购买的现金。由于企业家将获得的贷款用于购买家庭的禀赋，该笔贷款就转入家庭在银行的账户，于是总的存款为 $d = b + m^b$。银行的利润为 $\Pi^b = Rb - rd + X - 0.5\Gamma^b b^2$，其中，$R$ 和 r 分别为贷款和存款的毛利率，Γ^b 用以刻画银行经营的成本，并设 $\Gamma^b = \dfrac{\Gamma}{m}$，即银行经营的边际成本为 $\Gamma \dfrac{b}{m}$。由于将存款准备金的利率设定为零，银行不会持有超额的货币，即均衡时有 $\rho d = X = m^b$，结合资产负债表得到（4-8）式，同时有 $d = \dfrac{1}{1-\rho} b = \dfrac{1-\rho}{\rho} m^b$，代入银行利润函数可得（4-9）式。银行通过选择 m^b 最大化利润，从而得到一阶条件（4-10）式，该式即为银行的货币需求函数。将（4-10）式代入（4-9）式可以进一步得到银行的利润函数：$\Pi^b = \dfrac{m}{2\Gamma} \left[R - r - \dfrac{\rho}{1-\rho}(r-1) \right]^2$。

3. 家庭部门

家庭部门由不同类型的家庭 $j \in [0,1]$ 构成，假设家庭是风险中性的，即家庭 j 的效用函数为 $U_j^h = c_{j,1}^h + \omega_j \beta c_{j,2}^h$，其中，$c_{j,1}^h$ 和 $c_{j,2}^h$ 分别对应第 1 期和第 2 期的消费，β 为时间偏好，$\omega_j \geqslant 0$ 为异质性的需求冲击[①]，在区间 $[\omega_{\min}, \omega_{\max}]$ 之内的累积分布函数为 $\Phi(\cdot)$，且满足 $\mathbb{E}(\omega_j) = 1$。每个家庭在第 0 期获得的初始货币和禀赋均为 m 和 W^h，该禀赋可以用于第 1 期和第 2 期的家庭消费，也可以在第 1 期将其卖给企业家或别的家庭。因此，家庭的预算约束为，

$$p_1 c_{j,1}^h = p_1 \left(W^h - s_j + x_j \right).$$
$$p_2 c_{j,2}^h = r\left[(1-\Theta) p_1 s_j + m_j^b \right] + \Theta p_1 s_j.$$

其中，s_j 和 x_j 分别为家庭 j 在第 1 期卖出和买入的商品，m_j^b 为向银行提供的货币。Θ 为由内生决定的产品市场上买入家庭购买的产品在总卖出产品中所占的比例，可简称为商品交易比。

家庭部门的特征主要由以下 7 个方程构成：

$$s_j = \begin{cases} 0, & \omega_j < \omega^{**} \\ W^h, & \omega_j \geqslant \omega^{**} \end{cases}, \quad x_j = \begin{cases} m/p_1, & \omega_j \leqslant \omega^* \\ 0, & \omega_j > \omega^* \end{cases}, \quad m_j^b = \begin{cases} 0, & \omega_j \leqslant \omega^* \\ m, & \omega_j > \omega^* \end{cases}.$$

（4-11）

$$c_1^h = W^h - s + x = \Phi(\omega^{**}) W^h + \Phi(\omega^*) \frac{m}{p_1}. \tag{4-12}$$

$$s = \int s_j \, d\Phi(\omega_j) = \left[1 - \Phi(\omega^{**}) \right] W^h. \tag{4-13}$$

$$x = \int x_j \, d\Phi(\omega_j) = \Phi(\omega^*) \frac{m}{p_1}. \tag{4-14}$$

[①] 这种设定沿用了 Bewley（1983）的思想，解决了即使不将货币塞进效用函数仍然可以使家庭拥有持有货币动机的问题。

$$\Theta = \frac{x}{s} . \qquad (4\text{-}15)$$

$$m^b = \int_{\omega_j > \omega^*} m_j^b \mathrm{d}\Phi(\omega_j) = \left[1 - \Phi(\omega^*)\right] m . \qquad (4\text{-}16)$$

$$c_2^h = \left[1 - \Phi(\omega^*)\right] \frac{r}{1+\pi} \frac{m^b}{p_1} + \left[1 - \Phi(\omega^{**})\right] \frac{r(1-\Theta) + \Theta}{1+\pi} W^h . \qquad (4\text{-}17)$$

其中，(4-11) 式为家庭关于 $\{s_j, x_j, m_j^b\}$ 的决策函数；(4-12) 式为整个家庭部门在第 1 期的消费；(4-13) 和 (4-14) 式分别为整个家庭部门在第 1 期的商品卖出和买入；(4-15) 式为家庭部门卖出商品与买入商品的比例；(4-16) 式和 (4-17) 式分别为整个家庭部门向银行提供的货币和第 2 期的总消费。

根据家庭和金融中介的供给与需求，我们可以得到两个时期的商品市场和一个时期的信贷市场和货币（现金）市场的交易，那么第 1 期和第 2 期商品市场出清的条件分别为：

$$s = x + k . \qquad (4\text{-}18)$$

$$s_2^h = c_2^h . \qquad (4\text{-}19)$$

货币市场出清条件为，家庭的货币供给与银行对货币的需求相等；信贷市场出清条件为，银行对信贷的供给与企业家对信贷的需求相等。

与我们在货币供求框架中所定义的内容一致（参见第二章），我们对第 2 期的实际 GDP 定义为实体经济产出与金融业增加值，并将其记为 Y，那么有：

$$Y = y + y^b . \qquad (4\text{-}20)$$

其中，$y^b = \dfrac{\Pi^b}{p_2}$ 为金融业的实际增加值。

（二）货币经济中的信贷约束和内生货币增量

1. 信贷约束

货币经济与实物经济最大的区别在于，企业家偿还贷款的条件取决于未来的货币收入而不是产出的市场价值。第 2 期整个经济中家庭用以购买企业家生产的产品的货币由持有的货币 m^h 和银行票据数量 rd 所构成，这决定了企业家用以偿还银行信贷的货币总量。因此，当 $Rb > rd + m^h$ 时，即使企业家仍然持有较大的产品库存，由于经济中没有更多的货币来购买，那么企业家获得的货币仍然不足以偿还银行信贷，而这种情况在实物经济中是不可能发生的，因为企业家用来偿还信贷的是实物而不是货币，那么企业家总是可以通过卖出更多的库存来偿还信贷。因此，只有在货币经济模型中，才可能存在与经济危机史相一致的均衡，即：企业破产、银行危机和高库存同时存在。因此，产品市场非出清的经济危机总是与信用创造、货币循环相联系。

2. 模型均衡系统：内生货币增量

在我们设定的家庭—银行—企业三部门经济模型中，中央银行作为外生流动性供给者仅仅作为观测者存在，并未提供外生流动性供给。在以三个横截面构成的动态系统中，在统计意义上的各层次货币增量（M0、M1 和 M2）因"现金—储蓄存款—贷款—本息偿还"这一现实生活中最常见的货币循环而发生改变。我们把这种类型的货币增量变化定义为内生货币增量，对应地，把中央银行向金融中介提供的流动性及其增量变化定义为外生货币增量。后者是我们在第二卷《货币政策与中央银行》将考察的内容。其中的政策逻辑背景是：**中央银行认为，如果家庭、企业和金融中介三部门货币交易处于合意、均衡、稳定态势，以利率加以观测，并未出现明显偏离，则外生货币供给是非必要的。**

在测度内生货币增量模型均衡系统时，需要确定该货币经济中是否存在由广义货币不足带来的企业信贷约束的均衡。具体而言，如果存在 $m^e < 0$ 的均衡，这就意味着企业家将产品售出获得的全部货币都不足以偿还银行的信贷，此时就存在由货币不足导致的违约均衡。由企业家关于货币余额的目标函数性质 $v'(\cdot) > 0$ 和 $v(0) = 0$ 可知，当 $m^e < 0$ 时，有 $v\left(\dfrac{m^e}{p_2}\right) < 0$，即带来由违约产生的社会福利成本。然而，由性质 $v'(\cdot) > 0$ 和 $v(0) = 0$ 同时可得 $\bar{v} = v'^{-1}(1) > 0$，那么均衡时满足 $m^e = p_2 \bar{v} > 0$。

命题（P4.2 一般均衡）：本章模型中主要内生变量——资本存量、银行获得的存款货币余额、贷款余额、影响家庭决策的两个阈值、商品交易比、贷款利率、存款利率、两期价格和通货膨胀：$\{k, m^b, b, \omega^*, \omega^{**}, \Theta, R, r, p_1, p_2, \pi\}$ 的均衡由如下 11 个方程构成的非线性方程组共同决定：

$$k = \left[1 - \Phi(\omega^{**})\right] W^h - \Phi(\omega^*) \dfrac{m}{p_1}. \tag{4-21}$$

$$\Theta = \dfrac{\Phi(\omega^*)}{1 - \Phi(\omega^{**})} \dfrac{m}{p_1 W^h}. \tag{4-22}$$

$$m^b = \left[1 - \Phi(\omega^*)\right] m. \tag{4-23}$$

$$R = r + \dfrac{\rho}{1-\rho}(r-1) + \dfrac{1-\rho}{\rho} \Gamma \dfrac{m^b}{m}. \tag{4-24}$$

$$b = p_1 k. \tag{4-25}$$

$$p_2 = \dfrac{\Phi(\omega^*)}{\bar{v}} m. \tag{4-26}$$

$$b = \dfrac{1-\rho}{\rho} m^b. \tag{4-27}$$

$$Rb = p_2 \theta A f(k). \tag{4-28}$$

$$\omega^* = \dfrac{1+\pi}{\beta r}. \tag{4-29}$$

$$\omega^{**} = \frac{1}{\beta}\frac{1+\pi}{r(1-\Theta)+\Theta}. \tag{4-30}$$

$$\pi = \frac{p_2}{p_1} - 1. \tag{4-31}$$

证明：将（4-13）式和（4-14）式代入均衡条件（4-18）可得第（4-21）式；将 x 和 s 的表达式代入 $\Theta = \frac{x}{s}$ 可得（4-22）式；（4-23）式和（4-24）式分别为模型中推导出的家庭的货币供给函数和银行的货币需求函数，其中（4-24）式由（4-10）式变换得到；（4-25）式决定了企业家的 k 支出；（4-26）式为影响第 2 期的价格函数；（4-27）和（4-28）式分别对应信贷的供给和需求函数；（4-29）—（4-31）式为定义的变量且都是内生决定的。该 11 个方程共同决定了相关 11 个内生变量的均衡。由此，该命题得证。

当以上 11 个内生变量的均衡决定后，由（4-12）式和（4-17）式分别可以得到 c_1^h 和 c_2^h；由（4-1）式可以得到第 2 期的总产出 y，然后结合（4-4）式、（4-17）式和（4-19）式可以得到企业家第 2 期的消费 c_2^e。

定理（T4.2 中央银行监测货币均衡和货币增量内生理论）：在家庭、企业、金融中介三部门各自完美实现货币供给和货币需求的经济运行中，产出、物价总水平、货币供给和货币需求、存款和贷款利率实现了自动内生均衡，货币增量由货币交易决定。

五、"叠加态"货币循环

自第一章起，我们把货币需求主体定义为金融中介，把货币供给主体定义为家庭部门和中央银行。无论中央银行是否参与货币供给，由于实体经济部门存在融资需求，我们都将观测到货币存量变动，即金融中介的动员力形成的广义货币增量演变。在本章的剩余部分，我们需要从货币中性与非中性这一基本命题出发，讨论作为不同的货币供给主体，家庭部门向金融中介提供的货币与中央银行作为法定货币发行者向金融中介供给的货币在宏观经济效果上有何差异。

当然，在上述一般均衡分析框架中，我们始终未把一个重要的货币供给者——中央银行纳入分析。这是因为：第一，在金属货币时代，中央银行的概念没有真正形成，最早的中央银行是1668年的瑞典银行，成立的目的恰恰是解决商业银行票据挤兑危机[①]；而发行金属货币的一般是财政部门，其目的不是为了满足实体经济融资需要。因此，在一个储蓄—投资模型中，中央银行是多余的。第二，在当代货币经济中，中央银行的确是不可或缺的。货币是总闸门，中央银行显然是这一闸门的最终调节者。一切对当代货币的研究都无法绕开中央银行，尽管我们重新定义了货币供给和货币需求，但中央银行仍然是货币供给的基础力量。

问题在于，中央银行向金融中介提供基础货币的原因是什么？我们在之前构建的基于中央银行"观测"货币循环的一般均衡模型，重新讨论了货币创造的基本命题——货币流通和货币市场均衡的存在性，这是现实中的中央银行思考一切问题的基础。这就回到本章一开始我们埋下的伏笔：**中央银行时刻需要通过其观测到的货币增量及其传导渠道，作出是否增加或减少货币量的决策**。换言之，中央银行假定了货币市场均衡的存在性和可观测性，监控金融中介在家庭部门和企业部门间的货币交易，且以融资成本（利率）作为基准参照指标实施以流动性管理为日常目标的货币操作。基于本章所构建的货币经济一般均衡模型，中央银

[①] 参见 Moenjak（2014），*Central Banking: Theory and Practice in Sustaining Monetary and Financial Stability*, Singapore: Wiley & Sons.

行将观察到多市场同时出清，货币增量必然是三部门交易的均衡结果，而非中央银行外生干预的产物。这就是本章第四部分"货币增量内生理论"所表述的基本内容。

问题是，这种出清是否"合意"并由此形成中央银行外生货币供给，将是我们在第五部分重点讨论的内容。

（一）货币主义与凯恩斯主义两种思潮的永恒斗争

长期以来，全球范围内一直存在两类中央银行指导思想——货币主义和凯恩斯主义，也存在不同阶段两种思想的交替主导，其重要理论基础是，货币增量具有中性还是非中性。在第四部分对中央银行宏观一般均衡模型讨论的基础上，我们将探讨货币中性、货币数量论、弗里德曼规则与最优货币供给增长率等基本、长期存在且持续引发争论的货币命题。

在此，我们沿用第二章的一般均衡模型，给出了三种不同的假定：一是中央银行认为家庭—金融中介—企业的投融资环流是合意的。那么，我们需要分析在此进程中形成了内生货币增量的中性与非中性特征。二是中央银行在事前通过某种形式（比如政府购买家庭服务而向家庭部门以增发货币形式提供了对价，即财政向中央银行透支）增加了货币供应量。那么该货币增量的名义或实际效应同样有待于分析。三是中央银行在事中认为家庭—金融中介—企业的投融资并不合意，主要表现为由此形成的对实体经济的拉动力不足，因而以再融资形式向金融中介提供外生货币增量。同样，这一货币投放增量所形成的经济效应是值得进一步做比较研究的。

在之前的分析框架中，我们都排除了中央银行的作为。我们的假设是：中央银行除了可以在第 0 期实施货币配置外，在第 1 期和第 2 期，

货币论：货币与货币循环

都在监测家庭、银行和企业家之间的货币循环，其职责是保证循环的顺畅性，并确保名义利率 r 处于目标区间。因此，尽管中央银行在各期都可以进行政策操作，但由于第 2 期期末经济活动已经结束，我们将货币政策操作的分析重点集中在第 0 期和第 1 期[①]。在第 0 期，由于该期家庭初始持有的货币存量 m 已经给定，中央银行在第 0 期实施货币配置可以通过货币发行并借助财政转移支付的方式将其分配给家庭来增加基础货币，本章在后续部分将证明该货币政策操作具有中性性质[②]。在第 1 期，中央银行可以盯住市场利率（存款利率）来决定是否对银行提供流动性支持，或者以固定的基础货币供给增长率的规则来调控经济，该政策操作的作用将在之后部分详细展开。

作为一个预告，我们得到了令人惊讶的基本结论：第一，对货币均衡的观测和各自的目标决定了存在两类中央银行，在相同货币运行的微观基础上，各自将观测到彼此期待的结果，我们借用量子物理学名词命名其为"叠加态"[③]货币循环——货币增量既是中性的也是非中性的，换句话说，货币主义与凯恩斯主义都具有正确性。第二，中央银行一旦选择了自身的政策操作逻辑——在期初实施面向居民的货币配置或者在期中具备不断向金融中介体系注入流动性以支持实体经济的选择权，货币循环系统就会朝着中央银行各自"合意"的方式运行，这也就是中央银

[①] 在第 2 期，若企业家没有完成销售和利息偿还，将发生信贷违约，进一步可能导致资产负债表危机，中央银行可以对银行提供救助，这显然将增加第 2 期的货币存量。由于模型中的信贷约束排除了企业家违约的可能，因此这种情景不是本章分析的重点。

[②] 财政部门通过向中央银行发债或"取道"商业银行向中央银行间接获取基础货币，获得了货币发行产生的铸币税。在不考虑政府支出时，财政将发债收入直接分配给家庭将不会影响产品市场的均衡条件。

[③] 借用的"叠加态"这一名词，参见：保罗·狄拉克，《量子力学原理》1.4 章节：《叠加与不确定性》，机械工业出版社，2018 年。

行始终存在所谓"鹰""鸽"争议或单一规则与相机抉择争论的原因。第三，自我们重塑货币供求框架理论后，叠加态货币循环理论为理解金融中介的超额货币需求、货币体系脱实向虚和货币超级中性提供了关键性理论基础。

（二）情形一：内生货币增量中性与货币数量论

本章的理论模型是第二章货币需求理论和第三章一般均衡理论的延续。我们强调银行是货币的需求者，尽管这与经典的货币需求理论不同，但本章基于银行货币需求的理论仍然能够得到传统货币需求理论的经典命题。

如果中央银行仅仅作为监测者存在，在上述系统中并未实施任何货币增量干预，那么我们很容易根据上述一般均衡系统得到货币中性和货币数量论两个基本结论。

命题（P4.3 货币中性）：主要内生变量 $\{y,k,\omega^*,\omega^{**},R,r,\pi\}$ 不受货币存量 m 影响。

证明：将（4-25）式和（4-31）代入（4-28）式可得：

$$Rk = (1+\pi)\theta A f(k) . \qquad (4\text{-}32)$$

由（4-21）和（4-22）式可得 $\Theta = 1 - \dfrac{1}{1-\Phi(\omega^{**})}\dfrac{k}{W^h}$，将其代入（4-30）式可得：

$$\omega^{**} = \frac{1+\pi}{\beta}\frac{1-\Phi(\omega^{**})}{1-\Phi(\omega^{**})+\dfrac{(r-1)k}{W^h}} . \qquad (4\text{-}33)$$

由（4-23）、（4-25）和（4-27）式可得：

$$p_1 k = b = \frac{1-\rho}{\rho} m^b = \frac{1-\rho}{\rho}\left[1-\Phi(\omega^*)\right] m .$$

将其代入（4-21）式消去 p_1，并结合（4-31）式代入（4-26）式，然后分别可得：

$$k = \frac{(1-\rho)[1-\Phi(\omega^*)]}{(1-\rho)[1-\Phi(\omega^*)]+\rho\Phi(\omega^*)}[1-\Phi(\omega^{**})]W^h. \quad (4-34)$$

$$1+\pi = \frac{\rho}{1-\rho}\frac{\Phi(\omega^*)k}{[1-\Phi(\omega^*)]\bar{v}}. \quad (4-35)$$

将（4-23）式代入（4-24）式可得：

$$R = r + \frac{\rho}{1-\rho}(r-1) + \frac{1-\rho}{\rho}\Gamma[1-\Phi(\omega^*)]. \quad (4-36)$$

由（4-1）、（4-29）和（4-32）——（4-36）式这7个方程共同决定了内生变量 $\{y,k,\omega^*,\omega^{**},R,r,\pi\}$ 的均衡，由于这7个方程并不是货币存量 m 的函数，因此不受其影响，由此该命题得证。

新古典理论的货币中性的核心在于名义利率的变动不影响实际利率，由于实际利率等于名义利率减去通胀预期，名义利率的任何变动都会被等量的通胀预期所抵消。由于该理论的基础在于家庭是货币的需求者，所以货币供给的增加如果产生流动性效应则必然带来名义存款利率的下降。由于本章理论的基础在于银行是货币的需求者，货币供给的增加并不直接影响名义存款利率。这是本章理论的货币中性与新古典理论的区别所在。在均衡时，银行获得的货币与家庭持有的货币之比记为 ξ，即 $\xi = \frac{m^b}{m^h}$。利用 $m^b + m^h = m$ 可以分别将银行和家庭持有的货币写成 ξ 和 m 的函数，即 $m^b = \frac{\xi}{\xi+1}m$ 且 $m^h = \frac{1}{\xi+1}m$。由式（4-24）可得 $\frac{\xi}{\xi+1} = \frac{1}{\Gamma}\frac{\rho}{1-\rho}\left[(R-r)-\frac{\rho}{1-\rho}(r-1)\right]$，即 ξ 是关于 R 和 r 的函数，或者说是关于利差 $R-r$ 和存款利率 r 的函数。由命题P4.1可知，货币存量 m 并不影响货币在家庭和银行之间的分配比例的均衡。

命题（P4.4 货币数量论）：货币存量 m 的变化（货币增量）将使第

1期的价格 p_1 和第2期的价格 p_2 以相同的比例变化,并且不影响通胀率、实际产出和实际GDP。

证明:将(4-23)式代入(4-27)式消去 m^b 并连同(4-21)式代入(4-25)式,同时将 $m^h = \frac{1}{\xi+1}m$ 代入(4-26)式,由此分别可得第1期和第2期的价格函数如下:

$$p_1 = \varLambda_1 m . \tag{4-37}$$

$$p_2 = \varLambda_2 m . \tag{4-38}$$

其中,$\varLambda_1 = \frac{(1-\rho)\left[1-\varPhi(\omega^*)\right]+\rho\varPhi(\omega^*)}{\rho\left[1-\varPhi(\omega^{**})\right]W^h}$ 且 $\varLambda_2 = \frac{1}{\xi+1}\frac{\varPhi(\omega^*)}{\bar{v}}$。由于 ξ 是关于 R 和 r 的函数,并且由命题(P4.3)可得,$\{\omega^*, \omega^{**}, R, r\}$ 与货币存量 m 无关,那么 m 的变化不影响 $\varLambda_1$ 与 $\varLambda_2$。因此,m 的变化直接带来 p_1 和 p_2 以相同比例的变化。同时,将 $p_2 = \varLambda_2 m$ 代入银行的实际利润函数,进一步可得实际GDP为:$Y = y + \frac{\varPi^b}{p_2} = Af(k) + \frac{1}{2\varLambda_2\varGamma}\left[R-r+\frac{\rho}{1-\rho}(r-1)\right]^2$。由于 Y 独立于 m,那么货币存量及其变动不影响实际GDP。由此该命题得证。

(三)情形二:事前外生货币增量与货币中性

我们假设第二种情形——中央银行在第0期发行的货币数量为 δm,并通过财政转移支付将其分配给家庭,那么货币存量的增长率为 δ。由(4-37)和(4-38)式分别可得第1期和第2期的价格水平分别为 $p_1 = \varLambda_1(1+\delta)m$ 和 $p_2 = \varLambda_2(1+\delta)m$,即两期的价格同时增加了 δ 倍,但这并不影响价格的相对变化水平即通胀率 π。

1. 数量方程式

由于存在货币中性的性质,我们可以猜想存在经典的数量方程式。首先，将 $b = \frac{1-\rho}{\rho} m^b$ 和 $p_1 = \frac{p_2}{1+\pi}$ 代入 $k = \frac{b}{p_1}$ 可得 $k = \frac{1+\pi}{p_2} \frac{1-\rho}{\rho} m^b$，并结合 $m^b = [1-\Phi(\omega^*)] m$ 和 $p_2 = \frac{\Phi(\omega^*)}{\bar{v}} m$ 进一步可得：

$$k = \bar{v}(1+\pi) \frac{1-\rho}{\rho} \frac{1-\Phi(\omega^*)}{\Phi(\omega^*)}.$$

由此可以得到产出的名义价值为：

$$p_2 y = p_2 A f(k) = \frac{\Phi(\omega^*)}{\bar{v}} m A f \left[\bar{v}(1+\pi) \frac{1-\rho}{\rho} \frac{1-\Phi(\omega^*)}{\Phi(\omega^*)} \right].$$

即存在数量方程式：

$$p_2 y = mV. \tag{4-39}$$

其中，$V = \frac{\Phi(\omega^*)}{\bar{v}} A f \left[\bar{v}(1+\pi) \frac{1-\rho}{\rho} \frac{1-\Phi(\omega^*)}{\Phi(\omega^*)} \right]$，并且 V 是关于 ω^* 和 π 的函数。由命题（P4.3）关于货币中性的结论可知，ω^* 和 π 的均衡独立于货币存量 m，那么 V 也与货币存量 m 无关。因而，本章的模型能够恢复经典的数量方程式。

我们需要进一步讨论的是，由于实际 GDP 不仅包括实体产出，还包括金融业增加值，那么是否还存在与实际 GDP 相关的数量方程式。将 Π^b 的表达式和 $p_2 y = mV$ 代入 $p_2 Y = p_2 y + \Pi^b$ 便可以直接得到：

$$p_2 Y = m \bar{V}. \tag{4-40}$$

其中，$\bar{V} = V + \frac{1}{2\Gamma} \left[R - r - \frac{\rho}{1-\rho}(r-1) \right]^2$，显然 $\bar{V}$ 的均衡独立于货币存量 m。

2. 数值模拟

为了更好地理解本章模型货币均衡的性质，我们需要理解货币需求和货币供给的基本性质。首先，（4-24）式显示，银行的货币需求函数是关于名义存贷款利率的函数，并且有 $\frac{\partial m^b}{\partial R}>0$ 且 $\frac{\partial m^b}{\partial r}<0$；其次，将（4-29）式代入（4-23）式可得，来自家庭的货币供函数是关于实际利率 $r^*=\frac{r}{1+\pi}$ 的函数为 $m^b=\left[1-\Phi\left(\frac{1}{\beta r^*}\right)\right]m$，由于累积分布函数 $\Phi(\cdot)$ 是单调递增的，那么有 $\frac{\partial \Phi\left(\frac{1}{\beta r^*}\right)}{\partial r^*}<0$，从而可得 $\frac{\partial m^b}{\partial r^*}>0$。因此，存贷款利率的**名义值**决定了银行的货币需求，而存款利率的**实际值**决定了家庭的货币供给，这区别于已有的货币模型[①]。

通过几个数值模拟的例子，我们可以更好地理解具有经济意义的关键参数的变化对货币供需及整个经济均衡的影响。由于数量分析的需要，需要对函数 $f(\cdot)$、$v(\cdot)$ 和 $\Phi(\cdot)$ 进行设定，根据前面的分析，可以设 $f(k)=k^\alpha$ 且 $v(x)=\alpha_M \ln(1+x)$，其中，$0<\alpha<1$ 且 $\alpha_M>1$，那么有 $v'(x)=\frac{\alpha_M}{1+x}$ 且 $\bar{v}=v'^{-1}(1)=\alpha_M-1$。同时假设 ω_j 在区间 $[1-\sigma_\omega,1+\sigma_\omega]$ 服从均匀分布，其中 $0<\sigma_\omega<1$，那么关于 ω^* 和 ω^{**} 的累积分布函数分别为 $\Phi(\omega^*)=\frac{\sigma_\omega-1+\omega^*}{2\sigma_\omega}$ 和 $\Phi(\omega^{**})=\frac{\sigma_\omega-1+\omega^{**}}{2\sigma_\omega}$。

基准参数由表4-3给出。我们主要模拟技术水平 A、收入可保证性 θ 和刻画银行成本参数 Γ 的变化对货币供需的影响，以及对整个经济均衡带来的影响。

表4-3 参数设定

参数	W^h	A	β	α	θ	σ_ω	α_M	ρ	Γ
取值	1	2	0.9	0.4	0.3	0.5	1.05	0.1	0.002

[①] 比如，在MIU模型里，家庭作为货币的需求者，名义货币需求是关于实际利率和当期价格水平的函数，即实际货币需求是关于实际利率的函数。而在本章的理论模型中，家庭作为货币的供给者，名义货币的供给与当期的价格无关。

我们模拟技术水平对经济均衡的影响，A 的取值放宽到区间 [1.5,2.5] 之间，模拟结果由图 4-3 给出。结果显示，银行获得的货币 m^b 随着 A 的上升而增加，这是由货币供给上升和货币需求同时增加带来的结果：第一，在货币需求方面，A 的上升通过信贷约束条件增加了企业家的信贷需求，信贷需求的上升使得名义贷款利率 R 增加，由前面的分析可知，**决定银行货币需求的是名义利率**，银行的货币需求随之上升；第二，在货币供给方面，A 的上升增加了第 2 期产品的供给，使得通胀水平下降，这就使实际存款利率上升，由前面的分析可知，**决定家庭货币供给的是实际利率**，实际存款利率的上升带来货币供给的增加。

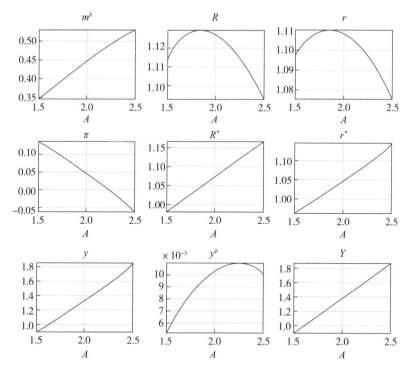

图4-3　由技术水平变化驱动的货币需求及均衡结果

值得注意的是，当 A 相对较小时，主导货币均衡的力量主要来自货币需求的增加，此时因为实际存款利率相对较低，家庭对货币的供给意愿低于银行对货币的需求程度，这就会导致名义存款利率的上升。当 A 相对较大时，主导货币均衡的力量主要来自货币供给的增加，此时由于较高的产出带来通胀水平的进一步下降，使得实际利率处于较高水平，来自家庭的货币供给增加使得名义存款利率下降，进而传导到名义贷款利率，并导致名义贷款利率的下降。因此，随着 A 的增加产生的先后由货币需求和货币供给主导的货币均衡，使得名义贷款利率和名义存款利率呈现倒 U 型的非线性变化。另外，金融业增加值 y^b 也随 A 的增加呈倒 U 型关系，先下降的原因主要来自信贷规模的扩张，后上升的原因则来自存贷利差的收窄。

我们进一步模拟收入可保证性的变化对经济均衡的影响，θ 的取值放宽到区间 [0.2,0.4) 之间，模拟结果由图 4-4 给出。

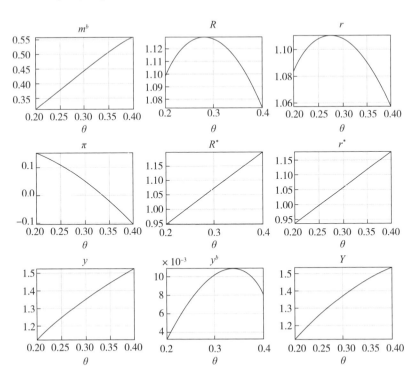

图4-4　由收入可保证性变化驱动的货币需求及均衡结果

结果显示，银行获得的货币 m^b 随着 θ 的上升而增加，这同样是由货币供给上升和货币需求同时增加带来的结果，其影响机制与 A 的变化带来的影响基本相同。唯一不同之处在于对产生的影响机制有所差别，这表现在：A 的增加本身就能提高产出水平，并同时通过放宽信贷约束，使得企业家获得更多的信贷来增加 k 的投入，进而增加产出；θ 的上升则仅通过产生的信贷渠道来增加产出。这里并未模拟 $\theta \geq 0.4$ 时的情景，因为当 $\theta = 0.4$ 时，$\theta = \alpha$，资产的实际收益 $\alpha A k^{\alpha-1}$ 正好与贷款的实际利率 R^* 相等，那么当 $\theta \geq 0.4$ 时，企业家的信贷约束为松约束，这意味着此时 θ 的增加将不会驱动更多的信贷需求，从而不会对经济带来影响。

最后，我们模拟 Γ 的变化对经济均衡的影响，Γ 的取值放宽到区间 $[0.001, 0.02]$ 之间，模拟结果由图 4-5 给出。

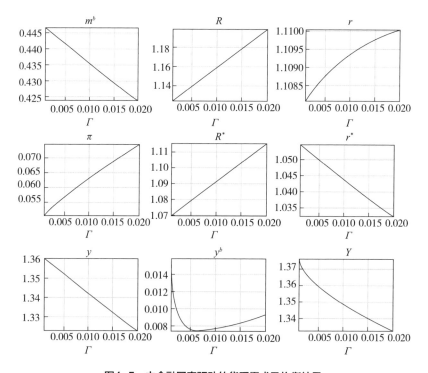

图4-5　由金融因素驱动的货币需求及均衡结果

Γ 可以理解为影响经济的金融因素，Γ 的增加代表更大的金融中介成本，这将导致银行信贷供给能力的下降和信贷的收缩。模拟结果也正好显示，银行获得的货币随着 Γ 的增加而减少，这主要是由货币需求（而非货币供给）的变化所主导的，银行对货币需求的降低则是由信贷收缩导致的。将（4-27）式代入（4-24）式便可以得到银行的信贷供给曲线为：$b = \frac{1}{\Gamma}\left[(R-r) - \frac{\rho}{1-\rho}(r-1)\right]m$。因此，更大的 Γ 意味着当信贷需求不变时，银行需要更高的贷款利率来覆盖成本，这就改变了信贷供给曲线的斜率，使得均衡的信贷水平收缩且贷款的名义利率上升。同时，我们可以观察到通胀率随 Γ 的增加而上升，这是由产品市场供给收缩与需求上升带来的结果：供给方面，信贷收缩自然带来了企业家对生产投入的减少，这就降低了未来的产出；需求方面，由于银行降低了货币需求，家庭将持有更多的货币，这些货币在未来形成的购买力推动了需求的上升。

需要注意的是，银行对货币需求的降低并没有带来名义存款利率的下降，因为通胀率的上升导致实际存款利率的下降，家庭由此降低了货币的供给。因为决定家庭货币供给的是实际利率而非名义利率，那么更大程度的货币供给收缩抵消了货币需求收缩对名义利率带来的影响。另外，金融业增加值 y^b 随 Γ 的增加呈 U 型关系，先下降的原因主要来自信贷规模的收缩，后上升的原因则来自存贷利差的扩大。

综合命题 P4.3、P4.4 和数值模拟，我们得到以下定理：

定理（T4.3 中央银行不干预的货币中性定理）：无论中央银行是否在期初发行货币，只要对银行和企业借贷不实施任何干预，则必然存在货币增量与产出及通货膨胀无关现象，货币增量中性。

（四）情形三：外生中央银行货币增量与货币非中性

我们得到的货币中性定理很好地证明了"观测不干预型"中央银行的政策逻辑：实施单一规则，货币市场在存款人、金融中介和借款人之间会实现均衡，因而如中央银行所期望的，货币呈现中性，货币数量论也得到了完美证实。如我们分析，由于货币存量 m 在第 0 期已经给定，作为货币需求者的银行在第 1 期为了获得货币，只有通过发行存款凭证来购买家庭持有的货币。因此，由于货币的唯一供给来自家庭，所以在第 1 期没有（基础）货币增量，尽管这并不影响银行通过信用创造实现了广义货币来支持经济活动，但货币存量本身具有中性，并且货币存量的变化只会带来每期价格绝对水平的变化（p_1 和 p_2），而不影响跨期价格水平的相对变化（即通胀率 π）。

然而，受惠勒的"延迟选择实验"[①]启发，如果我们引入中央银行作为第二类货币供给者或潜在货币供给者，即中央银行认为"积极干预"是必要的，并且在第 1 期选择向银行提供流动性支持——通过向银行提供再融资来促进银行信用扩张，进一步实现宏观经济调控的作用，那么，货币市场会呈现怎样的均衡？我们做如下实验：中央银行在第 1 期向银行提供流动性支持的贷款数量为 L，这就增加了第 1 期基础货币，即第 1 期的货币存量由第 0 期的 m 增加到 $m+L$，L 即为货币增量。由于银行在第 1 期获得中央银行的贷款，其资产负债表变为：

$$b + X = d + L.$$

---

① 即 Wheeler's Delayed Choice Experiment，惠勒 1979 年在普林斯顿纪念爱因斯坦诞辰 100 周年研讨会上提出的实验构想，源于爱因斯坦的"分光实验"思想，研究光子的路径选择。结果发现，实验者的选择决定了光子的路径选择。哥本哈根学派对该实验的解释是："观察者本身与被观测对象是一体性的。"在本章中，我们使用的叠加态货币循环，近似借用了延迟选择实验的思想——中央银行的价值观决定了货币循环的特征性事实。

在具体操作中，中央银行将商业银行在中央银行的存款账户上直接增加了 L 单位的中央银行存款。银行并不会将中央银行账户的该笔存款提取出来，而是将其用于缴纳存款准备金[①]，于是存款准备金的约束条件变为：

$$\rho d \leqslant X \leqslant m^b + L.$$

中央银行贷款的利率为 r^L，银行的利润为：

$$\Pi^b = Rb - rd + X - r^L L - 0.5\Gamma^b b^2 - 0.5\Gamma^L L^2.$$

其中，$\Gamma^b = \dfrac{\Gamma}{m}$，$\Gamma^L$ 用以刻画由中央银行贷款产生的额外成本，如银行为获得流动性支持所付出的声誉成本等。银行并不持有超额的存款准备金，那么有 $\rho d = X = m^b + L$，由此可得 $d = \dfrac{m^b + L}{\rho}$。结合银行的资产负债表可得，$b = d - m^b = \dfrac{(1-\rho)m^b + L}{\rho}$。因此，银行的利润函数可以写为关于 m^b 和 L 的函数形式如下：

$$\Pi^b = \left[\frac{1-\rho}{\rho}(R-r) - r + 1\right]m^b + \left(\frac{R-r}{\rho} - r^L + 1\right)L - \frac{\Gamma}{2m}\left[\frac{(1-\rho)m^b + L}{\rho}\right]^2 - \frac{\Gamma^L}{2}L^2.$$

银行的决策问题由此简化为选择 m^b 和 L 最大化利润，由此得到一阶条件如下：

$$\frac{1-\rho}{\rho}(R-r) - r + 1 = \frac{1-\rho}{\rho}\frac{\Gamma}{m}\left[\frac{(1-\rho)m^b + L}{\rho}\right].$$

[①] 现实中，除非对冲由储户有大量的提现需求产生的银行流动性风险，银行才会在中央银行的流动性支持政策下提取在中央银行账户的存款。比如在中国传统新年春节期间，会产生大量的提取现金需求，为了对冲提现需求带来的银行流动性风险，中央银行往往会通过流动性支持政策来满足银行的货币需求。由于本章分析的重点不是由储户提现冲击及由此产生的银行挤兑等问题，那么银行获得中央银行的流动性支持后必然将该笔资金用以缴纳存款准备金。

$$\frac{1}{\rho}(R-r)-r^L+1=\frac{1}{\rho}\frac{\Gamma}{m}\left[\frac{(1-\rho)m^b+L}{\rho}\right]+\Gamma^L L.$$

由以上方程可以进一步得到银行对两类货币供给主体的货币需求函数如下：

$$m^b=\frac{\rho}{(1-\rho)\Gamma}\left[(R-r)-\frac{\rho}{1-\rho}(r-1)\right]m-\frac{1}{1-\rho}L. \quad (4-41)$$

$$L=\frac{1}{\Gamma^L}\left(\frac{r-\rho}{1-\rho}-r^L\right). \quad (4-42)$$

将（4-41）和（4-42）式代入银行的利润函数可得：

$$\Pi^b=\frac{m}{2\Gamma}\left[(R-r)-\frac{\rho}{1-\rho}(r-1)\right]^2+\frac{\Gamma^L}{2}L^2.$$

考虑一个简单的数量型货币政策规则：

$$L=\delta m. \quad (4-43)$$

在该规则下，第 1 期的货币存量增加到 $(1+\delta)m$，即基础货币的增长率为 δ。由于货币存量 m 已经给定，货币增量由货币供给增长率唯一决定，该规则由此可以视为弗里德曼规则。

将（4-43）式代入银行的货币需求函数和 $b=\frac{(1-\rho)m^b+L}{\rho}$ 依次可得：

$$\frac{m^b}{m}=\frac{\rho}{(1-\rho)\Gamma}\left[(R-r)-\frac{\rho}{1-\rho}(r-1)\right]-\frac{1}{1-\rho}\delta. \quad (4-44)$$

$$r^L=\frac{r-\rho}{1-\rho}-\Gamma^L\delta m. \quad (4-45)$$

$$b=\frac{1}{\rho}\left[(1-\rho)m^b+\delta m\right]. \quad (4-46)$$

因此，货币供给增长率 δ 的提高对银行货币需求带来的**局部均衡**影响是：第一，降低了银行对家庭货币的需求，这表现为 $\frac{\partial m^b}{\partial \delta}<0$；第

二，增加了银行的信贷供给，这表现为 $\frac{\partial b}{\partial \delta} > 0$；第三，降低了中央银行对银行提供的贷款的利率，这表现为 $\frac{\partial r^L}{\partial \delta} = -\varGamma^L m < 0$。值得注意的是，**局部均衡影响的性质并不必然与一般均衡的性质相同**，因为当中央银行增加货币供给导致来自家庭的货币供给收缩时[①]，存款利率 r 将会上升。由（4-45）式可知，货币供给增加对 r^L 产生的一般均衡影响体现在 $\frac{\partial r^L}{\partial \delta} = \frac{1}{1-\rho}\frac{\partial r}{\partial \delta} - \varGamma^L m$，如果 r 的上升抵消了 δ 上升对 r^L 的影响，那么中央银行贷款的利率 r^L 的一般均衡水平则会由此上升。

为了使理论刻画更加符合事实——中央银行货币发行收入递解国库并构成等额政府支出，我们在第 2 期引入政府的消费 g，其资金来源于中央银行向金融中介体系提供流动性支持获得的利润[②]。因此，政府支出满足 $g = \left(r^L - 1\right)\frac{L}{p_2}$，且第 2 期产品市场出清条件变为 $s_2^h = c_2^h + g$。这一刻画使模型闭合（close）并减少了对原有模型均衡结构的影响。

命题（P4.5 外生货币增量下的一般均衡）：主要内生变量 $\{y, k, \omega^*, \omega^{**}, R, r, \pi\}$ 的均衡由（4-1）、（4-29）、（4-32）、（4-33）、（4-35）式和如下两个方程构成的非线性方程组共同决定：

$$R = r + \frac{\rho}{1-\rho}(r-1) + \frac{1-\rho}{\rho}\varGamma\left[1 - \varPhi(\omega^*)\right] + \frac{1}{\rho}\varGamma\delta. \quad (4\text{-}47)$$

$$k = \frac{(1-\rho)\left[1 - \varPhi(\omega^*)\right] + \delta}{(1-\rho)\left[1 - \varPhi(\omega^*)\right] + \delta + \rho\varPhi(\omega^*)}\left[1 - \varPhi(\omega^{**})\right]W^h. \quad (4\text{-}48)$$

[①] 我们不难理解这一可能存在的机制。因为当货币供给的增加带来通胀的上升时，家庭将增加消费支出，从而使得更多的货币用于购买消费品而减少了对银行的货币供给。

[②] 这种设定并不意味着财政赤字货币化。在多数经济体的现实运行中，中央银行的利润应缴交国家财政。

证明：将（4-23）式代入（4-44）式可得（4-47）式；结合（4-23）、（4-25）和（4-46）式可得 $k = \dfrac{b}{p_1} = \dfrac{(1-\rho)\left[1-\Phi(\omega^*)\right]+\delta}{\rho}\dfrac{m}{p_1}$，将其代入（4-21）式消去 $\dfrac{m}{p_1}$ 可得（4-48）式。由于 δ 并不改变（4-1）、（4-29）、（4-32）、（4-33）和（4-35）式。因此，这 7 个方程最终共同决定了内生变量 $\{y,k,\omega^*,\omega^{**},R,r,\pi\}$ 的均衡。由此该命题得证。

命题（P4.6 货币政策非中性）：主要内生变量 $\{y,k,\omega^*,\omega^{**},R,r,\pi\}$ 受基础货币增长率 δ 的影响。

证明：由命题（P4.5）可知，主要内生变量 $\{y,k,\omega^*,\omega^{**},R,r,\pi\}$ 构成的方程组是关于 δ 的函数，那么这些内生变量必然受基础货币增长率 δ 的影响。由此该命题得证。

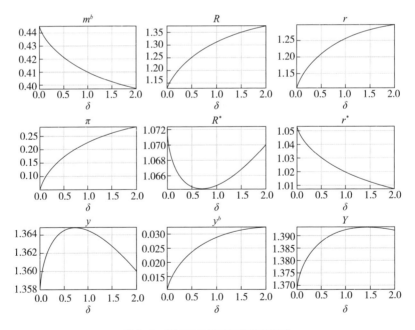

图4-6 货币供给增长对均衡的影响

货币供给增长率对经济影响的一个直觉结果是：通胀和产出都会上

第四章 货币需求导向的"叠加态"货币循环

升。我们模拟 δ 在区间 $[0,2]$ 之间变化对均衡结果的影响，主要参数来自表 4-3，另外取 $\Gamma^L = 0.001$，这表明获得中央银行流动性支持产生的相对成本要小于银行信贷活动产生的成本，结果由图 4-6 给出。

模拟结果显示，货币供给增长率对实体产出的影响呈倒 U 型。由于实体产出 y 此时唯一由企业家的投入 k 所决定，并且由（4-48）式可知，如果不考虑 δ 对 ω^* 和 ω^{**} 的影响，那么必然有 $\frac{\partial k}{\partial \delta} > 0$，那么货币供给增长总是能带来 k 的增加和实体产出的上升[①]。由（4-29）、（4-30）式可知，ω^* 是关于 $\{r, \pi\}$ 的函数，ω^{**} 是关于 $\{r, \pi, \Theta\}$ 的函数，那么 δ 会通过影响名义利率 r、通胀率 π 和交易比例 Θ 间接影响 ω^* 和 ω^{**}，从而通过（4-48）式对 k 的变化可能产生反方向的影响。归纳起来，货币供给增加通过两种力量对产出带来影响：一是企业家 k 的投入需求，货币供给增加使得企业家获得了更多的信贷，这能够提高企业家的购买力，从而增加投入需求；二是家庭的供给，货币供给增加导致的通胀水平的上升，增加了家庭当期的消费需求，从而减少了禀赋产品的供给。因此，当通胀率水平较低时，需求主导了 k 的均衡，那么货币供给增加将带来实体产出的上升；当通胀率水平较高时，供给主导了 k 的均衡，此时货币供给增加则导致实体产出的下降。同时，货币供给增加扩张了银行的信贷，尽管这带来了更高的通胀水平，但仍然增加了金融业的增加值。然而，无论货币政策的目标是支持实体产出的增长还是实现整个经济的实际 GDP 最大化，货币供给增长率都与这二者呈倒 U 型关系，即存在一个最优的货币供给增长率。这也意味着，本章的理论框架虽然不同于以家庭作为货币需求的货币主义，但仍然可以兼容弗里德曼规则的存在。

另外，货币供给的增加降低了银行对来自家庭的货币的需求，但名

[①] 在这种情景下，货币供应量增加的作用也体现在可以动员更多的储蓄（余永定，2020）。

义存款利率并没有下降。正如前面的分析一直强调的，家庭的货币供给由实际存款利率所决定。实际利率由于通胀的上升而下降，这就导致家庭的货币供给收缩主导了货币的均衡，即来自中央银行的货币供给增加最终导致家庭货币供给的收缩，从而使得名义存款利率上升①。由于货币供给增长率与实际存款利率呈单调关系，这也意味着，中央银行在向银行提供流动性支持时，数量型的货币供给增长政策等价于盯住实际存款利率的利率规则。

归纳命题 P4.5 和 P4.6 的基本结论，实际构成了对以下定理的证明：

定理（T4.4 货币政策非中性定理）：只要中央银行向金融中介提供再融资以满足实体经济部门融资需求，则由此形成的货币增量非中性。

我们得到的货币政策非中性定理与新凯恩斯理论和理性预期理论存在较大差别。新凯恩理论的货币政策非中性的理论基础是名义刚性的引入，比如价格的不灵活调整等，那么通胀预期无法完全抵消名义利率的变动，这就使得实际利率受到名义利率的影响②。然而，正如 Rocheteau 和 Nosal（2017）所指出，新凯恩理论框架中的货币政策的模型环境是"无现金经济"，货币仅仅是一个计账单位。理性预期理论认为，只有预期不到的货币政策变动才能产生实际效果（Lucas 1972）。本章理论中的货币政策非中性是通过满足银行的货币需求来实现的，并且货币供给增加是被预期到的，这是我们的理论与这些理论的区别所在。

---

① 货币供给增加带来的名义利率的上升又称之为"流动性效应"，标准的 CIA 和 MIU 的货币模型均无法刻画出该效应，参见 Walsh（2017）第 5 章的内容。基于本章研究框架，货币供给如何产生流动性效应，这是我们将在第二卷进一步研究的内容。

② 新凯恩斯理论框架更多关于货币政策的讨论和分析可参见 Woodford（2003）和 Galí（2015）。

六、结论性评价

本章的真正用意在于解释货币主义与凯恩斯主义在货币增量及其作用层面旷日持久的争论。答案是"叠加态"。这种"各打五十大板"的做法看似"和稀泥",但确实是真实世界的反映。

理解上述理论是有一定难度的:中央银行所观测的货币循环恰如"薛定谔的猫"——货币增量既可能是中性的,也可能是非中性的,我们姑且称之为叠加态货币循环理论,这种叠加态货币循环理论的提出是基于我们在第二章所提出的"银行是货币需求者"的想法、基础模型及其初步一般均衡框架,以及第三章突出信用中介是商业信用汇总的作用,本章所做的铺垫性努力在于矫正对"货币传导机制"的认知——实际上,第一,货币增量如果是因为家庭、企业和信用中介部门的最优决策所导致的,那么这种内生货币增量只能是中性的(此时,货币会按照乘数增长,但中央银行并未介入)。第二,货币增量如果是由中央银行提供的,但在"生产还没有发生的情况下"出现,则其必然只造成名义量变化,不会对家庭部门的最优决策构成任何影响,因而不会影响消费和产出。我们可以想象,在金属货币时代,如果一支冒险家所构成的队伍突然从新大陆带回100吨金币,但没有带回任何物质产品,通货膨胀是必然的。第三,如果中央银行的外生货币增量面对的是信用中介,前者期望后者以此增加信贷供给以形成新增要素就业,则这一行为将改变以提供信贷为己任的银行行为,产出将发生改变,进而影响家庭部门的两期消费决策,那么货币增量显然是非中性的。无论哪种情形,其前提都是中央银行的观察与决策——它可以选择作为或不作为(单一规则或相机决策),也可以选择向谁作为(购买国债实现向家庭转移支付或向银行体系提供流动性),不同的自下而上的传导机制决定了不同的中央银行决策,进而决定了货币循环的"叠加态"。一言以蔽之,当学术界仍然在争论货币传导机制是新古典还是非新古典的时候,"叠加态"货币循环正在不远处等着学者们。

作为总结,本章针对长期以来关于货币中性还是货币非中性的争议,提出了叠加态货币循环理论:货币增量可以同时是中性与非中性的。通俗地说,一种情况下,如果中央银行不干预商业银行对企业的信贷,也不在乎企业融资成本,则货币增量是由一系列微观交易所形成的会计意义上的"资金环流",它由商业银行信贷扩张和偿还存款决定。货币增量的起因是再生产,而不是再生产的动力来自货币增量。货币需求内生增长,因此货币增量是中性的。另外一种情况下,如果中央银行急企业所急,想企业所想,通过向银行提供再融资以解决融资贵的问题,货币供给形成了外生增长,则货币增量是非中性的[①]。

第一,如同"延迟选择实验"一样,叠加态货币循环理论的诡异性在于监测者实际构成了被监测系统的组成部分。以现实效果解释,相当于货币当局的"求仁得仁"——对于面向公众实施初始(第0期)分配但在金融运行中(第1期)不干预的中央银行,由于其相信货币中性,得到的均衡结果就是货币中性。对于在实体经济运行时怀有悲悯之心的中央银行,由于其担心实体经济融资难、融资贵,试图在第1期通过对金融机构再融资以满足企业融资需求,其实际相信货币非中性,即货币投放能够产生实际效果,得到的均衡结果就是货币非中性。

第二,从货币供求理论重构到叠加态货币循环理论的提出,都是

---

① 这一论断并不难以理解:薛定谔方程所描述的场景也是有条件的叠加态——原子释放与否。以惠勒的"延迟选择实验"类比,光子走位的诡异性相当于中央银行的决策——如果货币供给只能来源于家庭,那么货币是中性的;如果中央银行可以提供价格既定的无限再融资或者可以按照既定增长率提供再融资,那么货币是非中性的。

对传统理论的颠覆性认识。值得重申的是,"我们无意挑战自 Keynes（1936）、Hicks（1937）以来的一般认识,即货币需求的主体是公众"。相反,我们的理论更应该作为传统货币理论的一个重要修复[①]。根据本章的结论,货币增量中性不难理解,但货币增量同时呈现非中性特征,其本质特征并非一定属于二元对立,还存在对立统一的可能。如果从货币的"跨期交易"本质加以进一步解释,我们可以发现,只要中央银行向金融中介体系外生注入基础货币,可贷资金的增加会同时带来资本形成与金融业会计利润,因此在当期,实体部门和金融中介的增加值同步增长,这就是货币非中性的基本表现形式。但是,货币非中性的代价或许存在时间上的动态递延性——坏账和货币危机总是在一定期限后发生。如果我们以日本为例,跨期计算 GDP,把 1991 年后的损失贴现到 1985—1990 年的 GDP 上,是否仍然会发现外生货币增量的中性特征？根据清泷信宏（2003）的研究：日本"1950—1973 年,平均增长率是 9%；1974—1990 年,平均增长率是 4%；1990 年后,平均增长率是 1%"。"跨期贴现"将真正使我们看清货币非中性的本质特征——无非是没有考虑滞后期 GDP 扣减时的当期 GDP 虚增而已。

第三,最后需要说明的是,如果叠加态货币循环已经显得过于复杂,那么现实问题远比我们的理论更加复杂。一方面,模型限定了居民、银行和企业行为,企业是非投机性的,银行仅仅是沟通居民和企

[①] 由于 Friedman（1956, 1960, 1968, 1969）以及 Friedman 和 Schwartz（1963）等研究为代表的货币主义存在缺陷,博尔顿（2020）、Bolton（2016）、Bolton 和 Huang（2018）等研究基于公司金融的理论框架提出国家股权的货币思想,以此尝试对货币主义的理论进行修复,新货币主义（Kiyotaki 和 Wright 1989, 1991；Lagos 和 Wright 2005；Williamson 和 Wright 2011）试图通过引入交易摩擦来建立货币的微观基础。由于我们在第一章起已经界定了货币制度、金融中介体系和中央银行货币发行权的现实存在,因此我们将理论的起点置于银行作为真正的货币需求者的货币需求。

业的中介,银行之所以能够具有吸收存款(得到居民货币供给)的信用,原因在于其等于商业信用的总和。事实上,肇始于日本、继之于韩国的东亚金融危机说明,居民之所以愿意向银行提供货币,仅仅在于相信银行而非企业的最终融资偿还能力,这将使我们的叠加态货币循环显得更加简单。另一方面,如果银行为了争取居民信任,要求企业提供抵质押以换取货币需求的安全性,则脱实向虚必然发生。根据以上两个方面的延伸思考,叠加态货币循环理论仅仅是我们在重新定义货币供给与需求之后的第一个理论基础,一系列需要进一步探讨和回答的问题随之产生:一是为什么金融中介作为一种制度安排必然存在,其对货币需求的影响是什么;二是看起来仅仅是为了使融资更加安全的抵质押安排为什么在宏观意义上无效,并且有可能导致资产泡沫化;三是当抵质押品与信贷之间建立联系时,有没有可能诞生一个新的货币数量论,即存在数量方程式 $PY + 抵押品价值 = MV$,此时货币供给增加是否会呈现货币超级中性(Hyper-Neutrality of Money),即货币供给增加对产出和通胀的关系变弱,并同时导致抵质押品价格的上升;四是在上述进一步研究的基础上,如果我们可以得到确定性理论结论,那么最优货币政策规则是什么——弗里德曼规则、沃尔克规则和泰勒规则是否适用于当代货币经济。因此,基于银行货币需求的货币理论作为 21 世纪的货币数量论,需要回答这些理论问题,并对相关的重大货币现象进行解释,特别是已有货币理论所无法解释的重要现实问题,这是我们将继续推进的研究工作。

参考文献

[1] Ando, A., and Modigliani, F., 1963. "The 'Life Cycle' Hypothesis of Saving:

第四章 货币需求导向的"叠加态"货币循环

Aggregate Implications and Tests", *American Economic Review*, 53 (1): 55–84.

[2] Angeloni, I., and Faia, E., 2009. "Tale of Two Policies: Prudential Regulation and Monetary Policy with Fragile Banks", *Mimeo*, October 29.

[3] Bernanke, B.S., and Gertler, M., 1989. "Agency Costs, Net Worth, and Business Fluctuations", *American Economic Review*, 79 (1): 14–31.

[4] Bernanke, B.S., and Gertler, M., 1995. "Inside the Black Box: The Credit Channel of Monetary Policy Transmission", *Journal of Economic Perspectives*, 9 (4): 27–48.

[5] Bernanke, B.S., Gertler, M., and Gilchrist, S., 1999. "The Financial Accelerator in a Quantitative Business Cycle Framework", in Taylor, J.B., and Woodford, M. (eds.), *Handbook of Macroeconomics*, Vol.1: 1341–93, Amsterdam: Elsevier.

[6] Bewley, T., 1983. "A Difficulty with the Optimum Quantity of Money", *Econometrica*: 1485–504.

[7] Boivin, J., Kiley, M. T., and Mishkin, F. S., 2011. "How Has the Monetary Transmission Mechanism Evolved Over Time?", in Friedman, B. M., and Woodford, M. (eds.), *Handbook of Monetary Economics*, Vol.3A, Amsterdam: Elsevier.

[8] Bolton, P., 2016. "Presidential Address: Debt and Money: Financial Constraints and Sovereign Finance", *The Journal of Finance*, 71(4): 1483–510.

[9] Bolton, P., and Huang, H., 2018. "The Capital Structure of Nations", *Review of Finance*, 22(1): 45–82.

[10] Brumberg, R. E., and Modigliani, F., 1954. "Utility Analysis and the Consumption Function: An Interpretation of Cross-section Data", in Kurihara, K. (ed.), *Post-Keynesian Economics*, New Brunswick: Rutgers University Press.

[11] Brunner, K., and Meltzer, A. H., 1990. "Money Supply", in Friedman, B. M., and Hahn F. H. (eds.), *Handbook of Monetary Economics*, Vol.1: 357–98, Amsterdam: North-Holland.

[12] Fleming, J.M., 1962. "Domestic Financial Policies under Fixed and under Floating Exchange Rates", *IMF Staff Papers*, 9(3): 369–80. Washington D. C: International Monetary Fund.

[13] Friedman, M., 1956. "The Quantity Theory of Money: A Restatement",

FRIEDMAN, M. *Studies in the Quantity Theory of Money*, Chicago: University of Chicago.

[14] Friedman, M., 1957. *A Theory of the Consumption Function*, Princeton: Princeton University Press.

[15] Friedman, M., 1960. *A Program for Monetary Stability*, New York: Fordham University Press.

[16] Friedman, M., 1962. *Capitalism and Freedom*, Chicago: University of Chicago Press.

[17] Friedman, M., 1968. "The Role of Monetary Policy", *American Economic Review*, 58(1): 1–17.

[18] Friedman, M., 1969. "The Optimum Quantity of Money", in *The Optimum Quantity of Money and Other Essays*, Chicago: Aldine Press.

[19] Friedman, M., and Schwartz, A. J., 1963. "Money and Business Cycles", *The Review of Economics and Statistics*: 32–64.

[20] Galí, J., 2015. *Monetary Policy, Inflation, and the Business Cycle: An Introduction to the New Keynesian Framework and Its Applications*, Princeton: Princeton University Press.

[21] Gerali, A., Neri, S., Sessa, L., and Signoretti, F., 2009. "Credit and Banking in a DSGE Model of the Euro Area", paper presented at the Financial Markets and Monetary Policy Conference, sponsored by the Federal Reserve Board, and the Journal of Money, Credit and Banking, June 45.

[22] Gertler, M., and Kiyotaki, N., 2011. "Financial Intermediation and Credit Policy in Business Cycle Analysis", in Friedman, B. M., and Woodford, M. (eds.), *Handbook of Monetary Economics*, Vol.3A: 547–99, Amsterdam: Elsevier.

[23] Goldfeld, S. M., and Sichel, D. E., 1990. "The Demand for Money", in Friedman, B. M., and Hahn F. H. (eds.), *Handbook of Monetary Economics*, Vol.1: 299–356, Amsterdam: North-Holland.

[24] Hicks, J. R., 1937. "Mr. Keynes and the 'Classics': A Suggested Interpretation", *Econometrica*: 147–59.

[25] Jorgenson, D., 1963. "Papers and Proceedings of the Seventy-Fifth", *American Economic Review*, 53 (2): 247–59.

[26] Keynes, J. M., 1923. *A Tract on Monetary Reform*, London: Macmillan.

[27] Keynes, J. M., 1936. *The General Theory of Employment, Interest Rate and Money*, London: Macmillan.

[28] Kiyotaki, N., and Wright, R., 1989. "On Money as a Medium of Exchange", *Journal of Political Economy*, 97(4): 927−54.

[29] Kiyotaki, N., and Wright, R., 1993. "A Search-theoretic Approach to Monetary Economics", *American Economic Review*: 63−77.

[30] Lagos, R., and Wright, R., 2005. "A Unified Framework for Monetary Theory and Policy Analysis", *Journal of Political Economy*, 113(3): 463−84.

[31] Lucas Jr, R. E., 1972. "Expectations and the Neutrality of Money", *Journal of Economic Theory*, 4(2): 103−24.

[32] Meh, C., and Moran, K., 2008. "The Role of Bank Capital in the Propagation of Shocks", *Bank of Canada Working Papers*, 08−36.

[33] Moenjak, T., 2014. *Central Banking: Theory and Practice in Sustaining Monetary and Financial Stability*, Singapore: Wiley & Sons.

[34] Mundell, R. A., 1963. "Capital Mobility and Stabilization Policy under Fixed and Flexible Exchange Rates", *Canadian Journal of Economics*, 29: 475–85.

[35] Papademos, L., and Modigliani, F., 1990. "The Supply of Money and the Control of Nominal Income", in Friedman, B. M., and Hahn F. H. (eds.), *Handbook of Monetary Economics*, Vol.1: 399−494, Amsterdam: North-Holland.

[36] Rocheteau, G., and Nosal, E., 2017., *Money, Payments, and Liquidity*, Cambridge: MIT Press.

[37] Tobin, J., 1969. "A General Equilibrium Approach to Monetary Theory", *Journal of Money, Credit and Banking*, 1 (1): 15–29.

[38] Walsh, C. E., 2017. *Monetary Theory and Policy*, Cambridge: MIT Press.

[39] Williamson, S., and Wright, R., 2011. "New Monetarist Economics: Models", in Friedman, B. M., and Woodford, M. (eds.), *Handbook of Monetary Economics*, Vol.3A: 25−96, Amsterdam: Elsevier.

[40] Woodford, M., 2003. *Interest and Prices: Foundations of a Theory of Monetary Policy*, Princeton: Princeton University Press.

[41] 保罗·迪拉克. 狄拉克量子力学原理 [M]. 北京：机械工业出版社，2018.

［42］ 帕特里克·博尔顿.货币主义的贫困［J］.比较，2020，1.

［43］ 清泷信宏.日本近期的坏账问题［J］.比较，2003，7.

［44］ 余永定.货币主义的挽歌还是救赎［J］.经济学（季刊），2020，20（1）：25-34.

第五章
中介信用理论与超额货币需求第一定理

> 对制度安排（如货币制度或金融市场结构）的分析还刚刚起步。科学史表明，科学的进步总是从对现实规律的成功描述开始的。
>
> ——Karl Brunner 和 Allan H. Meltzer，*Money Supply*，1990

一、引言

第三章总结的信用中介理论是在金融中介货币需求理论上沟通信用与货币的桥梁，为我们理解第四章的货币量增长奠定了微观基础——传统意义上的银行中介研究主要依据在于信息优势，但其出发点在于确保银行资产（穿透看，是最终的存款人资产）的安全性，而非形成货币需求。为了资产安全，在过去数十年的探索中，从理论到实践都出现了一系列创新，如存款准备金率（备付金）、资本充足率、拨备覆盖率要求和存款保险机制等。

本章从超越微观的角度看待信用中介的两个重要安全保障因素——银行的资本要求和交叉补贴能力。这两个因素推动信用中介的独立性持续增强，甚至成为一个独立部门。我们有理由认为，这是整个经济区分为实体行为和虚拟行为的起点。据此，本章提出"中介信用"理论：中介自身具有信用创造能力，因此，经济从商业信用到银行信用，再到中介信用主导的货币均衡，银行向公众吸收存款货币的能力由资本金决定，而不再简单地由银行能够挖掘潜在融资客户的信息优势决定。由银行资本增加所驱动的银行信用扩张的最终结果是：银行对基础货币的需求与广义货币的供给同时增加，并产生强大的社会储蓄动员能力，并且提示我们一个重要的现实结果——只要中介信用取代商业信用和传统意义上的银行信用，一定会存在超额货币需求（excessive money demand）。超额货币需求指的是银行动员的广义货币量与原本实体经济循环中需要的信贷规模及与之对应的广义货币量的差值，这是衡量经济虚拟化的重要指标。本章在归纳银行信用定理和中介信用定理的基础上，以日本银行危机作为实证证据，并进一步将模型扩展到一个金融开放的环境，通过韩国等东亚小型开放经济体的超额货币需求，证明了当银行资本达到一定规模时，本国银行将增加境外存款来获得更多的融资，从而产生更大的超额货币需求。这一方面能够支持更高水平的投资，同时也使得银行在遭受较大外部冲击时表现出更大的脆弱性，这与亚洲国家由银行所主导的金融体系的一些特征事实相一致。

（一）问题的提出

我们可以做一个行为金融学实验。

模拟摆在公众面前的选择性问题：如果你面对一家最大规模的银行和一家最具成长声誉的企业，两家机构同时以同等利息、同等期限向你提供存款或发行债券，你会选择哪种金融资产？如果你依然选择存放银行，则该经济已经意味着"脱实向虚"。这是因为，按照一般理论，银行会对客户进行选择与甄别，则其安全性和盈利性是其所有贷款客户的加权平均。因此，最大规模的银行一定比全社会最好的企业更不安全。但是，我们发现，在多数情况下（非金融危机时期），人们会选择银行存款；同样，在多数情况下，即使是最优秀的企业，债券利率也高于银行存款利息水平。

这意味着一个悖论：银行信用不是商业信用的加权平均，也意味着一个传统理论的颠覆：金融中介通过信息优势以实现家庭部门的金融资源向实体部门的配置。由此,"银行存款几乎等同于无风险金融资产"这一认识和**"银行比企业更安全"**的观念,已经决定了整个经济注定呈现"脱实向虚"的可能性:存款是获得某种无风险跨期收入,而任何对企业的同等回报融资都劣于存款。由于对银行的低风险认同在现代货币经济领域的流行,货币经济的波动性得以降低,广义货币并不完全跟随企业信用而大幅波动,银行成为"蓄水池"并具备了独立信用。但是,其负面作用在于,银行的货币需求(吸收的公众存款)存在持续高于企业商业信用的可能性,由此导致金融中介的脆弱性。

(二)中介信用假说

针对金融体系的脆弱性,传统理论认为高负债是重要根源(明斯基 2015),我们给出的判断是中介信用独立于商业信用的加权平均值,导致超额货币需求持续存在。基于我们在第二章提出的观点,任何超过 0 的存款利率都可以动员公众把流通中现金转换为存款,即向金融中介提供货币供给,那么无论在经济上行或下行期,"银行永远比企业更加安全"的观念导致的结果是不可能遏制的货币存量增长。这一判断,可以解释 1991 年和 1997 年先后在日本和韩国等其他东亚新兴市场经济体发生的金融危机,以及日本长期实施的零利率政策。需要指出的是,我们不认为 2008 年全球金融危机属于此类情形。但是,以上分析仅仅是我们对货币需求认识的第一步——货币交易的跨期性质决定了信用是理解货币需求和货币供给的核心,银行信用则是理解现代货币经济的关键。

那么需要进一步探索和回答的问题是:银行信用的基础是什么?或者说,是什么决定了货币资金最终是随着经济的发展且通过银行这类金融中介来完成跨期配置的?我们的直觉是,银行的信用并非商业信用加总那么简单。反证性思路是:如果是,那么银行是且仅是货币或信用"二传手"

（的确，传统上我们也是这么认为的），那就很难理解近20年来迅速发展的银行业总资产和占 GDP 比重不断上升的金融业增加值①。特别是，1991年日本银行体系陷于困境和1997年亚洲金融危机，与2008年全球金融危机在本质上存在区别。如果说后者的主要问题是"脱实向虚"——我们在此后将重点研究——那么东亚的问题似乎是**"一个过于庞大的银行体系导致全社会对银行的过度信任"**，由此导致存款人完全忽略资产质量。并且在金融开放的环境下银行会选择更多的境外存款，更多的外债使得联结货币到银行的这座桥梁更加脆弱。由此，我们的猜想是，银行信用显著大于商业信用的加总②。为了区别于传统意义上的"银行信用"或"信用中介"概念，为了证明金融中介的崛起是基于其独立的信用形式，我们设定了"中介信用"概念：一个脱离了实体商业信用而真正具备独立性的信用。其内在机理是：为了使存款人利益能得到更加充分的保障，也为了使银行体系自身更加安全，在第二章所讨论的银行信用的基础上，由于银行对家庭的存款债务事实上负有"刚性兑付"责任，且具备在资产池中跨账户调

---

① 银行总资产与 GDP 之比的另一面是银行总负债与 GDP 之比。当银行不是货币的"二道贩子"，那么银行的确可以通过创造广义货币（由企业贷款相关的企业存款，即 M1）进而获得广义货币（由企业存款产生的经济活动的交易带来的家庭储蓄存款，即 M2）。因此，当银行赋予了广义货币的创造功能时，便不难理解银行信用扩张产生的高负债，此时银行信用与货币创造功能相绑定，因为银行创造的货币最终都会通过家庭储蓄回流到银行体系，那么银行的货币创造功能就决定了银行能够获得自身创造的货币。然而，当我们分析纯粹由银行信用决定的银行货币需求时，我们需要将银行信用与货币创造功能松绑，即使银行只是货币"二传手"，那么问题在于银行如何能够承担如此高的负债水平，即是什么决定了银行能够获得如此多的货币。因此，本章分析的重点将不再是货币创造与货币增量等问题，而是在一个货币存量的经济中，银行如何凭借银行信用获得更多的存量货币，并以此撬动更多的社会储蓄。

② 尽管均衡时由银行信用决定的信贷供给等于以商业信用决定的信贷需求，这与银行信用显著大于商业信用这一不等式并不矛盾。换句话说，在一个没有银行信用的经济中，由商业信用所能获得的资金是明显小于在银行信用所支持下所能获得的资金。

剂"收入—损失"的能力，此时，银行发展出了一种新的信用——中介信用。显然，这一假说与我们日常观测的金融中介行为高度契合。而中介信用的存在导致了超额货币需求的出现，即超过实体经济偿还能力（商业信用）的货币需求。从积极层面看，货币具有了"普惠"功能；从消极层面看，信用体系出现了裂痕。超额货币需求和信用崩溃，是信用危机（银行坏账）流动性危机（家庭不再相信中介信用）的微观根源。

（三）超额货币需求假说及其两大来源

那么，中介信用假说在货币供求层面的影响是什么？我们相应提出了银行对家庭部门的超额货币需求。在第三章的传统信用中介理论的基础上，我们发现：由于银行自身拥有资本金，并以存款形成资金池、以信贷形成资产池，由此具备偿还能力和交叉补贴能力。这是使信用中介最终独立于商业信用且脱离传统意义上的银行信用的真正原因。为了理解银行信用与货币供需之间的内在联系，需要放宽市场分割的假设，并强调银行在管理信贷风险方面的作用。因此，本章不再施加市场分割的假设，家庭可以同时向企业家和银行提供资金。均衡时，银行信用水平将影响家庭如何分配货币资金。当银行信用不足时，尽管家庭向银行提供货币，但同时也将货币资金借给企业家，此时经济中的商业信用与银行信用共同影响货币的供需。当银行信用充足时，家庭只向银行提供货币，经济中的货币供需完全由银行信用所主导；同时，企业家也并不向家庭融资，其原因在于家庭的资金更贵。也就是说，银行信用是一种比商业信用更便宜的融资方式。因此，经济从商业信用发展到银行信用是内生的选择，而不是由外生的市场分割带来的。

本章与传统金融中介理论的基本区别如下：

第一，本章首次从理论上对信用与中介信用进行区分和讨论。为区别于通常认为的"银行信用无非是商业信用的加总或'特殊形式'",我们提出了"中介信用"这一并非冗余的新定义——中介信用可以持续扩张,且存在无界性,直至发生以信用危机(流动性危机)为表现形式的金融危机。从效率角度看,本章论证了中介信用是一种比商业信用更有效的配置资金的方式,不同形式的金融危机的共同特征都是对中介信用的破坏,或许此时,商业信用本身并未受到任何影响。中介信用对货币供给具有极强的扩张牵引力——这一理解可以解释为什么诸多企业发展为金融集团后反而更加脆弱,也可以解释为什么原本从事单一业务的金融机构往往会发展为综合经营机构。

第二,本章强调了银行资本的损失吸收能力和资产池交叉补贴功能对银行的作用。一方面,具有吸收风险的银行资本,这是银行区别于其他金融中介的主要特征。另一方面,区别于非银行金融机构,银行可以通过交叉补贴来分散风险。这里的逻辑链条在于:银行天然实施资产负债管理,其吸收的存款是负债,发放的贷款是资产,由此可能形成的问题是资产违约与负债刚性兑付之间的矛盾。为保障存款人权益,银行天然应该具有足够的资本金。在微观意义上堪称完美的制度安排却造成了宏观层面的超额货币需求。关于保障银行安全的文献非常丰富,但是,微观银行理论尽管将信用风险管理置于重要的位置,但并没有打通银行信用与货币供给这一环节(Freixas 和 Rochet 2008)[①]。

[①] 比如,Diamond 和 Dybvig(1983)和 Diamond 和 Rajan(2000,2001)等研究假设经济中存在非流动性的资产,银行的作用主要在于通过期限转换来创造流动性资产,银行本身也暴露于流动性风险。或许流动性风险与信贷风险的管理在银行早期发展时期具有同等重要的地位,随着银行间市场的发展和存款保险制度的建立和完善,信贷风险才是银行风险管理的核心。Freixas 和 Rochet(2008)的著作中涉及到的微观银行理论基本上都是局部均衡模型,银行总是能以固定的利率获得货币资金,即银行的信用是外生的,货币供给即家庭为什么要将货币借给银行则并没有考虑。

第五章　中介信用理论与超额货币需求第一定理

第三，本章扩展的金融开放的模型解释了，银行资本的扩张如何能够获得更多的境外融资以支持本国的高投资水平，同时也论证了由此带来的脆弱性，即在较大的外部冲击面前，本国银行信贷收缩的幅度更大。这就同时解释了主要由银行主导的亚洲国家金融体系的两个主要特征事实：一是银行资本驱动的超额货币需求对社会储蓄产生强大的动员能力，从而产生高储蓄下的经济高增长；二是1997年亚洲金融危机爆发之前，受影响最大的几个国家都有较高水平的银行外债。

二、传统理论批评：从信用中介安全性引进银行资本和交叉补贴

基于信用中介——银行的极端脆弱性，银行资本金的重要性既是一个理论问题，也是一个实践问题。自1987年12月国际清算银行（BIS）提出资本充足率（Cooke Ratio）之后，1993年1月起，欧盟18个成员国统一实施商业银行资本充足率要求。先驱性理论研究——Koehn和Santomero（1980）、Kim和Santomero（1988）以及Rochet（1992）从银行的资产组合理论出发，基本结论是银行破产概率是资本充足率的减函数。那么，既然银行资本是监测银行破产的良好指标，设置最低资本要求显然是合理的（Freixas和Rochet 2008）。但是，如果我们把这一合乎微观运行要求的政策性指标与第三、四章的结论结合起来，可以发现一个基本悖论：如果信用中介已经具备了充分的信息优势，那么其所进行的对"合格借款人"的充分搜寻在理论上将不会形成任何坏账；如果我们进一步假设家庭部门已经进行了关于消费—储蓄的最优安排，那么银行的负债与资产期限不匹配的流动性风险也将不存在。所以，在高度抽象且过于理想化的宏观经济模型中，信用风险和流动性风险是可以被忽略的。当然，

这种抽象显然不符合事实。因此，以备付金应对流动性风险，以资本金应对信用风险，是在一个"不完美世界"中的现实政策抉择。

我们很赞同自 Townsend（1979）、Gale 和 Hellwig（1985）以及 Bolton 和 Scharfstein（1990）以来，由于对信用中介信息优势的担忧，比如，经济学界公认的状态识别高成本（costly state verification）问题（Williamson 1987），经济学研究很自然地把借贷关系（borrower-lender relationship）作为银行安全性研究重点的逻辑线索。显然，借款人的偿还意愿和偿还能力的确是决定银行资产质量的关键性（也许是最关键的）因素。在此领域的努力包括 Hart 和 Moore（1994）的"不续贷"威胁，Jappelli、Pagano 和 Bianco（2005）的司法解决机制研究等。在该领域的研究中，最有魅力的仍然是 Stiglitz 和 Weiss（1981）关于后弯信贷供给曲线的猜想，他们由此推出针对逆向选择的信贷配给策略，更重要的是，他们提出了"超额投资"的思想。针对贷后管理的研究往往依托道德风险及其激励相容理论，主要理论贡献者是 Diamond（1991）、Myers 和 Rajan（1998）以及 Dewatripont 和 Maskin（1995）。然而，认同这些研究的贡献，并不意味着我们认为上述理论具有在"关键性"上的绝对地位。这些结论的确有价值，但是往往具有舍本逐末性质。总体上看，银行资产质量的安全性问题并不来自信用中介与借款人之间的信息不对称[①]，而主要来自银行自身的目标函数——在存贷款利差给定（或基本给定）的情况下，把规模做到极致几乎是所有银行的最优抉择。那么，传统"信用

---

① 作者自 1990 年代至 2010 年代先后在商业银行信贷部门、研究部门工作，并长期跟踪研究农村信用社资产质量问题。基于实际情况的判断是：至少在特定区域内，基于长期客户关系，信贷经理对借款人的了解恰如企业内部财务部门对现金流、合同执行的了解程度。我们在大学课堂中熟悉银行理论的探索者们更多基于主观认识或逻辑推演，不一定真实从事过银行业务。因此，完美的理论与骨感的现实之间可能存在偏离。

第五章 中介信用理论与超额货币需求第一定理

中介理论"的认知基石将被彻底推翻。如果信用中介仅仅是借款人的代表和融资需求的审核者，那么信用中介的规模与经济中的有效融资需求之间肯定不能做到"恰好匹配"。这可以解释为什么信用中介除了审核融资需求，还需要做贷款营销。

值得注意的是，我们在一定程度上否定关于银行安全性研究的"书生之见"，但是我们的确赞同 Fama（1985）提出的根本性问题——"银行到底有什么不同？"银行的不同在于，银行存在资本金，也存在不同资产的交叉补贴，这使得原本的信用中介不再是一个"中介"，而是具备了独立的信用，且这一信用水平超过了企业信用的加总。这才是我们有兴趣研究的内容，在宏观意义上，则意味着只要资本金机制和交叉补贴机制同时存在，那么银行所具备的货币需求将一定超过借款人（企业）所能够吸收的水平，这就是所谓"超额货币需求"。那么，问题随之产生了。怎么衡量此类超额货币需求？这的确是非常困难的。一方面，借款人会因为低利率诱惑而形成超额投资和超额产出，这给研究者带来的麻烦是，既然形成了产出，那么信贷以及货币需求就是合理的或合适的。另一方面，我们还可以观察到息差水平的降低，这似乎是信用中介满足借款人需求的合意形式。就此问题，我们没有更好的回答，但是试着给出了一个答案：**坏账就是超额货币需求的数量表达形式**。这是因为，如果一切都如 Arrow-Debreu 世界那样严丝合缝，则信用中介本无必要存在；如果信用中介具有专业化信息优势，且它们如 Stiglitz 和 Weiss（1981）等重要研究者所说的那样，具有对逆向选择的警惕性，则本无任何可能出现系统性风险。于是，在以银行为主导的金融体系中周期性、系统性地出现信用危机，在很大程度上反映了当前理论可能是正确的，但解释力不足。

三、中介信用假说：银行资本、交叉补贴与超额货币需求

综上，如果我们的工作仅仅是传统金融中介理论的翻版或升级，并不能激发我们的研究兴趣。回到本章开头所提出的那个行为金融实验，金融中介为什么能够成为合格的货币需求者？仅仅从信息优势角度给出的答案显然缺乏足够的说服力。一条重要的思想线索来自 Diamond 和 Dybvig（1983）的随机取款假设（random-withdrawal hypothesis）——银行向存款人提供了无法预期的未来支出风险的保险机制，存款人可以在任何时候以公允价格提取现金。在 1907 年银行危机期间，约翰·皮尔庞特·摩根说道，"如果人们愿意把钱存放在银行，一切都会安然无恙"（Bruner 和 Carr 2007: 100-1）。

那么，摩根先生凭什么认为公众放心于存款？显然，银行信用并不等于商业信用，其存在某种特殊性。我们有必要进行以下讨论：银行为什么要有资本？如果银行仅仅是存款人的监督代表，那么资本是多余的，这是因为，在存款进入银行时，"存款将抵补信贷损失"应该是共识。如果银行仅仅具有资金融通职能，那么只要银行把家庭和企业家双方信息进行充分沟通，即每个家庭都清晰地了解自己的资金去向，且同样清晰地了解银行的职能在于帮助自己找到合适的企业家，那么银行资本并不需要存在。同时，如果银行采取的是资产—负债业务，那么实际上银行通过资金池归集了家庭资金，并通过资产池实现了所有家庭的按利率分配，这就具有了交叉补贴职能。直观的理解，交叉补贴相当于风险投资，通过投资组合实现丰歉相抵后的平均回报。我们的研究兴趣并不在于资本和交叉补贴的微观效应，而在于研究上述两个条件的存在所导致的银行对居民的超额货币需求。之所以说是"超额"，是因为此时的信贷市场允许了低商业信用的企业家也获得融资，而银行向家庭提供的固定而安

全的回报使得超额货币需求得到了供给支持。[①]

（一）银行资本的作用

如果说，银行信息优势是家庭基于相信银行所搜寻到的企业具有商业信用，而向银行提供货币供给的原始制度基础，那么银行资本的出现则推动银行成为独立的"信用主体"的革命性条件就是，此时的家庭相信：我不是因为相信银行找到了优质融资方而放心于向银行提供货币，我仅仅是因为相信银行存在能够吸收损失的资本。于是不论银行向谁提供融资，我都具有持有存款货币（而不再是现金）的信心。

从微观基础走向宏观结果，我们看到了超额货币需求的出现。

为了理解超额货币需求，我们延续第三章的分析结论："银行信用在数量上表现为融资约束条件 $\bar{d}$ 的大小，即银行能够获得多少家庭的存款货币。或者说，银行信用决定了银行与家庭之间货币供需的均衡。由银行的融资约束条件可知，代表银行信用的 $\bar{d}$ 是关于银行信息优势 μ^b 和银行资本 N^b 的函数"。在本章，我们模拟银行资本 N^b 在 0.1—0.3 之间对经济均衡的影响，并设 $\mu^b=0.1$，其他参数仍由表 3-1 给出。模拟结果由图 5-1 给出。结果显示：第一，随着银行资本 N^b 的增加，银行对家庭部门的货币需求上升，体现为存款增长，这在统计意义上直接意味着广义货币（M2）扩张；第二，银行向企业家提供的贷款融资上升，这在银行

[①] 由于本章模型中企业家在事前（ex-ante）都是同质的，且异质性仅体现在事后（ex-post），即所有需要贷款的企业家在申请贷款时的商业信用水平都是一样，因此银行的"超额"货币需求则体现在两方面：一是事后表现出的更多低质量借款人，这体现在更高的违约率，那么当 σ_ω 给定时，这表现为对应的 ω^* 的上升；二是 1 单位银行资本撬动了超过 1 单位的存款，即银行资本所具有的社会储蓄动员能力。在以银行为主导的亚洲金融体系中，银行资本的这种超强的社会储蓄动员能力能够支持更高水平的投资和增长，但也带来了更大的脆弱性，我们将在后续章节中详细展开讨论。

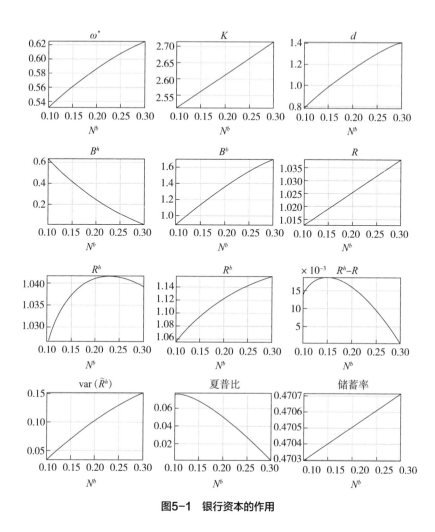

图5-1 银行资本的作用

账户体系下也直接意味着狭义货币（M1）增长[①]。在理论上，我们把单纯依靠信息搜寻为主业的金融中介均衡时的货币需求作为基准，显然，具

[①] 由于本部分的模型集中在银行信用，因此抽象了货币循环的机制，在模型里就表现为 M1 和 M2 的数量相等。并根据模型设定，当企业家将贷款在全球商品市场购买商品进而形成投资品时，企业账户的货币清零。当然，如果企业家直接向家庭购买商品，那么企业账户的资金将划转到家庭储蓄账户，从而再度形成广义货币（M2），由于本章的分析重点不是货币循环和货币创造，因而通过贸易开放的设定避免了分析的复杂性。

有资本后的金融中介具有了更高的货币需求，超额货币需求来自银行资本外生形成的"中介信用"。

直观理解商业信用、银行信用和我们重新定义的中介信用，可以用三种当前仍然存在的金融业务形式加以描述。商业信用的近似形式是处于优先级的私募股权投资，实质是企业家与家庭直接见面，并约定退出、回购等交易要件。银行信用的近似形式是农村信用社、不跨区域经营的城市商业银行和政策性银行，实质是信息优势——银行的债权人的确关注银行在发现并满足有效融资需求中的专业化能力。中介信用的近似形式是大规模银行，实质是银行资本的信号意义和交叉补贴的货币动员力。在中介信用形式下，家庭的货币供给更加注重金融中介能够给家庭带来的稳定回报，而在多数情况下不再关注金融中介背后的商业信用。换句话说，中介信用是一种可信的承诺，能够保证家庭总是能获得无风险的存款利率。

（二）信息中介与信用中介的结合

当然，现实中的金融中介往往是信息优势和银行资本的结合。前面的分析表明，当银行资本 N^b 足够大或者信息成本 μ^b 足够小，银行都能够向家庭的存款提供足够高的利率水平，使得银行存款较之家庭向企业提供的贷款，对家庭而言更具吸引力。也就是说，信息优势与银行资本这二者是互补的。为了更好地理解这二者之间的互补性，本章这一部分计算银行信用主导货币均衡所需的银行资本的最低水平，即 $N^b \geq \bar{N}^b$ 时，对应的均衡为 $B^h = 0$，此时企业家获得的信贷完全来自银行且家庭将所有的货币资金都存入银行，$\bar{N}^b$ 即为银行资本的最低水平。在第三章，我们已经论证了金融中介在信息优势下的储蓄动员力和货币扩张能力。为保持分析的连续性，我们仍然利用第三章的模型所得到的家庭部门直接融资与间接融资决策函数：

$$B^h = \begin{cases} 0, & R^h = R \\ \dfrac{\beta(Ry+W)}{2(1+\beta)(R^h-R)}\left[\dfrac{1}{SR^2}-2-\sqrt{\left(\dfrac{1}{SR^2}-2\right)^2-4}\right], & R^h > R \end{cases}.$$

当 $R = R^h$ 时，由该式可得 $B^h = 0$，从而可以得到关于 $\{K, B^b, R, R^b, d, \omega^*, \bar{N}^b\}$ 的方程组如下：

$$K = N + B^b. \tag{5-1}$$

$$\left[\Psi(\omega^*) - \mu^b G(\omega^*)\right] R^k K = R^b B^b. \tag{5-2}$$

$$R^b - R = (1-\mu^b) G(\omega^*) R^k (N + B^b)/B^b. \tag{5-3}$$

$$\frac{\Psi'(\omega^*)}{1-\Psi(\omega^*)} = \frac{\Psi'(\omega^*) - \mu^b G'(\omega^*)}{R^b/R^k - \left[\Psi(\omega^*) - \mu^b G(\omega^*)\right]}. \tag{5-4}$$

$$B^b = \bar{N}^b + d. \tag{5-5}$$

$$(1-\mu^b)\omega_{\min} R^k (N + \bar{N}^b + d) = Rd. \tag{5-6}$$

$$d = \frac{\beta y - W/R}{1+\beta}. \tag{5-7}$$

由此可以得到 $\bar{N}^b$ 是关于 μ^b 的函数。借助数值方法进行计算模拟，结果由图 5-2 给出。结果显示，随着 μ^b 的增加，经济进入由银行信用主导的货币均衡所需的最低银行资本 $\bar{N}^b$ 也就越多。反之，μ^b 越低，$\bar{N}^b$ 也就越小。

因此，经济要达到由银行主导的货币均衡有两种路径：一是银行信息优势 μ^b 给定时，通过银行资本的不断积累，信贷和由此推动的家庭部门向银行的货币供给相应持续增长；二是银行资本给定时，提升银行的信息优势，即降低 μ^b 来提高每单位银行资本承担风险的能力。

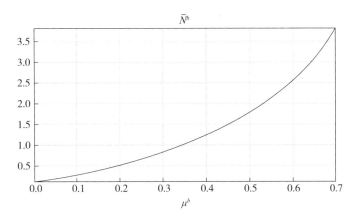

图5-2 信息优势与银行资本的互补性

命题（P5.1 中介信用的独立性）：从信息优势和资本优势两种均衡路径出发，我们可以得到的结论是：信息优势是基础性的，决定了金融中介的存在性；在信息优势基础上形成的银行资本，使得金融中介从中间业务演变为资产负债业务，由此使得家庭部门与金融中介的货币交易从代理演变为买卖。恰在此时，中介才有了自己独立的"信用"。

（三）交叉补贴与货币存量内生增长

中介信用因交叉补贴而被进一步强化。为了理解具有中介信用的银行与其他代理性质的金融中介的本质差别，我们有必要通过模型"外挂式"拓展，以理解资产负债业务型银行的资产池及其交叉补贴功能[①]。这一部分引入异质性企业和银行通过交叉补贴来分散风险的作用。假设企业家 $j \in [0,1]$，每个企业家初始的资金均为 N，即企业家在获得投资回报之前都是同质的。企业家 j 的投资收入为 $\omega_j R^k K$，即每个企业家的投资收入是不同的，企业家之间的异质性仅体现在获得投资收入之后。另外，

---

① 在此需要指出的是：在本章之前模型中，ω 对银行而言是总体风险，本部分模型中的 ω 为个体风险。

家庭的数量与企业家的数量相同，每个家庭可以向一个企业家提供贷款。如果家庭向企业家提供贷款，那么家庭之间的异质性也仅体现在提供的贷款是否发生违约。银行仍然是代表性的，但可以同时向所有企业家提供贷款。由于企业家在事前都是同质的，那么银行与所有企业家签订的贷款合约中利率均为 Z^b，而事后实现的利率则取决于企业家投资收入的状态 ω_j，则银行从企业家 j 获得的贷款收入为：

$$\tilde{R}_j^b = \begin{cases} Z^b, & \omega_j \geq \omega^* \\ (1-\mu^b)\omega_j R^k K / B, & \omega_j < \omega^* \end{cases}. \tag{5-8}$$

因此，银行可以用无违约的贷款收入来补贴违约的贷款项目。根据大数法则，银行获得的利润将不再是一个随机变量，而是一个确定的水平如下：

$$\Pi^b = \left[1-F(\omega^*)\right]Z^b B^b + (1-\mu^b)G(\omega^*)R^k K B^b / B - Rd = R^b B^b - Rd. \tag{5-9}$$

由偿付约束条件 $\Pi^b \geq 0$，可得银行的融资约束条件为：

$$R^b(N^b + d) \geq Rd. \tag{5-10}$$

银行决策的一阶条件为：

$$(1+\lambda)(R^b - R) = 0. \tag{5-11}$$

其中，λ 为拉格朗日乘子。由于 $\lambda \geq 0$，那么必然有 $R^b = R$。另外，由前面部分的分析可知 $R^h < R^b$，那么有 $R^h < R$。根据前面部分的讨论，当 $R^h < R$ 时，家庭不会向企业家提供贷款，即 $B^b = 0$。

命题（P5.2 交叉补贴实现了信用风险平滑）：在交叉补贴机制下，银行能够通过平滑风险使得中介信用完全主导货币均衡。

（四）总体风险上升与银行信用收缩

当 ω 为总体风险时，即 ω 为总体变量，银行无法再通过交叉补贴来分散贷款的风险，因为所有获得贷款企业在事后的状态都由一个共同的

总体变量 ω 所决定，这就需要银行资本来承担风险。当 ω 的分布更加离散时，表现为更大的尾部风险，当贷款需求给定时，这就需要更多的银行资本来承担风险；反之，当银行资本给定时，由于更大的尾部风险，1 单位银行资本的风险承担能力更弱，那么银行能够获得的资金和提供的信贷都将变得更少。因此，当预期到未来经济风险增加时，银行信用通常会收缩，除非能够获得便宜的资金来补充银行资本。

为了更好地理解总体风险上升如何导致银行信用收缩，我们模拟风险的代表变量 σ_ω 的变化对经济均衡的影响，σ_ω 的取值在 0.45—0.55 之间，模拟结果由图 5-3 给出。模拟结果显示，银行获得的货币资金 d 随着总体风险 σ_ω 的增加而减小，原因在于更高的风险使得银行融资约束更紧。银行向企业家提供的信贷也随 σ_ω 的增加而收缩，由于商业信用与银行信用之间的替代性，企业家的融资来源更加依赖商业信用，即增加了对家庭提供贷款的需求。另外，基于商业信用的风险贷款的预期收益与存款利率之间的溢价 $R^h - R$ 也随风险 σ_ω 的增加而扩大，这一特征也与由实体经济的不确定性产生的经济下行的特征事实相匹配。

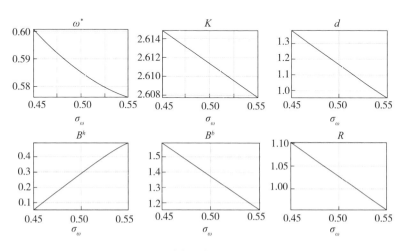

图5-3　总体风险与银行信用收缩

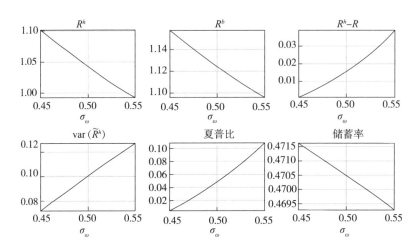

图5-3 总体风险与银行信用收缩（续）

命题（P5.3 信用收缩的系统性）：在总体风险假定下，中介信用与商业信用持续并存并相互替代，当中介信用居于优势地位，则货币内生扩张将超过商业信用承受力；当中介信用居于劣势地位，则银行的融资作用部分被商业信用所替代，企业家的融资成本更高，导致投资相应收缩。

因此，即使银行可以通过交叉补贴来分散个体信贷风险，银行资本在吸收总体风险方面的作用仍很难被替代，这也正是现代银行体系下一直强调银行资本的根本原因。

（五）中介成本与银行主导的货币均衡

银行经营会产生各种类型的成本，如信贷审批过程中的尽职调查以获得事前（ex-ante）信息的成本，银行营业网点产生的成本支出等，这些成本统称为中介成本。因此，一个更加接近现实的设定是，银行的利润中需要扣除这些成本，并将总的成本设为 $0.5\Gamma^b(B^b)^2$，即关于信贷规模的二次函数，参数 Γ^b 用以刻画中介的效率。银行在第2期实现的利润为：

$$\tilde{\Pi}^b = \tilde{R}^b B^b - Rd - 0.5\Gamma^b \left(B^b\right)^2 . \quad (5\text{-}12)$$

银行贷款的风险利率 $\tilde{R}^b$ 仍然为：

$$\tilde{R}^b = \begin{cases} Z^b, & \omega \geq \omega^* \\ (1-\mu^b)\omega R^k K / B, & \omega < \omega^* \end{cases} . \quad (5\text{-}13)$$

其中，ω 为总体变量，即银行无法通过交叉补贴来分散风险，仍然需要银行资本来吸收信贷风险的损失。由于中介成本的存在，银行的偿付约束变为：

$$(1-\mu^b)\omega_{\min} R^k K(B^b / B) - 0.5\Gamma^b\left(B^b\right)^2 \geq Rd . \quad (5\text{-}14)$$

将 $K = N + B^h + B^b$ 代入后，可以将约束写为等价的融资约束如下：

$$d + \Gamma^b \frac{1}{2R}\left(N^b + d\right)^2 \leq f(d) . \quad (5\text{-}15)$$

其中，$f(d)$ 的函数形式与前面部分相同，并且满足 $f'(d) > 0$ 且 $f''(d) < 0$。该融资约束仍然等价于 $d \leq \bar{d}$，其中 $\bar{d}$ 为（5-15）式取等号时得到的方程的解。同时，银行的预期利润为：

$$\Pi^b = \mathbb{E}\left(\tilde{\Pi}^b\right) = R^b B^b - Rd - 0.5\Gamma^b\left(B^b\right)^2 = \left(R^b - R\right)d + R^b N^b - 0.5\Gamma^b\left(N^b + d\right)^2 .$$

银行的优化问题与前面部分基本相同，其一阶条件为：

$$R^b = R + \Gamma^b B^b + \lambda . \quad (5\text{-}16)$$

其中，λ 为融资约束的拉格朗日乘子，并满足 $\lambda \geq 0$。该条件等价于银行的信贷供给函数如下：

$$B^b = \frac{1}{\Gamma^b}\left(R^b - R - \lambda\right) . \quad (5\text{-}17)$$

当信贷市场由银行所主导时，家庭仍然可以参与并向需要资金的企业家提供资金，但也需要付出相关的成本，那么家庭第 2 期的预算约束变为：

$$C = Rd + \tilde{R}^h B^h + W - 0.5\Gamma^h\left(B^h\right)^2 . \quad (5\text{-}18)$$

随着信贷活动的日益复杂,以及银行处理信贷交易的专业化水平的不断提升,家庭向企业家提供资金产生的成本相对不断增加,即 Γ^h 可以无限大,这就使得家庭对企业家的资金供给变为 $B^h=0$。至此,我们分析的起点将不再是商业信用与银行信用共同主导的货币均衡,而是由银行信用完全主导的货币均衡,即家庭仅向银行供给货币。

为了理解中介成本的作用,我们模拟 Γ^b 的变化对均衡的影响,并将 Γ^b 的取值设定在 0—0.03 之间,模拟结果由图 5-4 给出。结果显示,Γ^b 的增加降低了存款的均衡水平,银行由于获得更少的资金则只能收缩信贷规模,进一步降低了企业家的投资水平。其原因在于,更高的中介成本,需要银行用更大的存贷利差来覆盖,这就需要提高贷款利率并同时降低存款利率,贷款利率的提高进一步降低了企业家的信贷需求,而存款利率的降低则削弱了家庭向银行供给货币的激励。

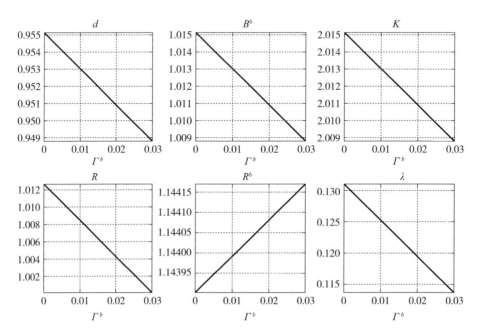

图5-4 中介成本对均衡的影响

定理（T5.1 超额货币需求第一定理）：综合命题 P5.1、P5.2 和 P5.3，当银行中介具有自身资本金并依托资产池实施风险与收益交叉补贴，则银行信用不再是商业信用的加总，银行信用成为独立的中介信用，银行对家庭部门会形成超额货币需求，并由此形成过度投资和信贷收缩的周期性经济——金融现象。

四、亚洲金融危机的一个解释：超额货币需求、交叉补贴和高货币存量常态化

亚洲经济在 20 世纪中后期增长的金融因素在于，亚洲国家的金融体系主要由银行所主导。正如前面分析所述，在一个银行主导的金融体系中，银行资本能够驱动超额货币需求，对社会储蓄产生强大的动员能力，从而产生高储蓄下的经济高增长。这是亚洲的经验，也是亚洲的教训。1991 年发生的日本危机和 1997 年爆发的亚洲金融危机则在一定程度上显示了，在银行主导的金融体系下，中介信用的脆弱性和超额货需求的不稳定性。日本和韩国危机的本质在于，以实体经济为代表的商业信用总和持续低于银行动员的货币需求，由此形成持续的超额货币需求。在信贷市场上，超额信贷供给导致利率持续降低，但实体经济无法承受利率低但信贷余额巨大所形成的利息支付现金流压力，最终导致经济危机和银行资产危机。

（一）日本金融危机的一般理论总结（Benati 和 Goodhart 2011）

Benati 和 Goodhart（2011）在归纳日本为什么经历了"失去的十年"（lost decade）而非"美好的十年"（nice decade）时，给出了实证分析（参见图 5-5），并归纳了两种理论上的认知。

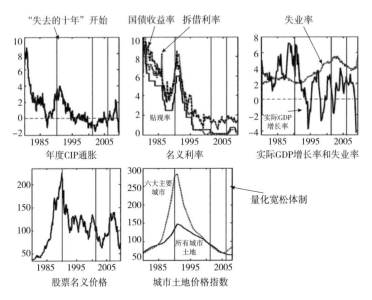

图5-5 日本重要宏观经济数据，1980—2009年

资料来源：Benati 和 Goodhart, "Monetary Policy Regimes and Economic Performance", 2011。

一是宏观层面的货币政策进退失据。对日本银行的批评很具体，主要包括：第一，当通货膨胀在1987—1989年明显处于上行期时，实施紧缩性货币政策不够果决，助长了资产价格泡沫化。第二，1989—1991年，日本银行明显具有戳破泡沫的政策取向。第三，在1991年以后，实施放松性货币政策不够果断，当名义利率触及零下限时，采取非常规货币政策犹豫不决。相当多的研究指出了上述问题，并给出了诸如汇率贬值（Meltzer 1999；McCallum 2000；McKinnon 1999 和 Svensson 2001）、向家庭部门的直接货币投放（依托中央银行印钞的一次性减税，或者称为 Friedman 式"直升机撒钱"，参见 Bernanke 2002）、提高货币政策透明度及可预期性（Krugman 1998）等政策建议。①

---

① 比如，针对日本银行提出的公开政策部门可能影响中央银行信誉的说法，Bernanke（1999）指出："我从未见过政策制定者与公众之间坦诚而直接的对话会伤及信誉（I do not see how credibility can be harmed by straightforward and honest dialogue of policymakers with the public.）。"

二是微观层面的结构与文化刚性（Structural and Cultural Rigidities）。一方面，破产法和银行的保守主义导致银行永远无法从"僵尸企业（Zombies）"脱身。另一方面，日本陷入资产负债表衰退，银行惜贷与企业恐贷在零利率情况下离奇地并存。在常规衰退中，随着需求下行，弱势企业破产。但是日本企业面临的是资产价格下行超过负债，形成负的净资产，但现金流依然存在，因此企业的策略由利润最大化转向负债最小化。这是日本信贷有效需求不足的重要表现。

我们的观点是：上述从宏观与微观两个侧重点给出的看法均具有一定的表象性和片面性。实质根源在于，日本银行并不真正清楚企业部门真实有效的融资需求，而仅仅从历史数据角度给出了针对银行体系的货币政策操作。不妨一问：惜贷与恐贷是否是危机后的自我修复？至少，在"失去的十年"中，日本就业波动是最小的数据（参见图5-5），是否可以追问——之前的高速货币与信贷增长的必要性如何？

（二）超额货币需求：亚洲金融危机的统一机制论

我们的努力是把宏观与微观统一起来，从单一机制角度分析1991年日本银行业危机在货币领域所造成的冲击具有典型意义，重点是自定理T5.1出发得到的两个推论——超额货币需求测度和脱实向虚起点。关于日本危机的研究无法脱离主银行制度及其过度融资（Aoki和Patrick 1994；Kanaya和Woo 2000）。在这一制度条件下，20世纪80年代日本GDP增长得相当快，但是银行贷款增长甚至更快。其结果是，贷款与GDP的比例从20世纪80年代初的50%左右上升到80年代末的100%（清泷信宏2003）。上述事实表明了四个可以印证本章基本观点的事实证据：

第一，中介信用已经脱离了商业信用，由此形成超额货币需求。根据Kanaya和Woo（2000）引用的IMF国际金融统计数据，危机前的

1985—1990年，日本GDP增速在4.26%—7.51%之间，同期银行信贷增速在9.21%—11.63%的区间，由此形成的狭义货币增速和广义货币增速远远高于产出（信贷偿还能力）增速，由此可以为"超额货币需求"提供实证依据。

第二，主银行制度实际上就是一种交叉补贴制度的典型形式。尽管其具有信息对称性等优势，但是对于银行业而言，只要存在正的利差，就会存在持续的货币需求扩张冲动，这就是银行总规模、总收益不断上升但资产回报率持续下降的内在机制，这一游戏只能在危机到来时才可能终结。根据清泷信宏（2003）的研究，日本银行业总资产回报率从1970年的0.43%下降到1988年的0.22%，到1997年进一步下降到-0.01%。

第三，超额货币需求的近似量化测度是坏账，我们把银行业不良资产作为超额货币需求的下限。这是因为，一切涉及金融部门的宏观模型都假设了实体经济增长是信贷偿还的源泉，其逆否命题是：坏账意味着信贷超过了实体经济的偿还能力。那么一个起码的证据是，无法偿还的贷款意味着本不应该转化为银行对家庭部门的存款货币需求，因而是超额货币需求。但是我们把这一测度作为下限，是因为超额货币需求可能被其他因素掩盖而暂时没有以坏账形式体现[1]。根据卡什亚普（2003）的研究，信贷规模伴随着不良资产的快速增长：日本银行的数据表明，自1990—2001年日本的银行业已经处理了超过90万亿日元的贷款，相当于1986—1990年间贷款增量的80%，总损失为120万亿日元（占GDP的24%）。那么，按照我们的模型设计，由于存在信贷，就存在金融中介对家庭部门的货币需求，则坏账部分约等于原本不应该存在的"超额

---

[1] 在本章，我们做了超额货币需求的下限估计；在第六章，我们将给出超额货币需求的上限估计。两者结合，构成了区间估计，也将构成我们的"超额货币需求定理"。

货币需求"。根据日本 GDP 和信贷余额在 1991—1997 年约为 500 万亿日元的事实，其 24% 的坏账损失意味着存在 120 万亿日元的超额货币需求。

推论（C5.1 超额货币需求的直观测度是坏账）：根据定理 T5.1，若银行信用不具备独立性，那么所有的货币需求都将成为经测算合理而安全的融资，坏账在理论上不具备存在空间。相反，恰恰由于银行信用演变为独立的中介信用，则超额货币需求并不能对应企业部门有效产出，那么坏账或其贴现值是对之前所有年份货币需求超额部分的对应。

第四，"零利率"维持了高货币存量的常态化。戈雅和麦金农（2002）的研究指出，日本的长期利率被推到非常低的水平，短期利率被下调到零，陷入了流动性陷阱之中。低名义利率确保了中央银行替代家庭部门以实现对金融中介体系的货币供给，但是存贷利差受到抑制，这阻碍了银行通过赢利来负担合理规模的不良贷款，反而抑制了日本银行业对私人部门新增贷款。这里的含义是——零利率显然降低了家庭部门从 M0 向 M2 转换的激励，中央银行取而代之成为常态性货币供给者，货币存量得以保持稳定，但微观融资激励机制全面遭遇破坏。因此与其说救助是一种道德风险，不如说中央银行常态化承担货币供给职能在拯救宏观经济的同时形成了一定的经济成本。

值得延伸探讨的一个问题是：当超额货币需求出现时，在会计意义上，势必呈现货币非中性。回顾我们在第二章所作的定义——实际 GDP 定义为实体经济产出与金融中介增加值，并将其记为 Y，则 $Y = y + y^b$；其中，$y^b = \Pi^b / p_2$ 为金融中介的实际增加值，Π^b 是金融业利润，p_2 是当期物价总水平。我们结合银行危机发生与后续影响的时滞特征，以日本为例，当金融中介形成超额货币需求时，企业部门信贷增长但违约并不在当期发生，此时实体经济增加值并未增长，但金融部门利润在利差保持稳定、信贷规模持续上升的情况下呈现上升态势，由此形成实际

GDP 增长。这就形成了 1985—1990 年间日本经济总产出与银行业资产规模同步增长的态势。1987—1989 年，日本的各部门负债占 GDP 的比率达到 307%。当危机来临后，日本进入零利率时期，银行利差和信贷同时收缩，金融业增加值显著下行，到 2017 年，零利率使得居民对银行的存款货币供给明显下行，M0 占 GDP 的比率上升至 58%，债务占 GDP 比率下降 43%（Dalio 2018 Part III: 51）。这说明随着银行超额货币需求下降与经济下行并存，从经典的货币中性定义看，似乎存在"货币非中性"现象。我们对这一现象抱有浓厚兴趣。在本章的分析范围内，日本的经验证据给我们的启示是：的确存在实体经济和虚拟部门的二元对立，但是我们并不能简单地把金融中介统一归于虚拟部门。金融中介基于信息优势实现的金融服务推动了有效产出，应该被纳入实体部门。但是由于金融中介的资本和交叉补贴推动了"超额货币需求"，其形成的增加值属于虚拟经济的范畴。①

推论（C5.2 超额货币需求是脱实向虚的起点）：根据定理 T5.1，当银行信用成为独立的中介信用，银行对家庭部门所形成超额货币需求将大于或等于社会经济发展内生的商业信用，超过的部分参与创造银行业增加值，但这种增加值是"虚拟"增加值。

（三）金融开放条件下的超额货币需求：1997 年亚洲金融危机

1997 年的韩国、泰国、印尼等经济体发生的金融中介危机与日本的情况本质一致，但环境条件稍有不同。作为较小的开放型经济体，东亚

---

① 这一结论可以借助"房住不炒"加以形象描述——如果住房部门所形成的房产供给实现了居住属性，则属于实体部门；如果仅仅用于价值投资，则属于虚拟经济。同时，新供给的一手房的确拉动了实物投资的需求，但是二手房交易可能仅仅涉及房地产中介服务所带来的增加值，"增值"跟多地符合预期和投资属性。类似地，金融中介也具备实体—虚拟二重性。

新兴市场国家的国内储蓄动员力远不如日本，因此其金融中介的货币需求具有更强的开放性，超额货币需求进入国际货币市场。

在金融开放经济下，本国银行可以从国外获得资金，那么银行的资产负债表变为：

$$B^b = N^b + d + d^* . \tag{5-19}$$

其中，d^* 为从境外获得的存款。这里考虑银行经营产生的成本，那么银行的预期利润为：

$$\Pi^b = \mathbb{E}\left(\tilde{\Pi}^b\right) = R^b B^b - Rd - R^* d^* - 0.5 \Gamma^b \left(B^b\right)^2 .$$

其中，R^* 为境外存款的资金成本并且由整个世界的均衡水平所决定，即本国银行对境外存款 d^* 的需求不会影响到 R^* 的变化。

当 d^* 的均衡为 $d^* = 0$ 时，银行的融资约束与（5-15）式相同，即该均衡与封闭经济下的均衡无异，并且均衡利率 R 满足 $R < R^*$，银行在国内的资金成本较国外更低，因而不会选择从境外融资；当 $d^* > 0$ 时，根据无套利条件，均衡利率必然满足：

$$R = R^* . \tag{5-20}$$

因此，银行对国外货币需求等价于一个互补松弛条件如下：

$$d^*(R - R^*) = 0 . \tag{5-21}$$

该条件中 d^* 和 $R - R^*$ 不同时为零，即：当 $R = R^*$ 时，$d^* > 0$；当 $R < R^*$ 时，$d^* = 0$。当 $d^* > 0$ 时，国内存款与境外获得的存款对银行而言成本相同，因此银行只需要选择存款总量 $D = d + d^*$，那么银行的融资约束为：

$$D + \Gamma^b \frac{1}{2R}\left(N^b + D\right)^2 \leqslant f(D) . \tag{5-22}$$

其中，$f(D)$ 的函数形式与前面部分相同，并且该约束等价于：

$$D \leqslant \bar{D} . \tag{5-23}$$

银行的预期利润为：$\Pi^b = \mathbb{E}(\tilde{\Pi}^b) = R^b B^b - RD - 0.5\Gamma^b(B^b)^2$。银行的优化问题与前面部分基本相同，其一阶条件为：

$$R^b = R + \Gamma^b B^b + \lambda. \tag{5-24}$$

金融开放下的模型其他条件与金融封闭环境下的条件相同，唯一的区别在于，本国银行可以从境外获得存款资金，由于 R^* 给定，还需要决定 d^* 的均衡。当均衡利率 R 满足 $R < R^*$ 时，d^* 的均衡为 $d^* = 0$；当均衡利率 R 满足 $R = R^*$，那么 D 的均衡由（5-23）式所决定，结合整个模型的均衡条件，最终可以决定 d^* 和其他内生变量的均衡水平。

由图 5-1 的模拟及相关的分析可知，银行资本的资本能够撬动更多的家庭储蓄，对家庭持有的货币需求的增加进一步抬高了存款利率。因此基于封闭经济下银行资本与存款利率之间的正相关关系，那么当境外利率 R^* 给定时，我们可以猜测：当银行资本较小时，此时 $R < R^*$，境外资金成本更高，这使得银行不会选择从境外融资；当银行资本较大时，如果银行不选择境外融资，那么 $R > R^*$，正是由于此时境外融资更便宜，银行会选择增加从境外获得存款，这使得均衡的利率满足 $R = R^*$。

为了验证以上猜想，我们模拟开放经济下银行资本对均衡的影响，设 $R^* = 1.01$，并将 W 由 0.1 调高到 0.5，其他相关参数由第三章的表 3-1 给出。模拟结果显示（见图 5-6），当银行资本超过一个临界点时，银行就会从境外融资，这也意味着银行资本的增加将增加境外负债。由于国内存款是关于 R 的函数，当 $R = R^*$ 时，国内存款的均衡并不随着银行资本的增加而变化，那么境外负债在银行总负债中的占比也随着银行资本的增加而上升。这一猜想符合现实的原因在于——毕竟多数经济体并不是大型开放经济体，在经济金融全球化背景下，获得境外金融资源以实现境内产出，是符合多数经济体内在要求的。在这一意义上，是以银行负债形式动员境外金融资源，还是以外商直接投资（FDI）形式直接引入生产性资本，在 Arrow-Debreu 世界中仍然是无差异的。

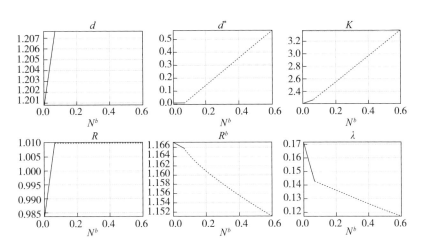

图5-6　银行资本与境外融资

上述分析表明，银行资本规模越大，由于可以从境外获得相对低成本的融资，从而能够促进本国的投资。然而，更大规模的银行资本也就伴随着更高水平的境外负债，那么当世界利率水平突然上升，也就有可能导致本国更大程度的信贷收缩。我们分别模拟 $N^b = 0.1$ 和 $N^b = 0.2$ 时，世界利率 R^* 从 1.01 上升到 1.05 时，对本国信贷规模相对变化带来的影响，模拟结果由图 5-7 给出。$\Delta B^b\%$ 表示信贷水平相对于 $R^* = 1.01$ 时，对应的信贷水平的相对变化的百分比，该指标代表信贷的收缩程度。结果显示，当银行资本 $N^b = 0.2$ 时，世界利率 R^* 上升将导致银行信贷的持续收缩；当银行资本 $N^b = 0.1$ 时，世界利率 R^* 上升到一定程度后，对本国银行信贷则不产生影响。

由模拟和分析可知：当 $N^b = 0.1$ 时，银行的外债规模相对较小，那么世界利率上升到一定程度后将使 d^* 的均衡达到 $d^* = 0$ 时，R^* 的进一步上升将对不再对 d^* 产生影响。因此，当银行资本规模相对较小时，尽管能够获得的境外资金的规模相对较小，但也能够由此抵御较大的外部冲击。反之，当银行资本规模相对较大时，尽管获得了较大规模的境外资金，但无法抵御较大的外部冲击。1997年亚洲金融危机影响程度较大的五个国家的银行业在该年年初（危机爆发前）的外债占比较高，印度尼西亚、马来西亚、菲律宾、韩国和泰国的银行外债在总负债中的占比分别达到15.0%、7.4%、31.5%、55.2%和27.4%。这些经验事实与本章理论模型的结论相一致，仅仅表明超额货币需求在国内货币供给无法满足的情况下的国际化①。

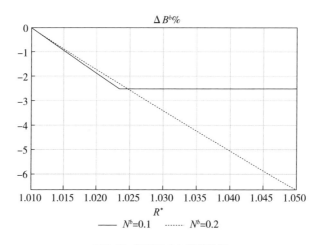

图5-7 外部冲击与信贷收缩

五、结论性评价

银行信用是传统的认识范畴，中介信用是现实的货币供求。银行信用理论的依据是金融中介更具信息优势，因而能够更加有效、专业化地为投资动员储蓄。在此情形下，银行作为金融中介主要解决的仍然是信息不对称这一传统问题。无数经济学家探索的结果仍然是金融中介实现

---

① 数据来自沈联涛（2020：108）。

了信贷乃至货币供求均衡。当然，本章并不反对传统结论，但是我们所提出的中介信用理论立足于另外两个基本事实——银行需要资本、银行具有资产池。这两个事实提示我们一个心理基础：存款人更乐意把货币配置于一家普通银行，而非最优秀的企业。那么问题随之产生：在这样的制度安排下，银行对公众的货币需求天然具有超额性。这就是我们的超额货币需求理论的现实基础，也是现实经济—金融体系绝非 Arrow-Debreu 系统的根本原因。这是因为，如果信用中介竟然拥有了完全独立的信用，那么一切以消费—储蓄最优决策为基础的一般均衡系统将被颠覆。

由此，我们可以得到以下五点延伸性思考。

第一，超额货币需求来自金融中介，具有了独立于商业信用的自身信用，银行资本金安排和资产负债管理使银行总是具备高于经济社会吸纳能力的货币需求，且这一需求得到了家庭部门的信任和满足。这是实体部门与虚拟部门二元对立的起点——经济中总是存在一部分超额货币需求，并非为了满足实体部门有效投资需要而存在。我们在东亚银行体系危机中看到的一个"奇怪"场景，银行惜贷与企业恐贷并存，且企业竟然仍然拥有较好的现金流，而仅仅是资产负债表失衡，这在很大程度上反映了危机前的过度融资与信用中介的超额货币需求。此外，回顾我们反复提及的一个概念："金融业增加值"。在信用中介理论中，金融业通过信息优势提供融资纽带服务，这种增加值无疑与任何其他服务业（审计、咨询）并无二致；但是当信用中介演变为"中介信用"，其在既定利差下做大规模的动机势必使得金融业增加值存在自我虚设的较大可能性。这就是我们强调的，中介信用是脱实向虚的起点的基本要义。

第二，超额货币需求是金融体系脆弱性的根源之一。其基本机理是：金融中介从家庭部门得到了货币供给，但货币供给转化为信贷必然存在超额性，这就造成坏账具有潜在、内生特征。由于金融中介向家庭部门获得了超额货币需求，其结果必然把过剩货币推向企业部门。在我们能够观测到的实证案例中，无论日本还是韩国，都出现了降低融资标准，把无效信贷需求引入市场的情况，我们把这种情形称为"过度支持实体经济而形成的坏账"。在针对日本等东亚经济体的简要案例分析中，我们以"不良贷款额"间接测度超额货币需求的最低值。

第三，中央银行意识到银行超额货币需求的现实存在性，但是其行为规范决定了在银行满足资本金要求的前提下把银行与家庭部门的货币交易作为"均衡"事实。因而当坏账形成后，采取的做法一般不是遏制超额货币需求，而是以中央银行向商业银行的货币供给替代家庭部门货币供给的萎缩——这就是"救助"的基本经济学逻辑。这就是在日本"失去的十年"之后，学者们十分困惑且议论纷纷的原因。

第四，尽管本章模型中银行的偿付约束避免了银行破产的危机，由银行主导的间接金融体系存在的脆弱性仍然值得关注。银行资本扩张形成的中介信用的独立性驱动的超额货币需求，并以此形成的强大的社会储蓄动员能力的确能够支持由高投资驱动的经济增长。然而，银行资本的扩张也同时带来了对外债的需求，使得本国银行体系在较大外部冲击面前表现出更大的脆弱性。

第五，本章讨论的超额货币需求及其导致的银行危机后果并非未被理性的金融中介部门观测到，那么它们的行为自然会进行动态调整。尽管内生天然地存在超额货币需求和周期性发生银行危机，但是如何让银行体系更加安全，一直是若干个世纪以来金融中介和金融监管关注的内容。简单说，银行不是非理性的经济主体，其创新性地推动的一系列制度安排有助于维护自身稳健性。因此本章的研究在货币供求理论、中央银行理论重构的基础上，仍然处于中间阶段，更加有趣的问题是，银行为资产安全而实施的抵质押融资制度。这一制度是"脱实向虚"的渊薮，是各国普遍面临的"货币膨胀与资产价格泡沫化并存"的现实基础，也是我们推进下一步研究的核心内容。

参考文献

［1］ Allen, F., and Gale, D., 1997. "Financial Markets, Intermediaries, and Intertemporal Smoothing", *Journal of Political Economy*, 105 (3): 523–46.

［2］ Aoki, M., and Patrick, H., 1994. *The Japanese Main Bank System: Its Relevance for Developing and Transforming Economy*, London: Oxford University Press.

［3］ Benati, L., and Goodhart, C., 2011. "Monetary Policy Regimes and Economic Performance: The Historical Record, 1979–2008", in Friedman, B. M., and Woodford, M. (eds.), *Handbook of Monetary Economics*, Vol.3B: 1159−236, Amsterdam: Elsevier.

［4］ Bernanke, B. S., 1999. "Japanese Monetary Policy: A Case of Self-induced Paralysis?", Presented at the ASSA Meetings, Boston.

［5］ Bernanke, B. S., 2002. "Deflation: Making Sure it Doesn't Happen Here", Remarks before the National Economists Club, Washington, D.C.

［6］ Bolton, P., and Scharfstein, D., 1990. "A Theory of Predation Based on Agency Problems in Financial Contracting", *American Economic Review*, 80 (1): 93–106.

［7］ Brunner, R. F., and Carr, S. D., 2007. *The Panic of 1907: Lessons Learned from the Market's Perfect Storm*, NJ: John Wiley & Sons.

［8］ Brunner, K., and Meltzer, A. H., 1990. "Money Supply", in Friedman, B. M. and Hahn F. H. (eds.), *Handbook of Monetary Economics*, Vol.1: 357−98, Amsterdam: North-Holland.

［9］ Dalio, R., 2018. *Principles for Navigating Big Debt Crises*, Westport, CT: Bridgewater.

［10］ Dewatripont, M., and Maskin, E., 1995. "Credit and Efficiency in Centralized and Decentralized Economies", *The Review of Economic Studies*, 62 (4): 541–56.

［11］ Diamond, D., 1984. "Financial Intermediation and Delegated Monitoring", *The Review of Economic Studies*, 51: 393–414.

[12] Diamond, D., 1991. "Monitoring and Reputation: The Choice between Bank Loans and Directly Placed Debt", *Journal of Political Economy*, 99: 689–721.

[13] Diamond, D. W., and Dybvig, P. H., 1983. "Bank Runs, Deposit Insurance, and Liquidity", *Journal of Political Economy*, 91(3): 401–19.

[14] Diamond, D. W., and Rajan, R. G., 2000. "A Theory of Bank Capital", *The Journal of Finance*, 55(6): 2431–65.

[15] Diamond, D. W., and Rajan, R. G., 2001. "Liquidity Risk, Liquidity Creation, and Financial Fragility: A Theory of Banking", *Journal of Political Economy*: 287–327.

[16] Fama, E., 1980. "Banking in the Theory of Finance", *Journal of Monetary Economics*, 6 (1): 39–57.

[17] Fama, E., 1985. "What's Different about Banks?", *Journal of Monetary Economics*, 15: 29–40.

[18] Freixas, X., and Rochet, J. C., 2008. *Microeconomics of Banking*, 2nd ed., Cambridge: MIT Press.

[19] Gale, D., and Hellwig, M., 1985. "Incentive-compatible Debt Contracts: The One-period Problem", *The Review of Economic Studies*, 52: 647–63.

[20] Hart, O., and Moore, J., 1994. "A Theory of Debt Based on the Inalienability of Human Capital", *The Quarterly Journal of Economics*, 109: 841–79.

[21] Hellwig, M., 1991. "Banking, Financial Intermediation and Corporate Finance", in Giovannini, A., and Mayer, C., (eds.), *European Financial Integration*, Cambridge: Cambridge University Press.

[22] Jappelli, T., Pagano, P., and Bianco, M., 2005. "Courts and Banks: Effects of Judicial Enforcement on Credit *Markets*", *Journal of Money, Credit and Banking*, 37 (2): 223–44.

[23] Kanaya, A., and Woo, D., 2000. "The Japanese Banking Crisis in 1990s: Sources and Lessons", *IMF Working Paper*, WP/00/7.

[24] Kim, D., and Santomero, A. M., 1988. "Risk in Banking and Capital Regulation", *The Journal of Finance*, 43 (5): 1219–33.

[25] Koehn, M., and Santomero, A. M., 1980. "Regulation of Bank Capital and Portfolio risk", *The Journal of Finance*, 35 (5): 1235–44.

[26] Koeppl, T. V., and MacGee, J. C., 2009. "What Broad Banks Do, and Markets Don't: Cross-subsidization", *European Economic Review*, 53(2): 222–36.

[27] Krugman, P. R., 1998. "It's Baaack: Japan's Slump and the Return of the Liquidity Trap", *Brookings Papers on Economic Activity*, 29(2): 137–205.

[28] McCallum, B., 2000. "Theoretical Analysis Regarding a Zero Lower Bound on Nominal Interest Rates", *Journal of Money, Credit and Banking*, 32: 870–904.

[29] McKinnon, R. I., 1999. "Comments on Monetary Policy under Zero Inflation", *Bank of Japan Monetary and Economic Studies*, 17: 183–88.

[30] Meltzer, A. H., 1999. "Comments: What More Can the Bank of Japan Do?", *Bank of Japan Monetary and Economic Studies*, 17: 189–91.

[31] Myers, S. C., and Rajan, R. G., 1998. "The Paradox of Liquidity", *The Quarterly Journal of Economics*, 113 (3): 733–71.

[32] Rochet, J. C., 1992. "Capital Requirements and the Behaviour of Commercial Banks", *European Economic Review*, 36 (5): 1137–70.

[33] Stiglitz, J., and Weiss, A., 1981. "Credit Rationing in Markets with Imperfect Information", *American Economic Review*, 71 (3): 393–410.

[34] Svensson, L. E., 2001. "The Zero Bound in an Open Economy: A Foolproof Way of Escaping from a Liquidity Trap", *Bank of Japan Monetary and Economic Studies*, 19: 277–312.

[35] Townsend, R., 1979. "Optimal Contracts and Competitive Markets with Costly State Verification", *Journal of Economic Theory*, 21 (2): 265–93.

[36] Williamson, S. D., 1987. "Costly Monitoring, Loan Contracts, and Equilibrium Credit Rationing", *The Quarterly Journal of Economics*, 102 (1): 135–45.

[37] 阿尼尔·卡什亚普.日本金融危机之分析[J].比较，2003，7.

[38] 雷斯·戈雅，罗纳德·I.麦金农.日本利率中的负风险溢价：流动性陷阱和银行借贷的下降[J].比较，2002，2.

[39] 明斯基.稳定不稳定的经济[M].北京：清华大学出版社，2015.

[40] 清泷信宏.日本近期的坏账问题[J].比较，2003，7.

[41] 沈联涛.十年轮回：从亚洲到全球的金融危机[M].上海：上海三联书店，2020.

第六章
从信用中介转向资产交易中介和超额货币需求第二定理

货币是一层面纱。但是当这层面纱微微颤动的时候,真实产出也会随之波动。

——John G. Gurley, *Review of a Program for Monetary Stability by Milton Friedman*, 1961

一、引言

　　以日本银行危机为代表的东亚危机并不是金融危机的全部形式，以不良资产为估测的超额货币需求也不是超额货币需求的全部内容。货币为什么可以超发？我们仍然需要从更深层次加以探讨。在第五章，我们讨论了对"超额"货币需求的界定和理解。直观理解，所谓超额，一个不完全贴切但比较形象的比喻是：在物理学的测量环节中，我们向试管中加入过量的液体。当然，这种过量仅仅形成了"冗余"或浪费，并未造成额外用途。这一解释显然仍不够充分。由于现实世界中经济主体的理性，冗余与浪费之间并不能画等号。或者说，任何可能的冗余都会被充分利用起来。那么，我们继续上述比喻，接过试管的实验者通过观察实际液体容积，并且与实验所需要的数量进行比对，把冗余液体盛入另外的容器中另行使用。上述比喻的广义货币和货币增量说法是，如果货币需求大于实体经济资本形成的需要，往往意味着存在超额需求，而超额需求的表现形式除了形成坏账，在逻辑上还应该与"多余的货币去了不该去的地方"相关联。那么，我们很自然地把超额货币需求与"脱实向虚"联系起来,其中"虚"的部分才是本不应该存在的融资,其对应的货币需求才是超额货币需求的主体部分。在本章,我们的首要任务是研究"虚"的起源,成为引导第七章资产泡沫化一般均衡理论和第八章关于实体经济行为变异和金融危机理论的基础,也是第九章总结虚实两种货币循环四个基本定理的先行性理论探究。

(一)产出—货币循环与资产—货币循环:探寻"虚"的表现形式

脱实向虚是 2008 年全球金融危机以来被广泛讨论却缺乏深度认识的命题。但是,货币进入虚拟领域是一个由来已久的命题。Gorton(2012)引述 1911 年担任《美国经济评论》主编的 Davis Rich Dewey 的记载证明了这一点:"当土地的市场价格频繁上升以至于高于政府卖价时,在那些能够借到钱并提前以低价买到房子的人与留着房子待价而沽的人之间存在激烈竞争。借款人在当地银行很容易得到贷款,贷款帮助他们从土地所有者那里购得土地;政府卖地收入通常立即存入银行,该笔资金再度作为贷款借给另一个购房者甚至是同一个土地投机者。"货币在特定条件下是如何循环的,一目了然。

本章并不认为把产业区分为实体和虚拟是正确的研究方向,这种认知无疑过度浅表,因为如果一个经济体存在一无是处的虚拟部门,则其冗余性必然导致在历史的长河中被淘汰。问题是,为什么自 17 世纪 20 年代至 30 年代郁金香狂热(Postthums 1929;Thompson 2007)以来,经历了 1717—1720 年的密西西比泡沫(Garber 2000;Murphy 1997)、1720 年南海泡沫(Carswell 1993),直至 1907 年、1929 年和 2008 年金融危机(Gorton 2012;Kindleberger 和 Aliber 2011),所有危机似乎都是虚拟泡沫狂热的结果?根据我们对危机的研究,实体经济部门的虚拟化或者

第六章 从信用中介转向资产交易中介和超额货币需求第二定理

说实体与虚拟相互融合是一个更加符合现实的观测点。鉴于房地产业等服务业是否属于虚拟部门本来就是一个存在巨大争议的理论讨论,那么,脱实向虚的根本问题不是金融部门支持虚拟部门或不支持实体部门,而是某种融资机制导致实体部门全面走向虚拟。从这一思路出发,本章将研究重点聚焦于相互替代的**两种货币循环——"存款—贷款—产出增加值—原路偿还"和"存款—贷款—抵质押资产市值增长—原路偿还"**,我们把第一种货币循环称为**产出货币循环**,把第二种货币循环称为**资产货币循环**,将可保证收入与抵质押品这两大还款来源引入信贷供给与信贷需求的均衡模型。本章的基本结论是:凡是以第一还款来源作为贷款本息偿还的项目都是实体经济,凡是以第二还款来源作为贷款本息偿还的都是虚拟经济。我们由此总结了超额货币需求第二定理。

(二)决定"实体—虚拟"均衡的微观因素

为了解释"脱实向虚"这一全球性的货币金融现象,本章的论述仍然集中于资源配置层面,通过构建信贷需求与信贷供给同时受到约束的均衡模型,研究银行为了实现信用扩张而采取的信贷行为。我们意识到,抵质押融资这一制度安排具有很高的研究价值。一般来说,抵质押融资属于微观经济学范畴,针对的是借款人异质性(Heterogeneous Borrowers)及其识别问题,是必要的风险管理制度安排(Bester 1985,1994;Freixas 和 Laffont 1990;Besanko 和 Thakor 1987;Webb 1991,1992)。因此,我们的观点是,良好的微观初心未必导致稳定性的宏观结果。我们总结的超额货币需求定理说明,银行资本充足率要求和抵质押融资安排是形成超额货币需求的充分条件。

我们的分析框架是两大还款来源的 $\theta - \phi$ 分析范式。该范式设定:获得信贷的借款人有两大还款来源。一是可保证收入(pledgeable income),

这与借款人通过实体经济投资在未来获得的收入呈比例,该比例为 θ,即 θ 表示借款人未来收入的可保证性(pledgeability)[①];二是抵质押品(collateral),抵质押品可以是借款人初始持有的,也可以是从市场上购买所得,抵质押率为 ϕ,即 ϕ 表示抵质押品这类资产在获得信贷方面的可抵质押性(collateralization)[②]。金融发展直接影响第一还款来源,即金融法律制度的健全和完善、信贷合约执行成本的降低、破产清算效率的提升等因素,都能提升借款人未来收入在获得信贷方面的可保证性;金融创新则直接影响第二还款来源,抵质押品价值的评估和抵质押贷款的资产证券化等因素,都有助于提高抵质押品的抵质押率。此处,金融发展与金融创新并不是完全对等的,金融创新并不意味着金融发展,因为金融过度创新会带来金融不稳定,但金融创新不足必然与金融发展水平不高相对应。

(三)抵质押融资和货币存量扩张

抵质押融资的本意是"增信",使金融中介的融资安全性得到进一步提高。在货币经济学意义上,抵质押融资推动了货币的两个循环和超额货币需求。

一方面,以可保证收入为基础的信用贷款和以抵质押品为基础的担保贷款构成了宏观层面的两种货币循环。由于借款人在获得银行提供的信贷资金进入货币流通后,信贷资金本身就成为广义货币的一部分,由此产生的信贷循环本质上就成为货币循环。当借款人持有可用作抵质押品的资产时,那么由资产抵质押获得的信贷资金将完全进入实体经济的投资。此时只有一种货币循环。当借款人需要购买抵质押品来获得抵质押贷款时,由于抵质押品的购买本身就要占用资金,那么必然产生两种货币

---

① 关于由收入可保证性产生的信贷约束可参见 Holmström 和 Tirole(2011)。
② 抵质押品产生的信贷约束的理论基础可参见 Kiyotaki 和 Moore(1997)。

第六章 从信用中介转向资产交易中介和超额货币需求第二定理

循环：第一种仍然是资金进入实体经济投资的货币循环；第二种是资金进入抵质押品市场产生的货币循环。沿用 Tirole（1985）的思想，我们将抵质押品设定为非生产性资产[①]，因为这类资产的投资不会增加资本积累。

另一方面，抵质押品驱动社会信用的全面信用扩张。从商业信用看，企业部门的脱实向虚因抵质押品而发生。集团公司内部的资金转移则进一步驱动两种货币循环。集团公司大多拥有实体企业和金融投资企业，金融投资企业购买的非生产性资产可以作为获得信贷的抵质押品。由于集团公司可以集中决策内部两类企业的资金配置，从而产生了货币资金在两类企业之间的转移。当实体企业的资金转移到金融投资企业用以支持抵质押品的购买时，这就会加速货币的第二循环。事实上，一些被政策支持的中小微型企业也可以理解为一种特殊的集团公司，因为小微企业家的经营与投资决策更加灵活，且其作为企业与作为家庭的资金运用具备更大程度的混同性，因而可以将其用于企业生产性基本投资的资金转移到家庭用以住房等可作为抵质押品的资产购买[②]。

当然，在界定两种货币循环的同时，我们仍然必须考虑资本约束对信贷扩张的抑制作用。正如第五章所述，银行资本是银行信用的基础。在现代银行体系下，由于资本充足率的监管约束的存在，银行资本就决定了银行贷款的最大水平，即存在资本约束决定的信贷上限。在一个金融发展水平不高的经济环境中，获得信贷的未来收入的可保证性较低，那么相对较弱的信贷需求使得均衡的信贷并不必然触及信贷上限，银行扩张信贷的激励与提高抵质押品抵质押率的金融创新的内在要求相一致。当抵质押率的

[①] 我们不将资本视为抵质押品，主要原因在于资本产生的可保证收入才是偿付信贷的还款来源，而不是资本本身。
[②] 在一些东亚经济体中，这种资金转移机制可以解释部分面向中小微型企业"经营贷"为什么会被挪用于住房的购买，并推动部分城市房价的上涨。

上升释放足够大的信贷需求时,银行有补充资本金来缓解信贷供给约束的需求,进一步实现信用扩张。

二、"产出—货币循环":信贷供给与信贷需求的均衡

作为分析起点,我们构建一个信贷供给与信贷需求同时受到约束的均衡模型:在银行端,资本充足率限制了信贷规模;在企业端,产出或营业收入限制了投资规模。模型主要由作为贷款人的银行和作为借款人的企业家两类主体构成,为了便于分析和得到模型的解析解,将模型设定为两期。银行在第 1 期向企业家发放贷款,企业家将获得的贷款用于投资并在第 2 期将投资收入来偿付银行贷款。在信贷供给侧,银行通过吸收存款向借款人发放贷款,并约束于资本充足率要求,那么银行的资本金就决定了信贷供给的上限,即信贷上限。在信贷需求侧,企业家拥有投资机会,通过自有资金和银行贷款来购买资本进行投资,投资产生的收入对贷款人而言并不具有完全的可保证性,只有可保证的收入才能获得银行的信贷额度,即借款人受到由可保证收入产生的信贷约束。假设存款利率由政策决定,这种设定的优点在于:第一,可以将分析的重点放在信贷市场的均衡上;第二,与大多数宏观文献一样,存款利率可以视为货币政策的政策利率的代理变量,那么货币政策的作用就可以通过存款利率变化带来的影响来进行刻画。

(一)银行与信贷供给

银行在第 1 期的资产负债表为:

$$B = N^b + d \ . \quad\quad (6\text{-}1)$$

其中,N^b 为银行的自有资金(即股权或银行资本),d 和 B 分别为

银行获得的存款和向企业家发放的贷款。

银行面临的资本充足率约束为:

$$N^b \geqslant \psi B . \quad (6-2)$$

该约束条件意味着存在由银行净资本 N^b 和监管指标 ψ 共同决定的信贷上限[①],该信贷上限为 $\bar{B} = N^b / \psi$。

银行的利润为:

$$\Pi^b = R^b B - rd - 0.5 \Gamma B^2 . \quad (6-3)$$

其中,Γ 用以刻画银行经营所产生的各种成本。结合银行的资产负债表可以将银行的利润写成关于贷款 B 的函数如下:

$$\Pi^b = \left(R^b - r\right) B + rN^b - 0.5 \Gamma B^2 . \quad (6-4)$$

因此,银行的最优化问题就简化为选择贷款数量以最大化其利润,并约束于资本充足率约束条件,从而得到银行决策的一阶条件为

$$R^b = r + \Gamma B + \psi \lambda^b . \quad (6-5)$$

其中,$\lambda^b \geqslant 0$ 为资本充足率约束的拉格朗日乘子。当 $B = \bar{B}$ 时有 $\lambda^b > 0$,并且当 $B < \bar{B}$ 时有 $\lambda^b = 0$。由银行决策的一阶条件可得信贷供给方程为:

$$B = \frac{1}{\Gamma} \left(R^b - r - \psi \lambda^b\right) . \quad (6-6)$$

由此可见,信贷供给是关于存贷利差 $R^b - r$ 和银行资本影子价格 λ^b 的函数。当 $\lambda^b = 0$ 时,存贷利差越大,银行的利润水平越高;当 $\lambda^b > 0$ 时,λ^b 越大意味着银行资本越贵,此时由于信贷供给触及信贷上限,并且存款利率给定,那么 λ^b 的变化只由贷款利率 R^b 所决定。图 6-1 给出了银行的信贷供给曲线图。信贷供给函数在 $B < \bar{B}$ 时是一条斜率为 Γ 的向上倾斜的曲线,且与纵轴相交于 $R^b = r$ 点,在 $B \geqslant \bar{B}$ 时则为一条垂直的直线。

---

① 比如,根据库克比例,资本充足率的监管指标设定为 8%。

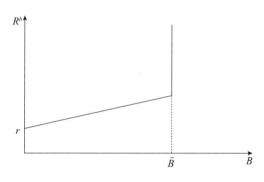

图6-1 信贷供给曲线

(二)企业家与信贷需求

企业家在第1期的资产负债表为:

$$K = N + B . \quad (6\text{-}7)$$

其中, N 为企业家的自有资金, B 为获得的银行贷款, K 为用于投资所购买的资本。投资的预期收益为 R^k, 那么企业家在第2期获得的收入为 $R^k K$。由于存在合约执行等各种形式的金融摩擦, 企业家的收入对银行而言只有 θ 比例是可保证的, 那么企业家的信贷约束条件为:

$$R^b B \leqslant \theta R^k K . \quad (6\text{-}8)$$

企业家的利润为:

$$\Pi^e = R^k K - R^b B = \left(R^k - R^b\right) B + R^k N . \quad (6\text{-}9)$$

那么企业家的优化问题简化为选择贷款数量最大化利润水平, 并约束于信贷约束条件, 其决策的一阶条件为:

$$R^k = R^b + \lambda^e \left(R^b - \theta R^k\right) . \quad (6\text{-}10)$$

其中, λ^e 为信贷约束的拉格朗日乘子。当信贷约束为紧约束时, 那么有 $\lambda^e = \dfrac{R^k - R^b}{R^b - \theta R^k} > 0$, 从而可得企业家的信贷需求为:

$$B = \frac{\theta R^k}{R^b - \theta R^k} N . \quad (6\text{-}11)$$

当企业家的信贷约束为松时,此时有 $\lambda^e = 0$,由此可得决定信贷需求的隐函数如下:

$$R^k = R^b . \tag{6-12}$$

当信贷约束为紧约束时,由(6-11)式有 $\dfrac{\partial B}{\partial R^b} = -\dfrac{\theta R^k}{\left(R^b - \theta R^k\right)^2} N < 0$、$\dfrac{\partial B}{\partial \theta} = \dfrac{R^b R^k}{\left(R^b - \theta R^k\right)^2} N > 0$,同时进一步可得:

$$\dfrac{\partial^2 B}{\partial R^b \partial \theta} = -\dfrac{R^k \left(R^b - \theta R^k\right)\left(R^b + \theta R^k\right)}{\left(R^b - \theta R^k\right)^3} N < 0 .$$

因此,信贷需求在信贷约束为紧约束时的性质主要有两点:第一,信贷需求是关于贷款利率的减函数,即表现为一条向下倾斜的曲线(横轴为贷款、纵轴为利率);第二,由 $\dfrac{\partial^2 B}{\partial R^b \partial \theta} < 0$ 可知信贷需求曲线将随 θ 的增加而变得更加平坦,同时由 $\dfrac{\partial B}{\partial \theta} > 0$ 可知 θ 的增加将使信贷需求曲线向右上方移动,即当利率给定时,更大的 θ 对应更高水平的信贷需求。随着 θ 的增加,由于信贷需求曲线变得更加平坦,直到信贷约束将变为松约束时,此时有 $R^k = R^b$,即信贷需求曲线平坦到与横轴相平行。

图 6-2 绘出了企业家的信贷需求曲线,这有助于更好地理解信贷需求的相关性质。由于资本的预期收益和企业家的净资本已经给定,当信贷约束为紧约束时,企业家的利润为:

$$\Pi^e = \left(1 + \theta \dfrac{R^k - R^b}{R^b - \theta R^k}\right) R^k N . \tag{6-13}$$

当信贷约束为松约束时,企业家的利润为 $\Pi^e = R^k N$,此时与 θ 无关。

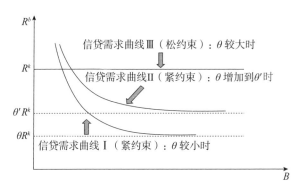

图6-2 信贷需求曲线

(三) 均衡

由于存款利率已经给定，那么银行对贷款的供给就决定了对存款的需求，即贷款市场均衡实现决定了存款市场的均衡，因此需要集中分析和讨论的是信贷市场的均衡。显然，信贷市场的均衡是由信贷供给与信贷需求所决定，但由于信贷供给存在信贷上限的约束，那么信贷市场的均衡表现为信贷供给是否达到信贷上限，而这又取决于信贷需求的程度。

为了后文分析的展开，我们对资本收益 R^k 和企业家可保证收入的比例 θ 进行如下设定：

设定（A6.1）：$R^k > \bar{R}^k$，其中，$\bar{R}^k = \Gamma \dfrac{N^b}{\psi} + r$。

设定（A6.2）：$0 \leq \theta < \bar{\theta}$，其中 $\bar{\theta} = \dfrac{R^k - r}{\Gamma N + R^k - r}$。

命题（P6.1）：设定 A6.1 和 A6.2 满足时有 $\underline{\theta} < \theta^* < \bar{\theta}$，其中，$\theta^* = \dfrac{N^b}{N^b + \psi N}$ 且 $\underline{\theta} = \dfrac{\bar{R}^k}{R^k} \theta^*$。

证明：通过计算可得 $\bar{\theta} - \theta^* = \dfrac{\psi N}{N^b + \psi N} \dfrac{R^k - \bar{R}^k}{\Gamma N + R^k - r}$ 且 $\theta^* - \underline{\theta} = \theta^* \dfrac{R^k - \bar{R}^k}{R^k}$，因此，当设定 A6.1 和 A6.2 成立时，有 $\bar{\theta} > \theta^*$ 且 $\theta^* > \underline{\theta}$，即 $\underline{\theta} < \theta^* < \bar{\theta}$。由此，该命题得证。

当信贷需求为紧约束时,信贷需求函数是一条向下倾斜的曲线,当信贷需求为松约束时,信贷需求是一条与纵轴相交于 $R^b = R^k$ 点的水平线;信贷供给函数在 $B < \bar{B}$ 时是一条斜率为 Γ 的向上倾斜的曲线,且与纵轴相交于 $R^b = r$ 点,在 $B \geq \bar{B}$ 时则为一条垂直的直线且该直线延伸到横轴的交点为 $B = \bar{B}$。由于信贷需求和信贷供给都存在约束为松和紧的可能,并且信贷需求曲线主要由 θ 的大小所决定。

信贷市场在该假设条件下的均衡特征将服从以下特征。

命题(P6.2):设定 A6.2 满足,当 $\theta < \underline{\theta}$ 时,均衡的贷款水平满足 $B < \bar{B}$;当 $\theta \geq \underline{\theta}$ 时,均衡的贷款为 $B = \bar{B}$。

命题(P6.3):假设设定 A6.2 满足,当 $\theta < \theta^*$ 时,企业家的信贷约束为紧约束,其信贷需求为 $B = \dfrac{\theta R^k}{R^b - \theta R^k} N$;当 $\theta^* < \theta < \bar{\theta}$ 时,企业家的信贷约束为松约束,其信贷需求由隐函数 $R^b = R^k$ 所决定。

命题 P6.2 和 P6.3 的证明分别参见附录 A2 和 A3。

图 6-3 绘出了信贷供给曲线和 θ 不同水平所对应的需求曲线(横轴为贷款数量、纵轴为贷款利率),这有助于更好地理解命题 P6.2 和 P6.3 的内容,即 θ 的变化如何影响信贷市场的均衡。

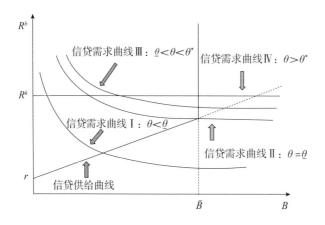

图 6-3 信贷供给、信贷需求与均衡

（四）信贷与货币上限定理

定理（T6.1 货币有界定理）：在正常情形下，金融中介的信贷动员能力和整个经济的货币扩张能力因受到银行资本充足率和企业家产出水平的双重限制而存在上限。

证明：命题 P6.2 和 P6.3 和图 6-3 给出了代数和解析几何证明：

第一，当 $\theta < \underline{\theta}$ 时，信贷需求约束为紧约束且信贷供给约束为松约束。信贷需求曲线 I 对应的是 $\theta < \underline{\theta}$ 时的信贷需求函数，此时向上倾斜的信贷供给曲线与需求曲线相交于 $B < \overline{B}$ 的位置，该均衡是一个贷款数量和利率都相对较低的均衡。

第二，当 $\underline{\theta} \leq \theta < \theta^*$ 时，信贷需求约束为紧约束且信贷供给约束也为紧约束。信贷需求曲线 II 对应的是 $\theta = \underline{\theta}$ 时的信贷需求函数，此时与信贷供给曲线恰好相交于信贷供给曲线的拐点处。信贷需求曲线 III 对应的是 $\underline{\theta} < \theta < \theta^*$ 时的信贷需求函数，此时 θ 的增加使得均衡点沿着信贷供给曲线 $B = \overline{B}$ 向上移动，并且均衡的利率随着 θ 的增加而上升。

第三，当 $\theta^* < \theta < \overline{\theta}$ 时，信贷需求约束为松约束且信贷供给约束为紧约束。此时，θ 的增加并不会移动信贷需求曲线，因而不会改变信贷市场的均衡。

银行的利润水平为：

$$\varPi^b = \left(0.5\varGamma B + \psi\lambda^b\right)B + rN \quad (6-14)$$

由于 $\dfrac{\partial \varPi^b}{\partial B} = \varGamma B + \psi\lambda^b$，那么无论银行的资本充足率约束是松还是紧，即无论 $\lambda^b > 0$ 或 $\lambda^b = 0$，那么总是有 $\dfrac{\partial \varPi^b}{\partial B} > 0$。因此，银行信用扩张的激励在于更大规模的信贷能够获得更多的利润，也就是说，银行天然具有信用扩张的内生动力，直到均衡的信贷规模达到信贷上限。我们结合第三章、第四章所论证的存款—信贷—货币存量机理，则信贷上限决定了商业银行吸收存款和创造货币的上限，因此，货币存量有界。由此，该定理得证。

三、抵质押融资的引入与"资产—货币循环"：超额货币需求第二定理的导出

前述分析表明，当 $\theta < \underline{\theta}$ 时，信贷市场处于低水平的均衡，且信贷规模并不达到银行的信贷上限，即银行仍然有信用扩张的空间。因此，一旦经济中的资产可以作为获得信贷的抵质押品，银行都愿意根据该抵质押品为借款人提供信用额度，即通过抵质押品机制来实现银行的信用扩张。这就存在以下两类最基本的情况：第一种情况是企业家持有某类可以作为抵质押品的资产；第二种情况是企业家并不持有而需要购买该类资产以此获得银行的贷款。在第二种情况的基础上，如果实体投资存在风险，那么选择通过集团公司的形式将两类投资业务事后的风险进行隔离。这对企业家而言可以获得更高的预期利润，但也会进一步助推脱实向虚。

（一）银行的激励：抵质押融资的引进有利于规模扩张

假设企业家持有的资产 H 可以作为获得贷款的抵质押品且抵质押率为 ϕ，并且抵质押率的自然约束为 $0 \leq \phi \leq 1$，那么信贷约束条件为：

$$R^b B \leq \theta R^k K + \phi H . \tag{6-15}$$

当 $\phi = 0$ 时，这就退化为第二部分无抵质押品的模型。资产 H 与企业家的净资产 N 不同的是，企业家可以将 1 单位净资产交易 1 单位的资本 K，但资产 H 由于缺乏流动性，不能直接用于购买资本，只能通过向银行抵质押获得的贷款来购买资本，即企业家购买资本的融资来源仍然满足 $K = N + B$。

企业家的利润为：

$$\Pi^e = R^k K - R^b B = R^k N + (R^k - R^b) B. \quad (6\text{-}16)$$

由于企业家已经持有资产 H,因此仅仅需要做出贷款需求的决策,那么一阶条件仍然为:

$$R^k = R^b + \lambda^e (R^b - \theta R^k). \quad (6\text{-}17)$$

设定(A6.3):$\theta < \underline{\theta}$,其中,$\underline{\theta} = \theta^* \dfrac{\Gamma N^b + \psi r}{\psi R^k}$ 且 R^k 满足假设 A6.1。

由上一部分的分析可知,当 $\theta < \underline{\theta}$ 时,如果企业家并不持有可抵质押的资产,其融资约束为紧约束,并且均衡的贷款水平满足 $B < \overline{B}$。如果企业家持有可抵质押的资产,那么可以获得更多的贷款。当抵质押率 ϕ 给定时,如果企业家持有可抵质押的资产数量足够大时,足以使均衡的贷款水平达到银行的信贷上限,即 $B = \overline{B}$。同时,由抵质押品产生的更高水平的信贷需求能够使得利率水平达到 $R^b = R^k$,此时有 $\lambda^e = 0$,这就使得企业家的融资约束为松约束。反之,可以预见的是,如果企业家持有可抵质押的资产数量较小,那么即使抵质押率达到上限即 $\phi = 1$ 时,企业家的信贷需求仍然不足以使均衡的贷款达到信贷供给的上限。

命题(P6.4):设定 A6.3 满足且企业家持有抵质押品 $H < \underline{H}$,其中 $\underline{H} = (\underline{\theta} - \theta)\left(\dfrac{N^b}{\psi} + N\right) R^k$,那么企业家的信贷约束为紧约束,即信贷需求为 $B = \dfrac{\theta R^k}{R^b - \theta R^k} N + \dfrac{\phi}{R^b - \theta R^k} H$ 且均衡利率满足 $R^b < R^k$;银行的信贷供给并未触信贷上限,即均衡的信贷水平满足 $B < \overline{B}$。

该命题的证明参见附录 A4。

图 6-4 解释了抵质押融资的引入在扩张信贷需求上的作用。由命题 P6.4 可知,当 $\theta < \underline{\theta}$ 且 $H < \underline{H}$ 时,企业家的融资约束为紧约束,那么企业家的总投资为:

$$K = \dfrac{R^b}{R^b - \theta R^k} N + \dfrac{\phi}{R^b - \theta R^k} H. \quad (6\text{-}18)$$

同时由于 $K = N + B$，并且 N 已给定，那么抵质押率 ϕ 的上升尽管提高了均衡的贷款利率 R^b，但由于增加了可获得的贷款，最终增加了企业家的资本支出。因此，在此种经济环境下，银行有激励根据企业家持的抵质押品提供抵质押贷款。

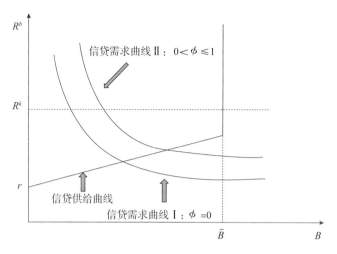

图6-4　信贷供给与信贷需求

（二）企业的动力：从企业家转变为抵质押品资产投资者

一般，我们倾向于认为，企业家以既有资产抵质押以获得融资天经地义，既确保了银行资产安全性，也提升了有效融资需求。命题 P6.4 也证明了这一认知。但是，由于存在抵质押融资机制，企业家很快将明白一个新的抉择——获得融资需要抵质押品，那么只要有抵质押品就便于获得融资。并且，如果以融资再去购买抵质押品，那么就可以撬动更多的信贷资金。于是，企业家开始从融资以从事实体转向融资以从事资产交易。或许，这是一个当代货币经济中的典型事实①。

---

① 由于本章侧重从金融中介向投资中介变异的角度思考，关于这一论断的理论证明将在第八章详细给出。

为了刻画抵质押率的变动如何影响企业家对抵质押品的购买需求，这一部分我们假设开始企业家自身并不持有可获得融资的抵质押品。由于企业家发现若持有合格抵质押品将更容易获得融资并需要购买抵质押品时，其资产负债表为：

$$K + H = N + B . \qquad (6\text{-}19)$$

其中，H 代表企业家购买的抵质押品，为了与生产性的资本 K 相区别，该抵质押品为非生产性的资产，且收益为 R^h。抵质押品的抵质押率为 ϕ，那么信贷约束条件为：

$$R^b B \leqslant \theta R^k K + \phi R^h H . \qquad (6\text{-}20)$$

企业家的利润为：$\Pi^e = R^k K + R^h H - R^b B$。由资产负债表可得：

$$K = N + B - H.$$

将其代入利润函数后有 $\Pi^e = R^k N + (R^k - R^b) B - (R^k - R^h) H$，同时将其代入信贷约束条件可得更紧凑的信贷约束条件：

$$(R^b - \theta R^k) B \leqslant \theta R^k N + (\phi R^h - \theta R^k) H .$$

因此，企业家的决策优化问题就简化为选择 $\{B, H\}$ 最大化其利润，并约束于更紧凑的信贷约束条件，从而得到一阶条件如下：

$$R^k - R^b = \lambda^e (R^b - \theta R^k) . \qquad (6\text{-}21)$$

$$R^k - R^h = \lambda^e (\phi R^h - \theta R^k) . \qquad (6\text{-}22)$$

其中，λ^e 为信贷约束的拉格朗日乘子。为了更好地凸显企业家购买的抵质押品的作用，这一部分对抵质押品的收益 R^h 和企业家生产性资本收入的可保证性 θ 进行如下假设：

设定（A6.4）：$\bar{R}^h < R^h < R^k$，其中 $\bar{R}^h = 2\bar{R}^k - r$ 且 $\bar{R}^k = \Gamma \dfrac{N^b}{\psi} + r$。

设定（A6.5）：$\theta = 0$。

命题（P6.5）：设定 A6.4 和 A6.5 同时满足，则存在 $\underline{\phi}$、ϕ^* 和 $\bar{\phi}$ 满

足 $0 < \underline{\phi} < \phi^* < \bar{\phi} < 1$，其中，$\underline{\phi} = \dfrac{r}{R^h} \dfrac{R^k - R^h}{R^k - r}$、$\phi^* = \dfrac{R^k - R^h}{R^h} \dfrac{\bar{R}^k}{R^k - \bar{R}^k}$ 且 $\bar{\phi} = \dfrac{(R^k - R^h)(R^h + r)}{R^h(2R^k - R^h - r)}$。

证明：根据设定 A6.4 和 A6.5 计算可得：$1 - \bar{\phi} = \dfrac{R^k(R^h - r)}{R^h(2R^k - R^h - r)} > 0$、

$\phi^* - \underline{\phi} = \dfrac{R^k(R^k - R^h)(\bar{R}^k - r)}{R^h(R^k - \bar{R}^k)(R^k - r)}$ 且 $\bar{\phi} - \phi^* = \dfrac{R^k(R^k - R^h)(R^h - \bar{R}^h)}{R^h(R^k - \bar{R}^k)(2R^k - R^h - r)}$。由设定 A6.4 可得：$r < \bar{R}^h < R^h < R^k$ 且 $2R^k > R^h + r$，因此有 $0 < \underline{\phi} < \phi^* < \bar{\phi} < 1$。由此，该命题得证。

命题（P6.6）：若设定 A6.4 和 A6.5 同时满足，当 $\underline{\phi} < \phi < \bar{\phi}$ 时，企业家的融资约束为紧约束；当 $\underline{\phi} < \phi < \phi^*$ 时，均衡的信贷并未触及信贷上限；当 $\phi^* \leq \phi < \bar{\phi}$ 时，均衡的信贷触及信贷上限。

该命题的证明参见附录 A5。

根据设定 A6.4，由于 $R^h < R^k$，即抵质押品本身的投资收益小于实体投资的收益，企业家并不会完全用自有资金来购买抵质押品。然而，当抵质押品具备了金融属性，可以获得银行的信贷资金时，那么银行购买抵质押品的激励在于对抵质押品的购买并不需要完全占用自有资金。因此，由该命题可知，只要抵质押率高于一定水平，企业家就有足够的激励购买抵质押品，从而成为抵质押品资产投资者。

（三）超额货币需求第二定理的导出

在第五章，我们认为超额货币需求是金融体系脆弱性的根源，并将其基本机理归纳为：银行从家庭部门得到了货币供给，但货币供给转化为信贷必然会存在超额性，这就造成坏账具有潜在、内生特征，因此，"不良贷款额"是间接测度超额货币需求的最低值。在本章，我们提出了抵质押融资是脱实向虚的制度性根源。综合两章的论证，我们得到以下定理：

定理（T6.2 超额货币需求第二定理）：金融中介的资本金、资产池交叉补贴和抵质押融资机制是经济存在超额货币需求的充分条件，考虑货币的存量概念，从货币交易的跨期性衡量，超额货币需求的下限是各期贷款（不论是否存在抵质押融资）在未来所形成的不良贷款的当期贴现值，上限是各期抵质押贷款累计发生额的当期贴现值。

四、突破货币供给约束的超额货币需求：来自"影子银行"的经验证据

根据命题 P6.6，由于银行存在资本金约束，信贷需求在抵质押融资的激励下，将触及信贷供给上限。这将由一种安全性引发另外一种不安全性，即原本出于对信用风险的管理而引入的抵质押融资机制，造成了信用中介自身的流动性风险。一般来说，存在抵质押品的融资往往是中长期信贷，那么，货币供给（各种存款）的即期或短期性质与抵质押信贷的长期性质之间，必然形成流动性矛盾。于是，由于流动性管理需要，"影子银行"应运而生。

（一）影子银行的期限和流动性转换

我们必须承认，在货币金融层面的改进与创新往往解决了家庭部门、金融中介或金融市场的某个具体问题。抵质押融资制度的引进，直接目的是解决流动性风险和信用风险问题，但客观上造成了"影子银行"及其宏观风险——如图 6-5 所归纳，银行可以通过更少的资本推动更多的资产（Moreira 和 Savov 2014）。

根据我们的分析框架，信用中介（商业银行）作为货币需求者总是

面临两个约束：一是监管约束，资本金推动其负债（面向家庭部门的货币需求）存在上限；二是供给约束，家庭部门之所以愿意提供存款货币，根源是在保持同等流动性的前提下，可以实现货币的时间价值（利息）。当然，后者应该是无风险的。这一视角，恰如 Diamond 和 Dybvig（1983）

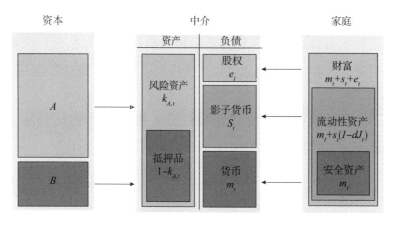

图6-5　抵质押融资的引进对信用中介和家庭部门的改进

资料来源：Moreira 和 Savov, "The Macroeconomics of Shadow Banking", NBER, 2014。

早期的洞察——金融中介的价值增值是通过发行比其拥有的资产更具有流动性的证券（存单、银行票据）所实现的。我们认为，这一方面固然是流动性约束，即任何定期存单都具有即期提现能力；另一方面，资产的流动性转换基于资产"具备市场接受的公允价值"。这就是 Gorton 和 Pennacchi（1990）提出的资产的流动性是信息敏感性的函数这一学术表述的现实运行要求，于是认为"只有具有公认安全性的资产才是具备变现能力的资产"，那么，"企业部门获得融资固然需要未来产出能力的衡量"。但是几乎同等重要的是，企业部门如果持有具备市场公信力的抵质押品，那么金融中介将实现"一石二鸟"——既提高了资产安全性以抵御信用风险，又提升了信贷资产的变现能力以抵御流动性风险（货币供给者的提现要求）。正是因为意识到了这一点，Kiyotaki 和 Moore（1997）

站在借款人角度鲜明提出，外源融资（借款）受资产抵质押价值所约束。我们的观点类似，但立场略不同：站在金融中介角度，其货币需求受抵质押品的存在性和流动性约束。因此，我们可以把抵质押制度与货币需求作为一个"蛋鸡先行"命题——因为金融中介满足货币需求而发展了抵质押，抑或因为存在资产市场而通过抵质押扩张了货币需求，是无关紧要的。真正有价值的现实讨论是，把抵质押制度作为一个现实存在，由此讨论货币需求的（是否以及在多大规模上存在）"超额"性质。

（二）影子银行的二手货交易性质、穿透计算的超额货币需求和中介信用走向虚拟化

影子银行现象在本章的地位仅仅在于说明"抵质押融资对信用中介超额货币需求的延伸性表现"，而不在于系统性研究影子银行本身的运行机理、宏观效应及其管理制度设计[①]。我们在本章的真正任务是说明"抵质押融资"是信用中介巧妙利用资产持有和转移，客观上持续实现金融业总体资产膨胀，但同时满足资本金、流动性要求的一系列"创新"的起点。

表6-1 传统银行业、影子银行业和传统资本市场的特征比较

特征	传统银行业务	影子银行业务	资本市场融资业务
实例	商业银行	抵押贷款（CDO）、结构性投资、固定净资产价值（CNAV）、货币市场基金（MMF）、资产支持票据（ABCP）	投资基金、养老金、主权财富基金、房地产信托（REITs）、私募股权投资（PE）
关键性风险转换	流动性、持有期、杠杆率	增信、流动性、持有期、杠杆率	流动性、杠杆率
中介机构性质	单一主体	通过抵押链和信用担保链串联多个机构主体	单一或少数机构主体

---

① 关于影子银行对金融危机的影响，我们将在第八章做简要讨论；关于影子银行对金融周期和宏观审慎管理的启示，我们将在第二卷《货币政策与中央银行》做系统性研究。

第六章 从信用中介转向资产交易中介和超额货币需求第二定理

续表

特征	传统银行业务	影子银行业务	资本市场融资业务
正式官方保护	有（存款保险和最后贷款人等）	无（但存在或有保护机制，如中央银行介入）	无（一些经济体存在各类投资者保护基金）
其他非官方支持	一般不存在	有（抵质押担保）	无
融资来源	存款、批发性融资	同业高频	零售

资料来源：Adrian 和 Jones，"Shadow Banking and Market-Based Finance"，IMF，2018。

在直觉上，我们赞同一系列文献对金融中介与金融危机关联性的研究[1]，这是我们在第八章、第九章需要给出的进一步结论。在本章，我们的逻辑如同第五章——一切出于好的出发点设计的制度安排往往会形成意想不到的负向后果（或成本），更麻烦的是，这些成本具有跨时性质，需要进行贴现；但是，当危机来临时，损失一般仅在当期进行测算，在技术上贴现至 10 年或 20 年前的某种制度是具有相当难度的。因此，我们认为，抵质押融资是一个好的起点，但是其造成的货币需求超额性质却很少在当期被考虑到。其反应过程具有两条路径：第一，抵质押贷款—具有抵质押的信贷资产可以被证券化（ABS+CDO）—非银行金融中介购买证券化产品—商业银行资产负债表发生结构性替代（流动性现金资产取代了不流动的信贷资产）—商业银行具有循环实施该操作的可能。在这个意义上，研究上被称为传统银行信用中介过程的"纵向切割"（vertical slicing），包括信贷发放、信贷入库、资产证券化产品（ABS）发行、ABS 入库、ABS 和抵质押债务（CDO）发行和批发融资（Pozsar、Adrian、Ashcraft 和 Boesky，2010）。这一纵向切割过程一般包括了一个极其重要的传统银行内部机制设计——成立独立的特殊目的机构（SPV），通过短期票据发行

---

[1] 参见 He 和 Krishnamurthy（2012，2013）、Gertler 和 Kiyotaki（2011，2015）、Gârleanu、Panageas 和 Yu（2012）、Brunnermeier 和 Sannikov（2014）等的研究。

以购买银行抵质押贷款的证券化产品,由此促进了银行的资产流动性,信用风险由此出表[①],且并未形成额外的货币需求。第二,从信贷到 ABS 和 CDO 使信用中介无意间开拓了一个极其重要的资产市场。表面上,其与 SPV 进行的"同业交易"(非银行金融机构购买证券化产品)并不增加货币增量,但是商业银行通过"发行抵质押贷款—不断证券化—让渡信贷资产—回笼存款货币"的形式,实际上全面虚增了货币需求。

机理如下:假设 A 银行设立了资产管理子公司(SPV)以购买母银行抵质押贷款资产,由于贷款存在抵质押品,因而具有较强的信用安全性;此后实施证券化,因而具有了更强的市场流动性。我们忽略市场存在的影子银行机构(非银行金融中介机构,NBI),假设 SPV 可以直接向公众发行 ABS 产品,那么原本以存款形式进入银行的货币资金被分流至 SPV,SPV 再以购买贷款的方式回流银行。此时,在银行资产负债表内,负债项下——对家庭部门的原始存款需求并未发生改变;但是在资产项下,仿佛如魔术般不断地发生"抵质押贷款—出售变现"的现象,这一保持流动性的过程,实际上导致 SPV 资产持续扩张。那么如果我们把 SPV 和母银行资产负债汇总**穿透**看,家庭部门的存款被打扮成了理财资金,而抵质押贷款被包装成了 ABS 和 CDO 资产,且银行与 SPV 的增加值在这个过程中都不断上升。但是,由于母银行和 SPV 之间交易的是**已经发行的贷款**,具有典型的"二手货"特征,因此并不实质性新增产出特点,SPV 的增加值却作为服务业增加值计入 GDP。同时,母银行将有更高的胆略发放抵质押贷款——只要资产是安全的,流动性可以通过 SPV 不断出表,那么就不必担忧。此时,新增货币需求以家庭部门理财的形式最终进入银行,成为抵质押贷款的资金来源。更绝妙的是,由于母银行没有扩表,上述货

---

① 实际上,这一链式交易过程相当于银行理财。

币需求可以绕过资本充足率、存款准备金甚至存款保险等全部监管要求。

(三) 传统银行和影子银行的分工意义

在通常理解上，分工是实现专业化并提升效率的主要形式。在第八章中，我们将从借款人（企业家）的角度分析抵质押融资导致的借款人行为变异。在本章中，我们站在金融中介的角度研判影子银行的出现是一条重要线索，它反映的不是专业化分工，而仅仅是为了在既定监管条件想扩张规模而实现的"精巧"设计，这种设计无疑形成了"整个金融体系的"超额货币需求。恰如 Buchak、Matvos、Piskorski 和 Seru（2018）所指出的：所谓影子银行，与传统银行一样，在同一个市场，面向同一群客户，在相同期限，以相似的合同条款发放贷款。他们以 2007—2015 年的美国住房抵质押贷款市场为研究对象，发现此期间，影子银行占据住房抵质押贷款市场的份额从 30% 提高到 50%。在美国联邦住房管理局（Federal Housing Administration，FHA）市场（低信用借款人）上，影子银行占据 75% 的市场份额。Jiang、Matvos、Piskorski 和 Seru（2020）继续拓展了上述研究，进一步跟踪了 2011—2017 年的美国抵质押贷款市场占有率，发现传统银行与影子银行在抵质押贷款市场的平均贷款规模分别为 25.3 万美元和 22.5 万美元，平均收入为 12.9 万美元和 10.1 万美元。我们依据上述研究得出的结论是：传统银行与影子银行极高的同质性和相似性意味着并不存在信贷技术上的根本性创新，因此很难称之为专业化分工。其根本动因仍然是规模扩张。

(四) 超额货币需求的实证依据

由影子银行在过去 20 年间持续膨胀的事实出发，我们可以观察到的一个相应事实是，银行同业业务扩张和核心负债（core liability）与非核心负债（noncore liability）的区分以及同业业务的崛起（参见图 6-6，

Shin 和 Shin 2011）。

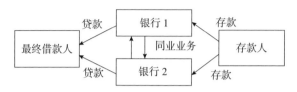

图6-6　传统业务和同业业务

资料来源：Shin, H. S. 和 Shin, K., "Procyclicality and Monetary Aggregates", NBER, 2011。

同业业务本身在一定程度上说明银行正在从信用中介转向资产交易中介。Shin 和 Shin（2011）以 2008 年倒闭的英国北岩银行为例，说明了非核心负债是如何推动 1998—2007 年信贷扩张的。从 1998—2007 年，北岩银行的信贷增长了 6.5 倍，远远高于资本金和零售型存款增幅，非核心负债成为主要资金来源（参见图 6-7），这在实证层面上证明了银行资产（含表外）扩张对实际货币需求的拉动力——金融机构之间的同业往来极大虚增了货币存量（Shin 和 Shin，2011）。

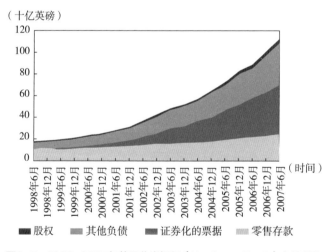

图6-7　1998-2007年英国北岩银行（Northern Rock）负债结构

资料来源：Shin, H. S. 和 Shin, K., "Procyclicality and Monetary Aggregates", NBER, 2011。

超额货币需求第二定理可以从 Pozsar、Adrian、Ashcraft 和 Boesky（2010）所总结的图 6-8 中得到近似佐证。自 20 世纪 80 年代起，以银行

第六章 从信用中介转向资产交易中介和超额货币需求第二定理

设立 SPV 发行资产支持票据为特征,影子银行负债陡峭上行,到 2008 年全球金融危机前夕,影子银行总负债触及 20 万亿美元峰值,此时的传统银行负债仅为 10 万亿美元。在某种程度上可以认为,影子银行是传统银行的资产出口,那么合并穿透后的"总货币需求"相当于名义上银行对公众货币需求的 3 倍。回顾我们在第一章中强调的,货币存量的意义远小于货币增量,金融创新导致存量稳定但实际上通过"出表",把货币增量从传统银行篮子转移到影子银行篮子中。这仅仅是统计口径和会计操作上的把戏,在穿透角度看,并不能改变实际上广义货币(或有负债)需求超高速增长的事实。考虑到"放贷—出表"的循环往复,银行与影子银行之间不间断实施"击鼓传花戏法",这也就是我们把"各期累计抵质押融资"作为超额货币需求上限的原因。

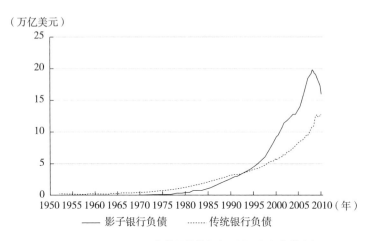

图6-8　1950—2010年美国传统银行和影子银行负债余额

资料来源:Pozsar, Z., Adrian, T., Ashcraft, A., and Boesky, H., "Shadowing Banking", Federal Reserve Bank of New York, 2010。

此时可以看到,信用中介走向虚拟化的真正过程是银行与非银行信用中介、银行同业之间的资产交易,这种资产是对已经投放的贷款的交易,是不增加真实产出的二手货,那么由此形成的通过 SPV 实现的货币需求具有"超额"性质[①]。由此,我们得以更加清晰地认识除了"产出—货币循环"之外,在真实金融世界中还存在的"资产—货币循环"的本质特征。

五、结论性评价

本章的基本逻辑思路在于区分了产出货币循环和资产货币循环,基本结论是抵质押融资制度安排决定了资产货币循环,那么,一个本意在于使银行体系变得更加安全的制度设计导致了超额货币需求。此时的超额在于,在一定条件下(确定的抵质押率范围),企业部门发现购买可供抵质押的资产是比主营业务更有利可图的业务。这是脱实向虚的根源。总结本章的内容,可以归纳为以下五条。

第一,在产出货币循环下,均衡货币存量归根结底由产出决定。在信贷供求市场上,商业银行因资本充足率约束而存在融资上限,企业部门的产出决定了信贷需求。信贷供求函数的均衡解是商业银行吸收存款货币并实现货币增量的基本动力。此时,我们的模型并不存在实体部门与虚拟部门的"二分法"必要性,事实上,所有的投融资行为和货币扩张都是为服务产出而存在的。

第二,在资产货币循环下,均衡货币存量由产出和抵质押资产共同决定。我们论证了存在抵质押的情形会造成信贷需求上升(参见图6-4)。同样,根据信贷供求需要货币增量配套的货币运行机理,货币增

[①] 由于存在货币虚增,真正关注影子银行的是中央银行。关于影子银行对宏观审慎管理和中央银行的应对性措施,我们将在第二卷做更加细节化的讨论。

第六章　从信用中介转向资产交易中介和超额货币需求第二定理

量由此出现"跃升"。

第三，我们得到的超额货币需求第二定理与第五章的第一定理相比较，补充了超额货币需求"上限"——一切抵质押融资所形成的存款货币需求。我们以此为上限，这意味着超额货币需求最多可能达到的水平。需要说明的是抵质押融资的确存在运用于产出的现实可能。结合第五章的第一定理，基本判断表述为：坏账在一定程度上意味着本不应该得到的融资，由此形成的货币需求当然具有超额性质；抵质押融资具有增信性质，如果商业银行依托我们在第五章论证的信息优势，应该可以确认真正的产出性融资需求，那么抵质押安排本无必要存在，信用融资才是金融中介的本职。该原命题的逆否命题就是：一旦采取抵质押融资，则该项融资被用于生产性投资的必要性和可能性均存疑。由于存疑，并非一定如此，则我们给出的是"上限"判断。

第四，本章从超额货币供给的角度揭示了影子银行的一个侧面。从风险转化角度看，基于抵质押融资的证券化和纵向切割实质上没有降低风险，而是实现了风险在各类非银行金融机构与家庭部门之间的分散，因此可以借用 Brown（2010）"分散化的迷思"（diversification myth）判断。尽管如此，Gennaioli、Shleifer 和 Vishny（2011）仍然认为抵质押融资衍生的影子银行从提高融资效率的角度看是帕累托改进。问题在于，从信用中介的本质看，立足储蓄—投资—产出的存贷款安排天然具有"信用"融资性质，抵质押品在理论上属于"冗余"，因此存在超额货币需求特征。我们真正的目的并不在于分析影子银行的微观机理，而在于判断宏观货币增量——一轮一轮的资产转让导致"累计"货币需求实际上出现了持续膨胀，更进一步，一旦抵质押品具有了流动性，将造成借款人从生产者演变为资产投资者的激励，信用中介与资本市场以一种极其另类的方式结合在一起。这种另类方式是以风险转换或增强实体融资为目的的虚拟化或泡沫化。

　　第五，关于抵质押品和资产的关系是需要做补充说明的。为了有效评估抵质押品价值，以便确定融资额度，在现实世界中，凡是具备二级流转市场的商品、权利都能够成为合格的抵质押品。反过来，一旦商业银行以某种资产作为抵质押品，同样会要求或构造一个具有高度流动性的二级市场。因此，**具有流动性的资产天然不是抵质押品，而抵质押品天然是具有流动性的资产**。通过本章的桥接，我们的逻辑链条将得到进一步贯通——超额货币需求是资产泡沫化和金融危机的重要制度温床。

附录 A2：命题 P6.2 的证明

证明：当均衡的贷款水平满足 $B < \bar{B}$ 时，此时有 $\lambda^b = 0$，那么银行的信贷供函数为 $B = \frac{1}{\Gamma}(R^b - r)$，同时猜测此时的信贷需求为紧约束，结合信贷需求方程可以得到关于贷款利率的函数如下：

$$\theta R^k \Gamma N = (R^b - r)(R^b - \theta R^k). \tag{A2-1}$$

由此可以得到贷款的均衡利率为：

$$R^b = \frac{(r + \theta R^k) + \sqrt{(r - \theta R^k)^2 + 4\Gamma \theta R^k N}}{2}. \tag{A2-2}$$

从而可得均衡的贷款水平为：

$$B = \frac{1}{\Gamma}(R^b - r) = \frac{1}{2\Gamma}\left[\theta R^k - r + \sqrt{(r - \theta R^k)^2 + 4\Gamma \theta R^k N}\right]. \tag{A2-3}$$

由于该均衡的前提条件是信贷需求为紧约束且信贷供给为松约束，那么该均衡需要同时满足约束条件 $\lambda^e = \frac{R^k - R^b}{R^b - \theta R^k} > 0$ 和 $B < \bar{B}$。首先，将均衡利率代入 λ^e 公式的分母部分可以得到

$$R^b - \theta R^k = \frac{(r - \theta R^k) + \sqrt{(r - \theta R^k)^2 + 4\Gamma \theta R^k N}}{2} > 0.$$

那么 $\lambda^e > 0$ 就等价于 $R^b < R^k$，由此进一步计算得到等价条件为 $\theta < \bar{\theta}$。由于 $\theta < \underline{\theta}$ 符合约束条件 $\theta < \bar{\theta}$，那么 $\theta < \underline{\theta}$ 时企业家的融资约束总是紧约束。然后，由 $B < \bar{B}$ 可得以下不等式：

$$\frac{1}{2\Gamma}\left[\theta R^k - r + \sqrt{(r - \theta R^k)^2 + 4\Gamma \theta R^k N}\right] < \frac{N^b}{\psi}. \tag{A2-4}$$

显然，不等式（A2-4）等价于 $\theta < \underline{\theta}$，并且当 $\theta = \underline{\theta}$ 时等号成立且有 $B = \bar{B}$。我们验证当 $\theta = \underline{\theta}$ 时，均衡的贷款满足 $B = \bar{B}$。当 $\theta = \underline{\theta}$ 时，如果信贷供给约束为紧约束，那么必然有 $\lambda^b = 0$，此时市场出清条件为：

$$\frac{\underline{\theta} R^k}{R^b - \underline{\theta} R^k} N = \frac{N^b}{\psi} . \quad （A2-5）$$

由此可以解得，$R^b = \left(1 + \psi \dfrac{N}{N^b}\right) \underline{\theta} R^k = \dfrac{(r + \underline{\theta} R^k) + \sqrt{(r - \underline{\theta} R^k)^2 + 4\Gamma \underline{\theta} R^k N}}{2}$，并且有 $\bar{B} = \dfrac{1}{2\Gamma}\left[\underline{\theta} R^k - r + \sqrt{(r - \underline{\theta} R^k)^2 + 4\Gamma \underline{\theta} R^k N}\right]$，将其同时代入银行的一阶条件有 $\lambda^b = 0$，那么当 $\theta = \underline{\theta}$ 时，银行的信贷供给为紧约束。同时，还需要进一步验证当 $\theta = \underline{\theta}$ 时的信贷需求为紧约束，由于此时的贷款利率满足 $R^b = \left(1 + \psi \dfrac{N}{N^b}\right) \underline{\theta} R^k = \dfrac{\underline{\theta}}{\theta^*} R^k$，并由 $\underline{\theta} < \theta^*$ 可得均衡利率满足 $R^b < R^k$。因此，当 $\theta \leq \underline{\theta}$ 时，企业家的融资约束总是为紧约束。由于信贷需求是关于 θ 的增函数，那么当 $\theta > \underline{\theta}$ 时，银行的信贷供给也必然为紧约束。

综上所述，当 $\theta < \underline{\theta}$ 时，均衡的贷款水平满足 $B < \bar{B}$；当 $\theta \geq \underline{\theta}$ 时，均衡的贷款为 $B = \bar{B}$。由此，该命题得证。

附录 A3：命题 P6.3 的证明

证明：由命题 P6.2 可知，当 $\theta < \underline{\theta}$ 时，企业家的信贷约束为紧约束，那么需要证明的是当 $\underline{\theta} \leq \theta < \theta^*$ 时，企业家的融资约束仍然为紧约束。同时，当 $\theta \geq \underline{\theta}$ 时的信贷供给为紧约束，那么当 $\underline{\theta} \leq \theta < \theta^*$ 时，如果企业家的融资约束为紧约束，那么信贷市场出清条件可得均衡的利率为 $R^b = \dfrac{\theta}{\theta^*} R^k < R^k$，这正好与 $\lambda^e = \dfrac{R^k - R^b}{R^b - \theta R^k} > 0$ 相吻合。

我们还可以用反证法排除 $\underline{\theta} \leq \theta < \theta^*$ 时企业家的融资约束为松约束的可能。如果企业家的融资约束为松约束，那么有 $R^b = R^k$，代入企业家松的融资约束条件可以得到不等式 $\dfrac{N^b}{\psi} < \dfrac{\theta}{1-\theta} N$。由于 $\dfrac{\theta}{1-\theta} N < \dfrac{\theta^*}{1-\theta^*} N = \dfrac{N^b}{\psi}$，那么要求不等式 $\dfrac{N^b}{\psi} < \dfrac{N^b}{\psi}$ 成立，显然该不等式不成立，从而排除了 $\underline{\theta} \leq \theta < \theta^*$ 时企业家的融资约束为松约束的可能。

最后，当 $\theta^* < \theta < \overline{\theta}$ 时，如果企业家的融资约束仍然为紧约束，由于此时银行的信贷供给为紧约束，信贷市场出清条件为 $\dfrac{\theta R^k}{R^b - \theta R^k} N = \dfrac{N^b}{\psi}$，解得均衡的利率为 $R^b = \dfrac{\theta}{\theta^*} R^k$，将其代入拉格朗日乘子可得：

$$\lambda^e = \frac{1}{\theta}\left(\frac{\theta^* - \theta}{1-\theta^*}\right).$$

由于 $\theta^* < \theta < \overline{\theta} < 1$，那么有 $\lambda^e < 0$，这与紧约束条件下 $\lambda^e > 0$ 相矛盾。因此，在排除了紧约束的情况下，可以得到当 $\theta^* < \theta < \overline{\theta}$ 时企业家的融资约束为松约束。由此，该命题得证。

附录 A4：命题 P6.4 的证明

证明：可以先猜测当 $\phi=1$ 时，信贷供给未触及信贷上限且信贷约束为紧约束，然后验证该猜测是否成立。此时，信贷市场出清条件为 $\dfrac{\theta R^k}{R^b - \theta R^k}\tilde{N} = \dfrac{1}{\Gamma}(R^b - r)$，其中，$\tilde{N} = \dfrac{\theta R^k N + H}{\theta R^k}$。通过计算得到均衡的利率为：

$$R^b = \frac{(r+\theta R^k) + \sqrt{(r-\theta R^k)^2 + 4\Gamma\theta R^k \tilde{N}}}{2}. \tag{A4-1}$$

均衡的贷款水平为：

$$B = \frac{1}{\Gamma}(R^b - r) = \frac{1}{2\Gamma}\left[\theta R^k - r + \sqrt{(r-\theta R^k)^2 + 4\Gamma\theta R^k \tilde{N}}\right]. \tag{A4-2}$$

由于贷款均衡满足 $B < \bar{B}$，即：

$$\frac{1}{2\Gamma}\left[\theta R^k - r + \sqrt{(r-\theta R^k)^2 + 4\Gamma\theta R^k \tilde{N}}\right] < \frac{N^b}{\psi}.$$

该不等式等价于 $\tilde{N} < \dfrac{N^b}{\psi}\left(\dfrac{\Gamma N^b + \psi r}{\theta\psi R^k} - 1\right)$，即：

$$H < \theta R^k\left[\frac{N^b}{\psi}\left(\frac{\Gamma N^b + \psi r}{\theta\psi R^k} - 1\right) - N\right] = (\underline{\theta} - \theta)\left(\frac{N^b}{\psi} + N\right)R^k.$$

而该不等式等价于 $H < \underline{H}$。

由于贷款利率满足 $R^b < R^k$，即：

$$\frac{(r+\theta R^k) + \sqrt{(r-\theta R^k)^2 + 4\Gamma\theta R^k \tilde{N}}}{2} < R^k.$$

通过计算可得该不等式等价于 $\tilde{N} < \dfrac{1-\theta}{\theta\Gamma}(R^k - r)$，即：

$$H < \left[(1-\theta)\frac{R^k - r}{\Gamma} - \theta N\right]R^k = (\theta^* - \theta)\left(\frac{R^k - r}{\Gamma} + N\right)R^k = \bar{H}.$$

第六章 从信用中介转向资产交易中介和超额货币需求第二定理

而该不等式等价于 $H < \bar{H}$。因此，当 $H < \bar{H}$ 时，企业家的信贷需求为紧约束。进一步通过计算可得：

$$\bar{H} - \underline{H} = \left(\theta^* - \underline{\theta}\right)\left(\frac{\bar{R}^k - r}{\Gamma} + N\right)R^k + \left(\theta^* - \theta\right)\frac{R^k - \bar{R}^k}{\Gamma}R^k.$$

由于 $\theta^* > \underline{\theta}$，那么当 $\theta < \underline{\theta}$ 时必然有 $\bar{H} > \underline{H}$。因此，当 $H < \underline{H}$ 时，企业家的信贷需求也必然为紧约束。

综上，假设条件 $H < \underline{H}$ 保证了当 $\phi = 1$ 时企业家的融资约束为紧约束且银行的信贷供给不会触及信贷上限。当 $0 < \phi < 1$ 时，由于信贷需求相对更低，那么此时该结论也必然成立。由此，该命题得证。

附录 A5：命题 P6.6 的证明

证明：当设定 A6.5 满足时，企业家决策的一阶条件为：

$$R^k - R^b = \lambda^e R^b . \qquad (A5\text{-}1)$$

$$R^k - R^h = \lambda^e \phi R^h . \qquad (A5\text{-}2)$$

因此，企业家信贷约束为紧约束时需要满足 $\lambda^e = \dfrac{R^k - R^b}{R^b} > 0$ 且 $\lambda^e = \dfrac{R^k - R^h}{\phi R^h} > 0$。由假设条件 A6.4 可知，只要均衡的贷款利率 $R^b < R^k$，那么企业家的信贷约束必然为紧约束。我们猜测当 $\underline{\phi} < \phi < \overline{\phi}$ 时总是有 $\lambda^e > 0$，然后进行验证。

当 $\lambda^e > 0$ 时，由企业家决策的一阶条件的两个方程得到贷款的利率函数如下：

$$R^b = \frac{\phi R^k R^h}{R^k - (1-\phi) R^h} . \qquad (A5\text{-}3)$$

由于 $\dfrac{\partial R^b}{\partial \phi} = \dfrac{R^k R^h (R^k - R^h)}{\left[R^k - (1-\phi) R^h\right]^2}$，并由设定 A6.4 可知 $R^h < R^k$，因此有 $\dfrac{\partial R^b}{\partial \phi} > 0$。当 $\phi = 1$ 时有 $R^b = R^h$，由 $\phi < 1$ 得 $R^b < R^h$。因此，当 $0 < \phi < 1$ 时，贷款利率满足 $R^b < R^h < R^k$，那么企业家的信贷约束总是为紧约束。由于 $\underline{\phi} < \phi < \overline{\phi}$ 是比 $0 < \phi < 1$ 更弱的条件，那么当 $\underline{\phi} < \phi < \overline{\phi}$ 时，企业家的融资约束也必然为紧约束。

由于当 $\underline{\phi} < \phi < \overline{\phi}$ 时企业家的融资约束为紧约束，由一阶条件所得到的利率函数正是企业家信贷需求的隐函数，该函数是一条水平线并与纵轴相交于 $R^b = \dfrac{\phi R^k R^h}{R^k - (1-\phi) R^h}$ 点。由信贷供给曲线可知，当 $R^b > r$ 时才与信贷需求曲线存在交点，即 $\dfrac{\phi R^k R^h}{R^k - (1-\phi) R^h} > r$，这等价于 $\phi > \underline{\phi}$。

第六章 从信用中介转向资产交易中介和超额货币需求第二定理

根据需求函数 $\frac{\partial R^b}{\partial \phi}>0$ 的性质，抵质押率 ϕ 的提高将使信贷需求曲线向上移动，从而与信贷供给函数的交点所决定的贷款均衡达到一个更高的水平。当信贷供给尚未触及信贷上限时，信贷供给函数为 $B=\frac{R^b-r}{\Gamma}$，结合信贷需求隐函数 $R^b=\frac{\phi R^k R^h}{R^k-(1-\phi)R^h}$ 可得均衡的贷款为：

$$B=\frac{1}{\Gamma}\left[\frac{\phi R^k R^h}{R^k-(1-\phi)R^h}-r\right].$$

由于此时的信贷供给尚未触及信贷上限，即存在约束条件 $\frac{1}{\Gamma}\left[\frac{\phi R^k R^h}{R^k-(1-\phi)R^h}-r\right]<\frac{N^b}{\psi}$，这等价于 $\underline{\phi}<\phi<\phi^*$。那么当 $\phi^*\leq\phi<1$ 时，信贷均衡水平为信贷上限，即信贷均衡由水平的信贷需求曲线与垂直的信贷供给曲线的交点所决定。由于 $\phi^*\leq\phi<\overline{\phi}$ 是比 $\phi^*\leq\phi<1$ 更弱的条件，那么当 $\phi^*\leq\phi<\overline{\phi}$ 时均衡的信贷必然触及信贷上限。由此该命题得证。

参考文献

[1] Adrian, T., and Jones, B., 2018. *Shadow Banking and Market-based Finance,* No. 18/14, Monetary and Capital Markets Department, International Monetary Fund.

[2] Besanko, D., and Thakor, A.V., 1987. "Collateral and Rationing: Sorting Equilibria in Monopolistic and Competitive Credit Markets", *International Economic Review*, 28: 671–90.

[3] Bester, H., 1985. "Screening vs Rationing in Credit Markets with Imperfect Information", *American Economic Review*, 75 (4): 850–5.

[4] Bester, H., 1994. "The Role of Collateral in a Model of Debt Renegotiation", *Journal of Money, Credit and Banking*, 26 (1): 72–86.

[5] Bilginsoy, C., 2015. *A History of Financial Crises: Dreams and Follies of Expectations*, London: Routledge.

[6]　　Brown, G., 2010. *Beyond the Crash: Overcoming the First Crisis of Globalization*, New York: Free Press.

[7]　　Brunnermeier, M. K., and Sannikov, Y., 2014. "A Macroeconomic Model with a Financial Sector", *American Economic Review*, 104(2): 379–421.

[8]　　Buchak, G., Matvos, G., Piskorski, T., and Seru, A., 2018. "Fintech, Regulatory Arbitrage and the Rise of Shadow Banks", *Journal of Financial Economics*, 130: 453–83.

[9]　　Carswell, J., 1993. *The South Sea Bubble*, Dover, NH: Alan Sutton.

[10]　Dalio, R., 2018. *Principles for Navigating Big Debt Crises*, Westport, CT: Bridgewater.

[11]　Diamond, D. W., and Dybvig, P. H., 1983. "Bank Runs, Deposit Insurance, and Liquidity," *Journal of Political Economy*, 91(3): 401–19.

[12]　Freixas, X., and Laffont, J. J., 1990. "Optimal Banking Contracts", in Champsaur P., et al. (eds.), *Essays in Honor of Edmond Malinvaud*, Vol.2: Macroeconomics, Cambridge: MIT Press.

[13]　Garber, P. M., 2000. *Famous First Bubbles: Fundamentals of Early Manias*, Cambridge: MIT Press.

[14]　Gârleanu, N., Panageas, S., and Yu, J., 2012. "Technological Growth and Asset Pricing", *The Journal of Finance*, 67(4): 1265–92.

[15]　Gennaioli, N., Shleifer, A., and Vishny, R. W., 2011. "A Model of Shadowing Banking", *IMF Working Paper*, 17115, http://www.nber.org/papers/w17115.

[16]　Gertler, M., and Kiyotaki N., 2011. "Financial Intermediation and Credit Policy in Business Cycle Analysis", in Friedman, B. M., and Woodford, M. (eds.), *Handbook of Monetary Economics*, Vol.3A: 547–99. Amsterdam: Elsevier.

[17]　Gertler, M., and Kiyotaki, N., 2015. "Banking, Liquidity, and Bank Runs in an Infinite Horizon Economy", *American Economic Review*, 105(7): 2011–43.

[18]　Gorton, G.B., 2012. *Misunderstanding Financial Crises: Why We Don't See Them Coming*, New York: Oxford University Press.

[19]　Gorton, G., and Pennacchi, G., 1990. "Financial Intermediaries and Liquidity Creation, *The Journal of Finance*, 45(1): 49–71.

[20]　Gurley, J. G., 1961. "Review of A Program for Monetary Stability by Milton

Friedman", *The Review of Economics and Statistics*, 43 (August): 307−8.

[21] He, Z., and Krishnamurthy, A., 2012. "A Model of Capital and Crises", *The Review of Economic Studies*, 79(2): 735−77.

[22] He, Z., and Krishnamurthy, A., 2013. "Intermediary Asset Pricing," *American Economic Review*, 103(2): 732−70.

[23] Holmström, B., and Tirole, J., 2011. *Inside and Outside Liquidity*, Cambridge: MIT Press.

[24] Jiang, E., Matvos, G., Piskorski, T., and Seru, A., 2020. "Banking without Deposits: Eeidence from Shadow Bank Call Reprots", *NBER Working Paper*, 26903, http://www.nber.org/papers/w26903.

[25] Kindleberger, C. P., and Aliber, R., 2011. *Manias, Panics, and Crashes: A History of Financial Crises*, 6th ed., New York: Palgrave Macmillan.

[26] Kiyotaki, N., and Moore, J., 1997. "Credit Cycles", *Journal of Political Economy*, 105(2): 211−48.

[27] McCulley, P., 2007. "Teton Reflections", *PIMCO Global Central Bank Focus*.

[28] Moreira, A., and Savov, A., 2014. "The Macroeconomics of Shadow Banking", *NBER Working Paper*, 20335.

[29] Murphy, A.E., 2007. *John Law: Economic Theorist and Policy-maker*, Oxford, UK: Clarendon Press.

[30] Postthums, N. W., 1929. "The Tulip Mania in Holland in the Years 1636 and 1637", *Journal of Economic and Business History*, 1(3): 434−66.

[31] Pozsar, Z., Adrian, T., Ashcraft, A., and Boesky, H., 2010. "Shadowing Banking", Federal Reserve Bank of New York, *Staff Reports*, No. 458.

[32] Shin, H. S., and Shin, K., 2011. "Procyclicality and Monetary Aggregates", *NBER Working Paper*, 6836, http://www.nber.org/papers/w16836.

[33] Thompson, E. A., 2007. "The Tulipmaina: Fact or Artifact?", *Public Choice*, 130(1/2): 99−114.

[34] Tirole, J., 1985. "Asset Bubbles and Overlapping Generations", *Econometrica*: 1499−528.

[35] Webb, D. C., 1991. "Long-term Financial Contracts Can Mitigate the Adverse Selection Problem in Project Financing", *International Economic Review*, 32 (2):

305–20.

[36] Webb, D. C., 1992. "Two-period Financial Contracts with Private Information and Costly State Verification", *The Quarterly Journal of Economics*, 107 (3): 1113–23.

第七章
两种货币循环交织的一般均衡理论和"货币—资产价格"定理

我们的资本财富由大量的真实资产构成——建筑、商品存货、制造过程和运输过程中的商品等。然而,这些资产的名义所有者为了拥有它们必须不断借钱。那么,按此推断,财富的实际所有者是对货币,而非真实资产拥有要求权。这种'融资'绝大部分来源于银行系统,银行作为中介,通过吸收定期存款,并将这些存款带给需要资金的客户,从而保证其能够为真实资产的购买融资。真实资产与财富所有者之间的这层面纱,正是货币在现代社会最具标志性的一个特点。

——John M. Keynes, *The Consequences to the Banks of the Collapse in Money Values*, 1931

一、引言

在第六章，我们从金融中介、信用中介转向资产交易中介的角度分析了"产出—货币循环"和"资产—货币循环"的存在性，论证了超额货币需求上限的存在性。依据是，如果是单纯的信用中介，即使存在超过借款人需要的中介信用，也并不一定导致货币需求的持续膨胀。事实上，以流动性管理和流动性风险转换为"创新"手段的资产纵向切割，实现了货币需求的循环式膨胀，我们以影子银行作为论据。在本章中，我们把两种货币循环分析框架扩展到一个简单的动态模型，通过多部门一般均衡分析探讨抵质押融资、实体部门投资与抵质押品价格之间的内在联系。

本章的研究将分析的重点推进到资产价格，即更高的抵质押率如何导致更高的抵质押品价格，以及产生的抵质押品资产价格膨胀。因此，本章的研究将抵质押品价格的决定机制纳入模型的分析中，为我们在第二卷研究货币政策的超级中性理论提供一个基础的动态模型。

（一）三个约束性分析前提

一是没有引进中央银行。尽管这与现实显然存在一定的差距，但是我们考虑到以下两个问题而做了上述设定：第一，遵照第二章的逻辑，无论从历史上看，还是从现实政策操作看，**中央银行永远是货币交易的观察者和备用货币供给者**。因此，它的一切观察都基于家庭部门的货币供给与信用中介的货币需求是否实现了均衡，它的一切政策操作都基于利率或货币增量是否处于目标区间（即市场利率与政策利率的偏离度、货币增量与目标货币增量的偏离度）。那么，在货币均衡中首要起基础性、决定性作用的仍然是信用中介与家庭部门的货币交易，及其对企业部门的融资服务。故我们仍然按照微观三部门方式设置动态一般均衡模型，主要工作是预先判断三部门运行所必然达成的货币均衡，而后才谈得上中央银行的介入。第二，基于第一点，中央银行及其货币政策、金融稳定政策和宏观审慎管理是事后介入或者是基于事前预判的事中介入，其内容更加繁复，我们将以一整卷的形式加以条分缕析。因此，呈现给读者的是中央银行将观察到或可以预判到的货币均衡。

二是没有进行结构性分析。本章讨论的"资产"，专指具有总量性、同质性（homogeneous）、高度流动性（具备二级市场）、可以用于抵质押的资产。现实中，我们经常会遇到结构性问题——不同主体发行的债券、不同板块股票、不同区域的房地产价格明显不同，这与市场微观决策、偏好和不同资产对应的财务盈利能力有关。我们所论证的，既不是上述结构性资产在一级市场上的表现，也不是不同资产在二级市场上的价格偏离度，而是从总体上探究上述一切资产价格的普涨或普跌的性质与原因。

三是没有引入"泡沫"定义。一方面，理论界基于1991年的日本

第七章 两种货币循环交织的一般均衡理论和"货币—资产价格"定理

金融危机和1929年、2008年的美国金融危机,关于资产泡沫与危机的因果关系研究汗牛充栋。根据Bilginsoy(2015)的总结,对资产价格泡沫的理论解释存在五种认识。第一,基本面理论(fundamental-based orthodoxy),认为理性的经济主体在完全竞争市场上进行独立最优决策,则所谓"泡沫"仅仅是个经济学神话(Garber 1989,1990和2000);属于该学派的"内生泡沫"理论认为,资产价格涨跌仅仅是投资者对正面或负面信息的过度反应而已(Froot和Obstfeld 1991)。第二,价格外生扭曲理论,基于奥地利学派(Austrian-school)传统,把资产泡沫化归咎于政府不当干预或错误的货币政策(French 2009)。第三,市场摩擦和不完美理论,认为投资者异质性(Fama 1965)和跟风行为(Dale等人2005)会造成"外生泡沫",非对称信息是银行挤兑的主因(Calomiris和Gorton 1991)。第四,行为经济学方法,认为情绪化投资导致了"乌合疯狂(craziness of crowds)"和"集体狂热(collective mania)",并形成螺旋式反馈(Shiller 2005)。第五,Bagehot-Minsky-Kindleberger(BMK)的金融体系不稳定性理论,认为货币银行的周期性波动是泡沫形成和破裂的根源(Bagehot 1999;Minsky 1994;Kindleberger和Aliber 2011)。我们的认识是内生泡沫理论与BMK理论的综合——**一切所谓"泡沫"都是有原因的,重要原因(之一)是超额货币需求**。那么,无可否认的是,泡沫是一个名义(nominal)现象,仅仅是一种价格标定而已,因此,我们暂时不使用"泡沫"这一明显带有贬义或情感色彩的语汇,而仅仅使用资产价格膨胀(如通货膨胀)这一更加中性且含义明确的字眼加以替代。由于我们仍然相信并使用了面向实体产出的金融中介模型,那么,资产价格的"高"或"低"仅仅具有名义含义——跟初始时刻的货币需求相关;而本章将证明的是资产价格的动态演变,我们导出的"**货币—资产价格定理**"含义是:**资产价格膨胀无论何时何地都**

是一个货币现象[①]。

（二）基本分析框架

我们在世代交叠（Overlapping Generations，OLG）的动态分析框架中，参照 Tirole（1985）、Kiyotaki 和 Moore（1997）等先驱性研究，在动态环境中将非生产性资产的抵质押品引入企业家的信贷约束。企业家可以进行实体投资并持有资本，同时可以购买抵质押品。资本租给产品生产商并在下一期获得租金，抵质押品则在下一期卖给下一代的企业家，并由此产生的跨期价差获得资本利得（capital gain）。资本产生的租金收益的一部分可以成为获得信贷的支持，与基于 Kiyotaki 和 Moore（1997）的大部分文献所不同的是，资本本身并不是获得信贷的抵质押品，而由资本在未来产生的现金流才是企业家获得贷款的信用支持。在大多数文献中，非生产性资产被定义为泡沫（bubble）资产，而本章中的抵质押资产由于其非生产性特征当然也可以视为泡沫资产。鉴于与一切资产一样，抵质押品价格可以上行或下行，我们不定义其为泡沫资产，仅仅成为抵质押资产或金融类资产。与 Tirole（1985）、Martin 和 Ventura（2012）、Miao 和 Wang（2018）等关于泡沫的研究所不同的是，我们将这种非生产性资产抵质押品化（collateralization），那么投资抵质押品的价值不仅在于可以获得跨期的价差，还在于可以将其抵质押获得贷款融资。本章将证明抵质押率的提高将导致抵质押品价格上行，并对实体投资产生挤出作用，即所谓的"脱实向虚"。

我们在 OLG 框架中沿用经济增长模型的基本设定，即假设技术水平以

[①] 无疑，我们在结论上仿制了 Friedman（1963）的句法：通货膨胀无论何时何地都是一个货币现象。参见 Friedman, M., 1963. *Inflation: Causes and Consequences*, New York: Asian Publishing House。

第七章 两种货币循环交织的一般均衡理论和"货币—资产价格"定理

固定的增长率水平进行增长,那么产出收入和资本等非平稳变量在均衡时都会沿着平衡增长率(balance growth rate)增长。因此,收入的增长将产生需求端对抵质押品的跨期需求的差异,即未来的需求超过当期的需求,由此产生的跨期价差使企业家可以获得购买抵质押品的收益。因此,在 OLG 框架中简单引入外生技术进步设定,保证了均衡时企业家将持有抵质押品[①]。在动态随机一般均衡(DSGE)框架下,大多数将抵质押资产引入的文献中,获得资本利得并不能为投资者持有抵质押资产提供足够的激励。为了解决均衡时抵质押资产能够被交易,Kiyotaki 和 Moore(2019),Dong、Miao 和 Wang(2020)等研究假设投资者面临不同的投资机会,并且抵质押资产相对资本具有更好的流动性,那么当期投资机会较差的投资者将有购买抵质押资产的动机,以便在未来获得更好的投资机会时为其提供融资。但这些研究的结论与 Tirole(1985)等研究结论相反的是,抵质押资产的存在对实体投资产生的作用是挤入而不是挤出。因此,这也是本章模型与 DSGE 模型中大多数泡沫文献的区别。

本章在动态环境下考察抵质押融资对经济带来的影响,主要结论如下:第一,在抵质押融资机制下,抵质押率的提高将导致抵质押品价格上行,甚至是持续的资产价格膨胀。第二,抵质押品的投资收益率与脱实向虚的无关性,即抵质押品的收益率无论是高于还是低于实体投资的收益率,都会对实体投资产生挤出效应。第三,抵质押品存在一定的积极作用,可以缓解经济中实体经济的过度投资,避免经济产生动态无效;然而,当抵质押率高于一定水平,其挤出效应将导致实体经济的投资不足。最后,我们导出"货币—资产价格"定理。

---

① 另一种思路是引入人口的固定增长来驱动未来相对当前更大的需求,由此产生跨期的价差,相关文献可参见 Tirole(1985)等的研究。

二、基本模型

（一）产品生产商

产品生产部门是完全竞争的，每期都存在代表性的产品生产商，t 期的产出 y_t，由如下生产函数所决定：

$$y_t = A_t k_t^\alpha l_t^{1-\alpha}.$$

其中，$l_t = \left(l_t^e\right)^\Omega \left(l_t^h\right)^{1-\Omega}$，$l_t^e$ 和 l_t^h 分别为企业家和家庭提供的劳动；k_t 为向企业家租借的资本；技术水平 A_t 的增长率为 γ，即满足如下过程：

$$A_t = (1+\gamma) A_{t-1} = (1+\gamma)^t A_0. \tag{7-1}$$

资本的租借成本为 R_t^k，企业家和家庭的工资率分别为 w_t 和 W_t，产品的价格标准化为 1。因此，产品生产商的利润为：

$$A_t k_t^\alpha l_t^{1-\alpha} - R_t^k k_t - W_t l_t^e - w_t l_t^h.$$

产品生产商选择生产要素投入以最大化利润，从而得到对要素需求的一阶条件如下：

$$k_t = \alpha y_t / R_t^k.$$

$$l_t^h = (1-\Omega)(1-\alpha) y_t / w_t.$$

$$l_t^e = \Omega(1-\alpha) y_t / W_t.$$

由于产品市场完全竞争且生产函数具有规模报酬不变的性质，产品生产商的利润为零。为了便于分析，将家庭和企业家的劳动供给固定为 1，即 $l_t^e \equiv l_t^h \equiv 1$。因此，家庭和企业家的劳动收入则主要由参数 Ω 所刻画。同时，进一步可以得到产出、资本收益、家庭和企业家的工资收入分别为：

$$y_t = A_t k_t^\alpha. \tag{7-2}$$

$$R_t^k = \alpha A_t k_t^{\alpha-1}. \tag{7-3}$$

$$w_t = (1-\Omega)(1-\alpha) y_t. \tag{7-4}$$

$$W_t = \Omega(1-\alpha) y_t . \quad (7\text{-}5)$$

（二）家庭

代表性家庭的偏好为：

$$U_t^h\left(c_{y,t}^h, c_{o,t+1}^h\right) = u\left(c_{y,t}^h\right) + \beta \mathbb{E}_t\left[u\left(c_{o,t+1}^h\right)\right] .$$

其中，$u(\cdot)$ 为消费的效用函数，$c_{y,t}^h$ 和 $c_{o,t+1}^h$ 分别为 t 期出生的家庭成员在年轻时和老年时的消费，β 为时间偏好并且满足 $0 < \beta < 1$，$\mathbb{E}_t$ 为预期算子。家庭的预算约束为：

$$c_{y,t}^h + d_t = w_t . \quad (7\text{-}6)$$

$$c_{o,t+1}^h = r_t d_t . \quad (7\text{-}7)$$

其中，w_t 为工资收入，d_t 为家庭的储蓄，r_t 为储蓄在老年时获得的无风险收益。家庭决策的一阶条件为：

$$u'\left(c_{y,t}^h\right) = \beta r_t \mathbb{E}_t\left[u'\left(c_{o,t+1}^h\right)\right] . \quad (7\text{-}8)$$

为不失一般性，我们将家庭的消费偏好设定为 CRRA（Constant Relative Risk Aversion）的函数形式：$u(x) = \dfrac{x^{1-\sigma}}{1-\sigma}$，其中，$\sigma \geq 0$。当 $\sigma = 0$ 时，有 $u(x) = x$，即家庭的消费效用函数为线性形式；当 $\sigma = 1$ 时，有 $u(x) = \ln x$，即家庭的消费效用函数形式为对数形式。

（三）企业家

企业家在年轻时提供 1 单位劳动并获得工资收入 W_t，在年老时获得将 1 单位消费品转化为 1 单位投资品的技术，将用在年轻时获得的劳动收入来购买消费品。经济中存在抵质押资产总的数量为 H，价格为 q_t。因此，企业家的资产负债表为：

$$k_{t+1} + q_t h_t = W_t + b_t . \quad (7\text{-}9)$$

其中，k_{t+1} 为企业家持有的资本，h_t 为企业家购买的抵质押品资产，b_t 为企业家获得的贷款。再一次，我们把所有具有融资需求且具备偿还能力和意愿的经济主体定义为企业家（借款人），其面临的信贷约束条件为：

$$R_t b_t \leq \theta \mathbb{E}_t \left(R_{t+1}^k k_{t+1} \right) + \phi_t q_t h_t . \quad (7-10)$$

其中，θ 代表未来资本收入的可保证性，ϕ_t 代表抵质押品获得信贷的抵质押率并且长期均衡水平为 ϕ。由于 k_{t+1} 是由 t 期决定的变量，即前定变量（predetermined variable），并且由（7-3）式可知：

$$R_{t+1}^k = \alpha A_{t+1} k_{t+1}^{\alpha-1} = \alpha (1+\gamma) A_t k_{t+1}^{\alpha-1} .$$

即 R_{t+1}^k 也为前定变量，由此我们可以得到 $\mathbb{E}_t(k_{t+1}) \equiv k_{t+1}$、$\mathbb{E}_t(R_{t+1}^k) \equiv R_{t+1}^k$ 且 $\mathbb{E}_t(R_{t+1}^k k_{t+1}) \equiv R_{t+1}^k k_{t+1}$。因此，可以将信贷约束中的预期算子省略。在 t 期出生的企业家仅在老年时（即下一期）消费，即企业家的偏好为：

$$U_t^e = \mathbb{E}_t \left(c_{t+1}^e \right) .$$

其中，消费水平为：

$$c_{t+1}^e = R_{t+1}^k k_{t+1} + q_{t+1} h_t - R_t b_t . \quad (7-11)$$

因此，企业家的优化问题为选择 $\{k_{t+1}, h_t, b_t\}$ 最大化预期消费水平，并约束于资产负债表和信贷约束条件。由资产负债表得到关于 b_t 的表达式，并将其代入信贷约束后可得：

$$\left(R_t - \theta R_{t+1}^k \right) k_{t+1} + \left(R_t - \phi_t \right) q_t h_t \leq R_t W_t . \quad (7-12)$$

$$c_{t+1}^e = \left(R_{t+1}^k - R_t \right) k_{t+1} + \left(q_{t+1} - q_t R_t \right) h_t + R_t W_t . \quad (7-13)$$

因此，企业家的优化问题简化为选择 $\{k_{t+1}, h_t\}$ 最大化预期消费，并约束于（7-12）式。由此可构建如下拉格朗日函数：

$$\mathcal{L}_t = \left(R_{t+1}^k - R_t \right) k_{t+1} + \left[\mathbb{E}_t(q_{t+1}) - q_t R_t \right] h_t + R_t W_t + \mu_t \left[R_t W_t - \left(R_t - \theta R_{t+1}^k \right) k_{t+1} - \left(R_t - \phi_t \right) q_t h_t \right] .$$

一阶条件为：

第七章 两种货币循环交织的一般均衡理论和"货币—资产价格"定理

$$R_{t+1}^k - R_t = \mu_t \left(R_t - \theta R_{t+1}^k \right).$$

$$\mathbb{E}_t(q_{t+1}) - q_t R_t = \mu_t q_t (R_t - \phi_t).$$

假设 θ 不是足够大,那么 $\mu_t = \dfrac{R_{t+1}^k - R_t}{R_t - \theta R_{t+1}^k} > 0$ 总是成立,即和:

$$R_t < \mathbb{E}_t R_{t+1}^k < \theta^{-1} R_t.$$

消去乘子 μ_t 可得:

$$\mathbb{E}_t\left(\frac{q_{t+1}}{q_t}\right) = R_t + \frac{R_{t+1}^k - R_t}{R_t - \theta R_{t+1}^k}(R_t - \phi) = (1-\theta)\frac{R_{t+1}^k}{R_t - \theta R_{t+1}^k} R_t - \phi \frac{R_{t+1}^k - R_t}{R_t - \theta R_{t+1}^k}. \quad (7-14)$$

由此进一步可得抵质押品价格为:

$$q_t = \frac{1}{(1+\mu_t)R_t}\mathbb{E}_t(q_{t+1}) + \phi_t \frac{\mu_t}{(1+\mu_t)R_t} q_t. \quad (7-15)$$

因此,可以将抵质押品的价格 q_t 分解为两个部分:一是由预期价格 $\mathbb{E}_t(q_{t+1})$ 所决定的;二是由抵质押率 ϕ_t 所决定的。当企业家的融资约束为松时,此时有 $\mu_t = 0$,抵质押品的价格完全由未来的价格所决定,那么抵质押率的变化并不会影响当期的价格。可以进一步将抵质押品的价格写为如下形式:

$$q_t = \frac{R_t}{R_t - \phi_t \mu_t / (1+\mu_t)} \mathbb{E}_t(q_{t+1}). \quad (7-16)$$

那么当 $\mu_t > 0$ 时,抵质押率的作用体现为一个价格乘数,即放大预期价格对当期价格的影响。当预期抵质押品未来的价格更高时,这意味着当期购买抵质押品可以在未来获得更多的收益,就会增加当期对抵质押品的需求,从而驱动抵质押品当期价格的上涨;然而,如果抵质押率 ϕ_t 上升,这就会进一步放大预期价格对当期价格的作用,进一步驱动抵质押品当期价格的上涨。值得说明的是,我们并不能随便省略价格中的预期算子,即 $\mathbb{E}_t(q_{t+1}) = q_{t+1}$ 并不必然成立。当 ϕ_t 被设定为随机变量的时候,那么 q_{t+1} 将是 ϕ_{t+1} 的函数,此时对 ϕ_{t+1} 的预期将会影响对价格 q_{t+1} 的预期，最终影响当期抵质押品价格 q_t 的变化。

（四）市场出清

在本章中，我们设定在一个没有金融中介摩擦的环境，那么金融市场出清时有：

$$R_t \equiv r_t \text{ 且 } d_t \equiv b_t . \tag{7-17}$$

抵质押品市场的出清条件为：

$$h_t \equiv H . \tag{7-18}$$

同时，产品市场出清条件为：

$$y_t = c_{y,t}^h + c_{o,t}^h + c_t^e + I_t . \tag{7-19}$$

其中，I_t 为实体经济的投资，由于资本完全折旧，那么有 $k_{t+1} = I_t$。

三、模型均衡与基本性质

由于家庭并不持有有风险的抵质押资产，而仅仅持有安全的储蓄存款，那么家庭部门的风险偏好并不是模型分析的重点，因此我们对家庭部门的特征做如下设定。

设定（A7.1）：$\sigma = 0$。

根据设定 A7.1，家庭的储蓄决策函数为：

$$d_t = \begin{cases} 0, & R_t < R^* \\ b_t, & R_t = R^* \\ w_t, & R_t > R^* \end{cases} . \tag{7-20}$$

其中，$R^* = 1/\beta$。当 $R_t < R^*$ 时，由于利率水平较低，家庭会选择年轻时消费所有的商品；当 $R_t = R^*$ 时，由于年轻时与老年时的消费无差异，此时的储蓄由贷款需求所决定，同时家庭的资金供给由隐函数 $R_t = R^*$ 所

第七章 两种货币循环交织的一般均衡理论和"货币—资产价格"定理

决定；当 $R_t > R^*$ 时，家庭只会选择在老年时消费。由（7-10）式可知，信贷需求总是为正，那么均衡的利率必然满足 $R_t \geq R^*$。由于信贷需求是关于抵质押品的增函数，那么可以预见可能存在两种均衡：均衡 I，抵质押率相对较低时的均衡，此时有 $R_t \equiv R^*$；均衡 II，抵质押率相对较高时的均衡，此时有 $R_t > R^*$。就此，我们分别讨论两种可能存在的均衡。

（一）均衡 I

本章对相关参数进行如下设定。

设定（A7.2）：$\beta\bar{\gamma} > 1$，$\bar{\gamma} = (1+\gamma)^{1/(1-\alpha)}$。

设定（A7.3）：$\Omega > \bar{\Omega}$，其中，$\bar{\Omega} = \dfrac{\alpha(1-\theta)(R^*-\phi)\bar{\gamma}}{(1-\alpha)R^*(\bar{\gamma}-\phi)}$。

设定（A7.4）：$\theta \geq \bar{\theta}$，其中，$\bar{\theta} = \alpha - \dfrac{(1-\alpha)(R^*-1)}{\bar{\gamma}-R^*}$。

在平衡增长路径上，产出的增长率为 $\bar{\gamma}$。设定 A7.2 意味着 $R^* < \bar{\gamma}$。设定 A7.3 保证了抵质押品的均衡价格为正。设定 A7.4 是一个很松的条件，当参数 α、$\bar{\gamma}$ 和 β 给定后，$\bar{\theta}$ 是一个较低的值，那么 $\theta \geq \bar{\theta}$ 将不是一个很严格的假设条件。

命题（P7.1）：当均衡水平满足 $R_t = R^*$ 时，由于 A_t 的序列已经由（7-1）式决定，那么当 ϕ_t 的序列给定时，关于 $\{q_t, k_{t+1}\}$ 的动态均衡系统由如下方程决定：

$$\mathbb{E}_t\left(\frac{q_{t+1}}{q_t}\right) = R^* + \frac{\alpha A_{t+1}k_{t+1}^\alpha - R^* k_{t+1}}{R^* k_{t+1} - \theta\alpha A_{t+1}k_{t+1}^\alpha}(R^* - \phi_t). \tag{7-21}$$

$$(R^* - \phi_t)q_t H_t = R^*\Omega(1-\alpha)A_t k_t^\alpha - (R^* k_{t+1} - \theta\alpha A_{t+1}k_{t+1}^\alpha). \tag{7-22}$$

证明：由于均衡水平满足 $R_t = R^*$，那么结合（7-3）式关于 R_t^k 的表达式并将其代入企业家决策的一阶条件（7-14），由此可以得到（7-21）式；结合（7-5）式关于 W_t 的表达式和均衡条件 $h_t \equiv H$，并将其代入企业家的信贷约束条件（7-12）式，从而得到（7-22）式。因此，$\{q_t, k_{t+1}\}$ 的是关于外生变量序列 A_t 和 ϕ_t 的函数。由于 A_t 的序列已经由（7-1）式决定，那么当 ϕ_t 的序列给定时，$\{q_t, k_{t+1}\}$ 的动态均衡系统完全由（7-21）和（7-22）式所决定。由此，该命题得证。

为了理解模型更丰富的性质，我们需要对相关的变量进行去趋（detrend）处理。首先，我们定义去掉趋势后的变量 $\tilde{k}_t = \dfrac{k_t}{A_t^{1/(1-\alpha)}}$ 和 $\tilde{q}_t = \dfrac{q_t}{A_t^{1/(1-\alpha)}}$。由（7-21）和（7-22）式可得关于 $\{\tilde{q}_t, \tilde{k}_{t+1}\}$ 的平稳动态均衡系统由如下方程决定：

$$\bar{\gamma}\mathbb{E}_t(\tilde{q}_{t+1}) = \tilde{q}_t\left[R^* + \frac{\alpha\tilde{k}_{t+1}^{\alpha} - R^*\tilde{k}_{t+1}}{R^*\tilde{k}_{t+1} - \theta\alpha\tilde{k}_{t+1}^{\alpha}}(R^* - \phi_t)\right]. \qquad (7\text{-}23)$$

$$(R^* - \phi_t)\tilde{q}_t H = \Omega(1-\alpha)R^*\tilde{k}_t^{\alpha} - \bar{\gamma}\left(R^*\tilde{k}_{t+1} - \theta\alpha\tilde{k}_{t+1}^{\alpha}\right). \qquad (7\text{-}24)$$

结合（7-23）和（7-24）式，可以进一步得到关于 $\tilde{k}_{t+1}$ 的政策函数（policy function）由如下方程决定：

$$\mathbb{E}_t\left[\frac{R^* - \phi_t}{R^* - \phi_{t+1}}\frac{\Omega(1-\alpha)R^*\tilde{k}_{t+1}^{\alpha} - \bar{\gamma}\left(R^*\tilde{k}_{t+2} - \theta\alpha\tilde{k}_{t+2}^{\alpha}\right)}{\Omega(1-\alpha)R^*\tilde{k}_t^{\alpha} - \bar{\gamma}\left(R^*\tilde{k}_{t+1} - \theta\alpha\tilde{k}_{t+1}^{\alpha}\right)}\right] = \frac{1}{\bar{\gamma}}\left[R^* + \frac{\alpha\tilde{k}_{t+1}^{\alpha} - R^*\tilde{k}_{t+1}}{R^*\tilde{k}_{t+1} - \theta\alpha\tilde{k}_{t+1}^{\alpha}}(R^* - \phi_t)\right].$$

可以推定其函数形式为 $\tilde{k}_{t+1} = \mathcal{H}(\tilde{k}_t, \phi_t)$，那么上式右侧是关于 $\tilde{k}_t$ 和 ϕ_t 的函数，如果上式左侧也是关于 $\tilde{k}_t$ 和 ϕ_t 的函数，那么 $\tilde{k}_{t+1} = \mathcal{H}(\tilde{k}_t, \phi_t)$ 必然成立。由于 $\tilde{k}_{t+2} = \mathcal{H}(\mathcal{H}(\tilde{k}_t, \phi_t), \phi_{t+1})$，那么上式左侧在预期算子 $\mathbb{E}_t$ 之内的部分是关于 $\tilde{k}_t$、ϕ_t 和 ϕ_{t+1} 的函数。在预期算子 $\mathbb{E}_t$ 的作用下，上式左侧是关于 t 期状态变量的函数，即 $\tilde{k}_t$ 和 ϕ_t 的函数。函数 $\tilde{k}_{t+1} = \mathcal{H}(\tilde{k}_t, \phi_t)$ 的存在意味着抵质押率 ϕ_t 的变动将对实体投资产生动态影响。如果 $\dfrac{\partial \tilde{k}_{t+1}}{\partial \phi_t} = \mathcal{H}'_{\phi}(\tilde{k}_t, \phi_t) > 0$，那么抵质押率的提高将对实体投资产生动态的挤

第七章 两种货币循环交织的一般均衡理论和"货币—资产价格"定理

入效应；如果 $\frac{\partial \tilde{k}_{t+1}}{\partial \phi_t} = \mathcal{H}'_\phi(\tilde{k}_t, \phi_t) < 0$，那么抵质押的提高将对实体投资产生动态的挤出效应。

命题（P7.2）：当均衡水平满足 $R_t = R^*$ 时，并且设定 A7.1—A7.3 同时满足，$\{\tilde{k}_{t+1}, \tilde{q}_t\}$ 的确定性稳态水平 $\tilde{k}$ 和 $\tilde{q}$ 均为正值，并且依次为：

$$\tilde{k} = \left[\frac{\alpha}{R^*} \frac{(1-\theta)R^* + \theta\overline{\gamma} - \phi}{\overline{\gamma} - \phi}\right]^{1/(1-\alpha)} . \qquad (7-25)$$

$$\tilde{q} = \frac{\Omega(1-\alpha)R^*\tilde{k}^\alpha - (R^*\tilde{k} - \theta\alpha\tilde{k}^\alpha)\overline{\gamma}}{H(R^* - \phi)} . \qquad (7-26)$$

证明：由（7-23）式和（7-24）式可得稳态时：

$$\overline{\gamma} - R^* = \frac{\alpha\tilde{k}^\alpha - R^*\tilde{k}}{R^*\tilde{k} - \theta\alpha\tilde{k}^\alpha}(R^* - \phi) .$$

$$(R^* - \phi)\tilde{q}H = R^*\Omega(1-\alpha)\tilde{k}^\alpha - (R^*\tilde{k} - \theta\alpha\tilde{k}^\alpha)\overline{\gamma} .$$

由此可以解得 $\tilde{k}$ 的稳态值由（7-25）式所决定，同时可以得到（7-26）式所决定的稳态值 $\tilde{q}$。另外，由设定 A7.2 可知 $\overline{\gamma} > R^*$，并且 $(1-\theta)R^* + \theta\overline{\gamma} - \phi = \theta(\overline{\gamma} - R^*) + R^* - \phi > 0$，那么 $\tilde{k} > 0$；同时，由（7-26）式可得：

$$\tilde{q} = \frac{\Omega - \overline{\Omega}}{\overline{\Omega}} \frac{\alpha(1-\theta)\overline{\gamma}}{H\alpha\left[(1-\theta)R^* + \theta\overline{\gamma} - \phi\right]} R^*\tilde{k} . \qquad (7-27)$$

因此，当设定 A7.3 满足时，必然有 $\tilde{q} > 0$。由此，该命题得证。

命题（P7.3）：当均衡水平满足 $R_t = R^*$ 时，且设定 A7.1—A7.4 同时满足时，更高的抵质押率均衡水平将对实体投资带来挤出效应，且同时带来抵质押品价格的膨胀效应，即 $\frac{\partial \tilde{k}}{\partial \phi} < 0$ 且 $\frac{\partial \tilde{q}}{\partial \phi} > 0$。

证明：由（7-25）式可得：

$$\frac{\partial \tilde{k}}{\partial \phi} = -\frac{\alpha(1-\theta)(\bar{\gamma}-R^*)}{(1-\alpha)R^*(\bar{\gamma}-\phi)^2}\tilde{k}^\alpha = -\frac{\alpha(1-\theta)(\bar{\gamma}-R^*)}{(1-\alpha)R^*(\bar{\gamma}-\phi)^2}\left[\frac{\alpha}{R^*}\frac{(1-\theta)R^*+\theta\bar{\gamma}-\phi}{\bar{\gamma}-\phi}\right]^{\alpha/(1-\alpha)}.$$
(7-28)

由（7-27）式可得：$\tilde{q}$ 对 ϕ 的一阶导数为：

$$\frac{\partial \tilde{q}}{\partial \phi} = \left[\frac{1}{\theta(\bar{\gamma}-R^*)+R^*-\phi} - \frac{\Omega}{\bar{\Omega}(\Omega-\bar{\Omega})}\frac{\partial \Omega}{\partial \phi} + \frac{1}{\tilde{k}}\frac{\partial \tilde{k}}{\partial \phi}\right]\tilde{q}.$$

将（7-28）式和 $\dfrac{\partial \bar{\Omega}}{\partial \phi} = -\dfrac{1}{R^*-\phi}\dfrac{\bar{\gamma}-R^*}{\bar{\gamma}-\phi}\dfrac{1}{\bar{\Omega}}$ 代入可得：

$$\frac{\partial \tilde{q}}{\partial \phi} = \left[\frac{(1-\alpha)(1-\phi)+(\theta-\bar{\theta})(\bar{\gamma}-R^*)}{(1-\alpha)(\bar{\gamma}-\phi)\left[\theta(\bar{\gamma}-R^*)+R^*-\phi\right]} + \frac{1}{R^*-\phi}\frac{\bar{\gamma}-R^*}{\bar{\gamma}-\phi}\frac{\Omega}{(\Omega-\bar{\Omega})}\right]\tilde{q}. \quad (7\text{-}29)$$

由于 $\phi \leq 1$，当设定 A7.3 和 A7.4 同时满足时，此时 $\dfrac{\partial \tilde{q}}{\partial \phi} > 0$。由此，该命题得证。

抵质押品的投资收益率为：$R_{t+1}^h = \dfrac{q_{t+1}}{q_t} = \bar{\gamma}\dfrac{\tilde{q}_{t+1}}{\tilde{q}_t}$。

由（7-23）式可得：

$$\mathbb{E}_t\left(R_{t+1}^h\right) = \frac{1}{\bar{\gamma}}\left[R^* + \frac{\alpha \tilde{k}_{t+1}^\alpha - R^* \tilde{k}_{t+1}}{R\tilde{k}_{t+1} - \theta\alpha\tilde{k}_{t+1}^\alpha}(R^* - \phi)\right]. \quad (7\text{-}30)$$

由此可得 $\dfrac{\partial \mathbb{E}_t\left(R_{t+1}^h\right)}{\partial \tilde{k}_{t+1}} = -\dfrac{R^*(R^*-\phi)(1-\theta)(1-\alpha)\alpha\tilde{k}_{t+1}^\alpha}{\bar{\gamma}\left(R\tilde{k}_{t+1} - \theta\alpha\tilde{k}_{t+1}^\alpha\right)^2} < 0$。因此，尽管 R_{t+1}^h 的稳态水平为 $R^h = \bar{\gamma}$，独立于 $\tilde{k}_{t+1}$ 的稳态值，但在动态均衡路径上，一旦外部冲击使得 $\tilde{k}_{t+1}$ 下降，同时也会带来抵质押品投资收益的上升。这也意味着，抵质押品投资对实体资本的挤出效应不仅体现在均衡稳态时，也体现在动态均衡路径上，这将在本章的动态分析部分详细展开论证。

(二）均衡 II

根据我们对均衡的界定，均衡 II 满足 $R_t > R^*$，并且有 $b_t = w_t$。此时，由于贷款利率不再是固定的水平，那么模型的动态均衡需要考虑 R_t 的变化。此时，模型动态均衡系统由如下命题所决定。

命题（P7.4）：当均衡水平满足 $R_t > R^*$ 时，由于 A_t 的序列已经由（7-1）式决定，那么当 ϕ_t 的序列给定时，关于 $\{q_t, k_{t+1}, R_t\}$ 的动态均衡系统由如下方程决定：

$$\mathbb{E}_t\left(\frac{q_{t+1}}{q_t}\right) = R_t + \frac{\alpha A_{t+1} k_{t+1}^\alpha - R_t k_{t+1}}{R_t k_{t+1} - \theta \alpha A_{t+1} k_{t+1}^\alpha}(R_t - \phi_t). \quad (7\text{-}31)$$

$$(R_t - \phi_t) q_t H_t = R_t \Omega (1-\alpha) A_t k_t^\alpha - (R_t k_{t+1} - \theta \alpha A_{t+1} k_{t+1}^\alpha). \quad (7\text{-}32)$$

$$(1-\Omega)(1-\alpha) R_t A_t k_t^\alpha = \theta \alpha A_{t+1} k_{t+1}^\alpha + \phi_t q_t H. \quad (7\text{-}33)$$

证明：由于均衡水平满足 $R_t > R^*$，那么结合（7-3）关于 R_t^k 的表达式并将其代入企业家决策的一阶条件（7-14）式，由此可以得到（7-31）式；然后结合（7-5）式关于 W_t 的表达式和均衡条件 $h_t \equiv H$，并将其代入企业家的信贷约束条件（7-12）式，从而得到（7-32）式。另外，当 $R_t > R^*$ 时，此时有 $b_t = w_t$，结合（7-4）和（7-10）式可得 $(1-\Omega)(1-\alpha)R_t y_t = \theta R_{t+1}^k k_{t+1} + \phi_t q_t h_t$，根据（7-2）、（7-3）和（7-18）式可得（7-33）式。因此，$\{q_t, k_{t+1}, R_t\}$ 的是关于外生变量序列 A_t 和 ϕ_t 的函数。由于 A_t 的序列已经由（7-1）式决定，当 ϕ_t 的序列给定时，$\{q_t, k_{t+1}, R_t\}$ 的动态均衡系统完全由（7-31）—（7-33）式所决定。由此，该命题得证。

进一步，由（7-31）—（7-33）式可以得到，关于 $\{\tilde{q}_t, \tilde{k}_{t+1}, R_t\}$ 的平稳动态均衡系统由如下方程决定：

$$\bar{\gamma} \mathbb{E}_t(\tilde{q}_{t+1}) = \tilde{q}_t \left[R_t + \frac{\alpha \tilde{k}_{t+1}^\alpha - R_t \tilde{k}_{t+1}}{R_t \tilde{k}_{t+1} - \theta \alpha \tilde{k}_{t+1}^\alpha}(R_t - \phi_t) \right]. \quad (7\text{-}34)$$

$$(R_t - \phi_t)\tilde{q}_t H = \Omega(1-\alpha)R_t\tilde{k}_t^\alpha - \bar{\gamma}\left(R_t\tilde{k}_t^\alpha - \theta\alpha\tilde{k}_{t+1}^\alpha\right). \quad (7\text{-}35)$$

$$(1-\Omega)(1-\alpha)R_t\tilde{k}_t^\alpha = \theta\alpha\bar{\gamma}\tilde{k}_{t+1}^\alpha + \phi_t\tilde{q}_t H. \quad (7\text{-}36)$$

我们将模型均衡的贷款利率的稳态值统记为 R，为了与均衡 I 的贷款利率均衡相区别，II 的贷款利率的稳态水平记为 R^{**}。由于均衡 I 的贷款利率固定为 R^*，模型处于均衡 I 时，总是有 $R_t = R^*$。因此，当模型处于均衡 I 时，有 $R = R^*$；当模型处于均衡 II 时，有 $R = R^{**}$。

命题（P7.5）：当均衡水平满足 $R_t > R^*$ 时，$\{\tilde{q}_t, \tilde{k}_{t+1}, R_t\}$ 的确定性稳态水平 $\tilde{k}$、$\tilde{q}$ 和 R^{**} 由如下方程组所决定：

$$\bar{\gamma} = R^{**} + \frac{\alpha\tilde{k}^\alpha - R^{**}\tilde{k}}{R^{**}\tilde{k} - \theta\alpha\tilde{k}^\alpha}(R^{**} - \phi). \quad (7\text{-}37)$$

$$(R^{**} - \phi)\tilde{q}H = \left[\Omega(1-\alpha)R^{**} + \theta\alpha\bar{\gamma}\right]\tilde{k}^\alpha - \bar{\gamma}R^{**}\tilde{k}. \quad (7\text{-}38)$$

$$R^{**} = \frac{\tilde{q}\phi H + \theta\alpha\bar{\gamma}\tilde{k}^\alpha}{(1-\Omega)(1-\alpha)\tilde{k}^\alpha}. \quad (7\text{-}39)$$

证明：将（7-34）—（7-36）式表述为稳态形式，即可得到（7-37）—（7-39）式。由此，该命题得证。

当经济处于均衡 II 时，由于贷款利率不再是固定的常数，并且 $R_t > R^*$，那么此时企业家的贷款成本相对于均衡时 I 更高。由于均衡 II 时的信贷供给达到上限，即 $b_t = w_t$，此时年轻家庭将当期的收入完全供给企业家，那么贷款利率的上升必然来自信贷需求。由于抵质押品的抵质押率的上升可以驱动更多的信贷需求，此时信贷需求将带来贷款利率的上升，而不再是均衡 I 时的不变利率，那么此时抵质押率的上升并不必然带来对实体投资的挤出效应。因此，当抵质押率上升驱动的信贷需求增加时，如果信贷需求的上升带来资金成本的上升时，那么购买抵质押品的相对收益将会下降，企业家对抵质押品的需求就会相对下降，由于抵质押品的供给是固定的，这就表现为抵质押品价格的下降。如果将模型设定为抵质押品供给完全弹性，抵质押品的价格则将是固定的，那么对抵质押品需求的下降就表现为均衡时企业家持有的抵质押品数量的降低。我们将在第八章重点讨论这类情景。

（三）多重均衡的决定、数量分析与抵质押品价格膨胀

结合前面部分的分析，我们可以得到均衡时的信贷水平为：

$$b_t = \frac{\theta R_{t+1}^k k_{t+1} + \phi q_t H}{R_t} = \frac{\theta \alpha k_{t+1}^\alpha + \phi_t q_t H}{R_t} . \qquad (7\text{-}40)$$

去掉趋势后的信贷水平为：

$$\tilde{b}_t = \frac{b_t}{A_t^{1/(1-\alpha)}} . \qquad (7\text{-}41)$$

即：

$$\tilde{b}_t = \frac{\theta \alpha \bar{\gamma} \tilde{k}_{t+1}^\alpha + \phi \tilde{q}_t H_t}{R_t} . \qquad (7\text{-}42)$$

由于信贷与产出有相同的增长趋势，那么信贷—产出比为：

$$\frac{b_t}{y_t} = \frac{\tilde{b}_t}{\tilde{y}_t} = \frac{\bar{\gamma} \theta \alpha \tilde{k}_{t+1}^\alpha + \phi_t \tilde{q}_t H}{R_t \tilde{k}_t^\alpha} . \qquad (7\text{-}43)$$

结合（7-35）式将 $\tilde{q}_t$ 代入上式可得：

$$\frac{b_t}{y_t} = \frac{\bar{\gamma} \theta \alpha \tilde{k}_{t+1}^\alpha + \phi_t \left[\Omega(1-\alpha) \tilde{k}_t^\alpha - \bar{\gamma} \tilde{k}_{t+1} \right]}{(R_t - \phi_t) \tilde{k}_t^\alpha} . \qquad (7\text{-}44)$$

由于均衡 I 满足 $R_t = R^*$，且 $b_t < w_t$，那么 $\dfrac{b_t}{y_t} < (1-\Omega)(1-\alpha)$，进一步可得：

$$\phi_t < \frac{(1-\Omega)(1-\alpha) R^* \tilde{k}_t^\alpha - \bar{\gamma} \theta \alpha \tilde{k}_{t+1}^\alpha}{(1-\alpha) \tilde{k}_t^\alpha - \bar{\gamma} \tilde{k}_{t+1}} . \qquad (7\text{-}45)$$

命题（P7.6）：设定 A7.1—A7.4 同时满足时，如果 ϕ 满足如下不等式：

$$\phi < \frac{\left[(1-\Omega)(1-\alpha)R^* - \bar{\gamma}\theta\alpha\right]R^*}{(1-\alpha)R^* - \bar{\gamma}\alpha + \bar{\gamma}\alpha(1-\theta)(\bar{\gamma}-R^*)/(\bar{\gamma}-\phi)}. \quad (7\text{-}46)$$

那么稳态的均衡为均衡 Ⅰ。

证明：由（7-45）式可得，均衡 Ⅰ 的稳态时有 $\phi < \dfrac{(1-\Omega)(1-\alpha)R^* - \bar{\gamma}\theta\alpha}{1-\alpha-\bar{\gamma}\tilde{k}^{1-\alpha}}$，将（7-25）式代入消去 $\tilde{k}$ 可得（7-46）式。由此，该命题得证。

由该命题可以推断：当（7-46）式不成立时，稳态的均衡为均衡 Ⅱ。

同时，由于均衡满足 $R_t > R^*$ 且 $b_t = w_t$，那么 $\dfrac{b_t}{y_t} = (1-\Omega)(1-\alpha)$，进一步可得：

$$R_t = \frac{\phi_t\left[(1-\alpha)\tilde{k}_t^\alpha - \bar{\gamma}\tilde{k}_{t+1}\right] + \bar{\gamma}\theta\alpha\tilde{k}_{t+1}^\alpha}{(1-\Omega)(1-\alpha)\tilde{k}_t^\alpha}. \quad (7\text{-}47)$$

此时，抵质押率 ϕ_t 的上升将带来利率 R_t 的上升，并且利率满足 $R_t > R^*$。由（7-47）式可得稳态时，$R^{**} = \dfrac{\phi\left[(1-\alpha)-\bar{\gamma}\tilde{k}^{1-\alpha}\right] + \bar{\gamma}\theta\alpha}{(1-\Omega)(1-\alpha)} > R^*$。因此，我们猜测可能存在 ϕ^*，使得：当 $\phi < \phi^*$ 时，均衡的贷款利率固定为 R^*，模型的稳态均衡为均衡 Ⅰ；当 $\phi > \phi^*$ 时，均衡的贷款利率稳态值为 $R^{**} > R^*$，模型的稳态均衡为均衡 Ⅱ。

需要说明的是，这是在缺乏中央银行外生货币供给条件下得到的内生多重均衡。值得延伸思考的问题在于，若中央银行为压低融资成本所做出的政策努力恰恰使均衡锁定在均衡 Ⅰ 的状态，那么在实践上，良好的政策出发点可能导致对资产的追逐。

我们通过（7-46）式来理解两类均衡。

我们构建函数 $f(\phi) = \dfrac{\left[(1-\Omega)(1-\alpha)R^* - \bar{\gamma}\theta\alpha\right]R^*}{(1-\alpha)R^* - \bar{\gamma}\alpha + \bar{\gamma}\alpha(1-\theta)(\bar{\gamma}-R^*)/(\bar{\gamma}-\phi)} - \phi$，

第七章 两种货币循环交织的一般均衡理论和"货币—资产价格"定理

由此可以得到一阶导数 $f'(\phi) = \dfrac{\left[(1-\Omega)(1-\alpha)R^* - \bar{\gamma}\theta\alpha\right](1-\theta)(\bar{\gamma}-R^*)R^*\bar{\gamma}\alpha}{\left\{\left[(1-\alpha)R^* - \bar{\gamma}\alpha\right](\bar{\gamma}-\phi) + \bar{\gamma}\alpha(1-\theta)(\bar{\gamma}-R^*)\right\}^2} - 1$。

如果模型中的参数同时满足 $f(0)>0$、$f(1)<0$ 且 $f'(\phi)<0$，根据中值定理必然存在 ϕ^* 使得 $f(\phi^*)=0$ 成立，其中，ϕ^* 满足 $0<\phi^*<1$。因此，如果参数同时满足这三个不等式的约束条件，那么，当 $\phi<\phi^*$ 时，模型的稳态均衡为均衡 I；当 $\phi>\phi^*$ 时，模型的稳态均衡为均衡 II。由于计算上面临的复杂性，很难得到参数约束条件的解析解，我们通过一个数值计算例子以讨论 ϕ^* 的存在性。

我们模拟 ϕ 在 0—1 之间的变化对稳态的资产价格等变量的影响，参数由表 7-1 给出。其中，取 α 为 0.4，这与资本在收入中的份额基本一致；分别取 β 和 γ 为 1/1.02 和 0.03，那么 $R^*=1.02$，且 $\bar{\gamma}>R^*$ 符合设定 A7.2；这些参数设定后，可以得到 $\bar{\theta}=0.0066$，我们设 θ 为 0.18，符合设定 A7.4；由设定 A7.3 可知：

$$\Omega = \frac{\alpha(1-\theta)(R^*-\phi)\bar{\gamma}}{(1-\alpha)R^*(\bar{\gamma}-\phi)} < \frac{\alpha}{1-\alpha}(1-\theta) = 0.5467 \ .$$

由此我们可以取 Ω 为 0.55，这便保证了抵质押品的价格的稳态值为正。另外，为了便于分析和比较，我们将 $\phi=0$ 时的抵质押品稳态价格标准化为 1，即此时有 $\tilde{q}=1$，从而将 H 取为 0.00106。

表7-1 参数

α	β	γ	Ω	θ	H
0.4	1/1.02	0.03	0.55	0.18	0.00106

模拟结果由图 7-1 给出，结果显示存在 $\phi^*=0.842$：当 $\phi<\phi^*$ 时，模型的稳态均衡为均衡 I，此时抵质押率 ϕ 的增加将导致实体投资稳态水平 $\tilde{k}$ 的下降，同时带来抵质押品价格稳态水平 $\tilde{q}$ 的上升，这与命题 P7.3

的结论相一致；当 $\phi \geq \phi^*$ 时，模型的稳态均衡为均衡 II，此时抵质押率 ϕ 的增加将导致抵质押品价格稳态水平 $\tilde{q}$ 的下降，同时带来实体投资稳态水平 $\tilde{k}$ 的上升以及贷款利率的上升，这与前面部分的分析相一致。另外，信贷约束的乘子 μ_t 为平稳变量，其稳态值为 $\mu = \dfrac{R^k - R}{R - \theta R^k}$。结果显示，当 $\phi < \phi^*$ 时，抵质押率 ϕ 的增加驱动企业家更多的信贷需求，使得信贷约束变得更紧，即 μ 随 ϕ 的增加而上升；当 $\phi \geq \phi^*$ 时，由于抵质押率上升驱动的信贷需求导致贷款利率的上升，由于更高的资金成本使得抵质押品的相对收益率下降，那么企业家购买抵质押品的需求降低，从而使得信贷需求并未随着抵质押率的上升而扩张，这就使得信贷约束变得相对不是很紧，即 μ 随 ϕ 的增加而减小。

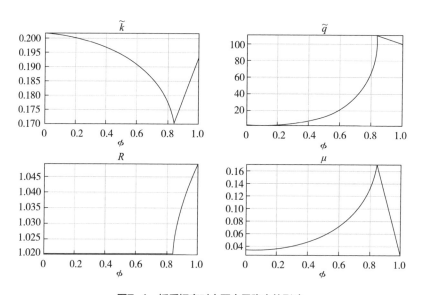

图7-1 抵质押率对主要变量稳态的影响

根据上述分析，抵质押品的价格可以分解为分别由预期收益和抵质押率所决定的部分。因此，抵质押品价格在 $\phi = 0$ 时已经剔除了抵质押性质的影响，此时的价格水平可以称之为基础价格（fundamental price）；

$\phi>0$ 时的抵质押品价格相对于 $\phi=0$ 时的价格所增加的部分，即由抵质押功能所带来的价格，我们将抵质押品价格由此虚增的部分定义为价格膨胀部分。由于 $\phi=0$ 时的抵质押品价格的稳态值为 1，图 7-1 很直观地呈现了当 $\phi>0$ 时的抵质押率的变化带来的影响，即资产价格的膨胀程度——抵质押品价格随着抵质押率的上升而增加，价格上行的最高值可以超过基础价格的 100 倍！因此，该结果有助于理解现实经济中一些资产价格超出一般常识认知的过度膨胀。而这种数十倍甚至上百倍的资产价格的膨胀可以在直观上定义为超级膨胀。当然，我们并不以"泡沫"来定义资产价格超高膨胀，仍然只称之为资产价格快速上行。

由于抵质押品的供给设定为固定的水平，那么抵质押品超级膨胀的存在只能来自对抵质押品的超高需求。正如模型所讨论的，企业家的信贷约束在 θ 较小时总是紧约束，并且至少在稳态时总是有 $\mu>0$。由于 θ 代表的是企业家未来实体投资产生的收入在当期获得信贷的能力，即信用贷款，那么当 θ 较小时，意味着信用贷款只能满足企业家较小部分的信贷需求，此时抵质押率的提高将实现企业家更大的信贷需求，从而驱动对抵质押品的更大需求。因此，抵质押品价格超级膨胀的存在基础将有可能是由于信用贷款的不足，由此形成的对抵质押品的过度需求。

为了验证以上猜想，我们模拟 θ 在 0.3 时抵质押率的变化对抵质押品价格等变量的稳态值的影响。参数仍由表 7-1 给出，为了便于比较，模拟结果图 7-2 同时呈现了 $\theta=0.18$ 的结果。结果显示，由于更高的 θ 值对应的更大程度的信用贷款的支持，这对经济产生的影响主要有以下几点变化：第一，抵质押率的增加对实体资本投资的挤出的效应随着 θ 的增加而相对减小，这是由于信用贷款的增加缓解了企业家的信贷约束；第二，抵质押品价格超级膨胀基本消失，尽管在 $\theta=0.3$ 时抵质押率的上升仍然会带来抵质押品价格的膨胀，价格的膨胀程度最高约 3 倍水平，远远低于

$\theta=0.18$ 超过 100 倍的膨胀；第三，当 $\theta=0.3$，抵质押率增加到一定程度时，信贷约束变为松约束，此时有 $\mu=0$，这是由于信用贷款的增加使得 ϕ 超过一定水平后，相对更多的信贷需求使得贷款利率上升到与资本收益相同的水平，此时企业家的信贷需求并不会随着抵质押率的上升而增加。

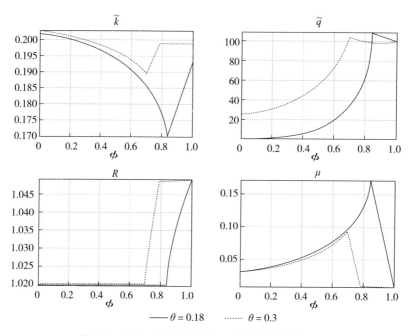

图7-2 不同 θ 水平下抵质押率对主要变量稳态的影响

以上分析表明，当实体经济投资的收益不足以支持获得更多的信贷时，即信用贷款供给相对不足时，那么对抵质押品需求的强度就相对更大，以此获得更多的抵质押贷款。因此，信用贷款供给的不足就为由抵质押率的上升所驱动的抵质押品价格上行，甚至快速超高上行提供了存在的基础。

（四）超额货币需求

由于更高的抵质押率能够驱动更多的信贷需求，那么由此形成的超

第七章　两种货币循环交织的一般均衡理论和"货币—资产价格"定理

额信贷需求本质上与第六章所提出的超额货币需求相一致。

由（7-10）式可以得到信贷约束为紧约束时去掉趋势后的均衡信贷水平为 $\tilde{b}_t = \dfrac{\theta\overline{\gamma} R_{t+1}^k \tilde{k}_{t+1} + \phi_t \tilde{q}_t h_t}{R_t}$，结合均衡条件 $h_t \equiv H$ 可以得到稳态时：

$$\tilde{b} = \dfrac{\theta\alpha\overline{\gamma}\tilde{k}^{\alpha} + \phi\tilde{q}H}{R}. \tag{7-48}$$

当经济的稳态均衡处于均衡 I 时，由于贷款利率是固定的，即抵质押率的变动不会影响贷款利率，由此可得：

$$\dfrac{\partial \tilde{b}}{\partial \phi} = \dfrac{1}{R^*}\left(\theta\alpha^2\overline{\gamma}\tilde{k}^{\alpha-1}\dfrac{\partial \tilde{k}}{\partial \phi} + \tilde{q}H + \phi H \dfrac{\partial \tilde{q}}{\partial \phi}\right).$$

当经济的稳态均衡处于均衡 II 时，由于抵质押率的上升会驱动贷款利率的上升，此时贷款利率的稳态水平 R^{**} 是内生决定的，那么：

$$\dfrac{\partial \tilde{b}}{\partial \phi} = \dfrac{1}{R^{**}}\left(\theta\alpha^2\overline{\gamma}\tilde{k}^{\alpha-1}\dfrac{\partial \tilde{k}}{\partial \phi} + \tilde{q}H + \phi H \dfrac{\partial \tilde{q}}{\partial \phi} - \dfrac{\theta\alpha\overline{\gamma}\tilde{k}^{\alpha} + \phi\tilde{q}H}{R^{**}}\right).$$

很明显，当经济处于两种不同均衡状态时，抵质押率的变动对贷款均衡稳态值的影响是不一样的。当 $\phi = 0$ 时的信贷需求只包括信用贷款，那么当 $\phi > 0$ 时相对于 $\phi = 0$ 时的信贷规模的增量即为由抵质押品驱动的超额信贷。通过模拟抵质押率的变化，可以呈现抵质押率的变动如何驱动超额货币需求，模拟参数仍然来自表 7-1，模拟结果由图 7-3 给出。

结果显示 $\phi^* = 0.842$，当 $\phi < \phi^*$ 时，模型的稳态均衡为均衡 I，抵质押率的增加将通过驱动更多的信贷需求使得均衡的贷款规模增加；当 $\phi \geq \phi^*$ 时，模型的稳态均衡为均衡 II，抵质押率的增加也导致贷款规模增加。另外，当 $\phi \geq \phi^*$ 时，抵质押率的上升会通过增加贷款利率而对贷款需求有一定程度的抑制作用，由于抑制的作用较弱，那么尽管抵质押率对贷款的边际影响并不是连续的，超额信贷需求总是随着抵质押率的

增加而上升。

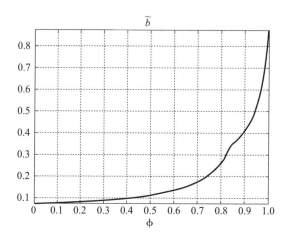

图7-3 抵质押率与超额信贷需求

四、动态分析：抵质押率外生变化对资产价格的冲击

为了更好地理解抵质押率变动对抵质押品价格和实体投资等产生的动态影响，这一部分分别对以下两种情景展开分析和讨论：一是抵质押率永久性上升带来的影响；二是抵质押率暂时性上升带来的影响。

（一）抵质押率永久性上升的冲击

在第 1 期时，经济处于稳态均衡，此时抵质押设定为 $\phi_1 = 0.5$。从第 2 期开始，抵质押率永久性地上升 20%，即 $\phi_t = 0.6$，其中 $t \geq 2$。由命题 P7.6 可知，经济将永远处于均衡状态 I，那么抵质押率的上升将不会带来贷款利率的变化。将抵质押率的上升设定为可预见到的，那么可以消去抵质押品定价的预期算子，结合（7-16）式可得：

$$q_t = \frac{1}{(1+\mu_t)R^* - \phi_t \mu_t} q_{t+1} = \prod_{j=1}^{T} \frac{1}{(1+\mu_{t-1+j})R^* - \phi_{t-1+j}\mu_{t-1+j}} q_{t+T} . \quad (7\text{-}49)$$

第七章 两种货币循环交织的一般均衡理论和"货币—资产价格"定理

去掉趋势后：

$$\tilde{q}_t = \prod_{j=1}^{T} \frac{\bar{\gamma}^T}{(1+\mu_{t-1+j})R^* - \phi_{t-1+j}\mu_{t-1+j}} \tilde{q}_{t+T} \, . \quad (7-50)$$

因此，第 2 期的抵质押品价格不仅取决于第 2 期抵质押率的水平，还取决于第 3 期及此后各期抵质押率的状态。模拟结果由图 7-4 给出。其中，变量 Δx_t 定义为偏离稳态水平变化的百分比，即 $\Delta x_t = \frac{x_t - x}{x}\%$。结果显示，第 2 期的抵质押品价格一次性跳跃到 $\phi_t = 0.6$ 的稳态水平，即抵质押品价格上涨了约 70%，并永久性地处于该均衡状态。由于抵质押率永久性上升，经济中的变量最终都将收敛到 $\phi_t = 0.6$ 的稳态水平。由前面部分的分析可知，资本需求的政策函数不仅是关于抵质押率函数，同时也是关于上一期资本数量的函数，资本的变化从而具有一定的持续性，收敛到新的均衡水平的速度相对较慢。由于抵质押率永久性上升对实体投资产生的挤出效应，产出水平也将随之永久性地下降。

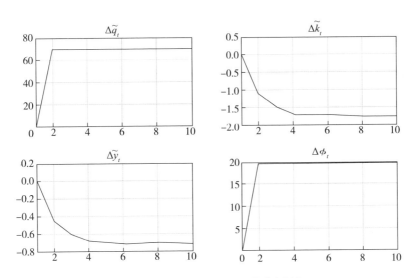

图7-4 抵质押率永久性上升的动态影响

（二）抵质押率暂时性上升的冲击

我们将抵质押率的变化设定为如下过程：

$$\phi_t = \phi + \rho_\phi (\phi_{t-1} - \phi) + \varepsilon_t. \quad (7\text{-}51)$$

其中，ϕ 为稳态水平，ε_t 为随机冲击，ρ_ϕ 为冲击的持续性并设为 0.9。为了便于与第一种情景相比较，我们将第 1 期的抵质押率设定为 $\phi_1 = 0.5$，第 2 期发生预期不到的随机冲击使抵质押率暂时上升 20%，即 $\varepsilon_2 = 0.1$ 且当 $t \neq 2$ 时总是有 $\varepsilon_t \equiv 0$。因此，在两种情景下，第 2 期的抵质押率水平相同且均为 0.6。由于从第 3 期开始，两种情景下的抵质押率不同，第一种情景下的抵质押率永远停留在 0.6 的水平，第二种情景下将根据（7-51）式的动态方程逐渐向初始状态 0.5 的水平收敛。由（7-16）式可以得到去掉趋势后的抵质押品价格的定价方程如下：

$$\tilde{q}_t = \mathbb{E}_t \left[\prod_{j=1}^{T} \frac{\bar{\gamma}^T}{(1+\mu_{t-1+j}) R^* - \phi_{t-1+j} \mu_{t-1+j}} \tilde{q}_{t+T} \right]. \quad (7\text{-}52)$$

由于抵质押率只是暂时性的上升，那么抵质押率在一定时期后必然回到第 1 期的状态 0.5，其他变量也将在一定时期后回到最终的稳态水平。因此，必然存在时期 T_0 使得当 $T_0 \leq t < T$ 时，

$$\tilde{q}_t = \varPhi^* \mathbb{E}_t \left[\prod_{j=1}^{T_0} \frac{\bar{\gamma}^{T_0}}{(1+\mu_{t-1+j}) R^* - \phi_{t-1+j} \mu_{t-1+j}} \right]. \quad (7\text{-}53)$$

其中，$\varPhi^* = \left[\dfrac{\bar{\gamma}}{(1+\mu) R^* - 0.5 \mu^*} \right]^{T-T_0} \tilde{q}^*$，$\tilde{q}^*$ 和 μ^* 均为 $\phi_t \equiv 0.5$ 时的稳态水平。

根据（7-53）式，由（7-50）式可以判断：抵质押率永久性上升的抵质押品价格为 $\tilde{q}_t = \varPhi^{**} \left[\prod_{j=1}^{T_0} \dfrac{\bar{\gamma}^{T_0}}{(1+\mu_{t-1+j}) R^* - \phi_{t-1+j} \mu_{t-1+j}} \right]$。

其中，$\Phi^{**}=\left[\dfrac{\overline{\gamma}}{(1+\mu)R^*-0.6\mu^{**}}\right]^{T-T_0}\tilde{q}^{**}$，$\tilde{q}^{**}$ 和 μ^{**} 均为 $\phi_t\equiv 0.6$ 时的稳态水平。由于 $\Phi^{**}>\Phi^*$，即两种情景下对未来抵质押率和均衡价格的预期差异，这就决定了尽管在第2期的抵质押率水平相同，但抵质押品的价格在两种情景下也会存在差异。模拟结果由图7-5给出，结果显示，随机冲击下抵质押率的暂时性上升对该期抵质押品价格增幅的助推仅接近30%，远低于第一种情景下同期的抵质押品价格上涨幅度。

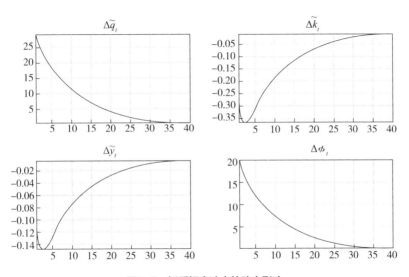

图7-5 抵质押率冲击的动态影响

抵质押率是借款人面临的外生给定的信贷政策安排，其实质是金融中介的规模偏好和安全性偏好：一般来说，银行类金融机构倾向于做大规模以实现更高收益时，会提高抵质押率；如果担心信用风险或厌恶资产的低流动性，则降低抵质押率。在住房抵押贷款领域，抵质押率的反面是首付比率。由于信贷需求通过金融中介转化为对家庭部门的货币需求，我们综合命题P7.1至P7.6，可以直接得到"货币—资产价格"定理。

定理（T7.1 货币需求与资产价格）：在资产成为抵质押品的情况下，贷款利率固定或浮动、抵质押率的高低以及资产价格的历史水平是决定此后资产价格的因素。由于金融部门的货币需求决定了抵质押率，那么，除利率制度和资产价格历史水平外，资产价格仅仅受金融部门的货币需求决定。因此，**资产价格膨胀无论何时何地都是一个货币现象。**

定理 T7.1 的政策含义是：通过以上两种动态情景的模拟和分析，这使我们进一步理解了决定抵质押品价格的不仅是当期的抵质押率，更大程度上还取决于未来的抵质押率。因此，如果将抵质押率视为由信贷政策决定的变量，那么长期较高的抵质押率意味着长期宽松的信贷政策，就能产生抵质押品价格的持续膨胀。也就意味着，如果金融部门对所谓"安全性更强"的抵质押融资具有更高偏好，且具有向居民部门的存款货币动员力，那么必然实施长期宽松的信贷策略，这将导致与作为抵质押品的资产价格快速且大幅度膨胀。本章的理论分析从抵质押融资角度解释了更为一般意义的抵质押品资产价格膨胀的存在性及其驱动机制。

五、为"金融化"正名

为了更好地理解我们的研究与已有文献的区别，以及我们研究的视角差别和理论贡献，我们就相关的两方面问题进一步展开讨论和分析：第一，相关文献认为资产价格高企的驱动因素在于金融化，我们则认为根本原因在于抵质押融资机制，而不是金融化本身——如果仅仅立足信用融资的差别化和专业化分工，以更好满足实体经济产出性融资需求为己任，则任何金融化都不足以引致资产价格膨胀；第二，相关金融化的文献认为企业投资金融资产（非生产性资产）的主要原因在于其相对于实体投资更高的收益，或者是风险调整后（risk-adjusted）的收益，我们将证明相对收益与金融化的无关性，那么相对收益与资产价格膨胀的无关性也同时成立。

（一）资产价格膨胀的驱动因素在于抵质押融资机制而不是金融化本身

Stockhammer（2004）、Orhangazi（2008）、Demir（2009）以及张成思和张步昙（2016）等研究将实体投资率的下降归因于经济的金融化。基于本章的研究，我们认为金融化至多只是实体投资率下降的必要条件，而非充分条件，抵质押率的上升才是实体投资率下降的充分条件和直接因素。或者说，上述研究仅仅看到了金融资产膨胀与资产价格膨胀，但没有从信用贷款和抵质押融资的角度给出研究，我们的研究认为，资产价格快速膨胀的理论根源在于抵质押融资机制，而非金融化本身。

我们将投资率定义投资产出比，即 $i_t = \dfrac{I_t}{y_t}$，那么有 $i_t = \dfrac{k_{t+1}}{y_t} = \bar{\gamma}\dfrac{\tilde{k}_{t+1}}{\tilde{y}_t} = \bar{\gamma}\dfrac{\tilde{k}_{t+1}}{\tilde{k}_t^\alpha}$，当均衡水平满足 $R_t \equiv R^*$ 时，稳态时：

$$i = \bar{\gamma}\tilde{k}^{1-\alpha} = \alpha\bar{\gamma}\left[1 - \dfrac{(1-\theta)(\bar{\gamma}-R^*)+(\bar{\gamma}-\phi)(R^*-1)}{R^*(\bar{\gamma}-\phi)}\right]. \tag{7-54}$$

由于 $\bar{\gamma} > R^* > 1 \geqslant \phi$，那么整个经济的实体投资的投资率满足 $i < \alpha\bar{\gamma}$。

命题（P7.7）：当均衡水平满足 $R_t \equiv R^*$ 时，那么 $\dfrac{\partial i}{\partial \phi} < 0$。

证明：由（7-54）式直接可得 $\dfrac{\partial i}{\partial \phi} = -\dfrac{(1-\theta)(\bar{\gamma}-R^*)}{R^*(\bar{\gamma}-\phi)^2}\bar{\gamma}\alpha < 0$，该命题得证。

由命题 P7.7 可知，当 $\phi = 0$ 时的投资率达到最大水平，此时

$i = \left(1 + \theta \dfrac{\bar{\gamma} - R^*}{R^*}\right)\alpha$。因此，当去掉非生产性资产的抵质押功能后，在其他条件不变的情况下，由于抵质押率为零，那么由抵质押品供给扩张（即 H 增加）驱动的金融化并不会改变投资率的大小，这意味着金融化与投资率无关。当我们将非生产资产的抵质押功能引入后，那么可以得到如下结论：在其他条件不变的条件下，随着抵质押率的提高，企业家购买抵质押品将获得更多的贷款，于是增加抵质押品的购买，对实体投资产生的挤出效应就表现为投资率的下降，同时由于抵质押品支出的增加也表现为经济中金融化水平的提高。因此，在抵质押融资机制下，抵质押率提高的同时带来了投资率的下降和金融化的提高。金融化的提高与投资率的下降这二者之间才表现为存在相关性，而并非因果关系。

另外，根据 Able 等（1989）的研究，当经济中实体投资的水平超出投资本身产生的回报时，经济中就存在过度投资，即所谓的动态无效（dynamic inefficiency）。根据本章模型的设定，由于投资回报在产出中的份额为 α，那么当 $i_t > \alpha$ 时，经济中即存在动态无效[①]。由命题 P7.7 可知，当 $\phi = 0$ 时的投资率达到最大水平，此时 $i = \left(1 + \theta \dfrac{\bar{\gamma} - R^*}{R^*}\right)\alpha$。由于 $\bar{\gamma} > R^*$，那么当 $\theta > 0$ 时必然有 $i > \alpha$。另外，由（7-54）式我们可以得到：当 $\phi \leq \theta\bar{\gamma}$ 时，$i > \alpha$；当 $\phi > \theta\bar{\gamma}$ 时，$i < \alpha$。因此，本章结论与 Cass（1972）、Tirole（1985）、Weil（1989）、Blanchard 和 Fischer（1989）以及 Binswanger（2005）等研究相一致的是，在一定条件下，抵质押资产可以使经济避免过度投资。不同的是，只有当抵质押率在特定水平才能使经济避免过度投资，但这也会带来实体投资的不足。

---

① 关于投资率与资本收入份额之间的关系及与动态无效之间的联系，可参见 Blanchard 和 Weil（1992）等研究。

（二）资产相对收益与"脱实向虚"的无关性

由于企业家同时进行实体经济投资和抵质押品的投资，那么当更多的资金被用来购买抵质押品时必然产生对实体投资的挤出效应，即所谓的资产价格膨胀的内生动力。长期以来，Demir（2009）等相关文献认为追逐资产的主要驱动力量在于逐利性和风险规避：逐利性表现为金融资产（非生产性资产）相对于实体投资的更高收益率；风险规避表现为由于实体投资相对更高的风险。由于本章模型中企业家是风险中性的，如果企业家购买抵质押品导致的资产价格膨胀的驱动力量来自逐利性，那么在稳态时将有 $R^k < \bar{\gamma}$，因为抵质押资产收益率的稳态水平为 $\bar{\gamma}$。我们将证明该关系并不必然成立。

命题（P7.8）：当均衡水平满足 $R_t \equiv R^*$ 时，那么：当 $\phi < \theta\bar{\gamma}$ 时，稳态均衡满足 $R^* < R^k < \bar{\gamma}$；当 $\phi > \theta\bar{\gamma}$ 时，稳态均衡满足 $R^* < \bar{\gamma} < R^k$。

证明：由（7-2）式可得 R_t^k 的稳态值为 $R^k = \alpha \tilde{k}^{\alpha-1}$，结合（7-25）式可以得到：

$$R^k = \bar{\gamma} + \frac{\bar{\gamma} - R^*}{(1-\theta)R^* + \theta\bar{\gamma} - \phi}(\phi - \theta\bar{\gamma}) . \qquad (7\text{-}55)$$

由设定 A1.2 可知 $\bar{\gamma} > R^*$，并且 $(1-\theta)R^* + \theta\bar{\gamma} - \phi = \theta(\bar{\gamma} - R^*) + R^* - \phi > 0$，那么当 $\phi < \theta\bar{\gamma}$ 时，$R^* < R^k < \bar{\gamma}$；当 $\phi > \theta\bar{\gamma}$ 时，$R^* < \bar{\gamma} < R^k$。由此，该命题得证。

由于 $\bar{\gamma} = (1+\gamma)^{1/(1-\alpha)} > 1$，因此当 $\phi > \theta\bar{\gamma}$ 时，$\phi > \theta$。此时尽管稳态时抵质押品的收益小于实体投资的收益，企业家购买抵质押品的激励在于抵质押品可以获得更多的贷款，由此带来的融资价值补偿了收益上的损失[①]。因此，当金融属性的非生产性资产具有相对于实体资本更大的融资

[①] 相同的逻辑可参见 Ai、Li、Li 和 Schlag（2020）关于抵质押率差异如何产生抵质押溢价的研究。

能力时，即使这类金融资产的收益小于实体投资，企业家仍然会购买这类资产，结果仍然会带来资产价格膨胀。这就意味着当这类金融资产具有抵质押融资功能时，并不能将由此导致的资产价格膨胀简单归因于其相对于实体投资的更高收益，其根本原因仍然是抵质押融资机制。归纳命题 P7.7 和 P7.8，我们得到如下定理。

定理（T7.2 金融化是资产价格膨胀的非充分条件）：在不存在抵质押融资制度的情况下，无论金融业如何发展，其功能只能满足"产出—货币"循环所要求的融资需求，不是资产价格膨胀的充分条件。

六、结论性评价

本章在简单的 OLG 框架下沿用外生技术增长的基本设定，解决了均衡时具有抵质押性质的资产可以被企业家持有的问题，这就避免了标准的 DSGE 框架下引入抵质押资产的复杂性。我们证明了抵质押率的提高将导致抵质押品价格膨胀的原因，并给出了资产投资对产出投资产生挤出作用的一般条件。同时，我们的研究有助于进一步理解金融化并不是导致资产价格膨胀的充分条件。本章的研究将为后续对金融中介（银行）的引入和货币政策的作用等研究提供一个基础模型。值得说明的延伸性观点如下。

第一，资产价格（膨胀或收缩）无论何时何地都是一个货币现象。这一结论没有把备用货币供给者——中央银行纳入考量。我们认为，这是当代中央银行货币政策面临的一个核心课题，因此将在第九章做一个简要的模型化描述，主体研究主要在第二卷——当我们把视角转向货币政策和宏观审慎管理时进行更加准确的理论界定，但是这不妨碍本章的结论。在不存在备用货币供给的情况下，只要存在抵质押融资制度，即

第七章 两种货币循环交织的一般均衡理论和"货币—资产价格"定理

使仅仅存在家庭、金融中介和企业三部门，资产价格膨胀是一个货币现象，在一定条件下，它与实体产出融资存在替代关系。

第二，资产价格仅仅是一个名义变量的即时值，其高低本身没有意义，但是其动态演变值得研究。我们在本章很小心地避免使用"泡沫"这一非中性名词，原因在于本章的目的是研究影响资产价格膨胀（包括快速膨胀）的性质与原因，至少分析至目前，我们并没有贸然建立资产价格膨胀与金融危机的联系。或者说，资产价格静态意义上的"高"或动态意义上的"走高"不意味着一定发生危机。这一点，从我们的模型分析也可以得出结论：在一定条件下，资产价格 100 倍膨胀也只是属于多重均衡的一种形态而已，并不值得大惊小怪。什么是金融危机，为什么会发生金融危机，这是第八章我们将重点分析的内容。在这一认识上，我们需要非常谨慎，这是因为，"常识性"认识似乎是：只要价格"离谱"走高，就必然是泡沫或危机的序曲。我们并不全然反对这种简单且似乎有效的认识，但是我们反对这一认识中逻辑链条的缺失。不妨设想——如果"产出—货币"循环得到了充分满足，消费和储蓄实现了最优，那么货币因抵质押资产的出现而膨胀，同时也出现了资产价格膨胀，无非就是我们在第五、六章以"实体产出"为参照系得出的"超额货币需求"而已，并不足以证明一定会发生危机。

第三，与第六章所讨论的抵质押融资制度一样，金融化本身是一个中性概念，甚至在一定程度上带有创新含义——本意是解决风险问题或更高效率地实现融资匹配，因此在我们的分析框架内，金融化并不是资产价格膨胀的充分条件。换句话说，把资产价格膨胀以及金融危机归咎于金融化是缺乏严格科学论证的。我们并不否定一系列文献所提出的金融化与资产价格膨胀之间的关联，但是第五章与第六章的动态一致性结论是：抵质押融资制度才是资产价格膨胀的主要因素。

参考文献

[1] Abel, A. B., Mankiw, N. G., Summers, L. H., and Zeckhauser, R. J., 1989. "Assessing Dynamic Efficiency: Theory and Evidence", *The Review of Economic Studies*, 56(1): 1–19.

[2] Ai, H., Li, J. E., Li, K., and Schlag, C., 2020. "The Collateralizability Premium", *The Review of Financial Studies*, 33(12): 5821–55.

[3] Bagehot, W., 1999［1873］. *Lombard Street: A Description of Money Market*, New York: John Wiley & Sons.

[4] Bilginsoy, C., 2015. *A History of Financial Crises: Dreams and Follies of Expectations*, London: Routledge.

[5] Binswanger, M., 2005. "Bubbles in Stochastic Economies: Can They Cure Overaccumulation of Capital?", *Journal of Economics*, 84(2): 179–202.

[6] Blanchard, O. J., Fischer, S., and Blanchard, O. A., 1989. *Lectures on macroeconomics*, Cambridge: MIT Press.

[7] Blanchard, O., and Weil, P., 1992. "Dynamic Efficiency, the Riskless Rate, and Debt Ponzi Games under Uncertainty", *NBER Working Paper*, 3992, http:www.nber.org/system/files/working_papers/w3993/w3992.pdf.

[8] Calomiris, C., and Gorton, G., 1991. "The Origins of Banking Panics: Models, Facts, and Banking Regulation", in Hubbard, R. G. (ed.), *Financial Markets and Financial Crises*, Chicago: University of Chicago Press.

[9] Cass, D., 1972. "On Capital Overaccumulation in the Aggregative, Neoclassical Model of Economic Growth: A Complete Characterization", *Journal of Economic Theory*, 4(2): 200–23.

[10] Dale, R., Johnson, J. E. V., and Tang, L., 2005. "Financial Markets Can Go Mad: Evidence of Irrational Behavior during the South Sea Bubble", *The Economic History Review*, 58(2): 233–71.

[11] Demir, F., 2009. "Financial Liberalization, Private Investment and Portfolio Choice: Financialization of Real Sectors in Emerging Markets", *Journal of Development Economics*, 88(2): 314–24.

[12] Dong, F., Miao, J., and Wang, P., 2020. "Asset Bubbles and Monetary Policy",

第七章 两种货币循环交织的一般均衡理论和"货币—资产价格"定理

  Review of Economic Dynamics, 37: S68−S98.

[13] Fama, E. F., 1965. "The Behavior of Stock-Market Prices", *Journal of Business*, 38(1): 34−105.

[14] French, D. E., 2009. *Early Speculative Bubbles and Increases in Supply of Money*, 2nd ed., Auburn AL: Ludwig von Mises Institute.

[15] Friedman, M., 1963. *Inflation: Causes and Consequences*, New York: Asian Publishing House.

[16] Froot, K. A., and Obstfeld, M., 1991. "Intrinsic Bubbles: the Case of Stock Prices", *American Economic Review*, 81(5): 1189−214.

[17] Garber, P. M., 1989. "Tulipmania", *Journal of Political Economy*, 97(3): 535−60.

[18] Garber, P. M., 1990. "Famous First Bubbles", *Journal of Economic Perspective*, 4(3): 35−54.

[19] Garber, P. M., 2000. *Famous First Bubbles: Fundamentals of Early Manias*, Cambridge: MIT Press.

[20] Keynes, J. M., 1931. "The Consequences to the Banks of the Collapse in Money Values", *Essays in Persuasion: Collected Writings of John Maynard Keynes*, Vol.9, London: Macmillan, St. Martins Press, for Royal Economic Society, 1972.

[21] Kindleberger, C. P., and Aliber, R., 2011. *Manias, Panics, and Crashes: A History of Financial Crises*, 6th ed., New York: Palgrave Macmillan.

[22] Kiyotaki, N., and Moore, J., 1997. "Credit cycles", *Journal of Political Economy*, 105(2): 211−48.

[23] Kiyotaki, N., and Moore, J., 2019. "Liquidity, Business Cycles, and Monetary Policy", *Journal of Political Economy*, 127(6): 2926−66.

[24] Martin, A., and Ventura, J., 2012. "Economic Growth with Bubbles", *American Economic Review*, 102(6): 3033−58.

[25] Miao, J., and Wang, P., 2018. "Asset Bubbles and Credit Constraints", *American Economic Review*, 108(9): 2590−628.

[26] Minsky, H. P., 1994. "The Financial Instability Hypothesis", in Arestis, P., and Sawyer, M.C. (eds.), *Elgar Companion to Radical Political Economy*, Aldershot, UK: Edward Elgar.

[27] Orhangazi, Ö., 2008. "Financialisation and Capital Accumulation in the Non-

financial Corporate Sector: A Theoretical and Empirical Investigation on the US Economy: 1973–2003", *Cambridge Journal of Economics*, 32(6): 863–86.

[28] Shiller, R. J., 2005. *Irrational Exuberance*, 2nd ed., New York: Currency Doubleday.

[29] Stockhammer, E., 2004. "Financialisation and the Slowdown of Accumulation", *Cambridge Journal of Economics*, 28(5): 719–41.

[30] Tirole, J., 1985. "Asset Bubbles and Overlapping Generations", *Econometrica*: 1499–528.

[31] Weil, P., 1987. "Confidence and the Real Value of Money in an Overlapping Generations Economy", *The Quarterly Journal of Economics*, 102(1): 1–22.

[32] 张成思，张步昙.中国实业投资率下降之谜：经济金融化视角[J].经济研究，2016，12：32-46.

第八章
实体经济虚拟化和借款人脱实向虚定理

> 它对储户(把钱借给银行的人)和借款人(银行向借款人贷款以此为后者购买不动产融资)之间的担保(货币的面纱),这是现代世界一个特别显著的特征。
>
> ——John M. Keynes, *The Consequences to the Banks of the Collapse in Money Values*, 1931

一、引言

从第六章起,我们以抵质押融资为源头,探讨自 2008 年全球金融危机以来金融业"脱实向虚"这一全球性货币金融现象。在第七章,我们埋了一个"伏笔":以资产价格膨胀取代简单的"泡沫化"论断,理由在于资产价格仅仅是名义值,其数值大小也仅具备相对意义。从一切金融危机发生的案例看,所谓泡沫化往往是"事后诸葛亮"式的回顾——看,当初资产价格过高。真正有价值的思想是:价格可能会更高,但并不引致价格崩溃的危机;在我们看来,危机的发生存在两个相互独立的必要条件:第一,从事"产出—货币循环"的货币需求为"资产—货币循环"所吸纳,即所谓脱实向虚,简单说,原来的生产性企业均改为从事资产买卖;第二,加杠杆,即在资产交易过程中使用借入资金,而借入资金来源为货币需求者,或称为信用中介。上述两个条件的结合,构成了危机的充分条件。

需要指出的是,关于杠杆率的研究已经比较充分,这是因为,金融(只要存在借贷,无论是直接的还是穿透后观察到的),由于存在负债,往往意味着杠杆。因此,主要问题仍然在于"脱实向虚",尽管这一问题在世界范围内引发了理论与政策上的诸多思考，但始终缺乏具有足够思想深度的认识。从实践操作中，综合起来，存在理解上的两大简单化、标签化误区。一是**部门论**：实体—虚拟部门二分法，即天然认为整个经济部门存在实体部门和虚拟部门两类，前者被机械地确定为农业、制造业和部分服务业，房地产业、金融服务业则显然属于后者。该认识误区的根本性错误在于，房地产业的确存在对各类制造业产品的实质性需求拉动，金融服务业对资源的配置决定了农业和制造业能否实现产出。显然，按产业划分实体、虚拟部门缺乏定义上的可靠性。二是**主体论**：实体—虚拟企业二分法，即简单认为企业家的行为非实体即虚拟。该认识的误区在于，现实中的企业行为往往同时具有实体性和虚拟性——比如相当多的企业具备制造板块和金融板块。上述两个认识误区的共同缺陷还在于分析判断的静态性，事实上，问题并不仅仅出现在经济中存在的实体或虚拟部门，更为根本的问题是：实体经济因为怎样的机制而走向虚拟？更为深层次的问题是：我们如何定义实体和虚拟？以第七章的分析为起点，我们的研究框架是**动态行为论**，即任何一个部门或实体都可能在一定条件下发生动态演变，即存在脱实向虚的可能性。

（一）实体和虚拟的直观界定

所有关于"实体—虚拟"二分法的分析都会遇到一个被有意无意规避的问题——实体和虚拟的部门化。如果我们把一些产业定义为实体经济部门，而另外一些不是，则很容易出现认知与政策偏差。比如，如果农业和采矿业是实体，那么为避免初级产品价格波动而进行的套期保值交易应该如何界定？如果外商直接投资兴办企业是实体，那么为规避汇率波动而持续存在的外汇衍生品交易是否虚拟？在我们所从事的实际工作中，此类问题时常困扰着相当多的政策和操作研究。恰恰由于界定的困难，相当多的政策争论势必停留在规范性价值判断，而非实证性事实依据层面。在长期的实践中，我们只能给出如下直观的行为界定，而非部门划分：**凡是以投资项目自身现金流为营业收入的属于实体交易行为；凡是以自身资产估值（无论是否变现）作为交易标的的行为属于虚拟交易行为。** 上述界定更加符合事实之处在于，任何一个企业、产业和部门可能都存在行为交叉——其既可能依靠项目自身现金流，也可能依靠资产增值作为自身的收入来源；更进一步，任何一个企业、产业和部门都可能在时间序列上存在虚拟化或实体化倾向。

（二）资产货币循环对实体虚拟化的诱致机制

脱实向虚是如何动态演化的？在企业家并不持有但有激励购买抵质押品来获得融资的经济环境中，如果进一步考虑到实体经济存在的风险时，尽管实体经济投资产生的可保证收入在事前可以帮助企业获得信贷，但事后产生的资金流低于信贷成本时，企业需要通过抵质押品投资的收益来补贴实体投资带来的损失。也就是说，企业家需要在实体投资与抵质押品投资之间进行交叉补贴。企业家很快就会意识到将抵质押品投资业务与实体投资业务之间进行剥离，即成立两个独立的实体，并以集团公司对其进行管理，那么这两个独立的实体以子公司的形式分别为集团公司筹资，集团公司可以集中调配两个子公司的资金。由于子公司可以只承担有限责任，那么当实体投资的实体公司的收益不足以偿付银行信贷时，集团公司就可以将其破产从而转移风险，从而规避了由交叉补贴带来的损失[①]。这一判断符合事实的理由是：我们发现在日本、韩国等国

[①] 在第五章的研究中，我们论及"交叉补贴"，银行之所以选择交叉补贴而不是规避交叉补贴，一方面在于以交叉补贴管理信贷风险，另一方面在于银行不可能在某个网点发生营业亏损时将其关闭来逃避偿付储户存款的责任。

家，普遍存在"综合商社"性质的集团公司，内部同时具备实业板块和资产业务板块。并且究其历史，基本是从单一的实业业务逐步向涉及投融资、房地产等综合性业务发展。

这是一个危险的倾向。从货币循环角度理解，单纯的资产价格上涨并不足以导致"资产—货币循环"的断裂，这是因为只要新增货币需求得以从家庭部门得到足够的货币供给，不断地买卖资产在理论上可以把资产价格推升至正无穷，那么还款能力并不值得担忧。同样，单纯地加杠杆也不足以导致货币循环的崩溃，这是因为撇开法律上关于股权投资与债务融资的差别，实际上任何融资都存在期限，所谓股权融资无非是短期内无须还本付息的一种融资制度安排。所以，我们甚至可以把股权投资当作是一种杠杆率达到正无穷的融资制度。股权融资看起来似乎更加安全，仅仅是因为损失链条更短，在投资者那里就已经终结。但是，如果资产价格上涨并叠加持续的加杠杆因素，则会导致致命的脆弱性。任何一丝去杠杆因素（无论是市场情绪，还是政策因素），都将造成崩溃。

据此，本章承接第六、七两章的抵质押融资机制和由此所呈现的一般均衡，进一步揭示经济所呈现的进一步变化。我们通过聚焦企业部门的行为，阐释一种尽管极端但的确存在的经济事实——抵质押资产可能成为企业部门唯一追逐的对象。那么，我们可以设想：如果整个经济体的货币增量进入且全部进入资产市场，那么全社会将仅仅具有名义增量而无任何实际增量，此时，任何一丝一毫货币供给下行将导致资产危机和金融体系危机。这并非危言耸听，这一角度已经被反复研究的1991年前后的日本银行业危机和2008年美国金融市场危机给出解释。

二、实体经济虚拟化的最终表现形式：抵质押资产的泡沫化

为更好理解实体与虚拟业务的动态发展，我们基于具有同时发展实体和虚拟业务可能性的集团公司作为分析本体，着重观察探讨抵质押融资机制对集团公司内部资源配置的影响。由于集团公司可以通过资金内部转移用以支持抵质押品的购买，抵质押率的提高将有可能导致更多的资金流向抵质押品市场，同时对资本的投资产生挤出效应，这是**危机的起源——生产性机构演变为金融投资性机构**。

值得说明的是，本章的模型与第八章的差异在于，不再是通常状态下的一般均衡表述，而是极端情况下企业部门的行为变异。而这种所谓极端情况，恰恰是我们试图阐释的危机发生的条件——当产出不再具有盈利创造能力时，抵质押资产成为金融中介部门稳定性的救命稻草，但反讽的是，这一救命稻草成为压垮骆驼的最后一根稻草。

（一）企业部门：集团公司与资金内部转移

一个代表性的集团公司由下属两个企业构成：一是从事实体经济的实体企业；二是从事金融产品（包括股权和房地产等具有抵质押资质产品）投资的金融投资企业。

实体企业的生产函数为：

$$Y = AK^{\alpha} . \tag{8-1}$$

由于生产投入唯一来自资本，那么单位资本的收益为：

$$R^k = AK^{\alpha-1} . \tag{8-2}$$

由于集团公司内部分为从事生产的实体企业和从事抵质押品资产交易的金融投资企业，那么实体企业的资产负债表为：

$$K + \Omega = N^k + B^k . \tag{8-3}$$

其中，K 和 N^k 分别为实体企业的资产和净资本，B^k 为实体企业获得的贷款。另外，Ω 代表向金融投资企业转移的资金，$\Omega > 0$ 代表集团公司的内部资金从实体企业转入金融投资企业；反之，$\Omega < 0$ 则代表集团公司的内部资金从金融投资企业转入实体企业。

由于集团公司内部存在资金转移的通道，那么金融投资企业的资产负债表为：

$$H - \Omega = N^h + B^h. \qquad (8-4)$$

其中，H 和 N^h 分别为金融投资企业的资产和净资本，B^h 为金融投资企业获得的贷款。因此，集团公司总资产负债表为：

$$K + H = N + B. \qquad (8-5)$$

其中，$N = N^k + N^h$ 为集团公司的净资本，$B = B^k + B^h$ 为集团公司的贷款总额。因此，尽管集团公司可以在内部转移资金，但资金的转移并不影响集团公司本身的资产负债结构。

实体企业投资的预期收益为 R^k，与前面部分设定所不同的是，此处 R^k 是内生决定的，并且会受到异质性风险冲击，使得实际的收益变为 ωR^k，$\omega \in [\omega_{\min}, \omega_{\max}]$ 为随机变量，即影响投资收益的异质性风险（Idiosyncratic Risk）因子，且累积分布函数为 $F(\omega)$，并且满足 $\mathbb{E}(\omega) = 1$。参照 Bernanke 等人（1999），将 ω 设定为在 $[0, \infty)$ 区间服从对数正态分布，且 $\ln\omega$ 的标准差为 σ。

金融投资企业融资面临的信贷约束条件为：

$$R^b B^h \leqslant \phi R^h H. \qquad (8-6)$$

其中，ϕ 为抵质押率。由于金融投资企业的信贷约束保证其不会发生违约，因此银行贷款给金融投资企业的利率 R^b 是无风险的。由于实体企业的收入面临风险，因此银行对其提供的贷款将差别定价。实体企业获得的贷款利率为 Z，那么事后需要向银行支付的资金为 ZB^k。由于有限责任（limited liability）的约束，实体企业只承担有限责任，那么在实现的收入 $\omega R^k K < ZB^k$ 时，其收入不足以偿付银行并发生违约。因此，存在 ω^* 使 $\omega^* R^k K = ZB^k$ 成立，实体企业将来是否违约则取决于变量 ω 的状态：当 $\omega < \omega^*$ 时，该实体企业违约；当 $\omega \geq \omega^*$ 时，该实体企业完全偿付贷款。

集团公司并不会用金融投资企业的投资收入帮助实体企业在发生违约时偿还贷款，那么集团公司总的预期利润为：

$$\Pi^e = R^h H - R^b B^h + \max\{\omega R^k K - ZB^k, 0\}$$

$$= R^h H - R^b B^h + \int_{\omega \geq \omega^*} (\omega R^k K - ZB^k) \mathrm{d}F(\omega)$$

$$= R^h H - R^b B^h + [1 - \Psi(\omega^*)] R^k K. \quad (8\text{-}7)$$

其中，$G(\omega^*) = \int_{\omega < \omega^*} \omega \mathrm{d}F(\omega)$，$\Psi(\omega^*) = G(\omega^*) + \omega^*[1 - F(\omega^*)]$。当实体企业违约时，由于状态审查和清算等成本，银行并不完全获得违约企业的收入，能够获得的收入为 $\varphi \omega R^k K$，其中 $0 \leq \varphi < 1$，φ 可称为信贷合约中的代理成本（agency cost）。因此银行贷款给实体企业获得贷款预期收入为[①]：

$$[1 - F(\omega^*)] ZB^k + \varphi G(\omega^*) R^k K = [\Psi(\omega^*) - (1 - \varphi) G(\omega^*)] R^k K. \quad (8\text{-}8)$$

由于银行将 1 单位资金贷给金融投资企业可以获得无风险收益 R^b，因此银行向实体企业提供贷款的参与约束条件为：

$$R^b B^k \leq [\Psi(\omega^*) - (1 - \varphi) G(\omega^*)] R^k K. \quad (8\text{-}9)$$

该约束即为实体企业的内生信贷约束条件，那么 φ 越大，代表实体企业资产的抵质押率越高。结合集团公司的总资产负债表可以得到：

$$B^k = K + H - N - B^h.$$

---

① 由于实体企业投资收入面临的是异质性风险而非总体风险，银行可以通过交叉补贴来分散风险，那么银行获得的预期收入与实际收入相同。

并将其代入可得新的信贷约束条件如下：

$$\left\{R^b - \left[\Psi(\omega^*) - (1-\varphi)G(\omega^*)\right]R^k\right\}K \leq R^b\left(N + B^h - H\right). \qquad (8-10)$$

集团公司的优化问题由此简化为选择 $\{H, B^h, K, \omega^*\}$ 最大化预期利率 Π^e，并约束于两类企业的信贷约束。求解该优化问题，可以构建拉格朗日函数如下：

$$\mathcal{L} = R^h H - R^b B^h + \left[1-\Psi(\omega^*)\right]R^k K + \lambda_h\left\{\phi R^h H - R^b B^h\right\} +$$
$$\lambda_k\left(R^b(N + B^h - H) - \left\{R^b - \left[\Psi(\omega^*) - (1-\varphi)G(\omega^*)\right]R^k\right\}K\right).$$

一阶条件为：

$$R^h = \frac{\lambda_k}{1+\phi\lambda_h}R^b. \qquad (8-11)$$

$$\lambda_k = \lambda_h + 1. \qquad (8-12)$$

$$\left[1-\Psi(\omega^*)\right]R^k = \lambda_k\left\{R^b - \left[\Psi(\omega^*) - (1-\varphi)G(\omega^*)\right]R^k\right\}. \qquad (8-13)$$

$$\lambda_k = \frac{\Psi'(\omega^*)}{\Psi'(\omega^*) - (1-\varphi)G'(\omega^*)}. \qquad (8-14)$$

当 λ_h 增加时，由 $\lambda_k = \lambda_h + 1$ 可知，λ_k 也随之增加，这表明金融投资企业的信贷约束变紧时，将使得实体企业的信贷约束变得更紧。具体而言，当金融投资企业增加对金融资产 H 的购买时，更大的信贷需求将使其融资约束变紧，那么乘子 λ_h 将增大，集团公司于是将实体企业的资金转移到金融投资企业，这就使得实体企业的资金需求增加，进一步使实体企业的融资约束变得更紧，于是其乘子 λ_k 也将增大。也就是说，集团公司可以通过内部转移资金来调节资金的配置。消去拉格朗日乘子可以得到更紧凑的一阶条件，如下：

$$R^k = \frac{\Psi'(\omega^*)}{\Psi'(\omega^*) - (1-\varphi)\left\{\left[1-\Psi(\omega^*)\right]G'(\omega^*) + \Psi'(\omega^*)G(\omega^*)\right\}}R^b. \qquad (8-15)$$

$$R^h = \frac{\Psi'(\omega^*)}{\Psi'(\omega^*) - (1-\phi)(1-\varphi)G'(\omega^*)} R^b . \qquad (8-16)$$

由于 $\varphi < 1$，那么有 $\lambda_k > 1$ 且 $\lambda_h = \lambda_k - 1 > 0$，因此集团公司下属的两类企业的信贷约束均为紧约束，由此得到总的信贷约束条件为：

$$R^b B = \theta R^k K + \phi R^h H . \qquad (8-17)$$

其中，$\theta = \theta(\omega^*) = [\Psi(\omega^*) - (1-\varphi)G(\omega^*)]$，即内生决定的实体企业收入的可保证性。结合集团公司的资产负债表可得实体企业的投资为：

$$K = \frac{R^b}{R^b - \theta(\omega^*)R^k} N - \frac{R^b - \phi R^h}{R^b - \theta(\omega^*)R^k} H . \qquad (8-18)$$

由于金融投资企业的信贷约束也是紧约束，可以将企业的利润函数（8-7）式写为：

$$\Pi^e = (1-\phi)R^h H + [1 - \Psi(\omega^*)]R^k K . \qquad (8-19)$$

由（8-15）和（8-16）式可得使用生产性资本收益和抵质押品投资收益相对于贷款利率的溢价水平分别为：

$$R^k - R^b = \frac{(1-\varphi)\{[1-\Psi(\omega^*)]G'(\omega^*) + \Psi'(\omega^*)G(\omega^*)\}}{\Psi'(\omega^*) - (1-\varphi)\{[1-\Psi(\omega^*)]G'(\omega^*) + \Psi'(\omega^*)G(\omega^*)\}} R^b .$$

$$R^h - R^b = \frac{(1-\phi)(1-\varphi)G'(\omega^*)}{\Psi'(\omega^*) - (1-\phi)(1-\varphi)G'(\omega^*)} R^b .$$

由于 $\phi < 1$ 且 $\varphi < 1$，那么这两个溢价均为正。

在我们的模型中，与大多数关于实际经济周期（RBC）的理论研究相同的是，变量 A 的状态也十分关键，可以理解为不为企业控制的周期性。当企业预见到 A 的降低从而导致的生产性投资收益下降时，势必转向抵质押资产投资，我们将在后面对该结果进行数值模拟。由此，我们得到如下定理：

定理（T8.1 企业部门从生产者转变为投资者）：在生产性资本收益

遭遇负面冲击时，一旦企业部门发现并使用了抵质押融资，抵质押融资的金融属性将诱使企业从实体生产性投资者转向资产投资者。

该定理证明参见非集团公司组织模式下的企业均衡条件，由附录A6给出。

（二）银行部门：吸收公众存款并向集团公司提供融资

银行的设定与前面部分相同，并且不考虑外部股权融资，那么银行的信贷供给函数如下：

$$B = \begin{cases} \dfrac{1}{\Gamma}\left(R^b - r\right), & R^b < \Gamma \dfrac{N^b}{\psi} + r \\ \dfrac{N^b}{\psi}, & R^b \geq \Gamma \dfrac{N^b}{\psi} + r \end{cases}. \quad (8\text{-}20)$$

（三）均衡的决定、特征和数值分析

集团公司模式下关于 $\{K, H, R^k, R^b, B, \omega^*, \lambda_k\}$ 的均衡系统由（8-2）、（8-5）、（8-14）—（8-17）和（8-20）这7个方程构成的非线性方程组所决定。进一步由（8-9）式可得 B^k 的均衡，然后结合（8-17）式进一步可得 B^h 的均衡水平。另外，由 $Y = AK^\alpha$ 可得到产出 Y。当这些变量的均衡水平决定后，模型中其他内生变量的均衡水平也随之决定。

非集团公司模式下关于 $\{K, H, R^k, R^b, B, \omega^*, \lambda_k\}$ 的均衡系统由（8-2）、（8-5）、（A6-5）—（A6-8）和（8-20）这7个方程构成的非线性方程组决定。进一步由（A6-9）和（A6-10）式可以得到 $\{B^k, B^h\}$ 的均衡。

非集团公司的组织形式下，尽管贷款合约中抵质押品的抵质押率也为 ϕ，即发生违约时，银行将获得该比例的抵质押品价值的所有权，但银行在处置违约贷款需要产生审查、审计和清算等各种成本，那么对于违约的企业而言，银行实际只能获得的抵质押品的价值为 $\varphi^h \phi R^h H$，其中

第八章 实体经济虚拟化和借款人脱实向虚定理

$0 \leq \varphi^h \leq 1$。由此产生的损失 $(1-\varphi^h)\phi R^h H$ 即为代理成本。通过比较集团公司模式下的总的信贷约束条件（8-17）式与非集团公司模式下对应的（A6-8）式可知，前者的抵质押品的抵质押率为 ϕ，而后者的实际抵质押率为 $\left[1-(1-\varphi^h)F(\omega^{**})\right]\phi$。我们模拟 φ^h 在 0—1 之间的变化对两种组织形式下企业均衡利润的影响，其他相关参数表 8-1 给出。

表8-1 参数

α	σ	ϕ	φ	N	A	R^h	Γ	N^b	ψ
0.35	0.3	0.3	0.3	1	3	1.04	0.01	0.08	0.08

模拟结果由图 8-1 给出，结果显示随着 φ^h 的增加，非集团公司组织形式下的企业利润不断逼近集团组织形式下的企业利润水平，并且当 $\varphi^h=1$ 时，两种组织形式下企业的利润水平相同。当 $\varphi^h=1$ 时，由于（A16）—（A19）式等价于（8-14）—（8-17）式，那么两种组织下的均衡条件完全相同，此时非集团公司的信贷约束中与抵质押品相关的代理成本为零，两种组织形式并不影响贷款合约，因而企业的利润水平与组织形式无关。然而，当 $\varphi^h<1$ 时，此时由于存在代理成本，非集团公司组织下

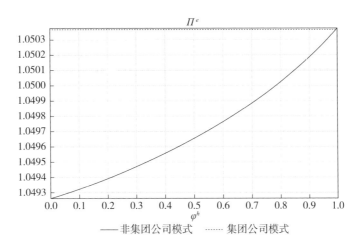

图8-1 企业组织形式与预期利润

的抵质押品的实际抵质押率为$\left[1-(1-\varphi^h)F(\omega^{**})\right]\phi$，这就降低了抵质押品的抵质押价值，使得企业获得的抵质押贷款额度相对较低，从而进一步降低了企业利润。因此对于企业家而言，通过集团公司模式来管理抵质押品投资活动是一种更优的内生选择。

为了更直观地理解定理 T8.1 的内容，同时也为了理解技术变动驱动的经济周期性变化对企业家投资决策产生的影响，我们模拟技术水平在 2.5—3.5 的变动对均衡的影响。模拟结果由图 8-2 给出，结果显示，随着技术水平的上升，由于实体资本投资收益随技术水平的上升而增加，企业家会增加实体投资，由于该收入的上升产生了更多的可保证收入，从而增加了企业家获得的信贷。同时，由于实体投资收益的相对增加，企业家减少了对抵质押品的购买。反之，当技术水平下降时，实体投资的收益也随之下降，企业家将减少实体资本的投资，并同时增加抵质押品的购买。这解释了为什么在由技术下降驱动的经济下行时，更容易诱发脱实向虚。

由于我们把具有融资功能的非生产性的资产定义为抵质押品，由此将投资者购买更多抵质押品的过程称为资产抵质押品化。由于抵质押品的价值超出了原本的收益水平 R^h，可以将资产抵质押品化称为资产泡沫化[1]。根据以上的分析，我们可以得到以下定理：

---

[1] 定义资产泡沫化是为了与第七章资产价格膨胀的定义相区别。资产价格膨胀强调的是资产的价格超过了其基本面价值（fundamental value），本身还是属于价格范畴。本章定义的资产泡沫化强调的是成为抵质押品的资产的数量，这属于数量范畴。比如，住房作为抵质押品，当经济中更多的住房被用于获得抵质押贷款时，这就是资产泡沫化；当住房价格由于抵质押机制而被过度推高时，这就是资产价格膨胀。

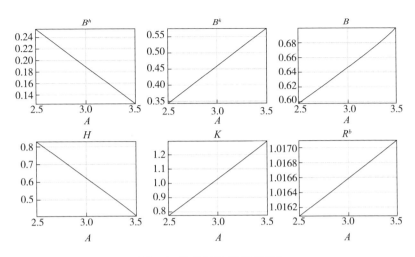

图8-2 技术水平对均衡的影响

定理（T8.2 货币"改道"下的抵质押资产泡沫化）：在实体生产性投资者转向资产投资者时，由于抵质押融资确保了金融中介的资产安全性，货币流向发生"改道"，新增货币的信贷，信贷追逐抵质押资产，结果是抵质押资产泡沫化。

需要说明的是：我们所得到的资产泡沫化定理并非指某种商品或服务价格在两两交易中价格"过高"，实际上，价格高低是相对概念，也是市场决定的结果，并不能称为泡沫化，我们在第七章已呈现相关的内容及讨论。我们的定理的基本含义有两点：第一，资产泡沫化是宏观意义上的货币现象——如果货币需求及其形成的信贷供给仅仅是为了追逐抵质押品，由此形成的以信贷资金追逐抵质押品才是泡沫化，这是一个数量概念，如果投资者完全用自有资金购买该类资产，那么其持有的该资产数量本身并不重要[①]；第二，货币增量带来的外溢性才是货币现象——货币增量并不带来产出增量，而仅仅造成资产价格上涨或者

---

① 当然，这会引发一个表述上的"悖论"，如果某类可用作抵质押的资产只能以投资者的自有资金来购买时，这类资产也就不能定义为抵质押品。

更多的信贷或货币流向抵质押品，那么其宏观破坏力才是我们考虑的问题。

因此，结合第七章的内容，本章的**资产泡沫化**与第七章**资产价格膨胀**分别从**数量**与**价格**两个维度共同构成了对抵质押品的完全解构。如果存在某幅名画拍卖出"天价"，只要是两两交易且未进入信贷和货币需求环节，交易的数量无论多大都可不必视为资产泡沫化，交易的价格无论多高也可不必认为是资产价格膨胀。但是，如果出现一个名画抵质押市场，"名画抵质押信贷—银行对居民的货币需求—全社会货币增量—名画价格高企"就成为经济现象。由此形成的问题是，货币进入资产市场和货币增量的不稳定性形成矛盾，资产价格将高度依赖金融中介的有效货币需求。如果货币市场失衡，即货币供给无法源源不断满足资产市场呈现正无穷的货币需求增量，那么危机势必发生。这将是我们在第二卷《货币政策与中央银行》中将再度认真讨论的问题。

三、问题的根源：金融中介的抵质押融资与加杠杆激励

（一）资产泡沫化—脱实向虚—影子银行的周期性问题

我们反复强调，资产价格膨胀是一个货币现象，同时我们也认为，尽管货币增量决定了资产价格，但不一定意味着危机。在我们的分析框架内，**只有造成金融危机的资产价格膨胀才称为泡沫**。我们无意与现存所有的货币经济学与金融危机理论得出的结论相冲突，目的仅仅在于厘清危机的根源在于脱实向虚。分析至此，一个问题随之出现——如果脱实向虚已经发生，其根本性机理在于企业部门追求利润最大化，还是金融中介部门设置了抵质押融资？我们认为，没有金融中介参与的危机从

本质上看不能称为危机；有金融中介参与但没有形成银行间同业市场的"传染性"倒闭也不能称为危机。因此，我们仍然有必要再次回顾在第六章已经讨论过的影子银行创新。只是在本章的视角有所不同，从宏观经济而非微观流动性风险管理视角看：金融是经济周期的镜像反映，基于抵质押融资的影子银行，在经济周期（变量 A）的影响下，出现脱实向虚和危机是必然事件。表 8-2 更加宏观地体现了传统金融中介和影子银行中介行为的连通性。

表8-2　各类金融中介行为

"传统"型依托机构的金融中介	"影子银行"行为	"传统"型依托市场的金融中介
传统银行业务 （吸收存款、发放贷款） 传统保险业务 （收取保费、进行投资）	证券化：持有期转换 抵质押融资：包括融资融券 银行批发融资：抵质押资产回购和第三方回购 非银行金融机构的存贷款业务：理财、互联网金融服务	资本市场：对冲基金、证券投资基金、投行承销、经纪业务 非银行部门：金融租赁、财务公司

资料来源：Claessens, S. 和 Ratnovski, L., "What Is Shadow Banking?", IMF Working Paper, WP/14/25, 2014。

可以设想，如果仅仅存在传统银行业务，且恪守"产出—货币循环"，同时仅仅存在传统资本市场中介业务，且恪守以承销和投行为主营方向，那么金融领域仍然会出现波动，仍然会出现呆、坏账和市场指数变化，但是这一波动性、传染性与存在影子银行相比要小得多。理由是：根据我们从第二章起不断讨论的"家庭—金融中介"货币供求关系和金融中介作为企业部门的代表等论题，风险通过企业部门生产函数加以反映，且最终反映在金融中介对家庭部门的货币需求函数以及货币供求形成的货币增量与价格（利率）的均衡上。故波动因周期而正常存在，但不是我们所定义的"危机"。

（二）加杠杆与资产数量的持续膨胀

那么，危机是什么？这就需要从一系列已经存在的危机研究中寻找线索。根据 Adrian 和 Shin（2011）、Morris 和 Shin（2008）以及 Brunnermeier 和 Pedersen（2009）等人通过对 2008 年全球金融危机中贝尔斯登（Bear Stearns）和雷曼兄弟（Lehman Brothers）的案例分析，就整个经济金融体系的负向螺旋（a spiral of distress）做了阐释。与上述研究相同的是，我们也认为，"流动性萎缩—资产价格下行—资产持有预期恶化—流动性进一步萎缩"的负向螺旋的确存在。不同的是，我们认为分析应进一步向前或向后延伸，真实的螺旋是货币存量持续扩张的过程：

"经济周期性上行—资产价格处于因基本面而上行状态—资产价格乐观预期—金融中介因种种因素（如第六章所述，货币需求受资本金约束、流动性偏好）采取种种形式（SPV 子公司、证券化、同业）实施抵质押放款—货币进入资产市场—此时经济下行—金融中介出于安全性考虑更加强调抵质押，更加强调资产出表，因而更乐于承做影子银行业务—资产价格和数量继续膨胀—外部冲击或流动性冲击导致预期崩溃—同业业务崩溃—资产价格崩溃—使用杠杆持有资产者陷入资产负债表危机。"

请注意，在我们的螺旋中，在经济下行期依然存在抵质押资产数量膨胀（见图 8-2），这陷入不符合 Arrow-Debreu 世界的均衡特征。但是，现实世界恰恰如此。从图 8-3 和 8-4 可直观看到——自 2001 年美国的 .com（dot-com）泡沫破裂至 2007 年危机前夕，杠杆率与资产扩张基本呈同步线性正相关关系，总水平远高于 1998 年的状态。与此同时，美国银行业的资本金、存贷款保持稳定，但货币市场基金（MMF）和其他金融中介（OFI）占社会融资中的份额在经济并未明显上行期保持了快速膨胀。

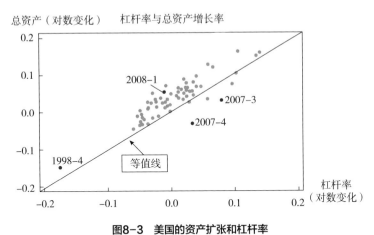

图8-3 美国的资产扩张和杠杆率

资料来源：Shin, H. S. 和 Shin, K., "Procyclicality and Monetary Aggregates", NBER, 2011。

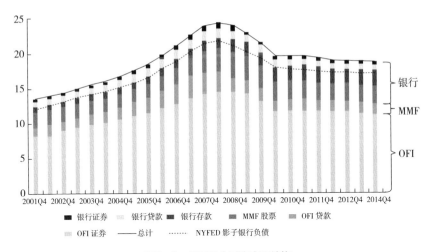

图8-4 美国社会融资来源结构

资料来源：Harutyunyan, A., Massara, A., Ugazio, G., Amidzic, G., and Walton, R., "Shedding Light on Shadow Banking", IMF Working Paper, WP/15/1, 2015。

图 8-5 更加直观地说明了美国的经济金融螺旋。从 20 世纪 90 年代初至 2001 年，传统金融中介和影子银行因经济上行而同步扩张资产，但是在 2001—2008 年，传统银行资产增速稳中有降，影子银行资产增速

快速上升，两者呈反向波动态势。恰如 Shin 和 Shin（2011）的发现：在经济上行期，银行资产快速扩张，但在经济下行期，银行资产下降速度有限。我们的进一步判断是——金融中介总资产扩张速度依然较快，只是通过所谓"出表"渠道把原本在银行的资产转给了非银行金融中介。例如，Acharya、Schnabl 和 Suarez（2013）针对美国影子银行最具代表性的金融工具——资产支持商业票据（ABCP）的研究一针见血地指出，其中的核心交易主体（SPV）穿透看是发行短期票据并被银行资助用以购买银行的长期资产的傀儡。其好处仅仅在于 SPV 属于表外资产，因此不计入表内资产，貌似不影响货币增量乃至货币存量。这种"穿马甲"的行为实属大谬。他们的研究还从实证上证明："美国的资产支持票据（ABCP）从 2004 年 1 月的 6 500 亿美元迅猛增值 2007 年 7 月的 1.3 万亿美元。与此同时，相较于货币市场第一大工具 ABCP，位居第二的老牌金融工具短期国债（或称国库券，Treasury Bills）余额仅 9 400 亿美元"。

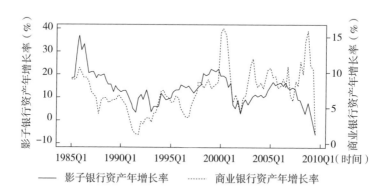

图8-5　美国商业银行和影子银行在不同时段的资产增长

资料来源：Adrian, T., and Shin, H. S., "Financial Intermediaries and Monetary Economics", 2011。

我们在前文把"实体经济的抵质押资产化"与杠杆率作为危机的充分条件，在 Adrian 和 Shin（2011）的研究中得到印证。由于经济出现下行，上升的不确定性导致家庭部门需要更安全、更具流动性的货币供给，金融中介提供了这种需求，导致了货币流入抵质押资产（安全资产），由此造成资产价格与经济运行方向相背离的上涨。此时，如果影子银行之间的流动性由于外生因素（如中央银行紧缩银根）或内生因素（商业银行因呆、坏账而无法继续向 SPV 提供流动性），则必然出现负向螺旋乃至资产负债表危机。

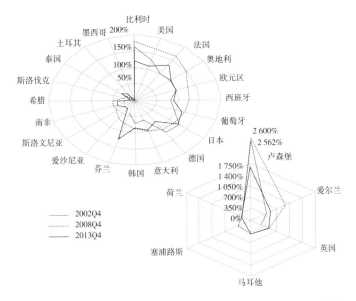

图8-6　样本经济体2002、2008和2013年影子银行资产占GDP比重

资料来源：Harutyunyan, A., Massara, A., Ugazio, G., Amidzic, G., and Walton, R., "Shedding Light on Shadow Banking", IMF, 2015。

上述危机的充分条件判断并不仅仅适用于美国等少数经济体，而是一个具有全球共性的货币现象。参考 Harutyunyan、Massara、Ugazio、Amidzic 和 Walton（2015）的多个经济体研究，自 2002 年末至 2008 年末，全球发达经济体普遍出现影子银行资产占 GDP 比重快速上升的现象，这意味着"不带来产出增长的金融资产扩张"，同时也表明杠杆率持续上升。在 2008 年全球金融危机后，影子银行资产占 GDP 的比重均明显下降（芬兰除外），部分经济体的占比收缩至比 2002 年的水平更低的状态，如比利时、德国、卢森堡（参见图 8-6）。因此，从直观意义上看，我们并不认为资产价格高企必然造成危机，但影子银行资产膨胀（意味着原始抵质押资产不断出表、金融中介演变为资产中介[①]，且杠杆率持续上行）才是危机的前奏。

（三）简单而直观的解决方案

脱实向虚的药方是什么？经历了后危机时期的修补式变革，各国中央银行在处置危机上有了明显进步，引进了宏观审慎管理理念和实践。但是，由于上述界定上的误区，仍然存在两个突出问题：一是去杠杆误伤实体。在美国退出量化宽松货币政策和中国致力于降低宏观杠杆率进程中，都出现了不同程度的要素就业不足现象。二是资产泡沫化和资产价格泡沫。在 2020 年全球面临新冠肺炎疫情冲击时，各个经济体采取的扩张性货币政策固然有效缓解实体经济部门资金压力，但我们也直观观测到了全球资本市场"水牛"（因中央银行实施无限量化宽松而导致的资产价格上涨）行情和房地产价格上扬，以及更多的非生产性资产成为获得信贷的抵质押品，我们将其定义为资产泡沫化。因此，货币在实体与虚拟领域的配置是我们精准应对泡沫化、小微企业融资难等一系列问题的根源。一度肆虐的新冠病毒给了我们启示，本章据此提出了某种猜想——经济并不能被简单分为实体和虚拟，经济可能仅仅因为某种机制而受到"感染"，导致经济由实体化运行（正常人）转化为虚拟化运行

---

① 我们在第六章提出了信用中介转向资产交易中介的判断，在第二卷，我们将进一步论证信用中介从资产交易中介转向同业交易者的演进和转型——同业业务使得信用中介从信贷资产持有方转变为高频卖方，同时还可以高频率向非银行金融机构（OFI）加价出售其从家庭部门获得的货币，其复杂性和不稳定将达到空前状态。

（感染者）。在政策含义上，扭转脱实向虚问题并不能像隔离实体和虚拟那么简单，而应该是阻断病毒传播源。

四、从抵质押资产泡沫化到金融危机的经验证据：1987—2017年日本和2004—2014年美国的教训

两种货币循环理论的先导性研究来自明斯基（2015）所提出的对冲型融资、投机型融资和庞氏融资。我们所提出的两种货币循环实际上并不是对融资形态进行二元或三元切割，试图证明的事实在于即使是对冲型融资，随着银行体系为了自身资产安全性而采取的抵质押要求，实际上会推动经济从实体行为转向投机行为，其导致的后果是泡沫化。Dalio（2018）从市场观察者的角度给出了深入细致的经验证据，基于其高度的实证性，我们以他的证据作为论证"脱实向虚"理论的事实依据。

（一）日本的教训：因实而虚

清泷信宏（2003）的研究充分证明了金融中介的初心从服务实体经济逐步走向虚拟化，其结局是整体经济的全面泡沫化。他把日本银行业的特点归纳为"持续下降的资产回报率和不合理的贷款结构"。我们根据其观点，把日本金融危机归纳并分解为脱实向虚过程的三个阶段。

第一阶段：为实而虚阶段。20世纪70年代至80年代初，银行不断挖掘中小企业[①]和房地产企业客户。由于中小企业缺乏信用记录，为解决信息不对称所导致的信用风险问题，最便捷的方式是"对那些拥有固定资产的中小企业进行贷款"，以此作为抵质押品。这一过程皆大欢喜，

[①] 日本的中小企业定义：总资产不超过10亿日元，雇员不超过500人。参见清泷信宏（2003）。

大量建筑企业以在建工程作为抵质押，零售业以店铺作为抵质押获得贷款。根据清泷信宏（2003：104）的数据，"从1970年至1988年，日本银行业的中小企业贷款占比从34%上升到54%，房地产贷款从4%上升到11%"。粗略匡算，抵质押融资的比重从1970年的不到40%上升到1988年的65%。可见，这是典型的为实而虚。银行业为了自身资产安全性，需要抵质押品看起来是无可厚非的，同时实体部门都得到了应有的融资支持。

第二阶段：虚实互动阶段。20世纪80年代至90年代初，在房地产贷款市场以及以房地产和固定资产为抵质押的贷款市场上，贷款额与资产价值的正向反馈作用明显得到增强。一方面，贷款回流资产市场，资产价格上升；另一方面，作为抵质押品的资产又可以申请到更多的贷款。在1991年泡沫破裂前的10年，"日本股票和房地产价格都大幅度上扬，股票价格增长了3倍，土地价格增长了2倍，贷款与GDP的比例从80年代初的50%左右上升到80年代末的近100%"（清泷信宏 2003：105）。

第三阶段：泡沫破裂阶段。根据Dalio（2018 Part III：51）的测算，从1989年至2013年，日本经历了资产价格泡沫破裂和实体经济严重受损的负向反馈。股票指数跌幅为67%，房价跌幅为43%，失业率上升了3%。为了维持实体经济运转，日本中央银行采取宽松货币政策并针对处于困境的银行实施救助，这造成债务占GDP的比率上升了59%（年化约3%）。

（二）美国的教训：避实就虚

美国的经济运行逻辑与日本截然不同，如果说日本银行危机的起源多少还带有服务实体经济的初心使命，那么美国2008年金融危机的根本动因在于无法找到实体经济增长点,只能避实就虚。从另一个角度看,在实体经济真实上行时期,即使存在资产价格上行,并不一定发生危机。在第六、七两章的论证中,我们反复强调慎用"资产价格泡沫化",而更倾向于使用"资产价格膨胀"这一名词。泡沫化是危机的前奏,是特定经济周期下,投资者只关心资产价格回报且货币增量完全追逐抵质押品所形成的特殊金融现象。Dalio(2018 Part II: 105—106)细节性地回顾了2004—2006年美国房地产市场泡沫的起因。

第一阶段:超额货币需求出现。根据Dalio(2018)的分析,2001年"dot-com"泡沫破裂和"9·11"恐怖袭击事件直接催生了后续一系列货币现象。作为快速响应,美联储将联邦基金利率从6.5%下调至1%,极大地刺激了实体经济部门的支出和负债。2004—2006年,美国经济增长率稳定在3%—4%;失业率保持在4%—5%的历史较低状态;通货膨胀率为2%—3.5%,略高于合意水平。但是,2004—2006年的债务占GDP的比率年均增长12.6个百分点,标普500回报率达35%,房价涨幅为30%。通过杠杆炒作抵质押资产是当时的经济潮流[①]。

第二阶段:抵质押融资大行其道。当美联储利率将至20世纪50年代的新低时,银行业由于存在超级流动性剩余,大力度推进住房抵质押贷款。此时,"银行不再要求借款人出具收入证明,提供超低但之后可上调的优惠利率,次级贷款客户占比达到20%",家庭部门负债率(债务占可支配收入)从2000年的85%上升到2007年的120%(Dalio 2018 Part II:108)。

第三阶段:抵质押贷款证券化与风险扩散。2007年以后的情况是众

---

① 基于对高房价可持续性预期,1995至2005年住房建设总量翻了一番。在房价处于顶峰的2015年,《时代》周刊的文章《你的房子让你致富了吗?》(Will Your House Make You Rich?)向社会传递了投机恐慌(Dalio 2018 Part II:107)。

所周知的,我们不再赘述。抵质押贷款证券化推动了次级贷款可以在金融市场上持续获得融资和低利率支持,CDS 和 CDO 推动了风险扩散,根据桥水(Bridgewater)2007 年 11 月 21 日的特别报告:"信贷萎缩导致的市值损失约为 4 200 亿美元,相当于全球 GDP 的 1%"(Dalio 2018 Part II:128)。

第四阶段:影子银行的不归路。我们在前文中已经阐释,在 2007—2009 年危机前夕,信用中介从传统银行转向 SPV 等非银行金融机构,信贷转向资产证券化的趋势十分明显。根据 Poznar、Adrian、Ashcraft 和 Boesky(2012)的判断,"金融危机前夜,美国影子银行体系提供的信贷接近 20 万亿美元,而传统银行业提供的信贷大约为 11 万亿美元,前者近乎后者的两倍。危机后的 2011 年,影子银行体系和传统银行业的信贷余额分别为 16 万亿美元和 13 万亿美元"。对此,直接参与危机处置全过程的 Bernanke(2013)的评论堪称经典:"影子银行是金融危机时期金融不稳定性的一个重要来源。影子银行包括了信用中介、久期转换、流动性转换和风险分担的非银行化。在向危机深渊迈进的进程中,影子银行就久期转换和高杠杆操作介入过深。当投资者对基础资产质量信心恶化,则影子银行体系与支持影子银行的传统银行体系一起崩溃。"

五、结论性评价

第一,本章是第七章的延伸,力求在货币经济学和银行学之间搭建一个现实桥梁,抵质押融资是一条可行通路。受货币经济学和金融危机理论启发,我们把抵质押融资这一微观信贷机制与系统性发生危机结合起来。我们并不相信实体与虚拟的部门二分法,得出的结论是:在特定条件下,原本老老实实从事生产性投资和产出的生产者会全部蜕变为从

第八章 实体经济虚拟化和借款人脱实向虚定理

事抵质押资产投资的资产持有者。这才是脱实向虚的基本事实。

第二，本章所讨论的问题相对第六、七章更具特殊性和极端性。这是因为，金融危机本身就是一种具有特殊性和极端性的货币现象。我们试图证明，在特定情况下，即使资产价格高企和实体经济部门脱离生产性投资并不一定会形成危机。危机的形成需要在实体缺乏产出回报的经济周期性因素诱导下，叠加影子银行"谎报"了货币增量，才会推动经济走向危机。

第三，现实比理论更加有趣和多样化。本章根据对日本和美国两种不同的危机路径的差别性讨论，初步证明了两种货币循环所导致的问题，这恰恰来自金融实务部门的 Dalio（2018 Part II: 109）对中央银行的警示："如果所有的债务集中于房地产等少数市场，整个经济因平均数法则而未呈现总体过热，那么把平均通胀为监测指标的中央银行势必漠视这一苗头性问题。最糟糕的债务泡沫化问题（如 1929 年的美国和 1989 年的日本）并不伴随高通胀。中央银行的典型失误是仅仅关注产品和服务价格，而没有给予债务增速以足够关注，且没有对债务是否带来产品和服务的增长给予足够关注。"这是振聋发聩的警示。我们前述章节所证明的叠加态货币循环理论、中央银行对银行体系安全性的关注引致的资本充足率安排以及本章的两种货币循环理论，就是试图说明：当抵质押融资等制度安排存在的前提下，货币需求总是通过信贷服务于实体经济仅仅是一个假定，也是一种愿望，但现实却可能是货币"改道"流向虚拟领域。

第四，我们需要最后强调的延伸性提示在于——货币交易的跨期性会使得问题以及对问题的认识变得空前复杂。当期投入会带来当期效益，但可能存在远期不可承受的成本，这是日本、美国案例证明的事实。是不是在哲学上可以这样认为：所有看起来当期做的正确的事情，只要没有改变底层逻辑和事物的本质，那么所有看起来的美好不过是镜花水月。

所以，我们仍然坚持超额货币需求定理的区间估计：**坏账是超额货币需求的最小值，抵质押融资是超额货币需求的最大值**。这是因为，坏账直观体现了货币供求的错误，而抵质押融资则貌似使得融资变得更加安全，但没有从根本上改变整个经济的生产函数，所以仅仅是苟延残喘而已。因此我们的一个极端性认识是，此类创新以及基于抵质押资产延伸出来的影子银行，做与不做，并不改变经济与金融质量本身。基于风险管理的良好出发点却得到了系统性风险之结果——面对此类基于理性的合成谬误，为金融者不得不慎之又慎。

附录 A6：非集团公司组织形式的模型设定与均衡条件

非集团公司的组织形式下，企业的资产负债表仍由（8-5）式决定。企业总的贷款为 B，抵质押品的抵质押率为 ϕ，那么存在 ω^{**} 使 $\omega^{**} R^k K + \phi R^h H = ZB$ 成立，即用实体投资的收入来补偿抵质押品投资的收入，那么企业的总利润为：

$$\Pi^e = R^h H + \max\{\omega R^k K - ZB, 0\}$$
$$= (1-\phi)R^h H + \int_{\omega \geq \omega^{**}} \left(\omega R^k K - \omega^{**} R^k K\right) \mathrm{d}F(\omega).$$

即：

$$\Pi^e = (1-\phi)R^h H + \left[1 - \Psi(\omega^{**})\right] R^k K. \qquad (A6-1)$$

其中，$\Psi(\omega^{**}) = G(\omega^{**}) + \omega^{**}\left[1 - F(\omega^{**})\right]$，$G(\omega^{**}) = \int_{\omega < \omega^{**}} \omega \mathrm{d}F(\omega)$。银行贷款给金融投资企业获得的贷款收入为：

$$\left[1 - F(\omega^{**})\right] ZB + \varphi G(\omega^{**}) R^k K + \varphi^h F(\omega^{**}) \phi R^h H =$$
$$\left[\Psi(\omega^{**}) - (1-\varphi)G(\omega^{**})\right] R^k K + \left[1 - (1-\varphi^h)F(\omega^{**})\right] \phi R^h H. \qquad (A6-2)$$

由于银行将 1 单位资金贷给实体企业可以获得无风险收益 R^b，因此银行向金融投资企业提供贷款的参与约束条件为：

$$\left[\Psi(\omega^{**}) - (1-\varphi)G(\omega^{**})\right] R^k K + \left[1 - (1-\varphi^h)F(\omega^{**})\right] \phi R^h H \geqslant R^b B. \qquad (A6-3)$$

该约束即为金融投资企业的内生信贷约束条件。结合资产负债表可得新的约束条件如下：

$$\left\{R^b - \left[\Psi(\omega^{**}) - (1-\varphi)G(\omega^{**})\right] R^k \right\} K \leqslant R^b(N-H) +$$
$$\left(1 - (1-\varphi^h)F(\omega^{**})\right)\phi R^h H. \qquad (A6-4)$$

集团公司的优化问题为选择 $\{K, H, \omega^{**}\}$ 最大化预期利率 Π^e，并约束于企业的信贷约束。求解该优化问题，可以构建拉格朗日函数如下：

$$\mathcal{L} = (1-\phi)R^h H + \left[1 - \Psi(\omega^{**})\right] R^k K +$$

$$\lambda_k \Big(R^b N - \big\{ R^b - \big[1 - (1-\varphi^h) F(\omega^{**}) \big] \phi R^h \big\} H -$$
$$\big\{ R^b - \big[\Psi(\omega^{**}) - (1-\varphi) G(\omega^{**}) \big] R^k \big\} K \Big).$$

一阶条件为:

$$\lambda_k = \frac{\Psi'(\omega^{**})}{\big[\Psi'(\omega^{**}) - (1-\varphi) G'(\omega^{**}) \big] - (1-\varphi^h) F'(\omega^{**}) \phi \dfrac{R^h H}{R^k K}}. \quad (\text{A6-5})$$

$$\big[1 - \Psi(\omega^{**}) \big] R^k = \lambda_k \big\{ R^b - \big[\Psi(\omega^{**}) - (1-\varphi) G(\omega^{**}) \big] R^k \big\}. \quad (\text{A6-6})$$

$$(1 - \phi + \lambda_k \phi) R^h = \lambda_k \big[R^b + (1-\varphi^h) F(\omega^{**}) \phi R^h \big]. \quad (\text{A6-7})$$

约束为紧约束, 即总的信贷约束为:

$$R^b B = \big[\Psi(\omega^{**}) - (1-\varphi) G(\omega^{**}) \big] R^k K + \big[1 - (1-\varphi^h) F(\omega^{**}) \big] \phi R^h H. \quad (\text{A6-8})$$

抵质押品的信贷约束等价于:

$$R^b B^h = \big[1 - (1-\varphi^h) F(\omega^{**}) \big] \phi R^h H. \quad (\text{A6-9})$$

同时有:

$$R^b B^k = \big\{ \big[\Psi(\omega^{**}) - (1-\varphi) G(\omega^{**}) \big] R^k \big\} K. \quad (\text{A6-10})$$

其利润为:

$$\Pi^e = (1-\phi) R^h H + \big[1 - \Psi(\omega^{**}) \big] R^k K. \quad (\text{A6-11})$$

当 $\phi = 0$ 或 $\varphi^h = 1$ 时, 两种组织形式的均衡条件相同。

参考文献

[1] Acharya, V. A., Schnabl, P., and Suarez, G., 2013. "Securitization without Risk Transfer", *Journal of Financial Economics*, 107 (3): 515–36.

[2] Adrian, T., and Shin, H. S., 2009. "The Shadow Banking System: Implications for Financial Regulation", *Banque de France Financial Stability Review*, 13:1–10.

[3] Adrian, T., and Shin, H. S., 2011. "Financial Intermediaries and Monetary

Economics", in Friedman B. M., and Woodford, M. (eds.), *Handbook of Monetary Economics*, Vol.3A: 601−50, Amsterdam: Elsevier.

[4] Allen, F., and Gale, D., 2000. "Bubbles and Crises", *The Economic Journal*, 110 (460): 236–55.

[5] Allen, F., and Gorton, G., 1993. "Churning Bubbles", *The Review of Economic Studies*, 60 (4): 813–36.

[6] Ashcraft, A. B., and Schuermann, T., 2008. "Understanding the Securitization of Subprime Mortgage Credit", *Federal Reserve Bank of New York Staff Reports*, 318, New York.

[7] Baba, N., McCauley, R. N., and Ramaswamy, S., 2009. "US Dollar Money Market Funds and Non-US Banks", *BIS Quarterly Review*, (March): 65–81.

[8] Bernanke, B. S., 2013. "Monitoring the Financial System", At the 49th Annual Conference on Bank Structure and Competition sponsored by the Federal Reserve Bank of Chicago, Chicago, Illinois.

[9] Bernanke, B. S., Gertler, M., and Gilchrist, S., 1999. "The Financial Accelerator in a Quantitative Business Cycle Framework", in Taylor, J. B., and Woodford, M. (eds.), *Handbook of Macroeconomics*, Vol.1: 1341−93.

[10] Brunnermeier, M., Crockett, A., Goodhart, C., and Persaud, A., 2009. "The Fundamental Principles of Financial Regulation", *Geneva Report on the World Economy*, 11.

[11] Brunnermeier, M. K., and Pedersen, L. H., 2009. "Market Liquidity and Funding Liquidity", *The Review of Financial Studies*, 22(6): 2201−38.

[12] Cetorelli, N., and S. Peristiani, 2012, "The Role of Banks in Asset Securitization", *Federal Reserve Bank of New York Economic Policy Review*, Vol.18(2): 47−64.

[13] Coval, J., Jurek, J., and Stafford, E., 2009. "The Economics of Structured Finance", *Journal of Economic Perspectives*, 23 (1): 3–25.

[14] Dalio, R., 2018. *Principles for Navigating Big Debt Crises*, Westport, CT: Bridgewater.

[15] Gennaioli, N., Shleifer, A., and Vishny, R., 2012. "Neglected Risks, Financial Innovation, and Financial Fragility", *Journal of Financial Economics*, 104 (3): 452–68.

［16］ Harutyunyan, A., Massara, A., Ugazio, G., Amidzic, G., and Walton, R., 2015. "Shedding Light on Shadow Banking", *IMF Working Paper*, WP/15/1.

［17］ Moreira, A., and Savov, A., 2014. "The Macroeconomics of Shadow Banking", *NBER Working Paper*, 20335.

［18］ Morris, S., and Shin, H. S., 2008. "Financial Regulation in a System Context", *Brookings Papers on Economic Activity*, Fall: 229−74.

［19］ Perotti, E., 2013. "The Roots of Shadow Banking", *CEPR Policy Insight*, 69.

［20］ Poznar, Z., Adrian, T., Ashcraft A., and Boesky, H., 2012. "Shadow Banking", Federal Reserve Bank of New York, *Staff Report*, No. 458.

［21］ Shin, H. S. and Shin, K., 2011. "Procyclicality and Monetary Aggregates", *NBER Working Paper*, 16836, http://www.nber.org/papers/w16836.

［22］ 海曼·P. 明斯基. 稳定不稳定的经济：一种金融不稳定视角［M］. 北京：清华大学出版社，2015.

［23］ 清泷信宏. 日本近期的坏账问题［J］. 比较，2003，7.

第九章
承前启后：从产出和资产两种货币循环定理到货币政策

实际上，视角（vision of things）是一切分析框架最底层的东西。任何分析起始于由视角所提供的材料，而视角往往通过定义以体现。我们观察事物与我们观察事物的视角与立场（ideology）无法分离。

——Schumpeter, J. A., *History of Economic Analysis*, 1954

一、引言

本章是《货币论》第一卷《货币与货币循环》的终结篇章,给出综合性判断,并为开启《货币政策论》提供理论序篇。因此,本章并不提出新的问题,而是基于第一章起我们反复强调的问题——现实货币运行的内在机理何在、现有货币理论是否符合事实,从实际货币运行角度给出精炼性的总结。

综合前面各章的分析,图 9-1 揭示了我们的货币循环理论所呈现的两种货币循环。作为常规货币供给的家庭部门和备用货币供给的中央银行是货币的供给者,银行是货币的需求者。银行获得(基础)货币并通过信用创造向企业家提供信贷(即广义货币)。企业家将信贷用于实体投资即形成"产出—货币循环",企业家将信贷用于抵质押品的购买则形成"资产—货币循环"。值得再次强调的是,两种货币循环作为本书的核心内容,其理论基础是我们对货币供需主体的重新定位,即银行是货币需求者,家庭公众与中央银行是货币的供给者。

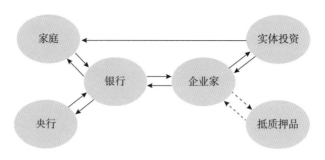

图9-1　两种货币循环总图

作为总结，我们无法回避两个基本问题：第一，与Schumpeter（1954）的观点相一致，作为长期从事中央银行业务的观察者，我们对货币与货币循环的观点来源于中央银行视角。值得解释的是，中央银行不是经济运行的决定者，更加基础性的决定力量来自公众、金融机构以及市场和企业。因此，我们试图还原货币运行的原始动力，提出对货币定义和货币循环的一系列定理和命题。视角不同对观点的影响是不容否认的，故全卷的观点谈不上创新，而仅仅是换一个角度看问题所引致的思考而已。第二，我们从开卷起，就强调货币供给者存在家庭部门和中央银行两大部类，但是由于我们始终站在中央银行视角观察基础性货币循环，始终没有把中央银行作为真正的货币供给参与者纳入"产出—货币"和"资产—货币"两大循环加以研究，这与我们一再强调的"理论必须符合现实经济运行"之出发点相背离。虽然我们在部分章节涉及这一问题时做了说明，且这一宏大命题必须以专卷形式作翔实、细节化研究，但是在货币与货币循环的讨论中，仍然需要以极其简练的形式加以说明，否则，货币循环仍然缺失一块极其重要的拼图。因此，这是终结篇章所必须完成的任务。毋庸讳言，我们的全部努力在于向读者展示一个更加符合事实的货币运行，作为总结与开启新篇章，本章的基本任务如下。

第一，我们终于看到，第四章所讨论的中央银行宏观一般均衡理论

第九章　承前启后：从产出和资产两种货币循环定理到货币政策

仅仅是一种表象，也是中央银行"希望看到的"货币运行，其中的基本假定是：金融中介实际上并不具备独立性，作为商业信用的代表，其天职是服务"从事产品制造和服务提供"的实体经济。因此，无论是坚持货币中性还是认为货币非中性的中央银行，都相信"货币政策传导机制"的存在性和有效性。换句话说，中央银行参与货币供给——即向商业银行提供流动性，根本逻辑是被调控的流动性最终都将流向实体，只是关于货币增量最终造成了名义量（nominal）还是实际量（real）变化的认知存在不同而已。我们的结论是存在"叠加态"货币循环，即观测者本身构成了被观测体系的组成部分。当然，我们可以用更加复杂的"预期—博弈"模型[①]加以分析，但考虑到我们还将进入第二卷《货币政策与中央银行》研究，暂且将这项任务留待下回分解。我们在第一卷《货币与货币循环》中所做的全部工作，概括为一句话：在真实世界里，中央银行观察到的货币运行到底是怎样的。在本章，我们终于可以做一个总结——它们将观察到两种货币运行及其经济效应，这就是我们将总结的两种货币循环的四个基本定理。

第二，对于系统性风险的警惕永远是中央银行的主要职责之一。在第三章，我们实际上并不讨论系统性风险与金融危机问题，其内在假设是：中央银行相信，如果金融中介既是商业信用的加总，又是家庭部门的信息与风险审核代理人，那么一切系统性风险必然是实体经济波动风险的结果，或者说，金融风险是实体经济的镜像反映。但是，在第七、

[①] 所谓"预期—博弈"分析，指的是金融中介部门作为货币需求者会根据中央银行历史操作特征判断其"个性"——单一规则或相机抉择，并进而做出最优决策和行为矫正。在实证中，2020—2021年，全球各金融机构都在猜测美国乔·拜登（Joe Biden）政府新任财长珍妮特·耶伦（Janet Yellen）对财政货币政策的决策倾向，得出的"鸽派"预判在很大程度上影响着全球流动性的丰裕性、利率、资产收益率和跨境资本流动性。这样的证据不胜枚举。

八章，我们总结了两种信贷机制形成的两种货币循环，本意是为了研究脱实向虚的根源，结果却发现资本金机制、资产池机制和抵质押贷款机制共同推动超额货币需求的持续存在性。那么，超额货币需求在宏观意义上会造成怎样的结果？在本章，我们将发现宽松货币政策与较高的抵质押率必然导致抵质押资产的全面泡沫化，这对于货币政策和金融监管政策或许都具有启发意义。

第三，在第六、第七、第八章，我们批评了实体与虚拟的部门二分法和主体二分法，提出了行为变异论。其内在含义是：无论行业或部门如何划分，在特定机制下，其同时存在实体化或虚拟化倾向。与凯恩斯（Keynes 1936：161）不同，他认为"不稳定的来源是人性特征，人们总是存在采取行动的冲动，而不是坐等。乐观总是高于对数学期望的考量"，而我们仍然倾向于认为，一定的制度安排必然导致特定的行为趋向和经济后果，包括经济狂热和金融泡沫，在根本上是"给定融资机制所隐含的激励结果"。与凯恩斯相同，在动物精神下，我们承认"行动并不遵照数学期望，即收益额乘以概率来决定"（Keynes 1936：161），我们认为只要存在特定制度安排，则很可能出现的情况是，更多的货币追逐更多的抵质押资产。那么，系统性风险很可能并不是实体经济波动周期造成的，或者恰好相反，恰如我们在第八章简要引述的日本与美国债务周期所呈现的情形（Dalio 2018），某种约定俗成且为各方深信不疑的合理制度安排导致了泡沫和崩溃周期。

第四，道德风险与系统性风险的统一关系。由于商业银行实际上很难控制企业贷款的实际运用，Jaffee 和 Russell（1976）、Bester 和 Hellwig（1987）专门论证了针对此类事后信息不对称所形成的道德风险管理手段，提出了最初的"信贷配给（Credit Rationing）"思想。我们认为，一个具备信息优势的金融中介体系是具备了解资金实际运用能力的，特别是在现代"KYC

第九章　承前启后：从产出和资产两种货币循环定理到货币政策

（Know Your Customer，了解你的客户）"合规要求以及在转账系统的监控下，因此不得不说的是，问题并不在于银行与企业之间的事后信息不对称所导致的资金滥用。事实上，更值得关注的道德风险问题是——根据第四章我们提出的中央银行宏观一般均衡模型，中央银行假定所有的信贷都在服务实体经济，而如第六、第七、第八章所分析的，金融中介和企业的行为却在于购置抵质押资产。这是我们所认定的道德风险，也是系统性风险的起源。因此，我们认为系统性风险与道德风险具有一致性。

二、产出与资产两种货币循环四个定理

在第六、第七、第八章的基础上，基于企业家并不持有且可以通过购买抵质押品来获得融资的模型，本章将重点讨论在该经济环境中由"产出—货币循环"和"资产—货币循环"等两种融资形式引致的两种货币循环的特征，这些特征构成了两种货币循环的四个定理，在下一部分将集中分析这四大定理在实体经济部门所形成的影响。

（一）对企业和金融中介的行为假定与对中央银行目标假定的结合性说明

由于我们的分析承接了第六章的内容，在此做一个回顾：

根据设定（A6.4）：$\bar{R}^h < R^h < R^k$，其中 $\bar{R}^h = 2\bar{R}^k - r$ 且 $\bar{R}^k = \Gamma \dfrac{N^b}{\psi} + r$，**以及设定（A6.5）**：$\theta = 0$，**我们曾经得到命题（P6.6）**：当 $\underline{\phi} < \phi < \bar{\phi}$ 时，企业家的融资约束为紧约束；当 $\underline{\phi} < \phi < \phi^*$ 时，均衡的信贷并未触及信贷上限，当 $\phi^* \leq \phi < \bar{\phi}$ 时，均衡的信贷触及信贷上限。回顾不意味着重复，我们永远不能忘记，在任何时间、任何状态下，**中央银行都作为外生**

观测者在监控货币运行,并权衡自身何时、以何种方式以及多大力度介入货币运行。我们曾经给出了条件性强调:在特定情况下,特定的制度安排会导致生产性企业采取对抵质押资产持有的追逐,这就意味着不是"普适性"条件。在第八章的经验证据中,我们也可以发现,日本式的融资格局与美国式的影子银行存在机制及激励上的不同后果,因而各自的危机也呈现特征差异。这提示我们:即使存在抵质押融资及其衍生创新,仍然存在监管者态度所决定的行为后果。由此,我们可以作出如下假定:

设定(A9.1):中央银行关注实体经济融资成本,以此作为其备用货币供给调节的依据。

设定(A9.2):中央银行关注信用中介体系流动性,以此作为其判断系统性风险以及通过备用货币供给实现金融稳定的依据。

当我们把设定 A6.4、A6.5 与 A9.1、A9.2 相结合,可以得出以下四个基本定理。

(二)两种货币循环第一和第二定理(抵质押政策):抵质押融资对实体投资的挤出与挤入效应

根据第六章的分析:当 $\underline{\phi} < \phi < \overline{\phi}$ 时,由命题(P6.6)可知企业家的信贷约束为紧约束,即有 $R^b B = \phi R^h H$。由命题(P6.6)的证明部分(参见附录 A5)可知贷款利率 $R^b = \dfrac{\phi R^k R^h}{R^k - (1-\phi) R^h}$,由此可得企业家对抵质押品的需求函数如下:

$$H = \frac{R^b}{\phi R^h} B = \frac{R^k}{R^k - (1-\phi) R^h} B \ . \qquad (9\text{-}1)$$

结合第六章企业家的资产负债表(6-19)式可得资本支出为:

$$K = N - \frac{R^b - \phi R^h}{R^b} H = N - (1-\phi) \frac{R^h}{R^k} H \ . \qquad (9\text{-}2)$$

第九章　承前启后：从产出和资产两种货币循环定理到货币政策

进一步可得：

$$\frac{\partial K}{\partial \phi} = \frac{R^h}{R^k} H - (1-\phi)\frac{R^h}{R^k}\frac{\partial H}{\partial \phi}. \quad (9-3)$$

该式说明了抵质押率对投资的影响由挤入与挤出两个渠道构成。挤入效应产生的渠道体现为 $\frac{R^h}{R^k}H$ 这一项，即购买更多的抵质押品可以获得更多的信贷，资产负债的扩张有助于实现更多的投资；挤出效应产生的渠道体现在 $-(1-\phi)\frac{R^h}{R^k}\frac{\partial H}{\partial \phi}$ 这一项，即购买更多的抵质押品虽然可以获得更多的信贷，但抵质押品的购买本身会占用更多的资金。

命题（P9.1 抵质押率与脱实向虚）：设定 A6.4 和 A6.5 同时满足，当 $\underline{\phi} < \phi < \phi^*$ 时，更高的抵质押率会使更多的资金流向抵质押品、更少的资金流向生产性资本，即 $\frac{\partial H}{\partial \phi} > 0$ 且 $\frac{\partial K}{\partial \phi} < 0$。

证明：回顾第六章，当设定 A6.4 和 A6.5 同时满足，且 $\underline{\phi} < \phi < \phi^*$ 时，信贷均衡为 $B = \frac{1}{\Gamma}\left[\frac{\phi R^k R^h}{R^k - (1-\phi)R^h} - r\right]$，且满足 $B < \frac{N^b}{\psi}$。从而可以得到均衡的抵质押品购买数量为：

$$H = \frac{R^k}{R^k - (1-\phi)R^h} \frac{1}{\Gamma}\left[\frac{\phi R^k R^h}{R^k - (1-\phi)R^h} - r\right]. \quad (9-4)$$

经过计算从而可得：

$$\frac{\partial H}{\partial \phi} = \frac{R^k R^h}{\Gamma\left[R^k - (1-\phi)R^h\right]^3}\left[\frac{2R^k(R^k - R^h)}{(2R^k - R^h - r)}(R^k - R^h) + (\bar{\phi} - \phi)R^h(R^k - r)\right].$$

结合企业家的资产负债表进一步可得实体企业的投资为：

$$K = N - \frac{1}{\Gamma}\frac{(1-\phi)R^h}{R^k - (1-\phi)R^h}\left[\frac{\phi R^k R^h}{R^k - (1-\phi)R^h} - r\right]. \quad (9-5)$$

由（9-5）式可以计算得到：

$$\frac{\partial K}{\partial \phi} = (\phi - \bar{\phi}) \frac{1}{\varGamma} \left(\frac{R^h}{R^k - (1-\phi)R^h} \right)^3 \frac{R^k(2R^k - R^h - r)}{R^h}.$$

因此，当 $\phi < \phi^*$ 时，由于 $\phi^* < \bar{\phi}$，那么最终有 $\frac{\partial H}{\partial \phi} > 0$ 且 $\frac{\partial K}{\partial \phi} < 0$。由此，该命题得证。

命题（P9.2 信贷供给约束与脱虚返实）：当设定 A6.4、A6.5 和 A9.1 同时满足，当 $\phi^* \leq \phi < \bar{\phi}$ 时，更高的抵质押率使更少的资金流向抵质押品、更多的资金流向生产性资本，即 $\frac{\partial K}{\partial \phi} > 0$ 且 $\frac{\partial H}{\partial \phi} < 0$。

证明：当 $\phi^* \leq \phi < \bar{\phi}$ 时，信贷均衡为 $B = \frac{N^b}{\psi}$，从而可以得到均衡的抵质押品购买数量和生产性资本数量分别为：

$$H = \frac{R^k}{R^k - (1-\phi)R^h} \frac{N^b}{\psi}. \tag{9-6}$$

$$K = N - \frac{(1-\phi)R^h}{R^k - (1-\phi)R^h} \frac{N^b}{\psi}. \tag{9-7}$$

从而可得 $\frac{\partial H}{\partial \phi} = -\frac{R^h R^k}{\left[R^k - (1-\phi)R^h\right]^2} \frac{N^b}{\psi} < 0$ 且 $\frac{\partial K}{\partial \phi} > 0$。因此，当信贷供给受到约束时，由于更高的抵质押率并不能使企业家获得更多的贷款，那么抵质押品的价值也相对下降，从而降低了企业家对抵质押品的需求。由此，该命题得证。

为了更好地理解企业家购买抵质押品对信贷市场均衡的影响，图 9-2 刻画了 $\underline{\phi} < \phi < \bar{\phi}$ 时信贷需求与信贷供给曲线以及由此决定的均衡。

当 $\underline{\phi} < \phi < \phi^*$ 时，企业家的信贷需求与约束为松的信贷供给曲线相交，此时随着抵质押率 ϕ 的增加，企业家可以获得更多的贷款，抵质押品的融资能力上升使得企业家增加了对抵质押品的购买，从而挤出了对

资本的支出。当 $\phi = \phi^*$ 时，信贷需求曲线上升到正好与信贷供给曲线的拐点相交，此时均衡的信贷触及信贷上限。当 $\phi^* < \phi < \bar{\phi}$ 时，由于信贷供给触及信贷上限，更高的抵质押率并不能使企业家获得更多的贷款，只会通过产生更大的信贷需求来推高贷款利率，贷款利率的上升意味着抵质押融资的成本上升和抵质押品相对价值的下降，那么抵质押率的上升最终使企业家降低了对抵质押品的需求。

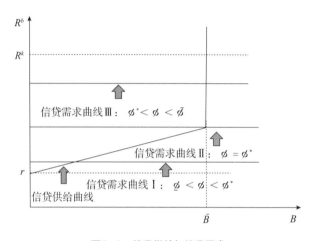

图9-2 信贷供给与信贷需求

命题 P9.1 和 P9.2 说明了备用货币供给的现实状态对抵质押资产吸引力的相关性，我们可以得到如下定理：

定理（T9.1 抵质押率与抵质押品投资的正相关定理）：更高的抵质押率会推动社会资金更多流向具备合格抵质押品性质的资产，更少流向生产性投资。

该定理说明，如果中央银行或监管者并不认为金融中介对抵质押率的适时灵活调节存在不妥，其放任将必然导致脱实向虚结果的发生。

定理（T9.2 信贷供给与抵质押品投资的正相关定理）：若信贷供给受到约束（不受约束），抵质押品购买的吸引力下降（上升）。

该定理说明：第一，由于存在抵质押融资，即"资产—货币"循环，则几乎肯定会出现资产泡沫化—去抵质押品化周期。具体来说，根据前面对资产泡沫化的定义，那么只要有足够的信贷，更多的具备融资功能的非生产性资产将成为抵质押品并获得贷款，这就会驱动资产泡沫化；但是，若信贷总额存在上限，利率的上升将导致资产的去抵质押品化。抵质押品驱动的信贷周期或金融周期，是2008年金融危机的根源。第二，根据设定A9.1和A9.2，如果中央银行以为利率上升意味着实体经济融资难、融资贵，或者意味着金融中介体系流动性不足，其支持信贷资金来源的备用货币供给将导致抵质押资产泡沫化；反之，其严格约束信贷增量的行为将导致资产持有的吸引力下降。我们认为，这一点是被日本、美国等各个经济体的实践所反复证明的事实。

（三）两种货币循环第三定理（货币政策）：宽松货币政策将助推信贷资金脱实向虚

命题（P9.3 货币政策与两种货币循环）：设定 A6.4、A6.5 以及 A9.1 同时满足，当 $\underline{\phi}<\phi<\phi^*$ 时，宽松的货币政策（r 降低）使得企业家获得更多的信贷，即有 $\frac{\partial B}{\partial r}<0$；并导致更多的资金流向抵质押品、更少的资金流向生产性资本，即 $\frac{\partial H}{\partial r}<0$ 且 $\frac{\partial K}{\partial r}>0$。

证明：由命题 P9.1 可知，当 $\underline{\phi}<\phi<\phi^*$ 时，信贷均衡为：

$$B = \frac{1}{\Gamma}\left[\frac{\phi R^k R^h}{R^k-(1-\phi)R^h}-r\right].$$

由此可得 $\frac{\partial B}{\partial r}=-\frac{1}{\Gamma}<0$。

抵质押品购买支出为：

$$H = \frac{R^k}{R^k-(1-\phi)R^h}\frac{1}{\Gamma}\left[\frac{\phi R^k R^h}{R^k-(1-\phi)R^h}-r\right].$$

由此可得 $\frac{\partial H}{\partial r} = -\frac{1}{\Gamma}\frac{R^k}{R^k-(1-\phi)R^h}<0$。

资本品支出为：

$$K = N - \frac{1}{\Gamma}\frac{(1-\phi)R^h}{R^k-(1-\phi)R^h}\left[\frac{\phi R^k R^h}{R^k-(1-\phi)R^h}-r\right].$$

从而可得且 $\frac{\partial K}{\partial r} = \frac{1}{\Gamma}\frac{(1-\phi)R^h}{R^k-(1-\phi)R^h}>0$。因此，宽松的货币政策带来更低的资金成本，从而使得银行信贷供给扩张，并导致企业家将更多的信贷资金用于抵质押品的支出，而相对更少的资金用于资本品的支出。由此，该命题得证。

根据该命题，我们可以得到如下定理：

定理（T9.3 高抵质押率和低利率推动第一种道德风险）：当抵质押率较高时，以低利率为表征的宽松货币政策将助推信贷资金脱实向虚永续存在。

该定理的现实意义在于，中央银行往往根据利率走势以判断实体经济融资难度以及融资价格高低，当中央银行认为，利率过高不利于实体经济健康成长时，往往会采取降息政策，但是，由于存在抵质押融资机制，且金融中介基于自身资产质量和流动性考虑而提高抵质押率，则上述诸条件的汇集，将导致社会融资进一步向抵质押资产流动。我们称为"**第一种道德风险**"，指的是道德风险的本义是事后（ex-post）的信息不对称，或者称为隐藏行为（hidden action），中央银行本以为高抵质押率和低利率可以实现金融体系安全性和实体经济融资可得性、融资成本的适度性兼得，但实际情况是实体经济所获得的融资被用于炒作抵质押资产。

(四)两种货币循环第四定理(流动性支持政策):补充银行资本金的流动性支持政策不能逆转脱实向虚

当企业家的信贷有效需求不足时,企业家可以通过购买抵质押品来获得更多的信贷,实现由需求驱动的信贷扩张,并通过金融中介实现对家庭部门(或中央银行)的超额货币需求。[1]

当信贷供给触及由金融中介资本金限定的信贷上限时,如果金融中介可以选择发行外部股权融资来补充资本金,这将缓解信贷供给层面临的约束。从理论模型来看,家庭可以通过动用存款来购买银行股权,作为交易对手方的银行即通过股权凭证来置换债务(存款)凭证,银行通过融资结构的调整来缓解信贷供给约束。现实的实际情况告诉我们,银行资本金的补充机制并非如此,根本上还是来自中央银行的流动性支持[2],银行资本金补充政策本质上就是中央银行提供的流动性支持政策。因此,为了简化分析,本章将银行的外部股权融资设定为只能通过中央

---

[1] 现实中,企业部门通过增加抵质押融资实现信贷扩张存在三种可能情形。第一种情形是为了更好实现生产性投资所需要的外部融资支持,简单说是为了实现再生产。第二种情形是为了"借新还旧",通过借入新增贷款以缓解自身还本付息的流动性压力。第三种情形是为了纯粹实施抵质押资产投资。我们认为存在"第一种道德风险",是因为从中央银行到金融中介,往往仅仅假定企业部门的行为是第一种情形,或者金融中介认为即使存在第二种情形对银行的资产而言是安全的。但是,我们担心第三种情形掩盖了第一、第二情形,因而属于道德风险。但是,无论哪种情形,都体现为在信贷有效需求不足背景下的信贷扩张,最终体现为对金融中介部门的超额货币需求。

[2] 理论上,银行如果从家庭部门很难获得存款货币增量,则在一般均衡条件下不可能实现核心资本(股权)补充;现实上,由于银行资本金补充额度较大,通过股票增发实现核心资本补充会形成较大的资本市场震荡。因此,银行往往选择补充符合监管要求的附属资本。但是,银行之所以能够发行附属资本工具(比如,发行永续债、二级资本债和可转债)来缓解信贷供给约束,表面上是银行同业之间的相互投资,考虑到家庭部门和中央银行是整个银行体系的最终货币供给者,因此根本上还是得益于中央银行对银行债券的可贴现提供的政策支持。

第九章 承前启后：从产出和资产两种货币循环定理到货币政策

银行外生提供流动性解决。

银行选择发行的外部股权数量为 e，中央银行直接或间接的形式来持有银行的股权（参见 Bernanke 2013，2015）[①]，最终体由发行货币实现银行增资扩股，则银行的资产负债表为：

$$B = N^b + d + e . \tag{9-8}$$

银行由此面临新的资本充足率约束为：

$$N^b + e \geqslant \psi B . \tag{9-9}$$

银行外部股权的投资者每单位股权的收益为 R^e，单位股权发行的成

[①] 在具体操作中，中央银行可以通过直接或间接持有银行的长期债权，或者中央银行通过降低拨备覆盖要求等种种直接或间接形式来实现。Bernanke（2013）在乔治华盛顿大学的 4 次讲课直白地阐释了中央银行和财政部在 2008 年危机中的作为。更加细节性的描述，见 Bernanke（2015）的《行动的勇气：金融危机及其余波回忆录》中记载，2008 年 9 月 19 日 "财政部向国会提交了三页纸的计划纲要，保尔森请求 7 000 亿美元以购买问题资产"（Chap14：312），"这一计划称为 TARP（Troubled Assets Relief Program，问题资产救助计划）"（Chap 14：313）。2008 年 9 月 26 日晨，伯南克与英格兰银行行长 Mervyn King、欧中央银行行长 Jean-Claude Trichet 通电话，讨论联合降息，"在我的记忆中，主要中央银行还从来没有采取过降息政策协调"，"美国并非独立承受金融机构和金融市场脆弱性冲击，自 9 月初北岩银行挤兑以来，英国和欧洲大陆同样在危机中煎熬"，"比利时、荷兰和卢森堡向 Fortis（一家 7 750 亿欧元资产的比利时、荷兰金融机构）共同注资 112 亿欧元，欧中央银行通过与美联储的货币互换向 Fortis 提供美元再贷款"（Chap 15：326-327）。2008 年 10 月 13 日，"9 家银行从财政部获得 1 250 亿美元政府资本"，"TARP 面临来自各种规模银行的资本金增补诉求"（Chap 17：356-357）。这些事实说明中央银行在金融中介体系面临流动性短缺时给予资本补充的行为具有现实依据。可供交叉印证的信息来自 Gorton（2012）的记载：2018 年 10 月 13 日，时任美国财政部长 Hank Paulson 在美国九大银行 "首席执行官会议（CEO Talking）" 中要求这些银行参与 2 500 亿美元政府持股的 TARP。Paulson 提出："TARP 能够提供有吸引力的资本来源，每个有资格的机构都能平等地得到资本。我们计划明天宣布这一项目，你们 9 家银行将是第一批参与者。" 当天参会的 CEO 为：花旗银行的 Vikram Pandit、JP 摩根的 Jamie Dimon、富国银行的 Richard Kovacevich、美银美林的 John Thain、摩根史丹利的 John Mack、高盛的 Lloyd Blankfein、纽约梅隆银行的 Robert Kelly 和道富银行的 Ronald Logue，参见：http:www.judicialwatch.org/files/files/documents/2009/Treasury-CEO-TalkingPoints.pdf.

本设定为 Γ_e，银行利润为：

$$\Pi^b = R^b B - rd - R^e e - 0.5\Gamma B^2 - \Gamma_e e = (R^b - r)B + rN^b + (r - R^e - \Gamma_e)e - 0.5\Gamma B^2.$$

因此，银行的优化问题简化为选择 $\{B,e\}$ 最大化利润，并约束于外部股权资金注入后的资本充足率约束条件（9-9）式，该决策的一阶条件为：

$$R^b - r = \Gamma B + \psi\lambda^e. \tag{9-10}$$

$$R^e - r = \lambda^e - \Gamma_e. \tag{9-11}$$

其中，λ^e 为资本充足率约束的拉格朗日乘子。当 $R^e \geq r$ 时，拉格朗日乘子总是为正，即，$\lambda^e = R^e - r + \Gamma_e > 0$，从而可以进一步得到信贷供给函数如下：

$$B = \frac{R^b - r - \psi(R^e - r)}{\Gamma} - \frac{\psi\Gamma_e}{\Gamma}. \tag{9-12}$$

由紧约束条件 $N^b + e = \psi B$ 可得银行对外部股权的需求为：

$$e = \frac{\psi\left[R^b - r - \psi(R^e - r)\right] - \psi^2\Gamma_e - \Gamma N^b}{\Gamma}. \tag{9-13}$$

因此，只有当 $R^b > \frac{\Gamma N^b}{\psi} + \psi\Gamma_e + \psi(R^e - r) + r$ 时，有 $e > 0$。为了便于分析，假设中央银行对银行股权融资的资金供给曲线为 $R^e = r$。由此进一步得到银行外部股权的发行数量为：

$$e = \begin{cases} 0, & R^b \leq \dfrac{\Gamma N^b}{\psi} + \psi\Gamma_e + r \\ \dfrac{\psi(R^b - r) - \psi^2\Gamma_e - \Gamma N^b}{\Gamma}, & R^b > \dfrac{\Gamma N^b}{\psi} + \psi\Gamma_e + r \end{cases}. \tag{9-14}$$

进一步得到银行的信贷供给函数为：

$$B = \begin{cases} \dfrac{1}{\Gamma}(R^b - r), & r \leq R^b \leq \Gamma\bar{B} + r \\ \bar{B}, & \Gamma\bar{B} + r < R^b \leq \Gamma\bar{B} + r + \psi\Gamma_e \\ \dfrac{R^b - r}{\Gamma} - \dfrac{\psi\Gamma_e}{\Gamma}, & R^b > \Gamma\bar{B} + r + \psi\Gamma_e \end{cases}. \tag{9-15}$$

其中，$\bar{B} = N^b/\psi$。可见，信贷供给函数是一个分段函数，图9-3绘出了该函数的形状。由前面部分的分析可知，当信贷需求较大时将使信贷供给触及信贷供给的上限，那么银行通过发行外部股权来补充资本金的作用在于，可以增加信贷供给。然而，由于股权发行成本的存在，银行只有在信贷需求足够大的时候才存在有发行股权来扩张信贷的激励，这就表现在信贷供给曲线中，当$\varGamma\bar{B}+r<R^b\leq\varGamma\bar{B}+r+\psi\varGamma_e$时，信贷供给仍然是无弹性的。只要信贷需求驱动贷款利率上升到一定水平，信贷供给上限就可以被无限突破。

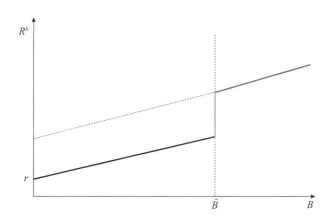

图9-3　银行股权融资与信贷供给

设定（A9.3）：$0<\varGamma_e<\bar{\varGamma}_e$ 其中，$\bar{\varGamma}_e=\dfrac{R^h+r-2\bar{R}^k}{2\psi}$ 且 R^k 满足设定A6.1（参见第六章）。

命题（P9.4）：当设定A6.1满足时，存在$\phi^*<\phi^{**}<\bar{\phi}$，其中：

$$\phi^{**}=\frac{R^k-R^h}{R^h}\frac{\bar{R}^k+\psi\varGamma_e}{R^k-\left(\bar{R}^k+\psi\varGamma_e\right)}.$$

证明：由于ϕ^{**}是关于$\varGamma_e$的增函数，由$0<\varGamma_e<\bar{\varGamma}_e$可得，$\phi^{**}(0)<\phi^{**}(\varGamma_e)<\phi^{**}(\bar{\varGamma}_e)$，其中：

$$\phi^{**}(0) = \frac{R^k - R^h}{R^h} \frac{\bar{R}^k + \psi \times 0}{R^k - (\bar{R}^k + \psi \times 0)} = \phi^*.$$

$$\phi^{**}(\bar{\Gamma}_e) = \frac{R^k - R^h}{R^h} \frac{\bar{R}^k + \psi \bar{\Gamma}_e}{R^k - (\bar{R}^k + \psi \bar{\Gamma}_e)} = \bar{\phi}.$$

因此，不等式 $\phi^* < \phi^{**} < \bar{\phi}$ 满足。由此，该命题得证。

命题（P9.5）：设定 A6.3、A9.2 满足且当 $\phi^{**} < \phi < \bar{\phi}$ 时，银行发行外部股权或向中央银行寻求流动性支持以实现信贷扩张，此时更多的资金流向抵质押品、更少的资金流向生产性资本，即 $\frac{\partial H}{\partial \phi} > 0$ 且 $\frac{\partial K}{\partial \phi} < 0$。

该命题的证明由附录 A7 给出。

根据该命题，我们可以得到如下定理：

定理（T9.4 中央银行流动性支持政策对抵质押资产投资的正向激励和第二种道德风险）：在抵质押融资机制及其衍生创新机制（影子银行）存在的前提下，针对金融中介体系的流动性支持（如补充银行资本金）政策并不能扭转信贷资金脱实向虚。

该定理说明：当 $\phi^{**} < \phi < \bar{\phi}$ 时，银行选择发行外部股权来实现信用扩张的同时，银行的资产负债表扩张。这有助于解释，近几十年来金融机构资产负债表不断扩张的同时，即使中央银行实施保持利率稳定以维护实体经济适度融资成本的政策，我们仍将观测到——信贷在 GDP 中的比重不断上升，但流入实体经济的货币资金始终相对短缺。这一定理的内在机理是中央银行对整个金融体系流动性和系统性金融风险的关注。这本身没有错误，但是如果由于存在自第六章以来我们分析的抵质押融资和影子银行发展，那么，中央银行对金融中介的流动性支持最终仍将支持抵质押资产投资。我们称为"**第二种道德风险**"，与第一种道德风险类似，也是事后信息不对称和隐藏行为所致。但是，这里的隐藏行为在于金融中介而不是实体企业——中央银行向金融机构提供流动性，以缓

第九章 承前启后：从产出和资产两种货币循环定理到货币政策

释金融体系的系统性风险，但是金融机构仍然会将所获得的中央银行再融资或股权资本金支持持续支撑抵质押放款以及资产证券化。这是一个反讽意义很强的定理，说明了在当前的"备用货币供给"机制下，作为系统性风险防控与处置者的中央银行，其货币供给在特定条件下很容易演变为系统性风险的助推者。

三、产出和资产两种货币循环在同一微观主体内部的行为变异

为进一步论证和讨论有关两种融资引致的两种货币循环的四个定理，本章这一部分沿用第八章的模型，从同时具有实业和投资业务的集团公司视角观测其投资行为的变异和脱实向虚的存在性。本章与第七、八章的不同在于，我们纳入中央银行作为货币供给者的目标及行为模式后，实体经济的虚拟化程度将得以更加精确的表达。

（一）抵质押率变动驱动的两种货币循环与脱实向虚

为了在集团公司的融资环境下验证命题 P9.1 和 P9.2，需要通过数值模拟来进行分析，模拟抵质押率 ϕ 在 0—0.7 之间的变动对均衡的影响。由于信贷需求是关于抵质押率 ϕ 的增函数，我们可以通过数值模拟计算出使信贷供给触及到信贷上限的 ϕ^* 值。主要参数由表 9-1 给出。

表9-1 参数

α	σ	ϕ	φ	N	A	R^h	$\varGamma$	N^b	ψ
0.35	0.3	0.3	0.3	1	1.05	1.04	0.01	0.08	0.08

模拟结果显示（见图 9-4）：第一，与之前的抵质押率分析相一致

的是，也存在 ϕ^* 使得当 $\phi < \phi^*$ 时，ϕ 的增加使金融投资企业获得更多的信贷，并且信贷需求的上升推高了贷款的利率，其中，$\phi^* = 0.53$；当 $\phi \geq \phi^*$ 时，由于信贷供给触及信贷上限即信贷供给无弹性，此时 ϕ 的增加只会带来贷款利率更大幅度的上升。第二，当 $\phi < \phi^*$ 时，ϕ 的增加直接带来金融投资企业信贷需求的扩张，从而支持了更多抵质押品的购买，并同时通过数量渠道使得贷款利率上升，降低了实体企业的融资能力，挤出了实体企业的信贷需求，使得实体企业减少了资本的支出。以上两点与命题 P9.1 相一致。第三，当 $\phi \geq \phi^*$ 时，由于信贷供给触及信贷上限，ϕ 的增加并不会增加集团公司的信贷总量，抵质押品的融资能力尽管仍然上升，但对整个集团公司而言购买更多的抵质押品并不能帮助其获得更多的贷款，因而与命题 P9.2 相一致的是，此时抵质押率的上升将会降低抵质押品的购买。第四，当 $\phi \geq \phi^*$ 时，尽管实体企业获得的信贷有所减少，但实体企业却增加了资本的支出，可以预见此时金融投资企业的部分资金被集团公司转移到了实体企业，从而支持了实体投资的扩张，这与命题 P9.2 相一致。尽管当 $\phi \geq \phi^*$ 时，抵质押率的提高有助于提高实体经济的投资水平，但这并不表明抵质押品机制本身有助于缓解实体经济在实体投资上的融资约束，因为即使抵质押率在 0.7 这一较高水平时，所对应实体投资的均衡水平仍然远远低于没有抵质押品融资机制时（$\phi = 0$）的均衡水平。同时，当引入中央银行的流动性支持政策来补充银行资本金时，银行的信贷上限将被无限突破，后面的分析将会显示随着 ϕ 的增加将会进一步助推生产性企业的脱实向虚倾向。

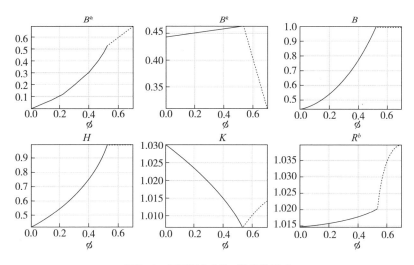

图9-4 抵质押率变化对均衡的影响

（二）宽松货币政策与脱实向虚

由命题 P9.3 可知，在一定条件下，宽松货币政策将助推信贷资金脱实向虚。模型中将存款利率作为货币政策的政策变量，当初始水平设定为 $\bar{r}=1.02$，然而用降息来刻画宽松的货币政策。降息幅度为 Δr，那么降息后的利率为 $r=\bar{r}-\Delta r$。因此，Δr 越大代表更加宽松的货币政策。为了更好地理解抵质押品机制对货币政策传导的影响，模拟 ϕ 分别取 0、0.2 和 0.5 时 Δr 在 0—0.02 的变动对均衡的影响，模拟结果由图9-5给出。

模拟结果表明了以下情况：第一，当 $\phi=0$ 时，尽管企业增加了对抵质押品的购买，由于抵质押品并不能获得融资（$B^h=0$），企业只能使用自有资金来购买抵质押品，因此由宽松政策释放出的信贷资金完全用于实体投资，此时支持实体经济的宽松货币政策传导完全通畅。第二，当 $\phi=0.2$ 时，由于购买抵质押品可以获得贷款，抵质押品的杠杆属性增加了投资和投机需求，但利率降低导致的抵质押品购买支出占用的资金相对高于由抵质押品所能获得的贷款，因此实体企业的资金必然被转移到金融投资企业（Ω上升），这就产生了信贷资金的脱实向虚，但由于抵质押率不是很高，对实体投资的挤出效应相对较小。第三，当$\phi=0.5$时，由于购买抵质押品可以获得更多的贷款，更大的投机需求使得实体企业获得的信贷资金更多被转移到金融投资企业用于抵质押品的购买，对实体投资产生的挤出效应较大，宽松的货币政策反而降低了实体企业的投资水平。

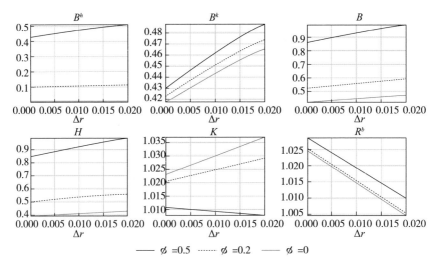

图9-5　货币政策刺激对均衡的影响

上述分析有助于我们进一步理解命题P9.3和两种货币循环第三定理。这意味着，当抵质押品的抵质押率较高时，在一个对抵质押品投机需求近乎狂热的经济环境中，原本旨在支持实体经济的宽松货币政策不但不能发挥作用，反而会对实体经济的投资起到负面作用[①]。此时，资金脱实向虚的问题根源不在于宽松的货币政策，而是抵质押品融资机制。

---

① 在这样的一个经济环境中，对抵质押品有狂热需求的投机主体必然会通过舆论向货币当局提出宽松货币政策的诉求，名义上可能是打着支持实体经济的旗号，可实际上宽松的货币政策一旦实施后，由此释放的资金必然流向抵质押品，并不能缓解实体经济的融资困境。

（三）补充银行资本金的流动性支持政策与脱实向虚

由命题 P9.2 可知，当信贷供给受到约束时，抵质押率的提高可以扭转信贷资金脱实向虚。然而，由命题 P9.5 可知，补充银行资本金的流动性支持政策并不能逆转脱实向虚。我们模拟在集团公司的模式下，当银行可以补充资本金来突破信贷供给约束时，抵质押率的提高是否能够扭转脱实向虚的问题。图 9-4 的模拟显示，当 $\phi \geq 0.53$ 时，信贷供给受到约束。因此，仅需要模拟 ϕ 在 0.53—0.7 的变动对均衡的影响，并取 $\varGamma_e = 0.035$，其他相关参数由表 9-1 给出。根据表 9-1 的参数可以计算出 $\bar{\varGamma}_e = 0.062$，因此关于参数 $\varGamma_e$ 的取值符合设定 A9.1。模拟结果由图 9-6 给出。

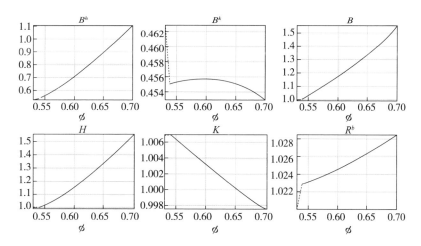

图9-6　补充银行资本金的流动性支持政策下抵质押率变化对均衡的影响

模拟结果显示，当 $\phi < 0.54$ 时，银行并不会随着 ϕ 的增加而寻求外部股权融资，这与（9-14）式一致，即此时 e 的均衡为 $e=0$，其原因在于 ϕ 的增加驱动的信贷需求并没有使贷款利率上升到可以覆盖到外部股权融资的成本。当 $\phi \geq 0.54$ 时，ϕ 的增加由于驱动的信贷需求使得贷款利

率上升到足够高的水平,由(9-14)式可知,此时银行有寻求外部股权融资来突破信贷供给约束的激励,但同时也带来如命题 P9.5 所揭示的脱实向虚问题。

四、结论性评价

解释货币循环是一个既简单又复杂的问题。说其简单,是因为我们仅仅需要回答"货币去向何方"这一看起来仅需要简单追踪的问题;说其复杂,是因为为了解释货币流向,必须对一系列基础定义和分析范式进行重新界定。纵览本卷,我们实际上完成了五个颠覆性理论的框架重塑:一是把货币定义为"未来效用索取权凭证",颠覆了传统认识上把货币定义为特殊商品的难以自圆其说的基础定义。由此,我们把货币交易界定为"货币与未来货币增量之间的交易",摆脱了传统理论把货币交易界定为"货币与商品之间的交易"的思维死循环。二是把货币需求和货币供给定义为金融中介作为需求方、家庭部门和中央银行作为供给方的货币交易,颠覆了中央银行"印钞给公众"以满足货币三大需求的虚幻认识,以符合家庭部门的存款是把货币卖给金融中介、中央银行所谓货币供给也是把货币卖给金融中介的铁的事实,且两者都是具有一定期限、附带一定价格的"回购"交易。三是明确了"叠加态"货币增量效应,颠覆了传统意义上对货币增量的中性与非中性的"二元对立"争论,我们认为,不同的货币增量机制决定了货币增量是否具有实际效应,货币供给者的立场(或者称为观测者——中央银行)决定了名义量和实际量的变化。四是明确了金融中介因其信息优势、资本金和交叉补贴能力,自身具有独立的信用,且这一信用水平大于企业部门的信用加总,因此提出了"中介信用"理论,颠覆了传统理论仅仅立足于金融中介作

第九章　承前启后：从产出和资产两种货币循环定理到货币政策

为联通家庭储蓄和企业投资的桥梁的认识。但是，由于存在中介信用，则基于金融中介依靠存贷利差和规模扩张取得收入的本质特征，一定会形成第一类超额货币需求。由于金融中介动员的货币超出了企业部门实际需要，坏账随之产生。五是明确了抵质押融资的行为激励，由此确立了"实体—虚拟"的行为论而非部门论，颠覆了把生产性企业作为实体经济部门，把金融中介、金融市场和房地产作为虚拟经济部门的简单划分，证明了在特定情形下所有经济主体都可能虚拟化的结论，提出了第二类超额货币需求——货币增量与产出无关。这就进一步明确了货币需求完全脱离实体经济的可能性，即货币增量在资产价格膨胀中起决定性作用，由此提出"资产价格膨胀无论何时何地都是一个货币现象"的论断。

归结起来，基于上述五大颠覆性理论框架，我们论证了现实货币经济中存在两种货币循环，即"产出—货币循环"和"资产—货币循环"，由此，所谓"脱实向虚"问题和金融危机的原因从我们给出的货币循环角度得到了全新的诠释。具体到本章，主要结论如下。

第一，当我们把货币需求与货币供给范式、中央银行观测的货币均衡和货币中性、超额货币需求的存在性以及实体部门和虚拟部门在当代货币经济理论中的合理界定等问题一一完成解答后，一套合乎现实运行的货币理论得以实现初步框架搭建。实际上，我们的工作性质决定了原本并无进行全面理论探讨的雄心、时间和能力，但是，恰恰由于在工作中持续关注货币信贷的脱实向虚问题、小微企业融资难问题、金融业不良资产处置问题、货币当局的货币稳定和宏观审慎管理问题、全球金融市场的波动问题，促使我们不得不从表象开始，不断追踪货币运行的基本规律和内在逻辑。因此，思维探索的逐步深入与研究成果的呈现存在逆向关系——我们原本的现实问题探讨是由表及里的，而研究呈现是由底层基础性内核到对纷繁复杂的货币现实的解释力的展现。因此，合乎客观世界货币运行现实是我们的研究标准。

第二，受明斯基（Minsky 1994，2015）的启发，本章的基本贡献在于论证了相互替代的两种货币循环——"存款—贷款—产出增加值—原路偿还"和"存款—贷款—抵质押资产市值增长—原路偿还"可能形成的挤出效应——第二货币循环必然对第一货币循环实现替代，也就是所谓脱实向虚。这是对实和虚的行为性、动态性而非部门性定义。通俗地说，任何部门，只要从事的是依靠资产市值（market-to-market）增长而实施的融资行为并由此形成的金融中介对家庭部门或中央银行的货币需求均属于超额货币需求。这是符合事实的，在日本等经济体的银行危机中，我们可以观察到相当多的实体企业实际从事股票和房地产买卖获利；我们也可以观察到，货币当局实际很难控制中小企业借贷后的资产套利操作。因此，在此可以得到的延伸性结论是：如果要对超额货币需求或所谓"脱实向虚"实施管理，针对交易机制优于简单针对实体经济部门或虚拟部门——在特定融资机制下，所有的部门都可能虚拟化。这是在日本和美国案例研究中已经为多数文献所反复证明。

第三，两种道德风险。现实货币循环反复证明，只要存在某种兜底保障机制，则道德风险一定会盛行。本章所总结的两种道德风险分别从实体企业部门和金融中介部门两个维度给出说明。一方面，如果中央银行悲天悯人地试图把融资成本降低到所谓合理水平，实体企业部门或许十分鸡贼地把融资配置在资产持有上；另一方面，如果中央银行同样急于解决金融体系的系统性风险，金融中介或许会继续鼓励资产性而非生产性融资。当然，两种道德风险都在一定的投融资机制条件下才会存在，不过，这的确符合我们对日本、美国等诸多经济体实证研究所得到的事实判断。

第九章 承前启后：从产出和资产两种货币循环定理到货币政策

第四，中央银行货币政策取向。值得再次强调的仍然是"视角"或立场。站在中央银行立场，本章分析给予政策层面的启示是：坏账是需要时间来检验的，金融创新的跨期成本是需要时间检验的，金融稳定的代价同样是需要时间检验的，根本原因在于我们于开篇第一章就已经给出的定义——货币本身就是一个跨期动态因素。作为总结，我们反对任何静态的、孤立的成本或收益观点。这就是我们的视角。我们反复研究"脱实向虚"和金融危机，这是因为，危机周期性爆发的事实说明"事前诸葛亮"很难存在，原因在于很难确认未来将摊销的成本规模和未来经济体的风险承受力。但是，从另外一方面看，我们把抵质押融资机制作为系统性风险的主要根源，而遏制抵质押融资难免遏制了实体经济（特别是中小企业，如日本 1970—1988 年的故事所说明的情况）发展，因此，中央银行将持续面临计量经济学的两类错误的权衡取舍——由于事实无法得到当期检验，那么在"存伪"（泡沫化）和"去真"（实体经济融资难、融资贵）之间何去何从。因此，我们的研究给出的政策线索可能是：回到第一章关于货币交易的定义和讨论，如果抵质押融资仅仅在货币存量之间实施分割，或者说，抵质押融资不能或只能按一定比例进入商业银行货币需求，则超额货币需求空间（参照超额货币需求第二定理）将得到遏制。那么，一方面对于并不具备信息优势的放贷机构（如小额贷款公司、专业性房地产融资公司）而言，抵质押融资的保障优势将得以发挥；另一方面，商业银行将不再主要依托抵质押贷款而推动货币从"产出—货币循环"进入"资产—货币循环"，资产泡沫化和金融危机或许将在一定程度上得以遏制。这一思考是否正确，对货币政策规则的影响是什么？这些课题将是我们由货币理论转向货币政策系统性研究的主要战线。

纵观《货币与货币循环》全卷，我们的全部努力只是试图给予一个观察货币现象的新视角，以使我们对货币经济的理论认识更加符合现实。借用 Gary B. Gorton（2012）在其《对金融危机的误解》一书中引用凯恩斯的话以收束全卷——

"如果一部著作的作者执意要将他的观点讲清楚，那么他要多一点自信，甚至比自己想象的还要自信。他一定要给自己的观点一些机会，不能轻易地被质疑所打败。讨论这些问题是一个很艰巨的任务，因此当我在著作中的一些章节过于跳跃、过于自信时，希望读者可以原谅我。"

我们无意标新立异，只是苦于所学、所教之理论与实际相去太远。

让理论认识符合实际世界，哪怕靠近那么一点点，这就是我们的初心。

附录 A7：命题 P9.5 的证明

证明：当 $\phi = \phi^{**}$ 时，由于 $R^b = \dfrac{\phi R^k R^h}{R^k - (1-\phi)R^h} = \dfrac{\phi^{**} R^k R^h}{R^k - (1-\phi^{**})R^h} = \overline{R}^k + \psi \Gamma_e$，将其代入股权发行函数可得：$e = 0$。由于贷款利率是关于 ϕ 的增函数，并且股权发行是关于贷款利率的增函数，因此当 $\phi^{**} < \phi < \overline{\phi}$ 时，必然有 $R^b > \overline{R}^k + \psi \Gamma_e$，进一步有 $e > 0$。因此，当 $\phi^{**} < \phi < \overline{\phi}$ 时，银行将通过发行外部股权、中央银行直接或间接持有来补充银行资本金。

结合信贷需求可得均衡的贷款水平为：

$$B = \frac{1}{\Gamma}\left[\frac{\phi R^k R^h}{R^k - (1-\phi)R^h} - r\right] - \frac{\psi \Gamma_e}{\Gamma}. \quad (\text{A7-1})$$

进一步可得企业家对抵质押品支出为：

$$H = \frac{R^k}{R^k - (1-\phi)R^h}\left\{\frac{1}{\Gamma}\left[\frac{\phi R^k R^h}{R^k - (1-\phi)R^h} - r\right] - \frac{\psi \Gamma_e}{\Gamma}\right\}. \quad (\text{A7-2})$$

结合企业家的资产负债表可得资本支出为：

$$K = N - \frac{(1-\phi)R^h}{R^k - (1-\phi)R^h}\left\{\frac{1}{\Gamma}\left[\frac{\phi R^k R^h}{R^k - (1-\phi)R^h} - r\right] - \frac{\psi \Gamma_e}{\Gamma}\right\}. \quad (\text{A7-3})$$

由此可得：

$$\frac{\partial K}{\partial \phi} = \frac{\phi - \overline{\phi}}{\overline{\phi}} \frac{1}{\Gamma} \frac{R^k R^h (R^k - R^h)(R^h + r)}{\left[R^k - (1-\phi)R^h\right]^3} - \frac{1}{\Gamma} \frac{R^k R^h}{\left[R^k - (1-\phi)R^h\right]^2} \frac{\psi \Gamma_e}{\Gamma}.$$

因此，当 $\phi < \overline{\phi}$ 时有 $\dfrac{\partial K}{\partial \phi} < 0$。同时，由 $\dfrac{\partial K}{\partial \phi} = \dfrac{R^h}{R^k} H - (1-\phi)\dfrac{R^h}{R^k}\dfrac{\partial H}{\partial \phi} < 0$ 可得 $\dfrac{\partial H}{\partial \phi} > 0$。由此，该命题得证。

参考文献

[1] Bernanke, B. S., 2013. *The Federal Reserve and the Financial Crisis: Lectures by Ben S. Bernanke*, Princeton: Princeton University Press.

[2] Bernanke, B. S., 2015. *The Courage to Act: A Memoir of A Crisis and Its Aftermath*, New York: W.W. Norton & Company.

[3] Bester, H., and Hellwig, M., 1987. "Moral Hazard and Equilibrium Credit Rationing", in Bamberg, G., and Spremann, K. (eds.), *Agency Theory, Information and Incentives*, Heidelberg: Springer.

[4] Dalio, R., 2018. *Principles for Navigating Big Debt Crises*, Westport, CT: Bridgewater.

[5] Gorton, G.B., 2012. *Misunderstanding Financial Crises: Why We Don't See Them Coming*, New York: Oxford University Press.

[6] Jaffee, D., and Russel, T., 1976. "Imperfect Information, Uncertainty and Credit Rationing", *The Quarterly Journal of Economics*, 90: 651–66.

[7] Keynes, J. M., 1936. *The General Theory of Employment, Interest Rate and Money*, London: MacMillan.

[8] Minsky, H. P., 1994. "The Financial Instability Hypothesis", in Arestis, P., and Sawyer, M.C. (eds.), *Elgar Companion to Radical Political Economy*, Aldershot, UK: Edward Elgar.

[9] Schumpeter, J. A., 1954. *History of Economic Analysis*, New York: Oxford University Press.

[10] 海曼·P. 明斯基. 稳定不稳定的经济：一种金融不稳定视角 [M]. 北京：清华大学出版社，2015.

后　记

最初，我们仅仅针对各国持续出现的中央银行资产负债表扩张，包括资本市场、房地产市场在内的资产价格持续上行，以及全球金融市场对于缩表的担忧写了一到两篇论文。但是，随着对货币交易的性质与原因的研究，我们不断地拓展研究计划，形成了《货币论》第一卷《货币与货币循环》。这个过程如同石油钻探，在地表可能只是一口油井，于地下却是纵横交错的矿脉。要把所有的主要因素研究清楚，实在是一项系统工程。

一

任何科学研究都是一个寻找因果关系的过程。推动科学研究的动力在于现有理论不能完美解释事实。在着手与推进《货币与货币循环》研究的进程中，我们并不认为货币经济学存在需要全面更新的空间，最多还有一些需要边际改进的局部领域。凯恩斯（John Maynard Keynes）的货币需求理论、弗里德曼（Milton Friedman）的货币供给理论、蒙代尔（Robert Mundell）的最优货币区理论构成了货币经济学大厦的认识论、政策论和跨境一体化三大支柱。作为货币理论教员、曾经的学生和金融领域实践者，我们相信自凯恩斯、弗里德曼、蒙代尔三大巨人的工作以来，货币经济学已然是一派晴空。我们的工作是向他们致敬。但是在着手研究之时，我们抬头看到万里晴空天际飘来的两朵云彩——货币和中央银行。

第一朵云彩是货币。这是关于货币的定义、货币交易和货币供求、世界货币等现实问题。很遗憾，我们发现本以为被解决的问题仍然是未解之谜。第一，货币是不是特殊的商品？如果是，则它可以进入效用函数。但是它竟然只在流通，而不像一般商品那样因消费而灭失或磨损。显然，它不能进入效用函数。同时，如果货币如同一般商品那样有价值，那么在纸币时代，价值是可以被外生创造的。第二，货币交易是什么？如经典理论所定义，货币与商品之间的交易是货币交易，那么，存款——今天的货币与明天的货币之间的跨期交易怎么界定？外汇——今天的本币与今天的外币以及明天的本币之间的交易怎么界定？显然，货币交易的定义缺失了一大块。第三，谁是货币需求者？谁是货币供给者？经典货币理论认为，公众是货币需求者，货币当局是货币供给者。货币需求因交易、投机和谨慎动机所引致。这不符合史实。自瑞典国家银行为代表的中央银行诞生之日起，货币当局并未把公众作为交易对手方，其交易对手一直是其他银行。那么是谁在货币市场上不断收购货币，并承诺未来提供附带利息的货币？更为致命的理解是：我们一旦说货币需求旺盛，往往指经济活跃和通货膨胀，但如果按照经典的货币供求，这意味着金融恐慌——在1836年至1907年的美国，公众每隔若干年就从金融机构挤提现金，如果这意味着货币需求的陡然膨胀，那么结果却是萧条和通货紧缩。第四，充当世界货币的主权货币是否仍然遵循"蒙代尔不可能三角"的规律？实际上，所有的世界货币都在公开市场上流通，因此，该国中央银行观察并调整的利率是该种货币"全球性供求"

后 记

而非本国货币供求的结果,那么,其货币政策具有世界性。

第二朵云彩是中央银行。弗里德曼在其 1968 年的《货币政策的作用》[The Role of Monetary Policy,发表于《美国经济评论》(*American Economic Review*)58(1):1-17] 中对滥用中央银行职能表示忧心忡忡。他认为,我们可能赋予了中央银行太多的职能,以至于其连本应该完成的职能也被耽误了。这就产生了一个问题——什么是中央银行"本该完成的职能"?货币稳定、经济稳定、金融稳定?在分析视角上我们完全赞同弗里德曼的看法,但是在分析结论上却与之大相径庭。这体现为一个缩小,一个扩大。一方面,我们严重缩小了弗里德曼对中央银行的期待。中央银行不是货币供给者,而仅仅是备用货币供给者。真正的货币交易是在公众作为货币供给方与银行作为货币需求方之间的跨期买卖,如果一切正常,中央银行势必无所事事。实际情况也是如此,在 1914 年 11 月美联储诞生之前,货币就是如此运转的。于是问题来了,为什么会出现中央银行?答案很直观,因为家庭与银行之间的交易总是或频繁地出现需要轧差的问题。另一方面,我们严重扩大了弗里德曼对中央银行职能的界定。《货币与货币循环》写作中,我们始终聚焦的问题是,自瑞典国家银行仅仅以确保小额现金支付为目的而诞生以来,直至 2020 年新冠肺炎疫情冲击之下,似乎所有的工作都需要中央银行帮忙。唯一能够找到的答案是——中央银行决定了对未来的看法。这就是贴现率。货币因贴现率而稳定,家庭储蓄和企业投资因贴现率而实现最优,金融中介因贴现率而实现财务和流动性的可持续。因此,原本由贵金属作为参照的贴现率由中央银行承担,所以货币政策天然具有决定性,这就识破了货币稳定、经济稳定和金融稳定的自相关性。真正的问题是,人们容易赋予中央银行太多的致力于"繁荣"的要求,这将导致巨大的再分配成本。比如日本面临的小企业扶助和资产抵押化乃至危机,在时间序列上具有因果关系。

找到货币世界的因果关系，是我们的全部努力所在。在很多年以前，阅读恩格斯的《路德维希·费尔巴哈与德国古典哲学的终结》时，古典哲学闪耀的人类思想光芒折服了我们。黑格尔（George Wilhelm Friedrich Hegel）说：凡是存在的，必有其合理性；又说，阳光下无新鲜事。实际上，《货币论》的写作目的仅仅在于说明一切看起来或完美或不完美的货币现象必然存在其因果，找到因果需要逻辑推演和统计推断——恰如弗里德曼修订菲利普斯曲线（Philips Curves）那样。必须说明，我们一切分析的起点是理性。本卷是向凯恩斯、弗里德曼、蒙代尔和黑格尔等贤哲的致敬。我们不是颠覆他们，而是沿着他们开创的学术道路前进。

二

当我们认为，现有经济学对货币、中央银行两朵云彩的研究仍然存在进一步优化的空间，那么毫不奇怪的是，我们的若干判断必然有别于经典货币经济学。从根源上说，经典论断往往来自金本位时期——包括货币、货币交易和货币供求。这一点，是当代法定（主权货币）或约定（特别提款权、公认的世界货币，甚至当前纷纷扰扰的所谓"数字货币"）货币时代所必须突破的。否则，整个货币经济学在认识论上必然陷入"刻舟求剑"之困境。

第一，当我们相信人是理性的，那我们就可以相信消费和储蓄是最优的。恰如本卷不断引言的 Arrow 和 Debreu 之一般均衡断言，如果一切经济主体已经进行了跨期最优决策，那么货币是不需要存在的。但是，现实世界中，货币是实实在在存在的。我们给出的判断是——货币是"未来效用索取权凭证"，因为储蓄所体现的未来效用已经被贴现了。这样，货币也就包括了广义货币，由此突破了现金（cash 或 currency）与

后 记

货币（money）长期以来的学术混淆。由于存在未来，所以需要贴现因子，中央银行对贴现因子的干预甚至决定对任何人都至关重要，稍有不慎，将导致微观决策崩溃——比如养老金是否足以覆盖一生。

第二，当我们重构货币供求框架，则势必发现货币需求必然存在超额性质。金融中介总是在既定利差框架下追求规模，于是坏账成为超额货币需求的下限，抵质押贷款成为超额货币需求的上限。同时，中央银行如果仅仅盯住银行体系流动性丰歉，那么结果将是备用性货币供给持续扩张。

第三，由于金融中介敏锐地意识到自身吸收了超额货币需求，则货币循坏的安全性存疑——能够按跨期交易履约成为问题，于是给出了流动性管理（资产证券化）和信用风险管理（抵质押安排）等两种主要创新，其结果是塑造了具有无限吸收货币的机制——货币追逐资产，资产价格屡创新高。这就是无限量宽和水牛的由来。由此，我们可以界定实体和虚拟——依靠项目自身现金流实现跨期交易的是实体，依靠资本利得和市值增长实现跨期交易的是虚拟。以房地产为例，开发卖出以还本付息是实体，买入出租以租金还本付息也是实体。但是，买入等待升值并卖出以还本付息就是虚拟。当然，这只是简单的"二分法"。

第四，中央银行的所有职能统一于货币的时间价值，中央银行的一切操作统一于货币政策。当黄金退出货币舞台，银行券则承担起货币的时间价值定价。这一职能在 1914 年至 1931 年间完成。其结果是，一切货币现象、一切金融现象、一切经济不稳定现象都是由货币的时间价值的断裂性变化所引致。比如加息或降息引发的资产泡沫、危机和跨境资本流动。反之，所谓宏观审慎也只能统一于货币政策。这是因为，从跨期角度出发，由于货币政策的错误作为或不作为，势必导致此后的系统性风险。比如 20 世纪 90 年代的日本和 21 世纪初的美国。所谓宏观审慎是不稳定结构，它会向微观管制或货币政策两个极端收敛。因此，宏观审慎是一个在实践中值得商榷的说法，至少在实践中乏善可陈。

第五，货币增量的叠加态。货币当局相信什么就会在事实上得到什么，但是其中隐含的代价往往被忽视。如果我们相信货币非中性，货币增量带来的结果很可能是产出增长，甚至伴随通货紧缩，但是从跨期看，坏账的累积再度要求实施货币增发（即通货膨胀）。问题是，我们的目光往往没有遍及跨期成本，只看到当期收益。此外，与第四点相关，货币增量可能呈现"超级中性"特征，即其既不带来通胀，也不带来产出增长，只带来资产价格膨胀和金融业增加值增长。这一点，可以被2004年至2007年的发达经济体所实证。

第六，财政政策与货币政策不可分。在金本位时期，如凯恩斯所说，是僵化的货币政策。黄金储备决定了货币增量。在信用货币时期，"合格票据"是中央银行货币投放的基础，因此，财政政策与货币政策互为SPV（Special Purpose Vehicle，特殊目的机构）。没有银行持有和交易，则发债无法实现；没有债券，则货币供求无法调节。

第七，在数字时代，一切具有黄金特征的交易品种只是资产而非货币——货币必须能够跨期交易，以时间价值为基准。比如，比特币等资产具备资本利得性质，无法通过借贷实现货币的广义化，因而不是货币。在CBDC（Central Bank Digital Currency，中央银行数字现金）领域，数字现金远远不是真正的数字货币。我们给出的框架是，依托实体贸易投资所形成的跨期结算和融资需求，不影响各国实施独立的货币政策，同时可实现批发（清算），也可实现零售（交割）的才是货币。因此，它既不是布雷顿森林体系的复活，也不是欧元，或许可以从凯恩斯的Banco设计中吸收灵感。任何一种设计，只有实现交易成本的降低才是真正的创新。

后 记

三

凯恩斯说:"我们必须为新的时代发明新的智慧。"① 因此,我们的努力是向他这样的先驱致敬。他也曾负气地说:"在长期,我们都死了。"但是,我们还是想努力看远一点。这种努力算不上创新,只是换一个角度思考问题而已。所谓换个角度,无非是从跨期和长期角度看问题——所以,一切支持企业的善意融资行为,往往导致的是此后跨期的资产价格膨胀;一切试图解决流动性风险的创新,往往导致的是此后跨期的资源配置滥用;一切系统性风险都是道德风险——从金本位时期的挤兑黄金到日韩财阀过度融资,再到 .com 风险和此后的所谓不增加就业的经济增长。金融业增加值上升了,但是,扣除金融业之外的真实产出却不一定发生变化。正如经常听到的两句话:"按下葫芦浮起瓢","出来混,迟早是要还的"。这就是因果,只是当人类目光如豆时,往往看不到跨期结局。这也是黑格尔哲学在货币金融领域的运用。一切好的、坏的结果,都是理性选择的结果。

在现实中,我们看到了太多的"合成谬误"——比如,中央银行诞生之前的挤兑,每个人都期望持有黄金,在此后的通胀(银行券贬值)中得以避免损失,但是结果是银行体系融资功能崩溃,经济陷入通缩。此后,金融体系从本能上试图使自己变得更安全,结果却是因规避流动性风险而诞生的影子银行,因规避信用风险而大力发展的抵质押融资和资产价格膨胀。美好的愿望是播下的龙种,骨感的现实宛如收获的跳蚤。我们从不怀疑人类在货币金融市场所推进的创新之良好动机,亦无意批评世界之非均衡,甚至无意提出所谓优化建议,只是试图从实证中找到

---

① 参见 Keynes, J. M., 1972 [1931]. *The Collected Writings of John Maynard Keynes: Volume IX, Essays in Persuasion,* Cambridge: Cambridge University Press, P306.

根源。

据说，德国物理学家普朗克（Max Karl Ernst Ludwig Planc）在 1874 至 1877 年间分别被约利（Philipp von Jolly）教授和基尔霍夫（Gustav Robert Kirchhoff）告诫道："物理学的一切都已经被研究了，只有一些不重要的空白需要填补。""物理学已经无所作为，无非是在已知规律的小数点后面加一个数字而已。"普朗克当时完全相信两位导师的评论，不过，这并不妨碍他做一些边际努力。他于 1900 年提出黑体辐射公式，创立量子概念和普朗克常数。

科学研究就是不断地推进边际努力，实现学科大厦的边际改进。当然，有时候，这种边际改进可能是一种理论革命。我们的努力在效果上与普朗克的伟大创见显然不可并论，但是在探索的底层逻辑上是一致的——致力以更符合真实世界的理论描述货币现象。

陆磊、刘学

2021 年 9 月 21 日（辛丑年中秋日）

致　谢

自 2020 年 8 月动笔草拟提纲至 2021 年 10 月出版，本卷的写作得到了各方人士的大力支持。

首先必须感谢中国经济 50 人论坛秘书长徐剑女士，她是手稿的第一位读者，主动鼓励我把若干篇论文汇总为《货币与货币循环》全卷。她热心牵线中译出版社，最终推动了本卷的出版。

虽然，如序言已经表明——全球各主要经济体自 2008 年危机以来的量化宽松货币政策以及此后的金融领域演变和货币经济学界的众说纷纭是写作的直接原因，若论本卷乃至全部三卷写作的根本因缘，则来自 2014 年以来中国人民银行行长周小川教授对我的时时点拨与教诲。我记得，2014 年 9 月 1 日，他与我这个人民银行研究局"新科"局长谈话，我表达了对货币领域各种学术思潮交织的困惑与焦虑——当前和未来中央银行的根本方法论何在？他每每会从货币史、经济史、经济学说史和经济分析方法（从向量自回归等计量手段到动态随机一般均衡工具）演进史的角度娓娓道来，我因此每每有醍醐灌顶的轻松与愉快。他知道，我的学术和工作经历虽然有谙熟金融机构和金融改革的长项，但也存在货币经济学的理论与实践脱节之短板。2015 年至 2017 年，他只要会见国内外货币经济学家、主持货币政策委员会的专家咨询会议，总会让我作陪或列席。常常出现的情况是，他在与某学者聊及重要学术或实践问题时，会突然发问——"陆磊，你怎么看？"在他的调教下，我从原本的猝不及防而汗出如浆到胸有成竹而应对裕如。我无法想象，如果没有在他手下工作过，如果没有每周都可以与他进行的理论、改革和实践对话，我是否有动力去重新思考货币经济学、是否有能力完成《货币论》。感谢他拓展了我——一个原来的高校教师的视野、胸襟和思考力。此等人生际遇不是每个学者都能经历。本卷既不同于教科书，也不同于货币政策报告的精神气质，即来源于周小川行长在过去七年间涓滴于我的价值观与方法论养分。我相信，本卷的很多观点或许并不能得到周小川行长的认可，但是他带领我经历的"央行岁月"是本卷最终得以完成的原因。

作为作者之一，我尤其要感谢我在学术上的导师和工作上的领路人——清华大学五道口金融学院理事长吴晓灵教授为《货币论》作序——《货币经济学的责任》。她懂得我们在做什么，让我体会到了好的老师一路指点之极端重要性。她所提出的重大学术命题、关于金融改革理论问题和政策现象的深邃思考，是推动我们始终试图站在学术研究前沿的巨大动力。过去 26 年，她的悉心关爱使我从一个 20 多岁的年轻人一路成长为年过半百、研究初心不改的"书呆子"。

在本卷的写作过程中，清华大学经管学院院长白重恩教授、清华大学五道口金融学院院长张晓慧教授、谢平教授等经济学前辈给予我们很多建设性意见。在过去一年多时间中，中国人民银行金融研究所所长周诚君博士、中央财经大学银行业研究中心郭田勇教授、中国国际金融公司董事总经理黄海洲博士、中国投资公司副总经理祁斌博士、上海交通大学高级金融学院副院长朱宁教授、国家外汇管理局外汇研究中心主任丁志杰教授与我就本卷所体现的学术思考反复交流、砥砺，其中不乏批

致　谢

评和共鸣。特别感谢中国人民银行金融研究所原所长，我在中国人民银行研究局担任局长期间的老同事、老搭档姚余栋教授——是他，在我们共同推动中央银行研究工作的进程中，当刘学考取博士生并开始作论文时，推荐刘学跟我做研究，且对我们师生的共同思考给出了极其中肯且积极的评价。上述研究者是我在学术世界里孤独探索中最尊重的思想者、引导者和同行者。

我要感谢刘学，我的学生也是本书的联合作者。每一次，我给他一张便条、一次电话、一条短信、一个观点，他总能够不折不扣地把我的片段想法以规范的演绎和实证变成系统性阐释。无数个不眠夜，他是在思索并解决一个个难题中度过的。比如，我提出的超级中性假说最终被他提出的"叠加态"所替代，他使我体会到了"教学相长"。最优秀的合作者是可遇而不可求的。我的学生们的志向各异、各有所长，以其一生奉献学术非导师所能强求。且作为导师，我乐意看到每个学生在不同领域取得成就。刘学能在喧嚣的金融领域耐得住寂寞，愿意献身学术研究，苦中作乐，得以使我们共同完成彼此之心愿。他使我坚定了完成后两卷的信心。

为了本卷的出版，中译出版社社长、总编辑乔卫兵先生耗费了心血。他事无巨细地安排关于校订、印制和英文版权等的几乎全部工作。很多个夜晚，他打断我的思路，只是征求我关于出版的具体意见，期望《货币论》能够有更大的学术影响力。尽管我多次为写作连贯性被干扰而感到不快，但是内心万分感激他无怨无悔地为本卷出版付出的辛劳——"他本不必如此上心"，我每每在与他通话后这样对自己说。没有他的催促与压力，本卷与读者见面至少会推迟一年。由于乔社长的热心和敬业，中国出版集团给予本卷出版以高度关注。必须感谢中国出版集团副总经理张纪臣先生，施普林格（Springer Nature）集团编辑总监 William Achauer 先生及中国区代表、图书总监李琰女士在中文版、英文版权输出上付出的巨大努力。

　　最后要感谢我家人的支持。自我30年多前离家上大学起，父母始终以"风声雨声读书声，声声入耳；家事国事天下事，事事关心"教导我，他们要求我坚持的读书人本分，是我"百战归来再著书"的内在精神动力。这是有代价的。多年的异地求学、教学和实际工作，使得年逾八旬、远在江南的他们无法得到我的照顾。很多年以来，我的妻子和女儿容忍我八小时以内因高校教学或中央银行工作全然不顾家，八小时以外又沉浸在自我隔离的学术世界中。当我备课至深夜，当我阅读经典而错过晚餐，她们总会在我耳边轻声提醒。于"千山鸟飞绝，万径人踪灭"的孤独中，她们给我递上的一杯绿茶、一碟水果、一条毛巾，为我弹奏的一曲肖邦，时时把我拉回现实世界，感受到"柴门闻犬吠，风雪夜归人"的暖意。因此，本卷也是她们的成果。

　　即便天人异途，如果真的可以跨越时空、风月共享，那么，值此中秋皓月当空之际，我要纪念人类思想史上一切对货币理论作出贡献的先哲。司马迁的《史记·货殖列传》有"富无经业、货无常主"之说，管仲的《管子·国蓄》有"不能调通民利，不可语制为大治"之论。自斐波那契的《珠算原理》到大卫·休谟的古典货币数量论以降，凯恩斯、弗里德曼的方法，欧拉、拉格朗日的工具，给了我重新思考货币理论的能力。尽管他们仙逝已久，但在其著作的字里行间，我总能感受到与他们的心灵对话——"说出自己对货币经济学的认知吧，这是一代代学者的责任，我们如此，你也一样"。故，谨以本卷献给一切为货币经济学奉献思想的先行者。

陆磊

2021年9月21日（辛丑年中秋夜）